ベオグラードで行われたEURO2016予選、セルビア対アルバニア戦において、アルバニアの旗を下げたドローンを飛ばしたイスマイル・モリナ。写真は大アルバニア主義を掲げる急進的な組織、レッド・アンド・ブラックのメンバーと共にコソヴォを訪れた際のもの。この数日後、彼は当局に逮捕されることになる（2015年10月。コソヴォ、プレカズ）

コソヴォで行われたSCジラニ対ドリタのダービーマッチにおける一コマ。SCジラニのウルトラスのメンバーが、試合終盤の決勝点を祝福している。コソヴォをはじめとするバルカン半島諸国では、複雑な民族問題がサッカーにも直接反映。同ダービーマッチは、国内リーグで最も激しいカードとなってきた（2016年8月。コソヴォ、ジラニ）

アル・アハリのウルトラスであるアハラウイのメンバーが、エジプトのアレキサンドリアで行った抗議デモの模様。数週間前、ポート・サイドという街で行われたアル・マスリとの試合では、72人のメンバーが死亡していた。裁判所は後に地方自治体とアル・マスリのウルトラス側が共謀していたと認定している（2012年3月。エジプト、アレキサンドリア）

72人が死亡した事件の判決を聞くべく、アル・アハリのトレーニング・グラウンドのそばに集まったアハラウイのメンバー。21人が死刑判決を受けたことで、彼らはひとまず溜飲を下げたが（後に10人に減刑）、判決に納得しなかった場合は、暴動に発展していた可能性が高い。現に手製のライフル銃を持ってきた若者も見られた（2013年1月。エジプト、カイロ）

レッドスター・ベオグラードのウルトラス、デリイェのメンバーが描いたグラフィティの前に並ぶ、セルビアの機動隊。写真は、ライコ・ミティッチ・スタジアムで行われた、チャンピオンズリーグのナポリ戦前の一コマ。同スタジアムは規模の大きさから、現地の人々の間で「マラカナ」という愛称でも親しまれてきた（2018年9月。セルビア、ベオグラード）

レッドスター対パルチザンのベオグラードダービーは、その激しさと両軍のライバル意識の強さから「永遠のダービー」と呼ばれてきた。写真は「グロバリ（墓掘り人夫）」こと、パルチザンのウルトラス。熱くなったメンバーは発煙筒を焚いてチャントを合唱するだけでは飽き足らず、椅子を引き剥がして掲げていた（2019年3月。セルビア、ベオグラード）

ディナモ・キエフのウルトラスは右派や民族主義者が多い。だがポピュリスト的なスタンス故に、腐敗や汚職の一掃も訴えてきた。写真はオリンピック・スタジアムで行われた、ヨーロッパリーグのオリンピアコス戦の模様。硫酸を全身にかけられて死亡した女性活動家、カテリナ・ハンズュークの真相究明を求めている（2019年2月。ウクライナ、キエフ）

Ukraine

ディナモ・キエフとの試合をスタジアムの一角から見つめる、ゾリャ・ルハンシクのウルトラス。ウクライナ東部にあるルハンシクは、ロシア寄りの傀儡国家が樹立されて、実効支配されている。結果、クラブ同様、サポーターや一般の人々は住み慣れた故郷を離れて、ウクライナ西部などに疎開することを余儀なくされた（2019年2月。ウクライナ、キエフ）

PAOKのホームスタジアムで行われたチャンピオンズリーグ、ベンフィカ戦前の一コマ。機動隊が同クラブのロシア人オーナー、イヴァン・サヴィディスの到着に備えている。サヴィディスはこの半年前、国内リーグにおいて、拳銃を腰にちらつかせながら審判に抗議を行ったため、スタジアムへの出入りが禁じられていた（2018年9月。ギリシャ、テッサロニキ）

PAOKのトゥンバ・スタジアム、ゲート4の隣にペイントされている髑髏のグラフィティ。ACABとはAll Cops Are Bustards（警察は、どいつもこいつもクソ野郎）を意味する略号で、世界中のいたるところで見られる。特にギリシャでは、首都であるアテネのクラブやオーナーが、裏で政治家と結託しているという陰謀説が根強い（2018年9月。ギリシャ、テッサロニキ）

マケドニアのクマノボにある学校でサッカーを楽しむ子どもたち。のどかな光景に見えるがバルカン諸国の民族問題は深刻。現にクマノボも、人口の25％をアルバニア系が占めている。このため多くの学校は民族ごとに分かれており、うち半数はアルバニア語で、残りの半数はマケドニア語で授業を行っている（2015年5月。マケドニア、クマノボ）

マケドニアに本拠を置く、FKヴァルダルのウルトラス、コミティを称えるグラフィティ。一番下に記されたグループ名の上に、「パンクロック」「反抗」という文字が記されている。この地にでもイタリアのウルトラスだけでなく、イングランドの音楽文化やサッカー文化が、強い影響を与えてきたことがうかがえる（2018年9月。マケドニア、スコピエ）

アタランタのウルトラスのリーダー、ロックミュージシャンのような格好をしたボーチャ（中央）と記念撮影を行う、ギリシャのファン。ボーチャは合計20年以上、スタジアムへの出入りを禁じられている。だがイタリアで最も有名なカポティフォージの1人であり、世界中のウルトラスにとってカリスマ的な存在となってきた（2019年5月。イタリア、ベルガモ）

コッパ・イタリア決勝、ラツィオ対アタランタ戦の前に、スタディオ・オリンピコ周辺で描かれたグラフィティ。2007年に警察官に射殺されたラツィオのウルトラス、イッリドゥチビリのメンバーだったガブリエレ・サンドリの名前が記されている。ここにもACAB（警察は、どいつもこいつもクソ野郎）というメッセージがある（2019年5月。イタリア、ローマ）

ウルグアイの首都、モンテビデオのエスタディオ・センテナリオに併設されている、サッカー博物館の内部。地元のアーティストが描いた作品は、代表の輝かしい歴史を振り返るものになっている。この奥に「世界初のサッカーファン」とも言うべきプルデンシオ・ミゲル・レジェスの写真がひっそりと飾られている（2019年5月。ウルグアイ、モンテビデオ）

ウルグアイ、アルゼンチン、そして母国スウェーデンで取材をアシストしてくれたミカエル。ストックホルムのクラブチーム、ハンマルビーのウルトラスを設立した人物であり、世界中のウルトラスに精通している事情通でもある。世界各国のクラブチームやウルトラスの名前が、腕以外の箇所にもびっしり彫られている（2019年5月。ウルグアイ、モンテビデオ）

ボカ・ジュニオールのホームスタジアム、ボンボネーラの外にあるカルロス・テベスの像。向かって右の肩越しには、英雄ディエゴ・マラドーナの座像が見える。地元出身の両者は今もなお、絶大な人気を誇っている（2019年5月。アルゼンチン、ブエノスアイレス）

ボンボネーラの外に描かれている、マラドーナを称える巨大な壁画。マラドーナは2020年にこの世を去ったが、ボカ・ジュニオールのみならず、アルゼンチンサッカーそのものの躍進ももたらした人物だった（2019年5月。アルゼンチン、ブエノスアイレス）

SCフライブルクのホーム、シュヴァルツヴァルト・シュターディオン。写真はハノーファー96戦におけるフライブルクのウルトラス。熱い声援が実り、チームは1対1の引き分けに持ち込むことに成功した（2018年12月。ドイツ、フライブルク・イム・ブライスガウ）

旧東ドイツのケムニッツにある、シュターディオン・アン・デア・ゲラートシュトラーセ。ケムニッツは極右勢力が強いが、やはりここにも反警察のグラフィティがある。1312はACABのスペルをアルファベットの順番に置き換えたもの（2018年12月。ドイツ、ケムニッツ）

自らが所属するウルトラス、チェルシュのチャントを合唱しながら、バシャクシェヒルとのホームゲームに向かうベシクタシュの若いサポーター。バシャクシェヒルとの試合は、現政権との対決といった意味合いも持っている（2019年4月。トルコ、イスタンブール）

バシャクシェヒルの若いファン。腕に彫ってあるのは、実はベシクタシュのタトゥー。バシャクシェヒルは新興チームのため、他のチームを応援していた人々を取り込みながら、ファンベースを拡大しようとしている（2019年4月。トルコ、イスタンブール）

フェネルバフチェとのインター・コンチネンタル・ダービー（大陸間ダービー）に向かう、ガラタサライ側の車列。ウルトラスランのメンバーを乗せたバスの助手席には、機関銃で武装した警察官が同乗している（2019年4月。トルコ、イスタンブール）

ガラタサライとのダービー直前、パイロを披露するフェネルバフチェのサポーター。中央にあるのは同チームに8年間在籍した、元ブラジル代表のミッドフィルダー、アレクサンドロ・デ・ソウザの銅像（2019年4月。トルコ、イスタンブール）

カサブランカのスタッド・ペール・ジェゴに並ぶ、ラジャ・カサブランカのサポーター。通常、このスタジアムはRACカサブランカが使用しているが、ラジャのホームであるスタッド・モハメド・サンクが改装されたため、RACはここでイティハド・タンジェとホームゲームを行った（2019年4月。モロッコ、カサブランカ）

スタッド・ペール・ジェゴで、イティハド・タンジェ戦を見守るラジャ・カサブランカのサポーター。エジプト同様、カサブランカでもサッカーは国民的なスポーツに定着。体制批判のチャントは、一般社会にも広く浸透していた（2019年4月。モロッコ、カサブランカ）

ロサンゼルスのダウンタウンに本拠を構えるLAFCのサポーターグループ、3252のメンバー。写真はバンク・オブ・カリフォルニア・スタジアムで行われた、モントリオール・インパクトとの試合中の模様。彼らが身に着けているレインボーカラーの腕章は、ゲイ・プライドというLGBTの支援イベント用に配られたもの（2019年5月。米国、ロサンゼルス）

LAFC、そして同クラブのウルトラスである3252では、女性が積極的にイベントの運営や試合の応援に関わっているのも大きな特徴の一つ。発煙筒の煙に包まれながら、お立ち台の上で拳を握りしめているのは、女性カポの一人であるブリージー。写真はモントリオール・インパクト戦で、選手がゴールを決めた直後の模様（2019年5月。米国、ロサンゼルス）

プレシーズンのトーナメントに向かう前のペルシージャのウルトラス。左側のフラッグの中央には、英国の鉄道のマークがあしらってある。私はこの後、彼らと共に24時間かけてバスで移動するが、数時間後、ペルシージャのライバルであるペルシブ・バンドンのウルトラスに、刃物を持って追いかけられることになる（2019年3月。インドネシア、ボゴール）

バスに同乗していたペルシージャのウルトラス。黒いTシャツには「お前らなんか目じゃない」と、ペルシブ・バンドンをこき下ろす文言がある（2019年3月。インドネシア、スレマン・リージェンシー）

命の危険、そして24時間のバスの旅を経て、ジャワ島の東部にあるマグウォハルジョ・スタジアムにようやく到着。メガホンを持ったペルシージャのカポたちがフェンスにまたがり、一斉に合唱するように呼びかける。ウルトラスグループのジャクマニアは、1万6000人ものサポーターを動員した（2019年3月。インドネシア、スレマン・リージェンシー）

ULTRAS 1312

ウルトラス

世界最凶のゴール裏ジャーニー

ジェームス・モンタギュー／著
田邊雅之／訳

KANZEN

アマル・ファハミに捧ぐ

拡大を続ける世界において、時の流れは追放された者の側に傾く。
かつて辺境に住み、軽蔑の対象とされていた人々は、
やがて住み処を変えずして、大都会の只中で暮らすようになる。

クエンティン・クリスプ　『裸の公僕』

まえがき

私がこのサッカーというスポーツ絡みで最も興味を覚えてきたカテゴリーは、最も誤解されてきた分野でもあった。それはサポーター、特にウルトラスやフーリガン、バーラ・ブラバ、トルシーダなどと呼ばれる、マニアックな人々である。

誰よりも情熱的で過激なサポーターは、自国でも存在を知られるようになったが、私は幼い頃から彼らの危険な匂いと謎めいた存在に惹かれてきた。ゴール裏のエリアは、錯覚を覚えさせるからくり絵のようであり、自分が本当に目にしているかどうかさえわからなくなる。

しかし、そこに広がるのは私が決して受け入れられない世界でもあった。

組織化されたサポーターグループは、自分たちの記事を書こうとするジャーナリストを、警察と同じように敵視する。その結果、本書で言及できた人物や場所はある程度制限されたし、彼らに接触するのが不可能な地域に関しては、章を設けること自体を諦めざるを得なかった。ロシアやポーランドのように、何度も取材を試みたにもかかわらず、途中で取材を中止することを余儀なくされた地域もある。

確かにウルトラスたちは、個人レベルでもグループ単位でも、徐々に私を受け入れてくれるようになったが、これはこれでいくつかの倫理的な問題を私に突きつけた。

取材の際には暴力沙汰も目の当たりにしたし、人種差別の発言も頻繁に飛び交った。彼らが口にした内容は、多くの人が不快に思うかもしれない。また、急進的な右派勢力や組織犯罪に手を染める人々と短時間でも行動を共にし、彼らのストーリーを伝える行為は、彼らの主義主張を正当化することにつながるのではないか。こんなふうに疑念を覚えた場面も度々ある。

だが現実を正しく理解するためには、社会のあるべき姿ではなく、あるがままの姿を知らなければならない。いかに不快を覚える人がいたとしてもである。このアプローチこそが、ウルトラスという巨大なサブカルチャーがいかにして生まれ、彼らがなぜそのような行動を取るのかを把握する唯一の方法であるはずだ。

倫理的な問題絡みで、もう一つ配慮せざるを得なかったのは取材者の身元に関するものだ。私がインタビューをしたほとんどの人々は、名前を伏せてくれるように頼んできた。私はそれを受け入れた。ジャーナリストの取材に応じた事実が明るみに出れば、彼らは危険な目に遭うからだ。ただし母国において既に名前が知られているような人間は名前を伏せていない。

本書の執筆には、倫理的な問題が絶えずつきまとった。

であればこそ私は、自分が目撃した事実を正確に伝え、ウルトラスを巡る社会的・政治的な文脈に位置付けようと試みた。この試みが結実していることを切に願いたい。

自分が見聞きし、記したものに対する最終判断は、読者である皆さんに委ねられるべきだ。

私はいつもそんなふうにも思っていた。

ジェームス・モンタギュー

目次

序文

俺について、あんたが書いた内容のことで責めるつもりはねえ。
他の連中から聞いた話も信じなきゃいけなかったわけだしな。
それに、もし俺のことを良く書いたとしても、
そんな話を信じる奴がいるなんて、どのみち思えねえんだ。

ビリー・ザ・キッド

クロアチア

スプリット

まばゆい閃光、そして次には猛烈な怒号が辺りに満ちる。濃厚で有毒な赤い煙が私たちを包み込み、独特の金属的な成分が目を刺し、舌をひりひりさせる。自分の顔を覆った掌しか見えないような状況の中、発煙筒の煙を通して響いてくる囂々たる合唱が耳をつんざく。

ポリュド・スタジアムのノース・スタンド、ハイドゥク・スプリットのウルトラスであるトルツィーダが根城を構える一角は、ぐらぐらと揺れ続けていた。テラス（立ち見席）を区切る巨大なプレートの向こうでは、コンクリート製の壁も地震のように波打っている。数千もの人々が発煙筒に火をつけ、スタジアム内で一斉に飛び跳ねながら歌をがなっていたからだ。

発煙筒の煙は、ノース・スタンドを降りてピッチ上へ広がっていく。しかも目出し帽をかぶった若い男たちは前方にある金属製のフェンスをまたぎ、発煙筒をピッチに放り込む。発煙筒は暗くなった空にかすかな放物線を描きながら、芝生の端に落ちていく。

何本かの発煙筒はピッチ上に投げ込まれず、観客席の上で燃えるままに捨て置かれていた。当然、ノース・スタンドでは火事のような状況になるが、パニックはまるで起こらない。観客たちは数メートル離れただけで、プラスチック製の観客席が熱で溶け始めても無視していた。やがて消防車がピッチの周りを走りながら現場に到着し、二人の消防士がホースを抱えてスタンドを駆け上がってくる。そこでようやく炎は消えた。

審判は試合の中止を決断したが、これは大した出来事ではなかった。試合の結果はさほど意味を持っていなかったからである。

ハイドゥク・スプリット対ディナモ・ザグレブの一戦は、クロアチアサッカー界における最も激しいダービーマッチであり、「永遠のダービー」と称される。

だがディナモは二〇一八／十九シーズンのタイトルを既に獲得していたし、近年も圧倒的な強さを誇っている。対するハイドゥクは、一五年近く優勝から遠ざかってきた。

ハイドゥクのウルトラスは、そんな現状を意に介さなかった。トルツィーダは一九五〇年に結成された、ヨーロッパで最も古いサポーターグループである。重要なのは自分たちの存在感を誇示し、メッセージを発信することだった。

発煙筒の煙が晴れるのを選手たちが待っている間、ノース・スタンドに陣取ったトルツィーダは、右腕を交互に高々と上げたり、イースト・スタンドの面々と掛け合いをしたりするのに余念がなかった。彼らはヴェルディのオペラ、『アイーダ』に登場する『勝利の行進』のメロディーに合わせて歌をがなりたてていた。

最前列では「カポ（リーダー）」がピッチに背を向けた状態でメガホンを握り、数千人を相手にチャントを仕切っていた。合唱の間に叫ばれる台詞の大半は、クロアチアの首都から遠征してきた敵を、ダルマチア地方のスラングで容赦なく攻撃するものだった。

「殺せ、殺せ、殺せ、プルゲラを」

「プルゲラ」とは「街から来た奴ら」を意味する単語であり、特にザグレブの連中を指すために用いられる。このようなチャントからもわかるように、ディナモというクラブ、そしてクロアチアの首都であるザグレブは、トルツィーダにとって最大の敵となっていた。

そこには複雑に入り組んだ歴史的な理由がある。

旧ユーゴスラヴィアが存在していた頃、両クラブのライバル関係は必ずしも悪質なものではなかった。トルツィーダ側が抱いていた反感は、首都に住む人間に対する嫉妬や、自分たちが無視されているという劣等感を超えるレベルではなかった。

それを激変させたのが、一九九五年まで続いたクロアチア紛争（独立戦争）と、以降のユーゴスラヴィア解体である。かつてのクロアチアは、旧ユーゴスラヴィアを構成する共和国の一つだったが、独立を果たした結果、リーグ戦の枠組みも再編される。ベオグラードに居を構えていた仇敵、レッドスターとパルチザンはセルビアリーグに所属するようになる。結果、誕生間もないクロアチアの新リーグにおいて、ディナモとハイドゥクは二強に祭り上げられ、必然的に向き合う形になったのである。

ポリュド・スタジアムのウェスト・スタンドには、ディナモ・ザグレブのウルトラスである「バッド・ブルー・ボーイズ」が陣取っていた。だが黒い集団の存在感は微弱だ。人数もせいぜい数百人止まりだろう。しかも周りには無人の客席が広がり、完全に隔離されている。

ただし、それは二次的な要素でもある。この試合の主役はそもそもトルツィーダなのだ。トルツィーダの面々が陣取るスタンドでは、巨大なフラッグがスタンドの上から下まで広げられただけでなく、赤と青のプラスチックのシートが席に置かれ、モザイク状のコレオグラフィーを披露する準備がなされていた。これはずいぶん前から入念に計画されたものだが、どんなメッセージが発信されているかをあらかじめ知ることはできない。

コレオグラフィーが何を描いているのかは、試合が終わってからのみ理解できるようになる。モザイクで再現されていたのは、一人のサポーターの姿だった。腕を突き出し、赤と青紫に塗られたトルツィーダのエンブレムが付いたスカーフを強く握りしめている。この巨大なサポーターの下には、ノース・スタンド全体を横切るように、白い文字が並んでいる。

そこには「ウルトラス」の文字だけがあった。

ウルトラスが憎悪する最大の敵

皆さんはサッカーの試合で何を見るのだろう？　目の前でチームが演じるドラマだろうか？　個々の選手が各々のスキルを披露する場面だろうか？　あるいはデータや統計、いくつものパターンが織りなす、チェスのゲームの如き戦術だろうか？

もちろんサッカー観戦の目的に関しては、正解も不正解もない。

だが世界には、皆さんと全く違う視点でサッカーの試合を観る人々が、数多く存在するのも事実だ。それはスタジアムの一角に目をやるだけで理解できる。ゴール裏に広がっているのは二〇世紀の中盤以降、決して無視することができないほど独自の進化を遂げた特殊な世界——サッカーを舞台に発展してきたサブカルチャーの領域だ。

ウルトラスはスタジアムを発煙筒の煙と怒号で満たし、巨大なバナー（横断幕）やコレオグラフィーで包んできたが、我々は彼らを何も知らないに等しい。

我々はサッカー界に登場するあらゆる人物を、くまなく知り尽くそうとしている。サッカー、そしてサッカービジネスは世界中に溢れている。たとえどんなに取るに足らないものであっても、ピッチ上で起きる全ての出来事は執拗なまでに記録される。グローバルなエンターテインメントの主役になることを義務付けられた選手の生活も然り。クラブのオーナー、コーチ、監督、運営側の一挙手一投足も同様だ。無数の人々がサッカーを観戦し、試合を追いかけ、本筋とは関係ないような要素までメディアに踊らされながら消費し続ける。

だがウルトラスの実像は、その大部分がいまだに謎に包まれている。

理由は述べるまでもない。彼らは世にも恐ろしい存在として嫌悪されてきた。また彼ら自身も匿名の存在であり続け、アウトサイダーとしての立場を頑ななまでに守ろうとする。

ウルトラスの実像が見えにくいのは、多様性にも起因している。彼らはあらゆる大陸に遍在するが、ものの見方やイデオロギーは千差万別だ。そもそもウルトラスとはいかなる存在で、誰なのかを画一的に定義するのは不可能に近い。結果、彼らは常に謎めいた存在であり続けてきたし、自らも正体を隠そうとしてきた。その存在は嫌でも目に付くにもかかわらずだ。

彼らを突き動かすものは独自の掟と規範である。そこに流れる文化は法律の枠外で発展してきたし、さもなければ少なくとも法律に抵触しながら生き永らえてきた。ウルトラスを支えるのは権威に楯突く姿勢であり、警察とメディアの双方に対する根本的な不信感でもある。彼らはサッカーが商業化されることや、同胞が犯罪者扱いされることへも怒りを覚えてきた。

巨大なバナー、パイロ（スタジアム内でサポーターが大量の発煙筒や花火などを使って披露する応援）、色鮮やかなコレオグラフィーで表現されるメッセージとは政治的な発言であり、レジェンドへの賛辞であり、敵への憎しみと怒りである。彼らはこれらのメッセージや血なまぐさい暴力沙汰、そしてメモリアルセレモニーなどを通じて、自分たちの存在と意志を、この上ないほど強烈にアピールしてきた。友情と憎しみの絆はやがて世界的なネットワークを紡ぎ出し、揺るぎない一体感を育んできた。

ウルトラスは自分たちが非政治的だとしばしば主張するが、骨の髄まで政治的だった。近年顕著な極右の台頭に関しては、この傾向が特に当てはまる。いくつかの国では、ウルトラスは組織的犯罪や政府当局にまで吸収され、彼らの片棒を担いでいた。

だが彼らは同時に、政治的な異議を唱えるための土壌も形成してきた。事実、彼らは革命に火をつけ、煽り、勝利も収めてきた。結果、権力側はウルトラスの存在を恐れる一方で、なんとか味方に引き入れようと物ほし顔で見つめ続けてきた。

本書は、ウルトラスがいかにして世界で最も人気のある若者のサブカルチャーの一つに成長したのかを解説している。だが同時に、このサブカルチャーが、サッカーだけを対象としたものではないレベルにまで発展したことも明かす内容となった。

私は過去一〇年間、世界中のサッカーファンの文化を追い続けた末に、本書（原著）の題名を

「１３１２」とした。

四つの数字は、カサブランカでもサラエボでもエルサレムでもクラクフでも、あらゆるスタジアムの壁にペンキで殴り書きされていた。私は当初、この数字が歴史的に重要な戦いが行われた年号を示すものだと思っていた。しかし事実は異なっていた。１３１２は、アルファベットの順番に当てはめればＡＣＡＢとなる。これは「All Cops Are Bastards（警察は、どいつもこいつもクソ野郎）」を意味するコードだった。

ウルトラスは仲間を通して自らを定義するが、敵を設定することによっても立ち位置を確認する。敵とは自分たちを常に誤ったイメージで報じるメディアであり、スタジアムの内外で直接対峙する敵方のウルトラスであり、そして何よりも警察なのである。

「ディシュペート」の精神

ハイドゥク・スプリットに話を戻そう。

スプリットは、クロアチアのダルマチア地方にある古代都市で、ザグレブからは四四〇キロ、車で五時間ほどかかる。スプリットはローマ、ギリシャ、ビザンチン、オスマン、ベネチア、イタリア、ファシスト、そしてコミュニストなど、古来多くの帝国に翻弄されてきたため、ダルマチア人とクロアチア人はありとあらゆる余所者に対して、強烈な反感と抵抗心も宿すようになった。このような文化的なバックグラウンドの彼らは権力と名の付くものに与することを由としない反抗的な街に生まれた、反抗的なクラブだった。

事実、スプリットには「ディシュペート」という単語もある。これは頑固者や石頭を指す言葉だが、結果がどうあれ、何かに反抗せずにはいられない人々という意味合いを持っている。

「要は全てにアンチを唱えることさ」

トルツィーダのメンバーは、かつて私にこんなふうに説明してくれたが、今日に至るまでの歩みは、彼らが常に強烈な反骨心を抱いてきたことを示している。

ハイドゥクの結成は一九一一年にさかのぼる。この名称自体、一八世紀、オスマン帝国が支配していたときに活動した、ロビンフッドのごとき盗賊団「ハイドゥク」にちなんでいた。

このスタンスは以降も貫かれていく。第二次大戦中、旧ユーゴスラヴィアがイタリアに侵略された際には、スプリットもイタリアの領土となる。結果、ハイドゥクはセリエAから魅力的なオファーを受けたが、彼らはリーグ参戦のオファーを拒否している。一九二六年、セリエAはファシスト党の独裁者、ベニート・ムッソリーニによって再編されていたからである。

ムッソリーニがパルチザンに屈し、ドイツがスプリットを占領すると、ハイドゥクはナチスと手を結んでクロアチアを支配したウスタシャ党から、やはり新たな国内リーグに誘われる。

だがハイドゥクはこれも拒絶する。代わりにクラブのメンバー全員は、ヨシプ・ブローズ・ティトー率いる人民解放軍に加入。サッカーを通じて、ファシスト政権への抵抗を呼びかける代弁者となっていく。彼らは連合国側のチームとエキシビションマッチを実施しながら、質の高いプレーで多くの人々を魅了し、バルカン半島版の「ハーレム・グローブ・トロッターズ（バスケットボールのショーを披露するチーム）」の如き存在になった。

彼らの人気の高さに目を付けたティトーは、大戦が終了するとハイドゥク側に対してベオグラードに本拠を移し、ユーゴスラヴィア陸軍のチームとして活動しないかと声をかける。ところがハイドゥクは、ここでも我が道を行く。なんとナチスと戦い、祖国を解放したカリスマ的な指導者の申し出さえ辞退したのである。

肘鉄を食らったティトーは独自に陸軍のチームを設立。第二次大戦中に自らが率いたレジスタンス部隊にちなんで「パルチザン」と命名する。これが今日におけるパルチザン・ベオグラードの前身となった。

一方、海外でのエキシビションゲームを終えたチームは地元のスプリットに戻り、クロアチアのアイデンティティを体現する重要なシンボルとなっていく。

これと同時にハイドゥクのサポーターは、政治の枠とは無縁の新たな組織を結成しようと試みる。そのきっかけとなったのが、一九五〇年にブラジルで開催されたワールドカップだった。

同大会にはユーゴスラヴィア代表も参戦したが、当時のチームにはハイドゥクの選手も五人ほど名を連ねていた。このチームは既に一九四八年のオリンピックで銀メダルを獲得しており、選手の中には若きゴールキーパー、ブラディミル・ベアラも含まれていた。

ちなみに当時のサッカー界では、黒蜘蛛の愛称で親しまれた旧ソ連のゴールキーパー、レフ・ヤシンが世界最高の守護神と目されていた。事実、彼は一九六三年にバロンドールを受賞している。だが表彰式のスピーチでは、自分は世界最高のプレイヤーでもなければ、世界で最も優れたゴールキーパーでもない。その栄誉はベアラにこそ与えられるべきだと発言している。ベアラはかくも優れた選手であり、代表やハイドゥクでも絶大な存在感を放っていた。

確かにユーゴスラヴィア代表は、グループリーグでブラジルに〇対二で完敗を喫し、大会敗退を余儀なくされている。また同カードでマラカナン・スタジアムに集まった観客は、一四万二〇〇〇人ほどに留まっていた（当時の収容人数は二〇万人を超えていた）。

だが熱狂的なスタジアムの雰囲気、とりわけブラジルで「トルシーダ」と呼ばれるサンバ隊の演奏を軸に展開される応援は、ユーゴスラヴィアの選手たちに強烈な印象を与えている。従来、ヨーロッパのサッカーの試合では、ほとんどの観客は物静かに試合を見守るのが一般的で、組織的な応援を展開するようなケースはなかった。ところがベアラやハイドゥクのチームメイトであるベルナルド・ヴカスがマラカナンで目にし、耳にしたものはまるで別物だった。

結果、彼らはブラジルの応援がいかに熱く、素晴らしいものだったのかを、ハイドゥクのサポーターグループに土産話として聞かせる。感銘を受けたサポーターはサンバ隊をスプリットで結成し、マラカナンと同じような雰囲気を再現するアイデアを思い付く。これがハイドゥクのサポーターグループ、「トルツィーダ」設立の原点である。ベアラは証言している。

「自分たちが語って聴かせた話に起因しているのは確かだ。それ以外にあり得ない。彼らは（ブラジルに）トルシーダという集団がいることさえ知らなかったわけだから」

トルツィーダが体現した民族主義

トルツィーダは、ブラジル大会の三カ月後、ついに表舞台に姿を現す。

一九五〇年一〇月二九日、ハイドゥクのホームスタジアムではユーゴスラヴィア一部リーグの大一番、最終節の前節に組まれたツルヴェナ・ズヴェズダ（レッドスター・ベオグラード）との試合が催されることになっていた。

この試合に勝ちさえすれば、ハイドゥクは第二次大戦後の国内リーグにおいて、初のタイトルを確実なものにできるはずだった。特別な試合で特別な応援を展開すべく、試合前日の一〇月二八日には、トルツィーダが正式に結成され、早速、精力的に活動を開始した。

組織のリーダーたちは配下のメンバーを、授業の始まりや終わりを告げるために学校で使用される鐘、トランペット、ラトル（がらがらと大きな音を出す道具）、そして笛などで〝武装〟させ、スプリット市内に向かう列車に乗せる。地元の共産党員に手助けされながら、まず数百人のメンバーがレッドスター側のチームホテルを襲撃。手にした楽器や道具で不協和音を奏で、試合に向けて休養を取ろうとしていた敵の選手たちを動揺させている。

翌一〇月二九日には、スプリット市内の中央にあるスタディオン・スタリ・プラッツに、二万人ものファンが押しかけ、試合を観戦しようと試みる。トルツィーダの面々は入場を拒否されただけでなく楽器の持ち込みも禁じられたが、これを救ったのがハイドゥクの会長だった。共産党の高官でもあった彼は政治力にものを言わせて、便宜を図ったのである。

結果、スタジアム内は混沌の極みと化す。とある地元の共産党の機関紙は、次のように表している。

「ピッチ上での戦いは、観客の熱狂的な応援を受けながら展開された……そして誰もが、選手も立ち見席にいる観客も（この強烈な声援に対応するのに）四苦八苦していた」

トルツィーダは、ブラジルの熱狂的な雰囲気を再現するのに成功したが、場内を包む異様な興奮はアンコントローラブルになっていく。レッドスターの主将は試合の間中、マッチアップしていた選手に顔面を殴られたし、終盤にハイドゥクがゴールを決め、二対一での勝利をほぼ揺るぎないものにした際には、観客がピッチ上になだれ込んでいる。

最終的にこのシーズンはユーゴスラヴィアのサッカー史上、無敗優勝が達成された唯一のものとなった。敗北を喫したレッドスターの選手は当然動揺したが、ユーゴスラヴィアの為政者は、むしろトルツィーダが露骨にクロアチアの民族主義を打ち出したことに恐怖を覚えた。

第二次大戦中の一九四一年には「ウスタシャ」という極右政党が、ナチスドイツやムッソリーニ配下のイタリアと連動し、「クロアチア独立国」を一方的に建国したばかりだった。この国家はドイツの敗戦と共に崩壊するが、クロアチア民族の自主独立を目指すメンタリティは、大衆の間に色濃く残っていた。

そもそもティトーが治めていたユーゴスラヴィアは、社会主義を標榜する六つの共和国から構成されていた。言葉を換えれば、各地域の文化や民族、言語などの違いをひとまず棚上げし、一つの枠内に無理やり組み込んだ連合体に過ぎないといってもいい。ユーゴスラヴィアの為政者たちは、トルツィーダやハイドゥク・スプリットがクロアチアの民族主義や分離独立への機運を再燃させ、危ういバランスを内部から揺るがすことを危惧したのである。

このような状況に対して、ユーゴスラヴィア共産党（後のユーゴスラヴィア共産主義者同盟）が打った手は容赦なかった。トルツィーダの設立メンバーのうち三人が共産党員の資格を剥奪されたのである。とりわけ設立にあたって旗振り役となった学生は、三年間の服役を命ぜられている（後に三カ月に減刑）。

さらにハイドゥクはクラブのエンブレムに、赤と白のクロアチアの旗を使用することを五〇年間も禁じられた。そしてついにはトルツィーダも解散を命じられる。彼らが活動できたのは、わずか一試合に過ぎなかった。

とはいえ、トルツィーダはヨーロッパで最初に結成されたサポーターグループとして大きな影響を及ぼしていく。ハイドゥク・スプリットも、あらゆる権威を拒絶する「ディシュペート」の精神を体現し続けた。

やがて一九八〇年にはティトーが死去。ユーゴスラヴィアは崩壊し始め、凄惨な内紛へと突入する。その際、クロアチアで民族主義の高まりを体現したのがトルツィーダだった。

しかも彼らは、ユーゴスラヴィアの他の共和国に生まれていた新たなサポーターグループにも影響を及ぼした。これらのグループは、アドリア海を挟んだイタリアで勢力を増していたウルトラスに強い影響を受けながら、各共和国で台頭しつつあった忌まわしき民族自決主義の前触れともなった。現にディナモ・ザグレブやハイドゥク・スプリットがレッドスター・ベオグラードと対戦した試合は、暴動にエスカレートする場合がしばしばあった。

「自分たちのハイドゥク」が提示した新たなモデル

クロアチア紛争が終結すると、レッドスター・ベオグラードに代わってハイドゥクの宿敵として浮上したのはディナモ・ザグレブだった。

クロアチアの新たな大統領に就任したフラニョ・トゥジマンもやはり民族自決主義を標榜していた人物だったが、彼はディナモ・ザグレブを新生国家のシンボル的なクラブに仕立て上げようと試みる。ちなみに彼は「ディナモ」という名前はあまりに共産党的過ぎるとして、一時期、名称を「クロアチア・ザグレブ」と改称させたこともある。

しかし二〇〇〇年二月、トゥジマンが死去した三カ月後には、名称は元のディナモに戻される。以降、クラブはズドラヴコ・マミッチによって牛耳られる。彼はクロアチアのサッカー界を支配しながら私腹を肥やした人物で、詐欺の容疑で有罪となり、ボスニア内に雲隠れしていた。

ハイドゥクのトルツィーダは、マミッチ本人や、彼を好き放題にさせていた取り巻き連中に対して抗議活動を先導するようになる。

たとえばEURO2016の期間中には、サンテティエンヌで行われた試合において、発煙筒がピッチ上に投げ込まれる事件が起きた。この首謀者もトルツィーダである。彼らはクロアチア代表が勝利したにもかかわらず、クロアチアサッカー協会（HNS）に対する抗議を行った。ちなみに試合後には、クロアチアを応援していたファン同士で乱闘が起きている。

その約一年前、EURO2016の予選となるイタリア戦が開催される前には、スタディオン・ポリュドのピッチ上に、巨大な鉤十字が描かれるという出来事もあった。これもまたザグレブに居を構える協会側に、嫌がらせをするためだったと目されている。

ズドラヴコ・マミッチが高級レストランから出てきた際には、何者かに突き飛ばされてアドリア海に落とされるという事件もあった。加害者がトルツィーダのメンバーだったか否かは不明だが、当のマミッチは事件の直後、SNSで公然と批判している。

「おまえたちはトルツィーダの名を借りて、英雄を気取ることしか知らない。しかもハイドゥクが略奪された（破綻しかかった）時も、一言も発しなかった」

マミッチの投稿は二〇一一年、クラブが苦境に陥ったのを当てこするものだった。当時、ハイドゥクは長年に亘るお粗末な運営と汚職によって、破産寸前の状態に置かれていたからである。

だがマミッチの投稿は、ある重要な事実を言及していない。

マミッチの集金マシンと化していたクラブが危機に瀕した際、新たな経営モデルを提示したのは、他ならぬトルツィーダが設立した「ナッシ・ハイドゥク」と呼ばれる組織だった。

「自分たちのハイドゥク」を意味するこの組織は、クラブを厳密に民主主義的な方法で運営するために設立されたものだった。トルツィーダはまずクラブの株式を独自に取得し始め、最終的には二五%近い株式と、揺るぎない発言権を手に入れた。

「自分たちが目指したただ一つの目標、唯一主眼を置いたのは、民主的で透明性のある運営を確実にもたらす経営モデルを導入することだった。公平な投票で監査役を選び、そうして選ばれた監査役がCEOを選ぶ。そしてCEOがクラブを運営するという形だ」

ハイドゥクのサポーターであり、ナッシ・ハイドゥクを運営するイヴァン・リロヴは、このように説明している。事実、トルツィーダ側は、クラブの運営には関心を示していない。代わりに求めたのは、全てのサポーターが発言権を持てるようにすることだった。リロヴは語る。

「去年、このスプリットの近くで大きな火災があったんだ。被災者を救うために最初に立ち上がったのは誰だと思う？　トルツィーダさ。数年前、クロアチアの北部で大洪水があったときにも、すぐに駆けつけたのはトルツィーダのメンバーだった。スプリットの病院で献血が必要になったときに、真っ先に並ぶのもトルツィーダなんだ」

この新しい運営モデルはしっかりと機能している。

今や会費を払っているメンバーは四万人以上。しかもリロヴの下には、世界中からメールや書簡が届いている。差出人はサッカーファンだけではない。その中には人権団体の活動家や弁護士も含まれている。彼らはナッシ・ハイドゥクが極めて珍しい経営モデルを採用してめざましい成果を上げているだけでなく、他のクラブに対しても。範とすべき例を提示していることを高く評価していた。たとえリーグタイトルはまだ獲得していないにせよだ。

またナッシ・ハイドゥクは、これらの活動を通して、ウルトラスが持っている別の特徴にも改めて光を当てる形にもなった。再びリロヴの証言を紹介しよう。

「君も知っての通り、スプリットの人間はいつも何かに反対している。これはあまり健全なやり方ではないけど、(サッカー界を民主化する上で)本当に役に立つこともあるんだ」

永遠に脳裏に刻まれる記憶と体験

ディナモ・ザグレブ対ハイドゥク・スプリットが繰り広げる永遠のダービー。

試合当日、トルツィーダは旧市街近くの広場に集まって酒を飲み、歌を合唱する。

彼らは既に大事な手続きも済ませている。バスの停留所や鉄道の駅に便が着く度に、あらゆる人々のＩＤカードをチェックし、ザグレブからやってきたバッド・ブルー・ボーイズが紛れ込んでいないように確認するのである。

　北に向かって歩き、古いスタディオン・スタリ・プラッツや、トルツィーダの本部、そしてチェヴァプ（ケバブ）を焼いている出店の前を過ぎて小さな公園に入る。するとアドリア海に面した威容を誇るスタジアム、スタディオン・ポリュドの全容が見えてくる。

　二つに分かれた貝殻のような屋根を持つスタジアムは、ボリス・マガシュが設計したもので、旧ユーゴスラヴィア時代に建設された、最後の優れた建造物の一つだと目されている。このスタジアムに関しては、ニューヨークの現代美術館でも紹介されたことがある。ティトーがこの世を去る前、ユーゴスラヴィアが夢見ていたユートピア的な世界観を象徴しているからだ。

　スタジアムに向かってアパートやショップ、モールの前を歩いて行く。道路沿いの壁はハイドゥクのグラフィティ（スプレーなどを使って、文字やイラストを描いた落書き）がびっしり描かれているが、極右のシンボルマークも目に付く。鉤十字、ケルトの十字、ファシストを象徴する数字のコードなどだ。とある壁には「ナチ・ラガッツィ（イタリア語で「ナチス少年団」の意）」とスプレーで殴り書きされていた。

　もともとハイドゥクは、第二次大戦中にはファシスト政権に反旗を翻していたが、本来的に受け継いでいるのは左派の思想ではなく、右派の民族主義的な世界観である。

　事実、トルツィーダに所属する人々の中には、ナチス時代のウスタシャを標榜する者がかなりいる。忌まわしき傾向はクロアチアの至る所で見られるし、ウスタシャ時代の「祖国のために備えよ」、クロアチア版の「ジーク・ハイル」というかけ声を耳にするのも珍しくない。

この現象はクロアチア紛争で繰り広げられた「大祖国戦争」を決定づけた攻勢、数多くの民間人を犠牲にし、少なくとも二〇万人のセルビア人を追いやった「嵐作戦」と呼ばれる軍事行動を讃える式典では特に顕著だった。「嵐作戦」は、セルビアではいまだに裁かれることのない戦争犯罪だと見なされているが、多くのクロアチア人にとって言祝ぐべきものとなっている。

メインコンコースに向かう階段では、トルツィーダのメンバーがバケツを手に寄付金を募っていた。たいていの場合、寄付金はコレオグラフィーの準備に使用されるが、この日は別の目的のために募られていた。病のために生活できなくなってしまった、かつてのレジェンドを救済すべく、彼らは一〇〇〇ユーロを集めようとしていた。

やがて試合が近くなると、数百本の発煙筒に一斉に火がつけられる。スタジアムのゲートを通過する際、警官は入場者をチェックする。だがどんなに身体検査を行っても、この類のものは持ち込まれてしまう。そして煙と炎にスタジアムが包まれる中、キックオフの笛が吹かれた。

永遠のダービーは一対〇でディナモ・ザグレブの勝利に終わる。

試合の内容は凡庸だった。少なくともピッチ上で最も印象に残ったのは、ハイドゥクのミヨ・ツァクタシュが肘打ちを見舞って退場になり、両軍による乱闘騒ぎが起きた場面だった。

だが試合が終わっても、チャントは延々と続いた。マミッチを糾弾する歌、ザグレブに対抗意識を燃やす歌、HNSやセルビアへ敵意を剥き出しにした歌。全ての歌は何者かに対して必ず反旗を翻していた。

トルツィーダはノース・スタンドで、自らが定めたルールだけに従って自由を謳歌していた。

彼らは誰にも縛られずに、コレオグラフィーやバナー、歌やチャントなどを通して強烈な反骨精神と自らのアイデンティティを誇示する。

確かにこれらのメッセージは、ある意味では刹那的なものだ。たとえ、その内容が不正の真相究明を求めるものであったり、時宜に適っているものだったとしても、シーズンや試合ごとに内容はどんどん変わっていくし、発信されたそばから消えていってしまう。

だが彼らの行動は、時と場所を同じくした人々の脳裏に共同体験として記憶に刻まれる。そしてサッカーの歴史にも刻み込まれ、古代生物の化石のように永遠に残り続けるのである。

第一部

エル・プリメル・インチャ

（一人目のサポーター）

空っぽのスタジアムに入ったことがあるかい？
やってみるといい。フィールドの真ん中に立って耳を澄ませるんだ。
無人のスタジアムくらい空虚なものはないから。
観客を奪われたスタンドほど、静まりかえっている場所はないんだ。

エドゥアルド・ガレアーノ『光と影のサッカー』（邦題「スタジアムの神と悪魔」）

第一章
ウルグアイ
熱に浮かされた、患者ゼロ号の原風景

ULTRAS 1312
A Journey With
The World's Most Extreme Fans

モンテビデオ

エスタディオ・センテナリオの周りには、人っ子一人いなかった。だがムセオ・デル・フットボル（サッカー博物館）は午前一〇時になると、必ず扉が開けられる。

一九三〇年、第一回のワールドカップ本大会に向けて建造されて以来、このスタジアムはもっとにぎわいを見せていた時期も経験している。しかし近寄ってみると、いまだに驚くべき建造物であることがわかる。翼のような装飾があしらわれた、高さ一〇〇メートルのアールデコ様式のタワー、ラ・トーレ・デ・ロス・オメナヘスは緑のピッチと、少しくぼんだコンクリート製のスタンドを見下ろすようにそびえ立ち威容を誇る。

そもそもエスタディオ・センテナリオは、豪雨の中で建設が進んだために完成が遅れている。結果、ワールドカップの開幕戦は他の会場で行われる形になった。最終的にスタジアムが完成したのは開幕戦の数週間後で、わずかなグループマッチと準決勝二試合、そして記念すべき初のワールドカップ決勝で使用されている。地元ウルグアイ対アルゼンチンの一戦である。

この試合に集まった観客は六万人以上。そこにはアルゼンチンからラ・プラタ河を船で渡ってきた、二万人ものアウェーファンが含まれていた。だが彼らは無駄足に終わっている。ハーフタイムの時点では一対二と追いすがっていたものの、最終的にはウルグアイが四対二で勝利の美酒に酔った。

一九三〇年当時、ウルグアイの人口はわずかに一七五万人に過ぎなかった。この種の小国がワールドカップを制するなどというシナリオは、通常はあり得ない。

しかしウルグアイは違う。とりわけサッカーに関しては過去八〇年間以上、幾度となく、期待を大きく超える成果を手にしてきた。

その輝かしい歴史は、スタジアム内に併設された二階建てのムセオ・デル・フットボルを訪れればすぐに見て取ることができる。館内には偉業を讃える写真やオブジェ、記事が所狭しと陳列され、サッカーという競技にいかに大きな影響を及ぼしてきたかが伝えられている。

一階のエントランス近くに設置されているのは、インカの太陽神を模した青と白の国旗である。すり切れて色あせた国旗は、ウルグアイ代表が一九二四年のパリオリンピックで優勝した際に使用されていたものだ。二階には一九二八年のアムステルダムオリンピック決勝で、ミッドフィルダーのロベルト・フィゲロアがアルゼンチン相手にゴールを決め、二対一の勝利をもたらした瞬間に履いていたスパイクが飾ってある。

ミュージアムの目玉は「ラ・セレステ」こと、ウルグアイ代表の過去と現在を描いた巨大なキャンバス。これは地元のアーティストであるサンティアゴ・ベシーノが、二〇一八年のワールドカップ・ロシア大会の本大会前に完成させたもので「東方の二三人」と題されている。

横二メートル、縦一メートルの作品は、「最後の晩餐」の如きレイアウトになっているが、その舞台に設定されているのは土煙の上げる戦場だ。

ウルグアイは過去一五回、コパ・アメリカを制している。これは南米のいかなる国をも上回るが、キャンバスには二〇一一年、エヒディオ・アレバロ・リオスが賜杯を掲げる場面が描かれている。彼の右側では、エディンソン・カバーニと思しき人物が膝まずき、ジュール・リメ杯（ワールドカップ）を差し出している。ウルグアイは一九三〇年に母国で行われた第一回のワールドカップで優勝しただけでなく、一九五〇年大会でも世界の頂点に立った。特に決勝ではマラカナンに押し寄せた二〇万人のブラジル人の目の前で、セレソンを打ち破っている。

そうかと思えば、意識を失ったアルバロ・ペレイラが、三人のチームメイトに抱きかかえられている場面もある。これは二〇一四年、ブラジルで開催されたワールドカップのイングランド戦において、ラヒーム・スターリングの膝蹴りを受け、ピッチ上に倒れた瞬間を彷彿とさせる。ちなみにウルグアイは二対一で勝利を収めたが、二つのゴールを決めたのはルイス・スアレスだった。今日におけるウルグアイサッカーの押しも押されもせぬスターは、キャンバスの中央で青い旗を振っている。

チームをキャプテンとして率いるディエゴ・ゴディンは白馬にまたがり、青い中世風の旗を手にしている。そこにあしらわれているのは四つの金色の星だ。これは二度のワールドカップ制覇と、オリンピックの金メダル獲得を表している。

様々な登場人物の背後にはエッフェル塔、コルコバードのキリスト像、エスタディオ・センテナリオ、そしてモスクワの赤の広場にそびえ立つ聖ワシリイ大聖堂などが描かれていた。

プルデンシオ・ミゲル・レジェスの肖像

この巨大なポートレイトの裏側に回り、隣の通路を歩いて行くと突き当たりに一枚のポートレイトが飾ってある。

被写体は中年に差し掛かったずんぐりとした男性で、長い口髭と白いものが混ざった顎髭を生やしている。彼はスリーピースのスーツを着込み、ネクタイ姿で写真に納まっていた。一九〇五年に撮影された写真は色あせており、ともすれば見過ごしてしまいそうになる。

その人物の名はプルデンシオ・ミゲル・レジェスという。

彼はサッカー選手でもなければ、ウルグアイのクラブチームや協会で要職に就いたことも一度もなかった。実際には馬具や革製品を扱う職人であり、クルブ・ナシオナル・デ・サッカーに雇われた人物だった。だが彼もまた、サッカーの歴史に決定的な影響を及ぼした。

当時のナシオナルは、モンテビデオで結成されたばかりのクラブだったが、イングランド人ではなく、ウルグアイ人によって運営された初めてのクラブでもあった。試合当日、レジェスは極めて重要な役割を果たした。「インチャドール（ボール管理係）」として試合開始前や試合中、重い革製のボールを膨らませたのである。

二〇世紀が幕を開けてから最初の一〇年間、彼はナシオナルのエスタディオ・グラン・パルケ・セントラルの常連だった。

当時のウルグアイでは、サッカーはオペラや演劇と同じような芸術の一種として愛でられていた。テニスやポロ、はたまたクリケットと同じように位置付けられており、サポーターは一張羅を着て試合を観戦した。ナシオナルのコミシオン・デ・イストリア・イ・エスタディスティカ（歴史統計委員会）は、これを「古典的なアングロサクソンスタイル」と評している。

木造のパルケ・セントラルでも、サッカーは格式あるスポーツと見なされており、観客は威厳を保ち、生真面目な態度で応援し続けた。唯一の例外はゴールが決まった瞬間だが、「多少拍手をしたり、歓喜や失望の声を上げる域を超えなかった」とされている。

だがレジェスは明らかに異質だった。

パルケ・セントラルに入るまでの彼は、誰が見ても物静かで控えめな人物だった。しかしピッチサイドに足を踏み入れ、審判がホイッスルを吹いた瞬間、別人になった。試合の間中、ボールを膨らませる場面が訪れるまでタッチライン沿いを走り回り、選手を叱咤激励し続けたのである。さらには観客の方を向くと「ナシオナル、ナシオナル、ナシオナル、レッツゴー、ナシオナル！」と合唱するように焚きつけ、チームを優位に立たせようとした。

サッカー熱に冒された〝患者ゼロ号〟

レジェスが奇妙な行動を始めた当初、観客は当然のごとく戸惑った。ジャーナリストたちは、ナシオナルの「エル・インチャ・ペロタス」、本来、ボールを管理するだけの男が、試合そのものと同じように見どころとなっていると記している。

レジェスは観客が反応するまで大声を出し、ピッチサイドを走り回り続けた。

これは誰もがかつて見たことがない光景だったが、努力は徐々に実っていく。後にウルグアイの著名なジャーナリスト、ディエゴ・ルセロが指摘したように、ホームゲームが行われる度に、「サラミソーセージ」のような指を持つ「太っちょレジェス」に従う人々の数は増えていった。

アウェーチームの関係者やサポーターも、独特な応援スタイルに目を引かれ、それぞれのホームゲームでチームの名前を連呼したり、合唱したりするようになっていった。

「インチャという単語は、ナシオナルのサポーターの代名詞となった。彼らは最も大声を出して応援したからである」

クラブ側はレジェスに関してこう説明している。

「やがてこのスタイルは他のクラブにも広がり、ラ・プラタ河も越え、さらには世界中に伝播していったのである」

今日、スペイン語圏の国々では、熱狂的なサッカーファンを指す際に「インチャ」という言葉が用いられる。その語源は、ナシオナルの「インチャドール」だった。

確かにレジェスはワールドカップで優勝したわけでも、オリンピックでメダルを獲得したわけでもない。実際には一九四八年二月にひっそりと世を去ったし、埋葬地さえ定かではない。

だが彼がもたらした影響は絶大だった。彼は奇妙な応援方法を通じて、サッカー界に存在していた「第四の壁（舞台と客席を隔てる壁）」を融解させ、サッカーを観戦する人々とサッカーをプレーする人々を、新たな形で結び付けたからである。

サッカーファンとはもはや静かにゲームを堪能している人々ではなく、熱に浮かされたように感情を発露する人々と同義になった。

その流儀を定めた人物こそ、プルデンシオ・ミゲル・レジェスだった。彼は世界で初めて誕生したファンやサポーター、ウルトラスであり、南米におけるバーラ・ブラバ、トルセドーレのモデルとなったといってもいい。レジェスはサッカー熱に冒された〝患者ゼロ号〟、エル・プリメル・インチャだったのである。

ガイド兼ボディガードになるはずのミカエル

過去数週間、私はスウェーデンのミカエルと「ワッツアップ」というアプリで連絡を取りながら、アルゼンチン取材の件で相談を重ねていた。そしてようやく決まったのは、まずはヨーロッパから一万二〇〇〇キロ離れたモンテビデオで落ち合い、ウルグアイサッカー界の頂点に立つクラシコ、ナシオナル対ペニャロール戦を観るという計画だった。

ミカエルはヨーロッパで活動するウルトラスの中で、最も顔の知られた人物の一人である。彼は一九九〇年代初頭、自らが愛してやまないストックホルムのハンマルビーを応援するために、スウェーデン初となるウルトラスを結成していた。

彼の人生はハンマルビー一色だったが、海外のサッカー文化も常に意識していた。そのきっかけとなったのは九歳のときの出来事だった。彼は一九七八年のワールドカップ決勝、アルゼンチン対オランダ戦に衝撃を受けたという。理由は試合の内容ではない。ブエノスアイレスのエスタディオ・モヌメンタルにおいて、すさまじい量の青と白の紙テープがテラスから投げ込まれ、ファンがチームを応援する様子に度肝を抜かれたのである。

以来、彼は同じ雰囲気をハンマルビーでも再現しようと決意。世界各国を旅行して現地のサッカー文化に触れ、スタジアムのテラスで吸収した要素をスウェーデンに持ち帰った。

こうして活動を続けるうちに、彼はイタリアのＡＳローマ、オーストリアのラピド・ウィーン、そしてギリシャのパナシナイコスのウルトラスとまで深い関係を築くようになった。ウルトラスは世界のいずこでも固い絆で結ばれている。それは言葉を換えれば、余所者に対する猜疑心も極めて強いことを意味する。とりわけジャーナリストは、警察と同様に煙たがられていた。

これは欧州諸国のウルトラスやフーリガンだけでなく、南米の「バーラ」にも共通する。

バーラは組織化されたサポーターグループであり、南米版のウルトラスとしばしば表される。バーラは様々なクラブのインチャの中でも、特に熱狂的な集団だ。彼らはまずアルゼンチンで一九二〇年代に結成され、そこからスペイン語圏の南米全体にすぐに伝播。南米サッカーを独特なものに変え、世界中のサッカーファンを抗し難い魅力で惹きつけてきた。

だが、その一方では闇の世界にも深く足を踏み入れてきた。サポーター同士の暴力的な抗争のレベルを超えて、組織犯罪にも関与するようになったのである。事実、バーラはアルゼンチンとウルグアイでは絶大な影響力を持っている。駐車場の仕切りからチケットの販売、食事を提供する屋台、商品の販売、そして麻薬の取引に至るまで全てを仕切っている。

当然、彼らも部外者に対しては強い警戒感を抱いている。だが仲間の誰かが身元を保証してくれれば、ジャーナリストでもネットワークの中に入っていくことができる。

私がミカエルと連絡を取っていた理由は、まさにそこにあった。

彼は一年もの間、アルゼンチンの「バーラ・ブラバ」、中でもボカ・ジュニオールの「バーラ」と共に行動していたからだ。一番親交があったのは、世界で最も悪名高き「ラ・ドセ（一二番目のメンバー）」なるグループだが、ウルグアイでも確かな人脈を築いてきた。

しかもウルグアイでは、南米サッカー界を代表するクラシコの一つ、ナシオナル対ペニャロール戦が行われる。アルゼンチンはあまりにも暴力沙汰が激化したために、アウェーのファンは六年前からスタジアムへの入場が禁じられている。しかしウルグアイでは、アウェーのファンも試合に入場することが許されていた。ならばナシオナルのバーラである、ラ・バンダ・デル・パルケと行動を共にするのがいい。

このプランを実現するための顔利き役として見込んでいたのが、他ならぬミカエルだった。スウェーデン人のミカエルはきっと背も高いだろうし、万が一の場合には、ボディガード役を務めてくれることも期待できる。

犯罪集団と化していくウルトラス

ところがミカエルは五〇歳近くのぽっちゃりした男性で、私より大分背が低かった。風貌もおよそ強面だとは言い難い。長い髪を後ろで結び、髭ももじゃもじゃと生やしている。そして首に大きなピンク色のキスマークを入れた、サッカーオタクのような人物だった。

ただし、それ以上に目立つのは、全身に彫られたクラブの名前だった。ウェストハム・ユナイテッドの水色のTシャツから突き出た腕にも、至る所にタトゥーがある。これは彼が長年かけて友好関係を築いてきた世界中のクラブの名前だという。そこにはハンマルビーはもちろん、ローマ、ラピド・ウィーン、ボカ・ジュニオールも含まれている。

一方、彼の足には「アンディ・キャップ」という漫画の主人公も彫られていた。アンディ・キャップは、人々が眉をひそめるような台詞がポンポン出てくるイギリスの作品である。結果、主人公は、ウルトラスのムーブメントにおいてシンボルとなっていた。後から知ったのだが、Tシャツに隠れた腹の部分には、ウルトラスという文字もでかでかと鎮座している。

「こんちは、どうも」

彼は少しコックニーっぽい英語で親しげに話しかけてきた。

私の知り合いは、ミカエルは真っ当な人間だと断言していたが、それは正しかった。事実、彼は過激なデスメタルを聴くのが好きで、全身は入れ墨だらけだったが、極めて温厚な平和主義者で、暴力沙汰に一切興味を持っていなかった。

だがミカエルは、残念なニュースを教えてくれた。ウルグアイのクラシコが急遽キャンセルされたというのである。しかもラ・バンダ・デル・パルケは、さらにのっぴきならない問題に対応しなければならなくなっていた。

「バーラのリーダーの一人が、人を殺した容疑で刑務所に入れられたんだ」

ミカエルは淡々と語ったが、それが濡れ衣ではないかといぶかっていた。

「たぶん縄張り争いと金絡みだろうな。南米じゃ日常茶飯事だから」

これは身の毛もよだつような事件だった。六週間前、トレス・オンブーエスという地域の郊外で、焼けただれたフォルクスワーゲンのバンが発見される。いずれもラ・バンダ・デル・パルケのメンバーである二人の男性が焼死体となって見つかったのである。

この事件の一カ月後には、同じバーラに所属する三人のメンバーが逮捕されていた。そのうちの一人は、モンテビデオの空港で身柄を拘束されている。ブラジルで開催されたコパ・リベルタドーレスにおいて、ナシオナル対アトレチコ・ミネイロの試合を観戦して戻ってきたところでご用となった。

かくして始まった裁判では、まず弁護士の一人が、被告が一試合あたり四万ペソ（約八〇〇ポンド）をナシオナル側から受け取り、チームの応援やドラムの演奏、そしてインチャをまとめる役割を請け負っていたらしいことを明かしている。

ナシオナル側は否定したものの、この一件はウルグアイの多くの人々が長年抱いていた疑念を裏付ける内容だったため、大きなスキャンダルに発展した。その疑念とは、各クラブはバーラに仕事や観戦チケットを与え、便宜を図り続けているのではないかというものである。

ウルグアイは南米で最も豊かで安全な国だが、スタジアムの内外では殺人事件が後を絶たなかった。分水嶺となったのは、二〇一六年のクラシコの前に起きた事件、ペニャロールの二人のファンが銃撃されたケースである。

この際には一人が腎臓を失い、もう一人は一カ月後に死亡。事件後、リーグは中断され、ラ・バンダ・デル・パルケのメンバー一二人が逮捕されている。センテナリオで開催された次のクラシコは、ペニャロールのバーラであるアムステルダムが暴動騒ぎを起こし、キャンセルとなった。

彼らは警官隊に向かってガスボンベを投げつけたために、一五〇人のメンバーが逮捕されている。
事態を重く見た政府当局は、バーラとの癒着を続けるクラブに対しては、断固たる措置を取ると発表。一方、警察側は状況が改善されないのであれば、スタジアム内に警官を派遣するのをやめるとコメントしている。これは各クラブが自腹を切って、試合中の安全管理を行わなければならないことを意味した。

ところがクラブ側とバーラ側は、いまだに癒着し続けていた。それを如実に示したのが先に述べた事件、フォルクスワーゲンの車内で、二人が焼死体で見つかった事件の公判だった。

二〇一七年、ウルグアイの国会では、サッカー協会で警備担当を司る責任者であるラファエル・ペナが、バーラの脅威について証言している。

「彼らは本当のカルテルに変質し、縄張り争いを繰り広げたり、犯罪行為に手を染めるようになってしまった。（彼らを取り締まろうとすれば）必ず脅される。例外なくだ」

片やナシオナルのファンたちは、いつものように陰謀説を口にした。試合を延期するに当たって、サッカー協会側が提示した理由に納得のいかないファンたちは抗議運動を展開。一〇歳の少女を含む四人のファンがサッカー協会の本部の前に集まり、直前に開催された試合の判定基準について、疑義を投げかけている。

サッカー協会は、クラシコを開催しない口実が欲しかったに過ぎない。ナシオナルのファンたちは、こう考えていた。ましてやペニャロールはコパ・リベルタドーレスにおいて、グループマッチの最も重要な最終戦、ブラジルのフラメンゴとの一戦を控えていたからである。

結局、ペニャロールは半分しか埋まっていないエスタディオ・センテナリオで、リーベル・プレートと試合を行うことになった。同じ日の夜、一方のナシオナルは、パルケ・セントラルでプログレッソと対戦する形になる。

ナシオナルのためなら死んでもいい

私とミカエルがスタジアムに着く頃には、辺りは暗くなり激しい雨が降り始めていた。

このスタジアムは、第一回のワールドカップにおいて、記念すべき最初の試合、米国対ベルギーが開催された場所である。ちなみに第一回大会では、現在は使用されていないエスタディオ・ポシートス、かつてペニャロールのホームだったスタジアムで、フランス対メキシコの一戦が幕を切って落とされている。

ミカエルはステッカーを大量に持ってきていた。彼は歩きながら、「バーラ・ブラバ・ハンマルビー」「サッカーを愛せ、ポリ公を憎め」といったステッカーや、ハンマルビーのユニフォームに身を包んだアンディ・キャップのステッカーを、街灯や道路標識にベタベタと貼っていく。ラ・バンダ・デル・パルケの根城であるウェスト・スタンドの外側では、トロンボーンを抱えたサポーターが一人で練習をしていた。やがて彼はパーカッションやドラム担当の人間と共に、スタジアムの中に消えていった。

場内の一角には青と白、そして赤のバナーやフラッグが無数にはためいている。「ナシオナルのためなら死んでもいい」というバナー。大きなマリファナの葉と、モンテビデオ近郊にある「ホワイトストーンズ」という地域の名前があしらわれたバナー。これら二つのバナーの真ん中には、テラス全体と同じほど長い巨大なバナーが掲げられている。そこには「ラ・プリメル・インチャ・ダ・デル・ムンド（世界で最初のファン）」という文字が描かれていた。

彼らがいる場所からは、絶えずチャントや合唱が響いてくる。三対〇のリードでハーフタイムを迎えたときも応援は続いていた。結局、試合は四対〇で終了。主審のホイッスルが鳴り、観客が帰り始めた後も少人数のラ・バンダ・デル・パルケは合唱を続けていた。

さあ行け、トリコロール
今日の試合は勝たなきゃならない
エル・プリメル・インチャ
彼は力を与えてくれた
おまえがどこでプレーしようと
俺は一切構わない
なぜなら、どこにいようとも
俺が応援するからさ
ナシオナル、俺がいつでもついている
ナシオナル、チャンピオンになってくれ

エスタディオ・グラン・パルケ・セントラルは、「インチャ」という単語そのものが生まれた場所である。だがこのスタジアムは他の意味においても、ウルグアイのサッカー界の歴史において、幾多の重要な役割を担ってきた。忌むべき出来事を含めてである。

「ミゲル・レジェスは今でもここにいる。この場所には多くの亡霊が彷徨っているんだ」

ナシオナルで主任歴史家を務めるイグナシオ・ポウは、ひと気のなくなったピッチのそばに立ちながら、こう説明してくれた。

彼によれば、エスタディオ・グラン・パルケ・セントラルは独立戦争の英雄であるホセ・ヘルバシオ・アルティガスが一八一一年、ウルグアイの人々によって指導者に選ばれた場所に建設されているという。アルティガスはスペインやポルトガル、イギリスなどのヨーロッパ列強に対する抵抗運動に一生を捧げた人物だった。

ナシオナルが一八九九年に創設された際、ファンはアルティガスがシンボルに掲げたトリコロールをチームカラーに採用。これを機に、ペニャロールとの永遠のライバル関係も生まれた。

「私の父はこの国を独立に導いた偉人、ホセ・アルティガスと同じ赤、白、青を貴重にしたナシオナルを応援していた」

ウルグアイ人の作家アンドレアス・カンポマルは、著書『ゴラッソ』において述べている。

「一方、私はペニャロールのファンになった。ペニャロールは一九世紀末、セントラル・ウルグアイ・レールウェイ・クリケット・クラブとして設立された、労働者階級のクラブだった」

カンポマルによれば、ナシオナルのファンたちは独立のシンボルとなったトリコロールをまとい、自分たちこそはウルグアイらしさを体現する存在だと自認。ペニャロールに対しては、余所者や移民のためのクラブだと揶揄したという。

このような捉え方は、ペニャロールの俗称にも反映される。彼曰く。

「結果、イタリア風に『マンジャーレ・メルダ（穢らわしい奴ら）』と呼ばれるようになった」

事実、当時のペニャロールのファンたちは、誰もがやりたがらない仕事に従事している人物が多かった。だが彼らは差別的な俗称を自ら取り入れたのである。

民族のアイデンティティとしてのサッカー

サッカーという競技は、ウルグアイが国家のアイデンティティを確立する上で、決定的な存在となってきた。たとえばイグナシオ・ポウの説明によれば、ウルグアイは南米で初めて「黒人選手がサッカーをすることを許可した国」だったという。

ウルグアイは小さな多民族国家で、植民地化しようと目論む隣国の侵略も受けてきた。現に大国に隷従した時期もあるし、移民の増加によってさらに多民族化が進んでいる。そこで重要な役割を果たした要素こそサッカーだった。ポウは語る。

「サッカーは、この国を一つに団結させるための接着剤だったんだ。

我々はブラジルやアルゼンチンに挟まれた、かなり歴史の浅い国だった。だがサッカーならどうだろう？　サッカーは我々の歴史において、本当に自分たちのものだと感じさせてくれる最初の要素だった……サッカーはウルグアイの社会を変えたんだよ」

ウルグアイのサッカーにまつわるほとんどの物語は、ピッチ上で成し遂げられた輝かしい栄光や、同国が輩出したスターに関するものだった。

無論、このようなアプローチ自体は間違っていないが、観客がどうしてあれほど興奮するのか、ウルグアイという国が、なぜかくもサッカーにこだわるのかという理由については、あまり語られてこなかったのが実情である。

その謎を解く鍵を握る人物こそ、ミゲル・レジェスだった。

数年前、ポウをはじめとするナシオナルの歴史調査委員会のメンバーは、クラブの語り継がれてこなかった歴史を調査している。そこで彼らが発見したのは、ミゲル・レジェスがピッチサイドで披露した振る舞いに関する新聞の切り抜きや写真、そしてメモだった。

たとえば、一九一四年当時のウルグアイ代表が写った有名な写真がある。そこにはナシオナルに所属していた一一人の選手が並んでいるが、別の人間も一人だけ顔を並べている。それがまさに一二番目の人物、ミゲル・レジェスだった。

心理学者のジークムント・フロイトは、一九二一年に発表された論文「集団心理学と自我の分析」において、「群衆は、共通の関心事項や愛情によって結び付けられることによって、無意識の欲望を解放できるようになる」と論じている。カリスマ的なリーダーが、人間の内面に潜む「イド（本能・衝動）」を揺り動かすケースは珍しくない。

ミゲル・レジェスは、ナシオナルのサポーターに集団的なイドを与えた人物だった。ポウは次のように表している。

「彼はサッカーに熱狂した世界で最初のファンだった。私たちはそのことに誇りを感じる。彼はサッカーを生きたんだ」

ポウはさらにこう続けた。

「映画を単に観るのと、実際に出演するのはかなり違うんだよ」

レジェス一家に流れ続ける〝血〟

ミゲル・レジェスの曾孫にあたるエルネスト・レジェスは、スタジアムから車で三〇分ほど走った場所に暮らしていた。彼は緑のフェルトで覆われたトランプ用のテーブルに、セピア色の写真を何枚か並べてくれた。

「ここにいるのが曾祖父さんと曾祖母さん。彼らには五人の子どもがいたんだ」

彼はこう言いながら、ほとんど消えかかっていた写真の隣に、もう一枚の写真を置いた。それは結婚式の当日に妻と撮られたものだった。

「ミゲルは男やもめだったから、曾祖母さんは黒い服を着ているんだよ」

小さな娯楽室には、今日まで残されている全ての遺品、そしてプルデンシオ・ミゲル・レジェスに関して知られている全ての要素が収められていた。

ムセオ・デ・フットボルに飾ってあるのと同じ写真、彼が携わっていた皮革業に関する何枚かの領収書、手紙、ナシオナルの観戦チケットの半券、ナシオナル対ペニャロールの対戦記録を全て記録した本が一冊。その本によれば、一九九〇年七月一五日に行われた最初のクラシコは、〇対二でペニャロールに敗れている。そして名前をデザインしたマークの付いたマテ茶の水筒。

だがそれ以外には何もなかった。おそらくプルデンシオ・ミゲル・レジェスの人生を物語る品々は、靴箱に全て収まってしまうぐらいの数しかないのだろう。残念ながら彼にまつわる物語は、時の流れと共にどんどん風化しつつある。

「曾祖父さんについてどのくらい知っている？」

エルネストはふと尋ねてきた。

「僕たちが知っている話は曾祖母さんのものなんだ。彼女が未亡人になり、女手一つで苦労しながら五人の子どもを育てたかということだけさ」

エルネストには二人の兄弟がいるが、彼らは子どもの頃から熱狂的なサッカーファンと共に育っている。亡き父親である。色あせたミゲル・レジェスの写真の隣には、ナシオナルの大ファンだった父親のカラー写真が飾ってある。それはナシオナルのトロフィーが陳列された部屋で撮影されたもので、父親は両腕を広げながら笑みを浮かべている。

だがエルネストたちは、父親と一緒に試合に行くのを諦めなければならなかったという。あまりに思い入れが強く、他のファンと口論を始めるからである。

「親父はとんでもないくらい熱いファンだったね」

エルネストは、とある試合で起きた事件のことを覚えていた。父親は近くにいたインチャたちと議論を開始。最後は頭に血が上り、喧嘩に備えて腕時計を外したという。

「でも、その試合はナシオナルの一軍と二軍がやった親善試合だったんだぜ！」

エルネストが笑いながら解説する。

「なのに最後は、他のファンと喧嘩になっちまったんだ」

エルネストは、かつてプルデンシオ・ミゲル・レジェスを突き動かしたのと同じ〝血〟が、「世代を超えて受け継がれていた」と考えている。

彼にとって祖父にあたる人物、つまりミゲル・レジェスの息子は、クラリネットを演奏するのを好むような無口な人物で、サッカーにほとんど興味を示さなかった。しかしエルネストの父親は純粋なサッカーファンで、ナシオナルの会員証を常に携えているようなインチャだった。

かくいうエルネスト自身もナシオナルを応援していたが、サッカーはなければないで構わなかった。これは二人の兄弟も同様である。

ところがエルネストの子どもたちは、ナシオナルに夢中なのだという。

「バーラのメンバーで、いつもフラッグの下で試合を観ているんだ。しかも息子は（ナシオナル）のバスケットボールチームの試合さえ応援に行く。ちょっと、いかれているんだ」

エルネストの長女も熱病に浮かされていた。

「あの子も（サッカー狂の）遺伝子を受け継いでいるんだが、試合に行くのをやめさせた。さすがに女だからね。そう、確かに差別的かもしれない。今は時代も変わったけど、昔は女がバーラのメンバーになるなんて、あまりよく思われなかったんだ」

彼らの一家は、ナシオナルへの愛情がなぜ抑え難い隔世遺伝し、頭痛の種となるのかを理解できずにいた。だがその源が、曾祖父のプルデンシオ・ミゲル・レジェスにあるのは明らかだ。これは世界中のファンにとっても同様である。

レジェスが辿った人生の全貌は、ほとんど知られていないに近いが、彼は一種の伝説であり、黙示録の如き存在ともなった。

アルゼンチンの二つのクラブ、ウラカンとラシンは、自分たちこそはウルグアイから「インチャ」を最初に導入したと主張し合っている。エルネストは、その状況も熟知していた。

「インチャという言葉を聞く度に、特別な気持ちになるんだ。（ウラカンとラシンの）話も誇りに感じるね」

マリファナ、拳銃、ＬＳＤの世界

翌日、ミカエルと私はラ・バンダ・デル・パルケについに合流することができた。ミカエルは、サンティアノなる人物に会えとメッセージを受け取ったのである。

サンティアノは大柄でスキンヘッド、地声が大きく早口で喋る人物だという。私はその時点まで、ラ・バンダ・デル・パルケの実態を掴めずにいた。リーダーの逮捕によって、彼らは余計に身構えたからだ。だがミカエルは電話を入れ続け、それがついに功を奏する形になった。

サンティアノとは、ナシオナルの試合の前に落ち合うことになっていた。ただし、それはサッカーの試合ではない。アンテル・アレナという新しい施設で、アグアダ相手に行われるバスケットボールチームの試合だった。

ウルトラスにとって種目の違いは問題にならない。サッカーであろうとバスケットであろうと、あるいは水球や女子のバレーボールであろうとも、ユニフォームの色さえ同じであれば応援の対象となる。これはヨーロッパのウルトラスの場合も同様だ。南米のウルトラスは試合に臨む前に、

「エントラーダ」を行う。これはバナーを広げながらスタジアムに向かっていく行進で、花火や爆竹、発煙筒の使用、ドラムの演奏などをしばしば伴う。

夕暮れ時、サンティアノは車で迎えに来てくれた。ラ・バンダ・デル・パルケの古株である彼は、ナシオナルの青いパーカーを身に着けていたが職業は弁護士だという。

彼は車のブレーキを鳴らしながら、猛スピードでコーナーを曲がっていく。そして大声を出しながら、これまた猛烈な勢いでまくし立て始めた。しかし具体的に何を担当しているのかは、明かそうとしなかった。

「あれもこれも、いろいろやってるからな」

サンティアノはスタジアムの周辺で自由に活動できるが、ナシオナルの試合会場に出入りすることは一切禁じられていた。競技を問わずにである。原因は拳銃の不法所持だった。彼は仕事の経験を活かして何度も窮地をくぐり抜けてきたが、銃の不法所持で逮捕されたときには、さすがに手の打ちようがなかったという。

彼はパルク・セントラルの近くにあるスケートボード場まで我々を送ってくれた。そこはナシオナルのグラフィティが一面に描かれた場所で、バーラのメンバーが五〇人ほど、エントラーダの準備をしていた。大半は若い男性だったが、実名や素顔はよくわからない。

所在なげに立っていると、私は突然、丸めたマリファナの葉を渡された。

ただでこれほど大量のマリファナを受け取ったのは初めてだった。ちなみにウルグアイでは、マリファナをやり取りするのは違法にならない。二〇一三年以来、彼の地ではマリファナが合法化され、一グラムあたりの最大価格も定められるようになった。これは闇マーケットに巣くう売人を追放する効果ももたらしていた。

「これがバーラさ。他に何もねえよ」

マテオが口を開く。彼はがっしりとした体格の持ち主で、頭に野球帽をかぶっていた。そこには「Winner（勝者）」という文字が刺繍されている。本人の弁によれば、彼はラ・バンダ・デル・パルケではよく知られた人物で、刑務所から出所したばかりだという。

「なんで牢屋にぶち込まれたんだい？」

こう尋ねると、マテオは両手でピストルのサインをしながら答えてくれた。

「ペニャロールのファンを二人撃っちまったんだ」

さらにマテオは携帯電話を取り出すと、刑務所内で撮影された数々の写真を見せてくれた。ほとんどの場面で、彼は笑いながらVサインをしている。

集まっていた連中は、誰もがクラックやコカインでハイになっていた。バーラのメンバーはマリファナだけでなく、今度はＬＳＤを染み込ませた紙が入ったビニール袋も差し出してきた。相手の目は大きく見開かれ、瞬き一つしない。おそらくこのスケートボード場は、ＬＳＤにトライするのに世界で最も不向きな場所だろう。こんな状況でふらふらになったりすれば、何が起きるかわからない。

私が申し出を丁寧に断ると、相手は「じゃあ、銃を用意してやろうか？」と言ってきた。それを聞いていたサンティアノは子犬をしつけるように、彼の頭をポーンと叩いた。

ブラックリストに載った末裔たち

やがてミカエルが、スウェーデンのウルトラスについて話を始める。アルゼンチンに滞在している間に覚えたブロークンなスペイン語で土産話をしていると、さらに数百人が我々の周りに集まってきた。

バーラのメンバーが酒を飲み、たばこやマリファナを吹かし、ナシオナルやインチャ、さらには憎むべきペニャロールに関する歌を合唱しながら、発煙筒を手渡していく。そして何の前触れもなく、誰もが道路の真ん中に移動し始めた。

エントラーダが始まると、交通は否応なく遮断される。最後は数百人にまで膨れ上がったメンバーが旗やバナーを広げて大声を上げながら練り歩くため、車の渋滞が起きていた。発煙筒で周りは見えなくなり、数秒おきにとてつもない爆発音が聞こえてくる。

我々の脇では、車で送ってきたサンティアノが走り回りながら、全体の状況をチェックしている。ラ・バンダ・デル・パルケのメンバーに、公の場所で自由気ままに振る舞わせる。だが収拾がつかないレベルまで暴徒化しないように目を配るのが、彼の役割らしかった。

エントラーダは、ついにアンテル・アレナに到達する。真新しく、モダンで、きらきらと輝く立方体の施設だ。そこでグループは二手に分かれた。

一方は試合会場に向かい、コートサイドのスペースを陣取る。彼らはそこでサッカーのホームゲームと同じように、好きなだけ大騒ぎをする。残りの五〇人ほどは、道路を挟んだ公園に移動した。全員、試合会場に入るのを禁止されていたからである。

プルデンシオ・ミゲル・レジェスは、スタジアムでチームの名前を連呼し、大声で合唱を呼びかけ、プレーに一喜一憂するスタイルを確立した世界初のサポーターだった。

だが彼の末裔たちは、アンテル・アレナが照明で輝くのを、遠くから眺めるだけで良しとしなければならない。マテオは自分たちをこんなふうに嘲った。

「俺たちはこのグループのことを『ブラックリスト』って呼んでいるんだ」

第二章

アルゼンチン

ボカ、大統領、マラドーナを操る男

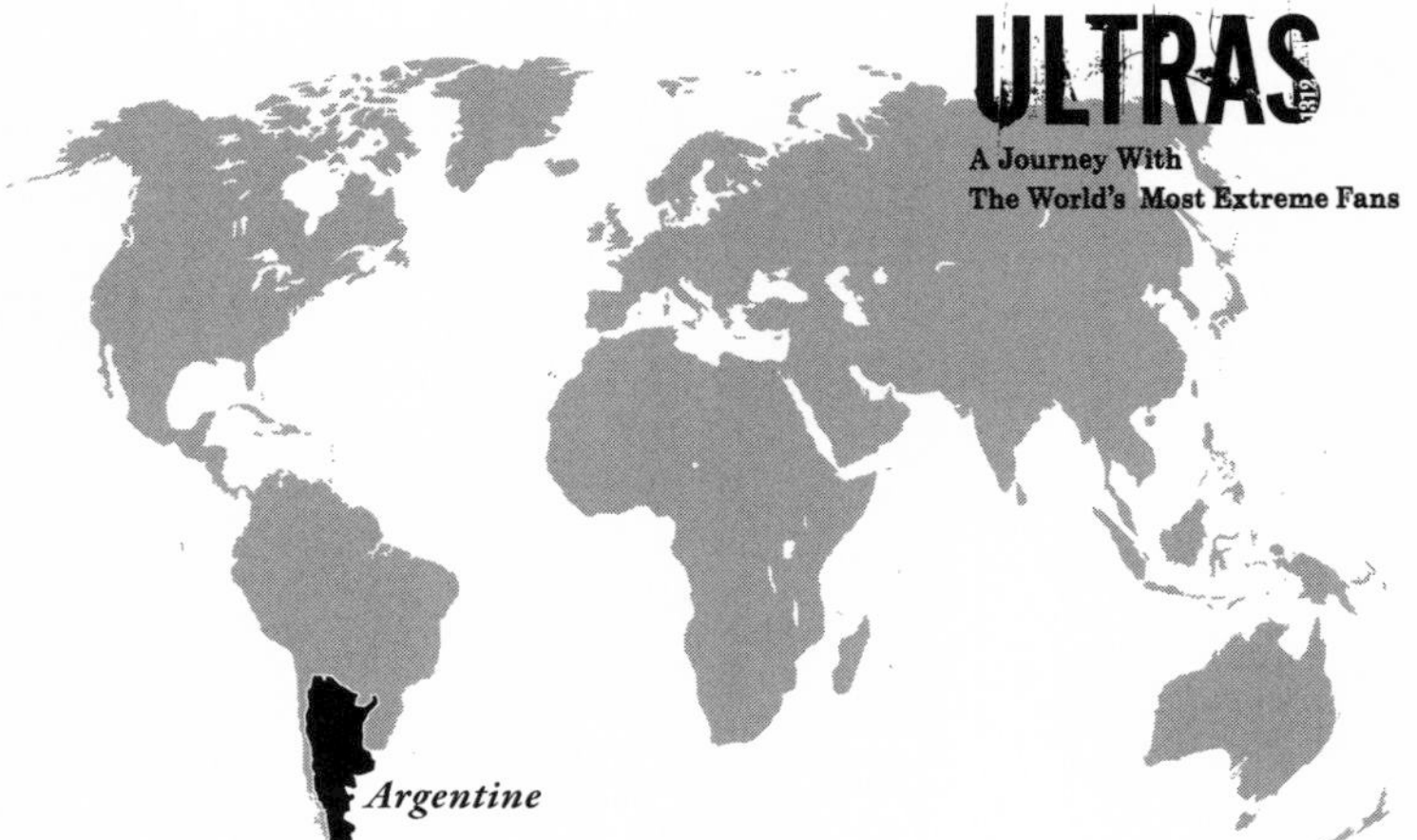

ブエノスアイレス

翌日の早朝、ミカエルと私はナシオナルのラ・バンダ・デル・パルケを抜け出し、ラ・プラタ河を渡るフェリーの船上にいた。順風で川面が荒れていない穏やかな日ならば、モンテビデオからブエノスアイレスまで、わずか二時間強で到着する。

スタジアム近くのスケートボード場では、試合後もメンバーが馬鹿騒ぎを続けていたが、発煙筒やコカイン、そして手持ちの金がなくなると、ムードは陰鬱なものになっていった。遅かれ早かれ、こちらが金をむしり取られるのは目に見えていた。

ミカエルは空気が変わったのに気が付いていなかったかもしれないが、私は彼を集団から引きずり出し、数時間後には始発のフェリーに乗り込むことができた。

ブエノスアイレスを目指す船に揺られながら、ミカエルはサッカーを軸に展開してきた彼の人生ドラマについて語ってくれた。

一九九〇年代初頭、スウェーデンで初のウルトラスを結成した後、彼はストックホルムで店を構える。八〇年代に世界中を旅して集めた旗やスカーフ、ユニフォームを売るためである。

「友だちが、アイスホッケーのスポーツショップをやっていたんだ。俺はローマが好きだったから、フィオレンティーナとインテルのスカーフをショーウインドウに飾ったんだ。そしたらグッズは一日で全部売り切れたよ」

その後、ミカエルはイングランド、ドイツ、オランダ、ギリシャ、ブラジル、そしてアルゼンチンからサッカーの乱闘シーンを収録したビデオやＤＶＤを輸入。コピーしたものを定期的に売り始める。この商売は軌道に乗り、彼は友人が経営していたショップを譲り受けるまでになった。ところが数年後、家主がテナント料を引き上げたために店を畳まざるを得なくなったという。

思いもかけぬ形で時間ができたミカエルは、余暇を利用してアルゼンチンに旅立つ。彼の地こそ、グローバルなサポーター文化の頂点であり、極上の経験を提供してくれる場所だと信じていたからだ。ただし生で試合を観たいと思っていたチームは、一つしか存在しなかった。

バーラ誕生の原点

ボカ・ジュニオールは一九〇五年、ブエノスアイレスのラ・ボカ地区において、イタリア人移民によって設立された。この地区の住民の大半は、イタリア北西部の港町、ジェノヴァからの移民である。イタリアとの絆がいかに強いかは、「ロス・セネイセス（ジェノヴァ人）」という愛称からもうかがえる。

ボカはアルゼンチンで最も成功を収めたチームであると同時に、国情も反映するクラブとなった。アルゼンチンでは、全国民の六〇％以上が何らかの形でイタリア系の血を引いているからだ。ボカを軸に大西洋を挟んだ二つの地域では、別物ながらも極めて似通ったサポーターグループが台頭していく。イタリアのウルトラスと、アルゼンチンの「バーラ・ブラバ（勇猛なギャング）」

である。

ボカのバーラは「ラ・ドセ」と呼ばれるが、この単語自体は一九二五年に生まれている。きっかけとなったのは、地元の資産家であるビクトリアーノ・カフェレナが資金援助を行い、クラブ初となるヨーロッパ遠征を実現させたことだった。

二二日間に及ぶ船旅を通して、カフェレナは練習の指揮や選手のマッサージを担当。様々な雑用もこなし、クラブにとって必要不可欠な人物になる。ヨーロッパ遠征は非常に実り多いものとなったため、一行が帰国する頃には選手に匹敵するような重要人物、「一二番目の男（ラ・ドセ）」と形容されるようになっていた。

このニックネームは、一九七二年に彼が他界するまで用いられたが、ボカの熱狂的なサポーターグループを指す固有名詞としても普及していく。

しかし一九六〇年代後半から一九七〇年代にかけて、ラ・ドセは変質する。

もともと一九二〇年代のバーラ・ブラバは、粗暴なサポーターの集団という域を超えなかった。ところが時間の経過と共に組織は整備され、厳格なヒエラルキーに基づいて運営される一大勢力となっていく。

変化を後押ししたのは、各クラブの思惑だった。クラブ関係者は情熱的なサポーターを活用できると考え、交通費や観戦チケット、さらには「トラポス」と呼ばれる大きなフラッグをこしらえる素材などを提供し始めるようになる。

アルゼンチンのバーラを取材してきたグスタボ・グラビアは、元大統領のアルベルト・ホセ・アルマンドがキーマンだったと断じている。彼は一九六〇年代にボカのバーラであるラ・ドセに対して、正式に資金援助を行い始めたからだ。その狙いはやはり、対戦相手を怯ませるような雰囲気を作り出すことだった。

ボカのレジェンドであるアントニオ・ラティンは、元アルゼンチン代表のキャプテンであり、一九六六年のワールドカップ本大会、イングランド戦において退場処分を受けた選手としても知られている。彼によればラ・ドセが与える影響は絶大だった。

「ボンボネーラでスタジアム全体が合唱し始めると、ライバルチームの選手の顔が青くなっていくんだ。それを覚えている」

だがサポーターへの資金援助は、予期せぬ結果をもたらす。バーラの人気が爆発する一方、彼らの行状が一〇年ごとに暴力的なものへと変質していったのである。これに伴い、アルゼンチンではサッカー絡みの暴力沙汰も激しさを増していくことになった。

ボカの文化に魅了されたミカエル

ミカエルは、今日におけるバーラ・ブラバの実情に精通している。

彼がボカの試合を初めて観戦したのは二〇〇八年。アウェーで行われた、クルブ・アトレティコ・ウラカン戦だった。

そもそもこの試合は、観客が起こした暴動のために開催場所が変更されていた。しかし最後には、やはり暴動が発生してしまう。警官隊は暴徒を鎮圧すべく、ゴム弾や催涙ガスで使用している。騒然とした雰囲気の中、ミカエルは暴動に加担した一味に間違えられ、一八三人のバーラと共に留置所へ移送されることとなる。

同じ房に入れられた人間は誰も英語を解さなかったし、当時のミカエルはスペイン語をまるで話せなかった。だが見慣れぬ外国人に対して、誰もが気さくに接してきたという。とりわけ警察官はフレンドリーだった。事実、ミカエルたちにはピザとコーラが差し入れられた。

結局、ミカエルは留置所で六時間過ごし、午前一時に釈放されている。

翌朝、彼は一躍有名人になっていた。日刊のタブロイド紙は大破した警察用のバスの脇を、ミカエルがきまり悪そうに歩いている写真を全面に使用するなど、その特徴的な顔が露出したからである。ちなみに彼は記事の切り抜きを今も持っていた。まだ顎髭を生やしておらず、体型も今よりほっそりしているが、首のタトゥーは一目でわかる。

この一件はミカエルにプラスとマイナスをもたらす。

まず一般の人たちは、ミカエルをバーラ・ブラバの新たなメンバー、とりわけボカに巣くってきた不穏分子の象徴と目すようになった。だがラ・ドセに関わりのある人々の間では、ミカエルは人気者になる。本人は当時の状況をこう振り返った。

「街中でいろんな連中が近寄ってきて『あのスウェーデン人だろ！　知っているぜ！』と話しかけてくるんだ」

彼が胸にボカ・ジュニオールの入れ墨を彫ったのは、このときだった。ミカエルは一年間、現地に滞在し、コレオグラフィーやバナー、チャントなどを通して表現される現地のサポーター文化にどっぷりと浸り続けた。

アルゼンチンのスタジアムで披露されるコレオグラフィーは、世界で最も見事なものだ。バーラは、観客スタンド全体を覆うような巨大なバナーを掲げることでも名高い。これらのテロン（スペイン語で「カーテン」の意）は実に芸術的で他に類を見ないし、世界各国で紹介されることもしばしばある。たとえば二部リーグのクラブ、ゴドイ・クルスは、長さが一〇〇メートルのテロンを制作。そこにマラドーナ、ローマ教皇フランシスコ（彼はサン・ロレンソの大ファンでもある）、メッシのイラストを描き、次のようなメッセージを添えている。

「神、教皇、そしてメサイア（救世主）」

声援も然り。アルゼンチンで口ずさまれるチャントは南米諸国で真似られ、やがてはヨーロッパに伝わっていく。もちろんその際には各国の言葉に置き換えられ、讃えられる対象も地元のヒーローたちに変わっていくが、南米発の文化は世界中のウルトラスを魅了してきた。結果、彼らはアルゼンチンを訪れてバーラから学び、そこで吸収したものを断片的に母国に持ち帰るようになる。それをスウェーデンで行ってきた先駆者がミカエルだった。

常につきまとってきた闇の部分

とはいえサッカーに捧げられてきた強い情熱には、影の部分も当然のようにつきまとう。事実、バーラ・ブラバは一九八〇年代以来、アルゼンチンの各スタジアムを牛耳ってきた。スタジアムの周辺にまで目を向けると、その影響力はさらに顕著になる。

こうしてアルゼンチンのサッカーは、世界で最も魅力的でありながら、最も暴力に満ちたものともなってきた。現地では、毎年数十人のファンがサッカー絡みの暴力事件で命を落としている。地元の運動団体であるサルベモス・アル・フットボルによれば、この手の死者が最初に記録されたのは一九二二年にまでさかのぼる。しかし近年はあまりに殺人事件や傷害事件が多発したため、二〇一三年以降はファンがアウェーの試合に足を運ぶことも禁じられている。

一方、社会学者であるアミルカル・ロメロは、アルゼンチンサッカーに潜む「暴力」を他に先駆けて研究してきた。

ロメロによれば、サッカー界がかくも殺伐としたものに成り代わったのは、一九五八年に起きた、とある事件が転機になったという。リーベル・プレートのファンが、ベレス・サルスフィエルドのエスタディオ・ホセ・アマルフィターニの周囲で警官に催涙弾を発砲され、死亡した事件である。以来、サポーターは過激化。体制側、特に警察に対して敵意を剥き出しにしていく。これと同時に、クラブのサポーター同士も激しくいがみ合うようになった。

ロメロは一九五八年から八三年までを、暴力の質的な変化が見られた時期として捉えていた。原因はバーラ・ブラバに流れる金が増えたことだけではない。労働者や学生による抗議活動、クーデター、市民の大量虐殺、そして独裁政権による社会不安が反映されたのである。

後者はいわゆる「汚れた戦争」と呼ばれるものだ。軍事独裁政権が誕生した結果、アルゼンチンではしばらくの間、左派の活動家やジャーナリスト、芸術家たちが忽然と「消える」事件が相次いだ。ロメロはバーラを、大衆の間に燻っていた不満や未来への不安、分裂した社会を象徴する集団として捉えていた。

ロメロの指摘が正しいことは、数字からも見て取れる。

一九二二年から一九五八年までの間、サッカー絡みで死亡した人の数は一六人だった。ところが一九五八年から一九八三年には、毎年平均して五人が殺されている（ちなみにこの数字には、一九六八年にエスタディオ・モヌメンタルで行われたボカ対リーベル・プレート戦の後、七一人のサポーターが死亡した事件も含まれている）。

結果、一九二二年以来今日に至るまで、アルゼンチンでは三三二人もの人々がサッカー絡みの暴力沙汰で命を落とすこととなった。負傷者まで含めれば、その数は数万人に膨れ上がる。ロメロは後にこう述べている。

「この国では、組織的な暴力事件がサッカー界から社会全体へと広がってきた。ヨーロッパとは真逆の現象だ」

スペシャルな「スーペルクラシコ」

中でも特に激しくいがみ合ってきたのは、ボカ・ジュニオールとリーベル・プレートのサポーターだった。二〇一八年一二月九日には、二一歳のリーベル・ファンが、コパ・リベルタドーレスの決勝、南米版のチャンピオンズリーグ決勝ともいうべき試合の後に、ボカの二人のファンに刺殺される事件も起きている。

これは両チームのライバル関係を反映している。コパ・リベルタドーレスの決勝で直接対決することはなかったものの、いわゆる「スーペルクラシコ（特別なダービー）」と呼ばれる組み合わせは、世界で最も熱い対戦カードの一つとなってきた。

ところが二〇一八年のコパ・リベルタドーレスでは、両チームが順当に勝ち進み、なんと決勝で「スペシャルなスーペルクラシコ」が実現する可能性が出てきてしまう。当局側が慌てふためいたのは指摘するまでもない。

「正直に言えば、ブラジルのクラブに勝ち上がってもらった方がいい。私はこれから三週間、一睡もできなくなるからね」

アルゼンチンの元大統領であるマウリシオ・マクリは、準決勝でボカとリーベル・プレートがブラジルのクラブチームと対戦する際に、こんなふうに述べていた。

「（アルゼンチン勢同士の対戦）カードが、どれほどのプレッシャーになるか君たちはわかっているかね？　負けたチームは立ち直るのに二〇年はかかる」

マクリのコメントは実感に満ちていた。そもそも彼が初めて就いた公職とは、ボカ・ジュニオールの会長職だったからである。

彼は一九九五年、ボカの会員であるソシオによる選挙に僅差で勝利して、クラブの会長に就任。以降の一二年間で収めた成功（四度のコパ・リベルタドーレス優勝を含む）を足がかりに、まずブエノスアイレスの市長になり、二〇一五年には大統領に当選した。その意味では、サッカーに最も恩恵を受けた政治家だともいえる。

ウィキリークスは、二〇一〇年に米国の諜報機関が発信した極秘電文を暴露している。そこでは当時の米国大使が、市長だったマクリと昼食を共にした際の会話が記録されている。マクリは自らが抱く大統領職への野心と、ボカの会長を務めたことがいかにプラスに働いているかを、あけすけに述べたという。電文には次のようにある。

マクリは、ボカ・ジュニオール・サッカークラブで会長を務めた経験が、政治術を学ぶ最高の機会になった、さらにはクラブの人気が、最大の政治的な資産になっているとも述べた。「ブエノスアイレス以外からも支持を得ているとするなら、その九〇%はボカを運営していることによるものだ。残り一〇%は、ブエノスアイレスの市長を務めているおかげだろう」

結局、二〇一八年のコパ・リベルタドーレス決勝では、ボカとリーベルの「特別なスーペルクラシコ」が実現してしまう。そしてマクリが危惧していた通り、この試合は、アルゼンチンサッカーのイメージ自体をひどく傷つけるものとなった。

たとえばボカの選手を乗せたチームバスは、エスタディオ・モヌメンタルの近くまで来た際にリーベル・プレートのファンに襲撃されたため、主催者側は第二試合を中止せざるを得なくなっている。しかもボカの数人の選手は、警察が暴徒を鎮圧する際に使用した催涙ガスを吸引。クラブ側は、選手たちがロッカールームで嘔吐している動画をツイッター上で公開し、運営責任者に対して暗黙の抗議をしている。

かくして第二試合は中立地で行うことが検討されるようになり、アルゼンチン国内ではなく、スペインのマドリードが選ばれている。

だがこれは南米のサッカー界全体にとって、極めて屈辱的だった。そもそも「コパ・リベルタドーレス」とは、スペインやポルトガルの植民地支配からの独立を果たすべく、勇敢に戦った戦士たちにちなんで命名された大会だからである。

最終的に優勝を手にしたのはリーベル・プレートだったが、CONMEBOL（南米サッカー連盟）は苦い経験を踏まえ、以降、全ての決勝は中立地で開催し、一発勝負とする方針を採った。

クラブのサポーター同士が衝突し、スタジアム内で死傷者が出るようなケースは、確かに近年稀になってきている。ただしこれは、状況が抜本的に改善されたことを意味しない。

バーラは暴力沙汰で名を轟かすのではなく、今や様々なビジネスに手を出すようになったし、むしろ影響力を増大させている。現に彼らはダフ屋行為や駐車場の仕切り、みかじめ料や麻薬の売買などに関与。サポーター組織というよりも、マフィアの集団に近いものに変貌した。

当然、舞台裏では血なまぐさい報復合戦が繰り広げられる。過去一〇年間、最も多くの抗争に関わってきたのが、ボカの最大派閥である「ラ・ドセ」だった。

グループのリーダーであるラファエル・ディ・セオ、通称ラファは一九九〇年代中盤以降、ラ・ドセを恐るべき力を持つ組織に育て上げ、強力な集金マシンに仕立て上げる。さらには、アルゼンチンの政府権力側とも太いパイプを築いた。

だが金と権力が集まれば、利権を巡る派閥争いが必ず勃発する。

ラファは二〇〇七年、一九九九年に起きたサポーター同士の暴動に一枚噛んだという容疑で四年の懲役刑を受ける。この際には副リーダーを務めていたマウロ・マルティンが暫定的に組織を束ねたが、ラファが二〇〇九年に釈放された後も、マウロは全く退こうとしなかった。

結果、ラ・ドセは二つに分裂し、血なまぐさい戦いを繰り返す。これは当時、アルゼンチンで

「戦争」と呼ばれていた。抗争の最中にはマウロ自身も銃で撃たれたが、最終的に両者は休戦協定を結んでいる。以降はラファが再び組織を牛耳り、マウロはナンバー2に収まってきた。

ミカエルは、ラ・ドセに所属している古い友人に電話をかけ、そのマウロと会う段取りを取り付けてくれた。翌日、ボカはコパ・リベルタドーレスのグループリーグ最終戦、ブラジルのアトレチコ・パラナエンセとの一戦を行う予定になっていた。ミカエルの話によれば、マウロは試合前に会ってくれるのだという。

ボカは決勝トーナメント進出を決めていたが、パラナエンセ戦は消化試合などではなかった。しっかり勝ち点を取れば、リーベル・プレートと同じ側の山に入り、準決勝で対戦できるようになる。リーベル・プレートとの再戦は、二〇一八年のコパ・リベルタドーレスの決勝、特別なスーペルクラシコで敗れた屈辱を晴らす機会にもなるはずだった。

スタジアムを彩るアーティスト

ブエノスアイレス西部郊外。リフォームされた建物の中では、三人のアーティストが布製のキャンバスに向かってスプレーの缶を動かしていた。ラジオからシステム・オブ・ア・ダウンの曲が流れ、辺りには揮発性の溶剤の匂いが立ち込める。

壁には白い巨大なサテンの布が掛けられ、サン・ロレンソ用の「テロン（スタンド全体を覆う旗）」が制作されている。二台のドラムは既に輪郭が引かれていて、アーティストが枠内を塗りつぶしているところだった。

二人目のスタッフはアルゼンチンの国民的な女優、エバ・ペロンの顔が描かれた国旗に取り掛かっていた。これはコパ・アメリカに向かう、代表チームのサポーターが使用するものだ。

最後の一人は次のボカの試合に向けて、幾分、小さな旗を仕上げていた。青と金色の旗には@Juvenil Xeneizesというツイッターのアカウントが記されている。

「これは、ラ・ドセ用のものじゃない。もっと一般的なインチャのために作っているんだ」

ペペ・ペレッタはこんなふうに説明してくれた。彼は「ブエノスアイレス・アエログラフィ」というロゴの入った赤い野球帽をかぶり、火のついていない手巻きたばこをくわえたまま、制作チームの作業をざっとチェックしていた。

いわゆるテロンがどこで誕生したのかについては、いまだに議論が続いている。だが今日のサッカー界で、最高のテロンアーティストがペペであることは間違いない。彼は一〇〇枚以上のバナーやフラッグ、テロンを手掛けながら、幾多のストーリーをスタジアム内で表現してきた。ちなみにゴドイ・クルスのバーラのために、教皇、メッシ、そしてマラドーナをモチーフにした巨大なテロンを制作したのもペペである。

二階に設けられた彼のオフィスには、様々な写真やアルゼンチンサッカー界のレジェンドがサインしたユニフォームが壁に飾られている。

部屋の一角は、彼が愛してやまないヌエバ・チカゴのスタジアムから持ってきた金属製のフェンスで仕切られ、上には有刺鉄線まで張られている。フェンスの向こうに収められているのは、無数の貴重なアイテムだ。

膨大な数のユニフォームやスカーフ、数十冊の本などと共に、ペペのヒーローであるディエゴ・マラドーナのサインが入った写真やメッシのユニフォームもある。いずれもインチャや有名選手たちが、ペペに感謝を示すために送ってきたものである。

コロンビアやチリ、イタリアならナポリ、インテル、ラツィオ、トリノ、フィオレンティーナ。スペインではバルセロナとアトレティコ・マドリー等々。ペペの作品は世界中で見ることができる。もちろんアルゼンチン国内でも、彼の作品は重要な場面に花を添えてきた。

たとえばセルヒオ・アグエロがインデペンディエンテを離れてアトレティコ・マドリーに向かう直前には、アグエロを讃える巨大なテロンが掲げられた。ラシン・クルブのスタジアム全体を包み込む、三五〇メートルのテロンも然り。ペペはちょうどサウジアラビアから、五〇〇メートルの旗を作ってほしいという依頼を受けたばかりだった。これが実現すれば世界記録となる。

テロンを制作し始めた原点

活動の原点になったのは二〇〇六年の出来事だった。

ペペはスタジアムで芸術の才を存分に発揮したいという願望を抱いていた。だが実際には店舗の飾り付けなどの仕事をこなしながら、バイクのヘルメットや燃料タンクを趣味でペイントしているような日々を過ごしていた。父親は芸術家になりたいというペペの願いを頑として聞き入れなかったからである。

そんなある日、彼はラ・ドセから依頼を受け、巨大なバナーの制作に取り掛かる。ボカのユニフォームをデザインのモチーフにして、○で囲われた「12」の数字を中央に配置してほしいというのがリクエストだった。

そのバナーが公開されると、ペペには他のバーラからの電話が殺到するようになる。彼らもまた独自のバナーや旗を作ってほしいと望んだのだった。

デザイン案が持ち込まれるケースもしばしばあるが、ペペは相手のアイデアを素直に受け入れ、具現化していく。彼はいかなる注文主のどんな注文にも応じるし、政治的な主義主張や宗教の違いにもこだわらない。事実、例のゴドイ・クルスのテロンには、マラドーナやメッシ、ローマ教皇だけでなく、マルビナス諸島（フォークランド諸島）の地図もモチーフに含まれていた。

通常、これらの作品を仕上げるには五日から一五日ほどかかるが、制作の際にはセキュリティにも注意が払われる。対立するバーラのグループは、自分たちが縄張り争いで勝利したことをアピールするために、バナーを盗もうとするからだ。現にペペが制作に取り掛かっている間は、オーダーしたグループが数十人単位で警戒にあたる場合もあるという。

ペペがバナーを盗まれたことがないのは、独自のポリシーにも起因している。

彼は各グループのライバル関係や柵に巻き込まれないようにしながら、様々な相手と幅広く付き合う。また、他者を攻撃するような作品は絶対に制作しない。たとえばボカのファンは、リーベルを中傷するようなバナーを注文しようとするが、これを頑として断ってきた。

「僕はいつもバーラを応援するために作品を作っている。でも、他のクラブを批判するようなものは手掛けないんだ」

彼は後にリーベル・プレートのサポーターから、さらに大きなバナーを制作してほしいという注文を受ける。父親は依然として息子が持つ芸術の才を認めようとしなかったが、実はリーベル・プレートのファンでもあった。ペペは自分がバナーを手がけた事実を告げずに、父親と共にモヌメンタルでの試合に足を運ぶ。そして自分の作品が、大観衆を恍惚とさせていく様を見せたのだった。父親はその後、程なくして亡くなったが、息子が生涯をかけて追求している創作活動がいかなるものかをついに理解したのである。

ただし、この記念すべき作品は別の結末ももたらした。ライバルであるリーベル・プレートのオーダーを受けたということで、ラ・ドセは契約を打ち切ったからだ。

だがペペに気にした様子はない。

「僕は全ての情熱を注ぎ込む。それこそ僕が表現しているものだからね。バナーというのはバーラの情熱そのものなんだ」

トラポス（フラッグ）やテロン（スタンド全体を覆うような巨大な布）、モザイク状のコレオグラフィーを準備するのは、一見するとほとんど無意味なように思える。これらの品々は凝りに凝っており、技術的にも難しく、また芸術作品として完成させるのも費用がかかる。

だがメッセージを数秒間発信しただけで、視界から消えてしまう。さらに述べれば、これらの品々は試合後に焼き払われてしまうケースもしばしばある。相手チームのファンの手に渡らないようにするためだ。

しかしペペにとって、制作に関わることは完全に理に適っていた。確かにバナーは一瞬で畳まれてしまうが、もともとが短時間だけ披露される状況を想定して作られるものだからだ。またテクノロジーが発達した結果、彼の作品を写した写真はソーシャルメディアに投稿され、ネットワーク上で永遠に語り継がれる。

「サッカーでフラッグが使われ出したのは、近くにいる人たちに自分の情熱をアピールしようとしたのがきっかけだった。僕自身はある種の紋章、古風なアイテムとして常に捉えてきた。要は戦いの場で自分を示すシンボルなんだよ。

作品を披露する一番いい場所は、最高のスタジアムさ。たとえば絵画や彫刻を見るためには、アートギャラリーに行くじゃないか。スタジアムは僕にとってのアートギャラリーなんだよ」

政治家はバーラを必要としている

一五分後、私たちはベレス・サルスフィエルドのホームグラウンド、エスタディオ・ホセ・アマルフィターニの外でペペと再び合流した。そこではペドロ・パスという人物が我々を待っていた。肩まで黒い髪を伸ばした、身長二メートルを超える山のような大男だ。

彼はベレスのバーラ、ラ・パンディーシャのリーダーだが、気さくでカリスマ性のある人物だった。オフィスに入っていくと歳を取った女性からうら若き女性まで、誰もが席を離れて出迎えハグを交わす。

水泳用のプールを通り過ぎたときも同じだった。子どもたちはレッスンを抜け出してペドロの下に殺到し、小躍りしながらハイタッチをせがむ。まるで映画の一コマを見ているようだった。

アルゼンチンのサッカークラブでは、バーラが大きな影響力を持っている。その事実を思い知らされたのは、このときが初めてだったように思う。

事実、ベレスの元会長であるラウル・ガメスも、かつてはベレスのバーラのボスを務めていた人物だった。だがロカビリーの大御所が、最近流行のK―POPについてこぼすように、ガメスは若い世代のバーラに批判的な見方をしていた。

「自分たちは『行儀正しい若者』だったんだ。五〇年前は世の中も今と同じじゃなかったし、しきたりも違っていたからね。そもそも麻薬には手が届かなかった」

彼はバーラがあまりに政治的な存在になり過ぎたことについては、特に手厳しかった。

その際に言及したのは、アルゼンチンの元大統領、クリスティーナ・フェルナンデス・デ・キルチネルだった。彼女はバーラを「行儀正しい若者」と呼んだ人物で、二〇一〇年に南アフリカで開催されたワールドカップに向けて、主だったバーラのグループのリーダーに対して、わざわざ公的に旅費を援助している。

だが体制側との結び付きは、実際にはそれ以上に深かった。労働組合や企業、さらには政党までが、しばしばバーラに資金を都合したからである。彼らはバーラをうまく活用することで、それぞれのライバルに対して優位に立とうとした。

「政治家はバーラを必要としているし、汚れ仕事（暴力）をやらせるために利用している。クラブのディレクターたちは、彼らを抑え込もうとしているが、我々もバーラと協定を結んだ。それ以外に（自分たちの安全を）保証する方法はないんだ」

やがて薄暗い体育館に移動すると、ペドロは自分の前任だったリーダーのためにぺぺに壁画を描いてほしいのだと説明し始めた。

壁画を設ける予定になっている場所の隣には、塗り終えたばかりのブルドッグの絵がある。これは何の絵かと尋ねると、ペドロは携帯電話を取り出してユーチューブの動画を再生してくれた。そこには彼のヒーローが映し出されている。ベレスの元ゴールキーパー、ホセ・ルイス・チラベルトである。

「エル・ブルドッグ」の愛称で親しまれたチラベルトは、フリーキックを蹴る守護神としても知られていた。一九九六年のリーベル・プレート戦では、センターラインからゴールを決めてみせたし、一九九四年のコパ・リベルタドーレス決勝では、ＰＫから得点を奪っただけでなく、ＰＫをセーブする芸当まで披露した。

英雄、マラドーナのお目付役

マウロがいる場所に向かうために、そろそろ移動しなければならない。

そう思った瞬間、ミカエルの電話が鳴り出した。声の主はミカエルの知人、ファンという人物だった。ファンはラ・ドセの最古参のメンバーで、リーダーのラファ・ディ・ゼオとも親しい。我々がマウロと会おうとしていることを聞きつけ、警告してきたのだという。

「ラファは行かない方がいいと言っている。罠だと思っているみたいだ」

ファンの事務所は、ボカ・ジュニオールのファンにとって聖地の如きものになっていた。机の後ろには、彼の人生を物語る品々が雑然と置かれている。額装されたサイン入りのユニフォーム、昔の試合やスタジアム、かなり前に亡くなったバーラの友人たちの写真といった品々だ。

ファンは濃い灰色の髪をした、たくましい中年の男性だった。

握手を交わしていると、その気になれば私の指を折ることなど容易いのだろうと思えてくる。事務所の隅には、実弾を込めた散弾銃が立て掛けてあり、隣の棚には大量の薬莢がプラスチック製のバンドで結わえられていた。ファンによれば、銃と弾丸は一九八〇年代に二度クーデターを仕掛けて失敗した元軍人から贈られたものだという。

「昨日、ラファと話をしたときに、君らがマウロに会う予定になっていると教えたんだ。そしたら『奴らは強盗するつもりだから気を付けろ』と言われたんだよ」

ファンは私とミカエルの命を救ってくれた恩人なのかもしれない。

「確かに礼儀正しく振る舞っていれば、何も起きないかもしれない。だが奴らに殺される可能性もある。マフィアみたいなもんだからな」

ラ・ドセの古株であるファンは、ラファとマウロを昔から知っていた。

もともとボンボネーラに通い始めたのは八歳、父親に連れられて試合観戦に行ったのが最初だった。スタジアムに足を踏み入れた瞬間、彼はノース・スタンドのゴール裏で繰り広げられている光景に釘付けになったという。そこにはバーラが陣取っていた。

父親は危険だから出入りするなと忠告したが、ファンは聞く耳を持たなかった。やがて彼は家をこっそり抜け出しては試合に出かけ、バーラに加わるようになる。後にラ・ドセを仕切るラファに出会ったのも、スタジアムにおいてだった。

「もしラ・ドセがなかったら、俺はボカのファンにはなっていなかっただろうな。当時のラ・ドセは、仲間同士が集まるグループだったんだ。自分たちはライバルチームの所に行って旗やTシャツを盗むようなこともやったが、当時は悪さをするといっても、そんなレベルだったんだ。ところが、ノリはもっと荒々しいものになっていった。喧嘩でもチェーンや石が使われるようになり、雰囲気が変わっていったんだ」

どうしてラ・ドセは暴力的な集団に堕していったのか。

おそらく原因は麻薬、そしてサッカーに流れ込む金が増え、「山」が大きくなったことにあるのだろう。あるいは、アルゼンチンを支配していた独裁体制の影響が、思わぬ副産物をサッカー界で生んでいたのかもしれない。

また時代の変化と共に、組織のリーダーが世代交代していったのも無縁ではないはずだ。

一九七〇年代は「ブッチャー」と呼ばれる肉屋の店主。次は「じいさん」という名で親しまれた、ボヘミアン的な人物がラ・ドセを率いていた。ファンによれば、この人物は「金にまるで無頓着な、ヒッピーのようなタイプ」だったという。その後に登場したのが、現在のボスであるラファとなる。

「ラファはビジネスをやりたがっていたし、バーラや政治家、あらゆる手段を使って金を稼ぐ可能性を探り始めたんだ。

今大統領をしているマクリは、あの頃はボカの会長だった。だからラファと俺は、奴の所に出向いて、クラブをいかにマネージメントしていけばいいのかをアドバイスしたんだ」

事情を知らない人が聞けば、ファンが口にしているのはゴルフクラブの話題だと思うかもしれない。だが彼が証言しているのはサッカー界と政界の癒着であり、権力と金、暴力が闇の世界で結び付いていることを示す実例だった。

　マウリシオ・マクリは、一九九五年にボカ・ジュニオールの会長に当選している。そこで暗躍したのもラ・ドセだった。ファンが指摘したように、マクリがラ・ドセに話を通していなければ、会長就任など絵に描いた餅に終わっていただろう。

ラ・ドセはクラブ側にとって貴重な情報源であり、スター選手がトラブルに巻き込まれるのを防ぐお目付役でもあった。ファンによれば、最もわかりやすい例は一九九五年に入団したマラドーナとクラウディオ・カニーヒアだったという。

　両者は共に麻薬禍に苦しんでいた。たとえばマラドーナはコカイン中毒になり、ナポリ時代には一五カ月の出場停止処分を受けている。しかも一九九四年のワールドカップの際には、今度はエフェドリンの接種が原因で、やはり輝かしいキャリアに傷をつけた。一方、カニーヒアは根っからのパーティー好きで、ＡＳローマ在籍時代には同じくコカイン使用の容疑で、一三カ月の出場停止処分を科されている。

　マラドーナとカニーヒアは、会長に就いたマクリが初めて契約した選手だった。かつてのマクリはプレイボーイとして通っていたが、このレッテルを払拭しようと躍起になっていた。そこでボカに成功をもたらし、ファンの支持を得るべく二人を呼び寄せたのだった。

　他方、マラドーナとカニーヒアにとって古巣への復帰は、ある種の更生も兼ねていた。ところがファンによれば、マラドーナとカニーヒアは毎晩のように遊びに出かけ、ボカが実施するドラッグテストにも引っ掛かっていたという。かくしてお目付役に任命されたのが、バーラだったのである。

「誰かがカニーヒアやマラドーナがパーティーをしているのを見つける度に、馬鹿騒ぎを中止させて忠告する。それでもやめようとしなければ、メンバーが殴りつけていただろうな！」

肥大し続ける闇のビジネス

しかし今日のラ・ドセは、はるかに手広くビジネスを行うようになった。

フアンは政治家から流れる資金が、ラ・ドセにとって最大の資金源だと断言している。政治家はラ・ドセに金を渡し「人材」の提供をリクエストする。ラ・ドセは政治家の要望に応えて、政治集会へのメンバー派遣、抗議運動の妨害、さらには用心棒役などを務めたりするのだという。

フアンは一例として、二〇〇三年に繊維メーカーの工場で起きた抗議デモを挙げた。

この際には、五〇人の女性労働者が工場を占拠。彼女たちを支援する集会も開かれるなど、抗議デモは世界的に注目を集めた。そこで送り込まれたのが、ラ・ドセだったのである。

しかもラ・ドセ側はわずか二万ドルの謝礼と二〇枚のピザ、工場周辺まで送り迎えをしてくれるバスを準備してもらうという条件だけで、汚れ仕事を請け負っている。フアンは露骨なデモ潰しが、二〇〇三年に行われた大統領選挙を睨んだものだった可能性もあると指摘した。

もちろんマクリ自身は、ラ・ドセとの関係を一貫して否認してきた。

たとえば二〇〇二年、ＢＢＣは『フーリガンズ』というドキュメンタリーを制作。サッカー界に巣くう、国内外のトラブルメーカーに焦点を当てている。「外国のフィールドで」と題した回では、スーペルクラシコを目前に控えたラ・ドセも取り上げ、ラファやマウリシオ・マクリに取材を試みている。番組中のインタビューで、マクリは次のように言い切った。

「サッカークラブの会長とフーリガンの関係については、いつも憶測が流れてきた。

政治家同様、確かにクラブの会長たちは、自らの目標を追求するためにフーリガニズムを利用してきたからだ。我々はそのような連中と関係を持つことを、全面的に禁じようと考えている」

さらにマクリは、自らがラ・ドセに資金援助や便宜供与を図ったケースは一度たりともないと強調している。

「この問題については何度も発言してきたから、英語でもコメントしておいた方がいいのかもしれない。我々はフーリガンにチケットを与えたりしていない」

だがアルゼンチンの国民で、彼の発言を真に受ける人は誰もいなかった。そもそもマクリは、サッカークラブやサポーターへのすり寄り方と〝利用方法〟を、ファンたちから学んでいる。それは公然の事実となっていた。

マクリの父親は、アルゼンチンで最も裕福なビジネスマンの一人だった。マクリもフェンスに囲まれた高級住宅街に住んでいたため、ファンの言葉を借りれば、労働者階級を主体とするボカのファンに取り入るコツを、まるで理解していなかった。

ファンは自分たちがいかに後の大統領になる人物を〝教育〟していったのかについて、包み隠さずに証言してくれた。

「最初に会って話をしたのは『バブル』の中だった。彼は外界と切り離された空間、別世界で暮らしていたんだ。だから俺たちは、イロハから教えてやったんだよ。

たとえば（スタジアムに入るときには）、ボディガードを同行させない。そして『プラテア（値段の高い席）』ではなく、『ポプラル（一般席）』に行くようにする。俺たちは（ボカにおける会長選の）キャンペーンも手伝ってやったな」

無論、このような活動の中心にいたのはラファだった。

「ラファはいつも金を稼ぐコツを知っていた。これから起きることを予想して、ありとあらゆるルートで金を集めるのがすごくうまかったんだ」

ウルトラスになるためのハーバード大学

ラ・ドセは、実際にどれくらいの金を手にしているのか。

二〇一三年、『ラ・ナシオン』紙が実施した調査によれば、ボンボネーラの周りにある駐車場を管理するだけで、彼らは一試合あたり三〇万ペソ（当時の為替レートで六万ドル）を手にしていたという。だがファンは、駐車場の管理やチケット転売、食事や商品の販売から得られる利益は全体のごく一部に過ぎないと断言した。

「残りの大部分は政治家や労働組合から流れてきていた。デモや警察に対する抗議活動を抑え込む『人夫』代としてね。それと麻薬の取引からもだ」

ラ・ドセは、少なくとも一月あたり三〇〇万ペソはかき集めていた。ファンはこう証言する。

だが請け負う仕事の内容によっては、額は簡単に跳ね上がる。

「普通の場合、一月で三〇〇万以上になった。ボカのバーラだけでもだ。金額は六〇〇万や一〇〇〇万になることも時々あった。連中は好きなだけ請求できたし、相手も支払ってくるんだ」

確かにペソの為替レートはその後、急降下しているが、これは彼らが年間で一〇〇万ドル（約一億円）以上もの金額を稼ぎ出していたことを意味する。

二一世紀を迎える頃には、ラ・ドセはさらに組織の規模を拡大していた。ラファは会員が二〇〇〇人存在すると主張していたが、彼はアルゼンチンが誇る最高のサッカー選手たちとも懇意にしていた。その中にはマラドーナも含まれる。事実、マラドーナはしばしばラファと一緒に写真に収まっている。

存在感を増したラ・ドセは、あらゆる種類の事業をおおっぴらに行うようにもなった。彼らは気前のいい外国人旅行者向けに、「アドレナリン・ツアー」なるものも運営し始めている。これはラ・ドセのメンバーと共に、ホームスタジアムのボンボネーラで試合を観戦するという企画で、一回あたり四〇人が参加していた。

ラ・ドセは、「ウルトラス大学」を世界各国のウルトラス向けに展開していくようになる。五〇〇〇ユーロの授業料を支払えば、誰でもラ・ドセからサッカービジネスを学ぶことができるというのが謳い文句で、講義内容にはテラスで合唱されるチャントの作詞方法やバナーの作り方、チケットの転売方法までが含まれていた。

授業が終わると、参加者にはボンボネーラで口ずさまれているチャントを収めたＣＤが配られた。かくしてボンボネーラ発の歌が、ヨーロッパでも響き渡るようになっていったのである。

「ラ・ドセはハーバードみたいなもんなんだ。バーラになるための大学なのさ」

ラファは二〇〇六年、アルゼンチンのテレビ局が放送したドキュメンタリー番組において、こんなふうにうそぶいている。

彼はアルゼンチン国内で、カリスマ的な人気を誇っている。ファンはキャビネットの所に行くと、過去二〇～三〇年の間に発行された記事の切り抜きや雑誌の表紙が入った分厚いファイルを見せてくれた。記事はラ・ドセや歴代のリーダー、そして「戦争（マウロとラファの抗争）」にまつわるものだった。

特に興味深かったのは、ラファの扱われ方である。彼は高級誌の表紙にも登場していた。たとえばアルゼンチン版の『プレイボーイ』創刊号は、ラファの記事を掲載。「ボカのバーラのボスを単独インタビュー」と銘打っている。

そうかと思えばボクシンググローブをはめさせ、カメラに向かってパンチを繰り出している写真を表紙にした雑誌もあった。そこには「恐怖のアンバサダー」という見出しが踊っている。

簡単にいうなら、ラファはメディアによって、まるでロックスターのように持ち上げられてきた。ファンは語っている。

「ラファはとても人気のある有名人になったが、一部の人からはテロリストのように見られている。多くの人からちやほやされる代わりに、同じくらい多くの人から怖がられているんだ」

ラ・ドセとラファを恐れているのは、マクリも同様である。

二〇一五年、彼はアルゼンチンの大統領に当選している。その過程ではラ・ドセも暗躍したが、一旦権力の座に就くと、サッカー界にはびこる暴力を排除すべく、ＦＢＩのようなエリート部隊を組織し、断固たる方針で浄化に取り組み始めた。これは見方を変えれば、それだけラ・ドセの存在に恐怖を感じている証拠でもある。

結果、ラファはボンボネーラで開催される試合に足を運ぶことができなくなった。

とはいえ、ラ・ドセをはじめとするバーラをスタジアムから駆逐する作業は、一筋縄では進まないだろう。彼らは膨大な金を稼いでいるし、権力の座にある人々のスキャンダルも掴んでいる。それはマクリも例外ではない。しかも大衆から英雄のように讃えられ、ボンボネーラでは抗し難い魅力を保ち続けてきた。

確かに選手たちは世界中のクラブを渡り歩いて行く。クラブの会長や政治家たちも、様々な公約をぶち上げては破ることを繰り返しながら、やがては表舞台から姿を消す。

だがラ・ドセはどうだろう？　彼らは常にスタジアムに陣取って、いつも同じ歌を合唱し続ける。バーラを解体できる人々がいるとするなら、それは政治家でもクラブの会長でもなく、おそらく当のバーラだけだろう。

聖地、ボンボネーラへ

試合当日がやって来た。コパ・リベルタドーレスのグループマッチ、ブラジルのアトレチコ・パラナエンセを迎えたボンボネーラは、照明に照らし出されて金色と青のカラーリングが陽炎のように揺らいでいる。

予想される観客数は五万人で、チケットはソールドアウト。ただしこれは他の試合も同様だった。試合前、警察はスタジアムに通じるあらゆるルートを厳重に管理する。道路を閉鎖し、車の流れを迂回させていた。

私はスタジアムにたどり着いていたが、試合を観戦できない可能性がかなり高かった。そもそもボカの試合のチケットを手に入れるのは一苦労だ。ラ・ドセは最もうまみのある商売、外国人の旅行客相手にチケットを転売するために、チケットを完全に押さえている。ミカエルはラ・ドセの知り合いを通じて二枚のチケットを用意してくれる予定になっていたが、結局チケットは一枚しか入手できなかった。

ボカのファンから会員証を借りることも考えたが、へたをすると四〇〇ドルもかかってしまう。ミカエルはチケットを譲ろうと申し出てくれたが、私はあえて断ることにした。

ライトに照らし出されたボンボネーラからは、熱狂的な歌声が聞こえてくる。ミカエルが恍惚としているのは手に取るようにわかったし、そもそも彼はまさにこの瞬間に立ち会うために生きている。そんな人間に我慢をさせてまで、試合を見たくはなかった。

ミカエルは試合後に会おうと言い残して、セキュリティゲートに向かって行った。ただし私にも、最後に残された方法が一つだけあった。記者証を使って、無理やりスタジアムに入れてほしいと交渉するやり方だ。

チケット売り場で記者証を見せると、窓口にいた男性はシャッターを下ろして鍵をかけ、クスクス笑いながら立ち去ってしまった。だが私は諦めなかった。別の入場ゲートに行って警備員に必死に頼み込んでいくと、その中の一人がついにゲートを開けて通してくれた。

ボカ・ジュニオールのホームスタジアム、エスタディオ・アルベルト・J・アルマンドは「ボンボネーラ」という愛称で親しまれてきた。

これは独特な構造に由来する。スロヴェニア生まれの建築家、ヴィクトル・スルチッチは一九三〇年代半ばにスタジアムの雛形を設計する。その際にインスピレーションを受けたのが、ボンボネーラと呼ばれるチョコレートの箱だった。結果、スタジアムはコンパクトで傾斜がきついものとなり、全てのシートがオペラの天井桟敷のような具合になる。

またボンボネーラは移転せず、上方に向かって観客席を増やしていったため、三層の観客席はピッチ上に覆いかぶさるような形状にもなった。絶え間なく鳴り響く合唱や、アルゼンチンのドラムの独特なノリ、そして急勾配なスタンド。ボンボネーラに足を踏み入れると一瞬、めまいを覚えるほどだ。ボカというクラブとこのスタジアムが、世界中のサッカーファンを魅了してきた理由がよくわかる。

ところが試合は、とんでもない展開になった。アトレチコが先制点を奪ったのである。これを受けてファンはさらに大声で応援を始める。

ボカのインチャはリードされた直後、かの有名な曲「シー・セニョール」を歌い出した。これは一九九〇年代初頭、アルゼンチンのフィト・パエスが流行らせたポップソング、「イ・ダレ・アレグリア・ア・ミ・コラソン」をモチーフにしたものである。リーベルのファンとサン・ロレンソのファンは、自分たちが最初に引用したと主張しているが、事実はわかっていない。

そして俺たちに勝利の喜びを与えておくれ

俺たちは今日、勝利しか望まない
俺はコパ・リベルタドーレスに夢中なんだ
心と魂を見せてくれ
だってほら、
俺たちはリーベル・プレートのようなホモ連中とは違うから

湿り気の多いピッチに、選手たちは誰もが苦しんでいた。

だが例外が一人だけいた。カルロス・テベスである。アルゼンチン代表のストライカーはベンチスタートとなったが、ボカのチームの紛れもないスターであり、ボンボネーラの英雄だった。テベスはバリオ地域の極貧家庭で育ったが、自らの力で道を切り開き、ボカの一軍入りを果たすようになる。さらにコパ・リベルタドーレスやリーグタイトルをものにし、ブラジルのコリンチャンスに移籍。やがては大西洋を渡りウェストハムやマンチェスター・ユナイテッド、マンチェスター・シティ、そしてユヴェントスで名を馳せてボカに戻ってきた。

テベスはそこから中国のクラブチームに短期間所属。実入りこそいいものの、戸惑うことも多い環境で一シーズンほど過ごした後、再び祖国の土を踏んでいる。

ボカでプレーするのは三度目となるが、バリオで生まれ育ったテベスは、いつもバーラと密接に結び付いた選手としても目されてきた。事実、クラブ側と再契約を交わした数週間後には、テベスがラファやマウロと夕食を共にしている写真が撮影されている。ボカで成功を収めるためには、ラ・ドセに仁義を切らなければならない。それはテベスでさえも例外ではなかった。

テベスが投入された結果、試合の流れは明らかに変わり始める。彼はチームメイトの誰よりも速く、ピッチ上を走り回ることができるようだった。現にボカは先制を許した直後に同点に追いつき、アディショナルタイムの終了間際、九六分の時点には決勝点をもぎ取る。劇的な勝利を演出したのは、もちろんテベスだった。

その瞬間、スタジアムは信じられないほどのノイズに包まれる。まるで数千台の楽器が一斉にひな壇で奏でられたようだった。

闇の帝王との対面

歓喜のるつぼ化したゴールセレブレーションが終わると、合唱が再び始まる。合唱は試合の終了を告げるホイッスルが鳴らされるまで続いたし、観衆たちが巨大な波が引いていくようにスタジアムを離れ、ラ・ボカ地域の道路を埋め尽くした後も聞こえ続けた。

スタジアムの外へ連なる通路は群衆ですし詰めになっていたため、私は振動する携帯電話を取り出すのでさえやっとだった。私はミカエルと合流すると、急いで歩き始めた。なんとラファが会ってくれることになったのである。このチャンスを逃すわけにはいかない。

私たちはボンボネーラを囲む暗く湿った迷路のような道を、小走りで駆け抜けて行った。目に入ってくるのは、壁に描かれた壁画だ。ボカの紛れもない英雄、ディエゴ・マラドーナをモチーフにしたものもあれば、ユニオンジャック絡みの絵もある。その中心には髑髏が記され、こんな台詞が添えてある。

「ラテンアメリカの手に、マルビナス（フォークランド諸島）を取り戻すからな」

何度か迷った末に、私たちはようやく指定された住所にたどり着いた。そこにはガソリンスタンドがぽつんと建っていた。

最初、私は誰もいない場所に来てしまったと思ったが、店舗の角には武装した警官が立っていた。その警官が姿を消すと、ボディガードの集団と思しき人物が近づいてきた。ラ・ドセの野球帽をかぶった人物は、街灯のない小道を歩きながら駐車場まで連れて行ってくれた。

ガソリンスタンドの裏手にあるこの駐車場は、ラ・ドセが商売をしている場所だった。そこには中年の男性が三〇～四〇人集まっていた。ラファが最も信頼を置く側近のボディガードたちだ。

駐車場の真ん中で彼らに凝視されながら立っていると、一人の男性が近寄ってきた。先日、私たちを危機から救ってくれたファンである。

まずファンは私たちにルールを説明し始めた。写真撮影はNG。動画の撮影や録音も一切禁止。ラファに対して、自分がイギリス人であることは、どんな場合にも明かしてはならない。フォークランド紛争の苦い記憶があるからだ。

ラ・ドセの古株である別のメンバーは、私がミカエルと同じスウェーデン人で、ボカとスウェーデンの歴史を取材していることにしろとアドバイスしてきた。ボカのチームカラーは金色と青だが、これはクラブ関係者がユニフォームの色を検討している際、港に停泊していたスウェーデン船を参考にしたといわれている。

一連の説明が終わると、今度はミカエルから、ラファがマウロと繰り広げた「戦争」についても絶対に質問をするなと忠告された。ミカエルは、その種の話題も命取りになると考えているらしい。万が一、そんな真似をしたら自分は即座に現場から離れるし、責任は取れないというのが彼の言い分だった。

ラファ・ディ・ゼオとのインタビュー

三〇分ほど駐車場の真ん中で待っていると、車の中で仕事を済ませたラファが後部座席から出てきた。ラファは握手の手を差し出した。

歳の頃は五〇代後半。背が高く、長いグレーの髪を中央で分けている。彼はブエノスアイレスで最も危険な人物のようにはまるで見えなかった。ボカの黒のトラックスーツを着た姿は、再結成コンサートをするために登場した、ロックバンドのボーカリストを連想させた。

私たちはラファの側近メンバーたちにびっしり囲まれていた。だがラファはすぐに態度を和らげたし、話を録音するのも許してくれた。

「ラ・ドセとは何ですか?」

「とても複雑な話だから、簡単に説明するのは難しいな」

彼はこう前置きした上で、過去四〇年間を極端に美化された形で振り返り始めた。

「自分は一六歳からラ・ドセに所属している。あれからもう四〇年も経った。ずいぶん長い間だよ。最初は別の人間（ザ・ブッチャー）がリーダーをしていた。その後、リーダーは代替わりしたが、その人間（じいさん）もトラブルを抱えることになったから、自分が後を引き受けた。一九九四年からは、俺がバーラの面倒を見ている」

「あなたはラ・ドセで、どんな役割を果たしているんですか？」

「リーダーってのは、全てに関してより大きな影響力を持っている人間なんだ。昔はリーダーになるためには、他のインチャとやり合わなければならなかった。全てがもっと荒っぽかったんだ。俺が（活動を）始めた頃は、（ラ・ドセ）の中で居場所をものにしようとするなら戦わなければならなかった。いつも必ず顔を出して先頭を突っ走るようにしたんだ……。

でも最近は違っている。今はずいぶん穏やかになった。テクノロジーが発達して、もののやり方が変わってしまった。政府の締め付けも強くなったしな」

ラファの指摘は正しい。彼は二年間、スタジアムへの出入りを禁じられていた。この措置はちょうど四週間前に解けるはずだったが、政府側はラファ、マウロ、そしてラ・ドセに所属する一二六人のメンバーに対して、新たに四年間の禁を科している。結果、ラファはボカの試合をテレビ観戦せざるを得なくなっている。今日の試合でも、スタジアムに入ることは叶わなかった。

次に私は、どうして当局側がラ・ドセを恐れているのかを尋ねた。ミカエルが肝を冷やしているのは手に取るようにわかったが、ラファは機嫌を損ねずに語ってくれた。

「バーラは権力に歯向かうんだ。もちろん警察に対しても常に抵抗している。だから権力側とつながりのある人間は、絶対にグループには入れない。入っていたりしたら、俺たちはつまみ出して殴りつける。

連中は俺たちが持っている力を怖がっている。確かに奴ら（警察）が勝つ場合もあるが、それは俺たちに向けて（拳銃を）ぶっ放すからなんだ。わかるだろう？　銃がなければ俺たちを押さえつけることはできない。

ヨーロッパの警察のように警棒だけを使うなら、奴らは全員殺される。この国では警官殺しは『価値ある』ことになっているんだ。警官殺しで務所に入ったときには、周りから『よくやった』と一目置かれるような雰囲気がある」

暴力を振るうのは楽しい。彼は自分の本音を隠そうとしなかった。

「俺はラヌスとの試合、ここのトリビューンで警察とやり合ったことを覚えている。俺たちは警察の連中を叩き出した。階段を下って（スタジアムの）外にまでな。そして警察から二丁の拳銃を奪ったんだ。

マル・デル・プラタにあるリーベル（プレートの）スタジアムでは、あいつらのフラッグを分捕ってやった。最も大切なフラッグ、あいつらのアイデンティティになっている奴をね」

「今でもサッカーは好きですか？」

「ああ好きだよ」

ラファは即答した。

「ただしサッカーよりもボカが好きなんだと思う。俺はボカのことを愛している。ボカがなかったら、何をしていたのかもわからない」

ここまで言うと、ラファは突然笑い始めた。

「テニスに夢中になっていたかもしれないな！」

ラファはスタジアムへの出入りが禁止されていても、クラブと近い距離を保っていた。現に選手ともいまだに親しい。カルロス・テベスとは特に懇意にしている。彼のことはサッカーを始める前から知っているんだ」

「俺たちは本当に仲がいいんだ。友だちでもあるしな。

ボカとリーベルのスーペルクラシコが延期され、マドリードで行われることが決まった際、ラファはブエノスアイレスに留まっている。スペインまで移動しても、スタジアムに入場できる保証はなかったからだ。だが、ラファはこの試合にもしっかり絡んでいる。ボカのチームバスが空港に向けて出発するときには、数千人のインチャが結集し、花火を燃やしたりドラムを鳴らしたりしながら選手たちを送り出した。チームバスは群衆の間をそろそろと縫うように進んだが、その先頭に立ってバスを誘導していたのはラファとマウロだった。

ラファ自身は、スタジアムに顔を出せない状態がこれほど長く続くとは予想していなかったという。今や彼は誰からも顔を知られるようになったが、それは大きな代償も伴った。

「いい面と悪い面があるな。たとえば政治家や判事、警察の署長は（表向きには）俺を排除しようとする。だが舞台裏では俺と話したり、親しくなりたいと思っている。何かをこっちに仕掛けてもらうためさ」

政治家はいつもラファを必要としてきた。それはマクリも例外ではない。マクリは強硬路線を取り始めたが、年末には大統領選挙が控えている。ラファはそこに期待を託していた。

「俺にとって問題になっているのは（自分たちを取り締まる）法律じゃない。政治なんだ。今年の末に政権が変われば、俺は復帰するさ」

インタビューはこれで終了。我々は三〇分ほど話していたが、わずか三〇秒くらいにしか感じられなかった。

「てっきり〝戦争〟のことを口にすると思ったぞ」

ミカエルはインタビュー終了後、安堵のため息をつきながら話しかけてきた。彼とはここで一旦別れるが、ストックホルムでまた会おうと言ってくれた。彼の地で花開いた、素晴らしいウルトラス文化を案内してくれるという。

ラファは部下に声をかけ、我々をアパートまで送るように命じてくれた。

「今の時間帯、この辺は物騒だからな」

彼の口調はまるで父親のように優しい。ドライバーは、自分でフォークランド諸島を奪回できるくらい、トランクに大量の銃を積んでいるとジョークを飛ばした。

別れ際、気まずい沈黙が流れた。

ラファはさらに何かを期待しているようだった。一瞬、私は彼の機嫌を損ねてしまったのではないかと不安になった。私はまずミカエルの顔を見てから、周りにいる無骨なインチャたちを見渡したが、それは私の勘違いだった。

「写真を撮りたかったら、撮ってもいいぜ」

ラファの機嫌はよかった。私は予期せぬ申し出に応えるべく携帯電話を取り出した。

「この出会いを記念して」

ぎこちなくポーズを取っていると、ラファが声をかけてきてくれた。

そこで私はラファ・ディ・ゼオと共にセルフィーに収まることにした。サッカー選手、監督、ワールドカップ優勝メンバー、ポップシンガー、腐敗した政治家、ロックスター、そして三流ドラマに出演する俳優たちが、幾度となくそうしてきたように。

第三章
ブラジル
スタジアムにサンバが流れ始めた瞬間

リオ・デ・ジャネイロ

うだるように暑い土曜の午後。私はリオ・デ・ジャネイロにある「ヴァッカ・アトラーダ」で、クラウジオ・クルスを待っていた。

クラウジオは、ブラジルで最も規模の大きなトルシーダ・オルガニザーダ、フラメンゴのウルトラスである「ハッサ・フブロネグロ（赤と黒の決意）」の創設者である。そんな彼がリオ市内のラパで経営しているのが、この「ヴァッカ・アトラーダ」だった。

ラパはリオの歓楽街の中心に近い。普通に考えれば立地がいいということになるが、土曜の午後は閑散としてしまう。夕方の早い時点から営業している店舗やバーは、他には一軒もない。

そもそもラパでは喧嘩や犯罪などのトラブルが頻発していたため、人通りが少ない時間に足を向けるのは危険とされている。店が軒並み閉まっているのには、ブラジルならではの事情も影響していた。人と金の流れは都市部ではなく、イパネマとレブロンのビーチ沿いに集中している。

ラパに活気が戻るのは、ようやく夜を迎えてからだ。パーティーに繰り出す連中は、ほとんどの場合、数ブロック先の高級なカクテルバーにそのまま直行する。だがラパを昔から知る人たちは、きらびやかな店が並ぶ一角にかろうじてへばりついているような、味わいのあるバーをこよなく愛してきた。

「ヴァッカ・アトラーダ」は、リオでは死に絶えつつあるボヘミア文化の名残だった。壁には古いコンサートのチラシが貼られ、トイレにはこれまた古いグラフィティが描かれている。卑猥なグラフィティには、誰かがこすり落とそうとした跡がついていた。この店では、サンバの演奏も楽しむことができる。

バーテンダーは、ビールケースを逆さまにした即席のテーブルや椅子を道端に並べるのに余念がない。しかもクラウジオは開店から一時間経っても、なかなか姿を現さなかった。クラウジオはいつも約束に遅れるらしい。私はバーテンダーに言われた通りに、ビールケースの椅子に座って待つことにした。彼はブラマビールの小さなボトルを私のテーブルの上に置くと、片手でさっと栓を開けてくれた。

しばらく時間を潰していると、ようやくクラウジオがやってきた。

初めて対面するクラウジオは、小柄で短く刈り込まれた黒い髪が特徴的な人物だった。勢いよく握手の手を差し出してくると、私と同じようにビールケースに腰掛ける。そして挨拶もそこそこにいきなり喋り始めた。

「原価で酒が飲めるバーを開く。それが警察で働いていた頃からの夢だったんだ」

今日はサンバのミュージシャンたちがやってくる。リハーサルもあるから忙しいんだと言いつつ、クラウジオは実際には二時間半も座っていた。ほぼノンストップで話しながらである。

自分はいかにクルービ・ジ・ヘガッタス・ド・フラメンゴというクラブを愛しているか、サッカーというスポーツに惹かれてきたか、そして自らが設立したトルシーダのグループ、ハッサに思い入れを抱いているか。

クラウジオは私の目を見据えながら、熱く語り続けた。その際には「ドエンテ」という表現を度々使った。これはまさにぴったりの言葉だった。「ドエンテ」とは、人が何かに憑かれたように夢中になる状態を示す単語だからだ。

しかも何かを強調するときには拳でテーブルを叩いたし、私の胸をポンポンと小突くこともあった。身振り手振りを交えながら熱弁を振るっていると、まるで私相手にシャドーボクシングをしているような具合になった。

赤いシャツに込められた意味

クラウジオは現在六〇代。もう若くはないため、ハッサの運営にはとうに関わっていない。だが実にエネルギッシュだったし、社会に対する関心も強かった。それはサイズの合わない大きめのシャツに、「ルーラ（ルーラ・ダ・シウヴァ）に自由を」というスローガンの書かれたバッジを付けていることからもわかる。

ルーラ・ダ・シウヴァは、二〇〇三年から二〇一〇年までブラジルの大統領を務めた。この間、民主化を推進し、多くの人を貧困から救い出した庶民のヒーローだった。ところが後に汚職のスキャンダルが発覚し、獄中の人となってしまう。

ただし不名誉なスキャンダルは、現大統領のジャイール・ボルソナーロが捏造したものだったと主張する人は少なくない。クラウジオもその一人だった。

そもそもボルソナーロは極右の退役軍人で、一九六四年から八五年まで同国を支配した軍事独裁政権、ジュンタを支持していることでも知られる。彼は独裁政権時代を「輝かしい時代」とさえ称した。また最大の政敵であるルーラが有罪となったのをいいことに、二〇一八年の大統領選挙で勝利を収め、今も権力の座に就いている。

ボルソナーロは、ブラジル国内で様々な問題を引き起こしている。たとえば社会的な差別の助長もその一つだ。彼が古い男尊女卑的な考え方をしているのは明らかだし、同性愛者、アマゾンの先住民、そしてアマゾンという地域自体に至るまで、自分の好みに合わない全てのものを憎んでいるような印象さえ与えている。コロナウイルスが猛威を振るっているにもかかわらず一種の風邪だと公言し、まともな対策を採ってこなかったことは皆さんもご承知の通りだろう。

クラウジオがハッサを設立したのは一九七七年、まさにブラジルが暗黒の独裁政権下に置かれている時代だった。「ドエンテ」同様、「ハッサ」という単語を選んだのも、いかにも彼らしい。ハッサとは「精神的な気高さ」や「固い意志」を意味するからだ。

クラウジオたちはフラメンゴを応援しながら、トルシーダとしての活動を通して、社会に貢献していきたいという想いも常に抱いてきた。

たとえばハッサのメンバーはスタジアムに行く際、全員が赤いシャツを身に着ける。フラメンゴのチームカラーが赤と黒であることを考えれば、当然のようにも思えるが、そこにはさらに強い想いが込められていた。クラウジオはこう胸を張る。

「あの赤はフラメンゴへの愛情を示す赤であり、苦しい戦いを続けている左派の人々を元気づけるためのものでもあるんだ」

サポーターグループ以上の存在

クラウジオがフラメンゴに出会ったのは一九六三年にさかのぼる。当時五歳だった彼は、フラメンゴがチャンピオンシップを獲得する瞬間をラジオで聴いたという。

「アナウンサーは『チャンピオンになった！』と叫んでいたよ。言葉の意味なんてわからないのにすごく感動したのを覚えている。突然、涙がこぼれ始めたんだ」

サッカーが一八九四年、スコットランド人の父親とイギリス系ブラジル人の母親を持つシャルレス・ミーレルによって、ブラジルに持ち込まれたことはよく知られている。だが、当時のサッカーは上流階級の娯楽であり、必ずしも大衆のスポーツではなかった。

これはフラメンゴの歴史からもうかがえる。

今やフラメンゴはブラジルを代表するサッカークラブになったが、もともとボートクラブとして設立された組織だった。サッカークラブが結成されたのは、最大のライバルであるフルミネンセのメンバーが運営方針に愛想を尽かし、フラメンゴに寝返ったからに過ぎない。

しかしフラメンゴは大きな成功を収め、サッカー自体の人気を広めていくのに貢献する。当時はリオが首都だったことも手伝い、ラジオ放送が普及していく過程において、真の意味で全国的な支持を集めた最初のチームとなった。現にフラメンゴのファンは、自分たちには三〇〇〇万人から四〇〇〇万人のファンがいると胸を張る。

ファンベースの拡大は、スポーツを通じた民主化にも寄与した。今日のブラジルは人種と価値観の融合が最も進んだ国の一つとなっている。しかしかつてのブラジルは、奴隷制度が一八八八年まで存続し続けるなど、決して開かれた国だとは言い難かった。

　クラウジオは一〇代になると、兄弟と共にフラメンゴのトルシーダであるハッサを立ち上げる。彼のトルシーダは熱狂的な応援と精力的な活動を特徴としており、街中の至る所でグラフィティをペイントしたり、ポスターを貼り続けたという。

　試合が日曜日に行われる場合には、クラウジオたちは花火やバナー、ピッチに投げ入れる大量のトイレットペーパーをトラックに積み込んでマラカナンに向かい、準備した道具を数日前から場内に隠すのが常だった。

　ただし、この準備をうまくやりのけるのは楽ではなかった。マラカナンはリオに本拠を構える四つのビッグチームによって共用されているため、せっかく準備した品々をライバルチームのトルシーダに見つけられて奪われる危険性があったからだ。

　かくしてクラウジオたちは、水とパンも用意して金曜日の夜にスタジアムに忍び込み、試合が開催される日曜日が来るのを待つようになる。

「クソもできないような場所でじっとしているんだ」

　クラウジオの口調、そしてどこか微笑ましいエピソードからもうかがえるように、当時のトルシーダはそれほど粗暴な集団ではなかった。

「あの頃のリオ・デ・ジャネイロは違っていたんだよ。

　確かに警察や軍隊からは逃げ回らなきゃならなかった。でも、街中でいきなり暴力沙汰に巻き込まれるようなことはなかったんだ。トルシーダ同士が喧嘩をするときだって拳で殴り合う程度だったし、ドラムのスティックを使うことは時々あったかもしれないけど」

メンバーが増えてハッサの組織が大きくなると、クラウジオたちはスタジアム内でも独自の活動を行うようになっていく。試合レポート、あるいはチケットの値段といった問題に関するコラムなどをまとめた小冊子をガリ版で一気に作成して試合会場に運び込み、フラメンゴのファンに無料で配布したのである。

「僕たちは……なんて言えばいいんだろう、そうソーシャル・ネットワークを持っていたんだ！今でいうワッツアップ、自分たちなりのインスタグラムみたいなもんだね」

クラウジオのハッサは、単なるサポーターグループ以上の存在に変わっていく。肌の色や生い立ち、そして職業も異なる様々な若者が集うコミュニティとして機能し始めたのである。

確かに自由に意見を言い合う際には、相手を中傷するような不快な発言がなされることもあっただろう。だがハッサは誰もが自分の意志や意見を表現できる、貴重な機会を提供した。

やがてサンバのバンドが「ヴァッカ・アトラーダ」に到着。クラウジオはリハーサルを行うために、席を立たなければならなくなった。彼が最後に強調したのは、ハッサのようなトルシーダが、ブラジルにおいて担ってきた社会的な役割だった。

「ハッサは単なるトルシーダ・オルガニザーダ〈組織化されたトルシーダ〉じゃない。みんなの行動を変えてきたんだ」

トルシーダ誕生の原点

そもそも「トルシーダ」という単語は、ポルトガル語の「トルセール（ねじる、しぼる）」に由来している。これはブラジルサッカーの黎明期におけるサポーターの様子、もっぱら女性のファンが試合を観ながら身体をよじったり、悔し紛れにスカーフやシャツをしぼるような動作をすることから名付けられたという。

私は現地滞在中、この話を繰り返し聞かされた。そうかと思えば、トルシーダという単語が使われるようになったのは、ファンが試合中にTシャツをねじって、頭上で回すからだと説明してくれる人間もいた。

やがてブラジルでは、サンバ隊の演奏に導かれるように大勢のファンが合唱やダンスをしながら、バナーや花火などで応援を繰り広げる独特なスタイルが誕生。「トルシーダ」という単語と共に、世界中に広く知られていくようになる。

ただし一九三〇年代末や一九四〇年代初頭までは、ユニークな応援のスタイルは確立されていなかったし、誰もが参考にできるようなサポーターグループも存在しなかった。

では、ブラジルサッカーの代名詞ともいえるトルシーダは、いかにして誕生したのか。

そこで最も大きな影響を及ぼしたのは、ブラジル北東部のバイーア州からやってきた、ジャイミ・ジ・カルバーリョという人物である。

一九二七年、当時一六歳だったジャイミは職を求めてリオに移住。バスの中での菓子売り、衣料工場の作業員などを経て、ついには法務省の下級公務員として働き始める。

これを機に、彼はある種の二重生活を送るようになった。既にフラメンゴの熱狂的なファンになっていたため平日は物静かな公務員として勤務しながら、週末にはフラメンゴのドエンテとして活動したのである。

一九四二年、彼はサンバ隊を立ち上げて、試合の間中、大音量で演奏しながらチームを応援するようになる。参考にしたのは子どもの頃にバイーアで見たサンバの演奏だった。

ジャイミが初めてスタジアムで演奏した際、対戦相手のゴールキーパーはあまりにうるさい、気が散ると審判に対して不満を訴えたという。ところが審判は演奏をやめさせるどころか、文句を言ってきたゴールキーパーに退場を命じたというおかしなエピソードさえある。

ジャイミのサンバ隊は、程なくして「シャランガ」という名称で親しまれるようになる。名付け親はブラジルの高名な作曲家、アリー・バホッソだった。

彼は幾多の楽曲の作曲や映画のサントラを手掛けた人物で、一九四五年にはオスカー賞にもノミネートされている。代表作である『アクアレラ・ド・ブラジル（ブラジルの水彩画）』は、世界で最もよく知られた曲の一つだろう。

バホッソはフラメンゴのドエンテであり、副業でサッカーの解説者もしていた。ラジオ中継の際には、プレーについてコメントしつつ、おもちゃの笛を演奏してみせることもあったという。

ある日、バホッソはフラメンゴ側のサポーター席で、サンバ隊が調子外れの演奏をしているのを耳にする。その際、こんなふうに感想を漏らしたとされる。

「ミュージシャンの演奏じゃないな。〝シャランガ〟だ」

シャランガとは、よれよれの演奏をする素人バンドを指す言葉だが、ジャイミはその単語を気に入り、自らが結成したバンドに「シャランガ・ド・フラメンゴ」という名前を付ける。バホッソとジャイミは、後に友人同士にもなった。

ジャイミが持ち込んだスタイルは、すぐにブラジル中で模倣されていく。確かに花火やバナー、フラッグを使って応援するスタイルは、ブラジルでは既に定着していた。

だがテラスでサンバを演奏する、にぎやかなカーニバルの雰囲気をスタジアムで再現するという発想は、ブラジルの人々にとっても極めて新鮮で魅力的に映った。簡単にいうなら、ジャイミはサッカーとサンバを結び付けたパイオニアであり、ブラジルにおける最初の「スーパーファン」になったのである。

ジャイミは、クラウジオにとっての個人的なアイドルにもなっている。

彼はバーの中を小走りに戻ってくると、一冊の本を私に手渡してくれた。その本はクラウジオ自身がジャイミについて記したものだった。

「ジャイミはクラブのユニフォームを着て試合に出かけた世界最初のファンなんだ。これを考えても、ジャイミやシャランガ・ド・フラメンゴの大切さがわかるだろう？」

当時、ジャイミを支えていたのは妻のラウラだった。

二人はフラメンゴのユニフォームを見よう見まねで縫い上げ、試合観戦の際に着用。スタジアムに掲げる大きなバナーを一から制作することも行っていた。サンバ隊を運営しながらである。後にジャイミはフラメンゴに雇われ、海外遠征に同行するようになる。さらにはアパレル関係の広告にも起用されるなど、選手並みに有名な存在になっていった。

さらにジャイミには、ブラジル政府やサッカー協会も目を付けるようになる。ブラジルは国を挙げて一九五〇年のワールドカップに向けた準備に傾注。マラカナン・スタジアムも完成し、母国の選手たちが優勝杯を手にする場面を誰もが夢見ていた。

ワールドカップは、ブラジルという国家を国際社会にアピールする絶好の機会にもなる。ジャイミにはこの檜舞台において、「コマンダ・トルシーダ・ブラジレイラ（ブラジルサンバ隊長）」としてシャランガを率い、大会を盛り上げていく重要な使命が託されたのである。

W杯ブラジル大会に花を添えたサンバ隊

ジャイミは関係者の期待にきっちり応えてみせた。

大会が幕を開けると彼はトルシーダ・ブラジレイラと共に、ブラジル代表が試合を行った全てのスタジアムに登場。見事な演奏を通じてファンと選手の気持ちを高め続けた。

勢いに乗ったブラジル代表は決勝リーグではスウェーデンに七対一、スペインにも六対一と大勝し、ウルグアイとの決勝にまで駒を進めていく。

ただしジャイミが最も大きな影響力を及ぼしたのは、グループリーグでユーゴスラヴィアに二対〇で勝利を収めた試合だろう。

ＦＩＦＡが本大会を正式に放送し始めるのは、一九五四年大会からになる。だが現存する映像では、花火やバナー、そして前方に陣取ったサンバ隊の勇姿を見ることができる。

シャランガが奏でるサンバに合わせて、一四万二〇〇〇人ものファンが情熱的な声援を送る光景は、現地に足を運んだ人々に強烈な印象を刻んでいる。ブラジル流の応援スタイルに感銘を受けたユーゴスラヴィアの選手たちが、帰国後に自らの体験をファンに語って聞かせ、そこからハイドゥク・スプリットのトルツィーダが生まれたことは、既に紹介した通りだ。

ただしジャイミには、もう一つの重要なミッションも託されていた。ともすれば熱くなり過ぎてしまう観客を、音楽を通じてうまく御していく作業である。ベルナルド・ブアルキ・ジ・オランダは「サッカーと歴史の境界線」と題したエッセイで記している。

「思慮分別のある国家だというイメージを提示できるかどうか。この点についてはかなりの懸念が残っていたため、政府側はジャイミ・ジ・カルバーリョを抜擢した。

運営者側はファンのリーダー役が、いかに重要な役割を果たすかを認識していた。誰かがうまくファンを御せば、警官が秩序を維持していくのは楽になるからだ」

狙いは見事に的中する。ブラジルは決勝において「マラカナンの悲劇」と呼ばれるよもやの敗北を喫する。この試合は選手だけでなくブラジル全体に深い傷を負わせたが、試合後には前向きな出来事もあった。ファンは暴動を起こしたりするどころか、屈辱的な結果も威厳を持って受け止め、予想以上に冷静に反応したからである。

ジャイミ・ジ・カルバーリョは妻のラウラと共に、シャランガ・ド・フラメンゴとトルシーダ・ブラジレイラを率い続け、ワールドカップのスイス、スウェーデン、メキシコ、そして西ドイツ大会にも参加。一九七六年に亡くなるまで、世界中の観客にサンバを披露し続けた。

シャランガはスタジアムに響く音楽を変えただけではない。ブラジルという国自体のイメージも高めながら、カーニバルの華やかな音と雰囲気を伝えていくのにも貢献したのだった。

変質していくトルシーダ

ただし一九六〇年代半ば頃から、ブラジルのサッカー界は大きく変貌し始める。

まず一九六四年にはクーデターが勃発し、一〇年に及ぶ軍事独裁時代が始まる。さらに急速な都市化が進んだ結果、ファン文化にも変化が見られた。

新たな世代のファンは年齢が低いだけでなく、経済的にも恵まれていなかったため、古い世代よりも改革志向が強く、権威を嫌う傾向が顕著だった。彼らはシャランガのような既存のトルシーダに不満を覚え、トルシーダ・ジョヴィン・ド・フラメンゴのような新しいグループを結成し始める。やがてマラカナン・スタジアムでは、フラメンゴの選手たちが、味方のサポーターからブーイングを浴びるような状況さえ生まれていく。

そのような変化をジャイミ・ジ・カルバーリョは嘆いていた。彼は晩年、リオのメディアに次のような内容の書簡を送っている。

「フラメンゴは、何にもましてブラジル（のサッカー）を愛することを教えているはずだ」

このような傾向は、時間が経過するとさらに強くなっていく。

アルゼンチンのバーラが、暴力事件を度々引き起こす危険な集団に変質していったように、ブラジルのトルシーダも過激化。二〇一三年だけでも、三〇人のトルセドーレス（トルシーダの男性メンバー）が死亡している。一九八〇年代以降、対立するグループとの抗争や内輪揉めで死んだサポーターの数は、実に数百人に上る。

「今のトルシーダは好きじゃない」

クラウジオもまた、歯に衣着せずに語っている。理由は組織犯罪への関与だった。トルシーダの新たなリーダーたちは、マーチャンダイジング（グッズやユニフォームの販売）だけではなく、クラブから受け取る賄賂、とりわけチケット転売で巨額の金を不正に稼いでいる。

似たような問題は、クラウジオが設立したハッサでも起きたという。現に数年前にはリーダーが殺人容疑で検挙され、組織自体がマラカナンに出入りすることを五年間禁じられていた。

「価値観が変わってしまったんだ」

クラウジオは寂しそうに述べた。

ハッサを再び蘇らせるために

世代交代とトルシーダの変質、そして自分がもはや若くはないという現実。クラウジオは潮時が来たのを悟り、一九八七年にハッサの運営から手を引く。

そこで次に選んだのは警察官として地域コミュニティに貢献していく道だった。クラウジオは新たな職場でも、いかんなく行動力を発揮している。

「警察では赤（コミュニスト）って呼ばれていたよ。僕がストライキを全部、仕切っていたからね。

過激な活動をしたということで、警察組織の中でも三回捕まったんだ」

結局、クラウジオは警察も一〇年前に退職。リオ市内でバーを開店するための場所を見つけ、「ヴァッカ・アトラーダ」を経営し始めた。

ハッサ同様、このバーも熱気に満ちた場所となった。

政治の弾圧に反対するトルシーダのメンバーは、リオのあらゆるクラブから集まってくる。市民運動の活動家や芸術家、民主的な改革を目指す政治家も然りである。警察による暴力行為を告発していたリオの政治家、マリエリ・フランコも常連の一人だった。

ところが彼女は二〇一八年、何者かによって暗殺されてしまう。この一件では二人の元警官が起訴されたが、黒幕を突き止める捜査は遅々として進んでいない。

またボルソナーロが大統領に就任すると共に、ブラジルにおける政治状況はさらに雲行きが怪しくなる。これを深刻に受け止めたクラウジオは、大きな決断を下す。第一線から身を引いて以来、ずいぶん長く経っていたが、トルシーダの運営に再び携わり始めたのである。

直接のきっかけとなったのは、フラメンゴの会長から相談を受けたことだった。ハッサを正常な状態に戻し、もう一度活動を活性化させるために、アドバイザー兼カポ（リーダー）として、手腕を振るってほしい。こう懇願されたのである。

クラウジオに迷いはなかった。

「三〇年ぶりにハッサに戻ることにしたよ。僕は言ったんだ。『ハッサは必ず再建させてみせるし、害虫も駆除しなきゃならない。今のメンバーを二割でも残すことができれば、組織を蘇らせることができる』とね」

組織を根本的に再編して、一種の議会を内部に設ける。そして毎年、選挙でリーダーを決めていく。これがクラウジオの青写真だった。こうすれば特定の人間が権力を握り、組織を私物化したり不正行為に手を染めるような事態は避けられる。

それと同時にクラウジオは、ハッサを活性化させることによって、ジャイミ・ジ・カルバーリョが生きていた頃のような環境を、スタジアムに蘇らせたいとも述べた。

「残念ながら今は、ブラジルのファンがアルゼンチンの歌を合唱している。ありゃ聴くに堪えない代物だ……僕はサンバをスタジアムに取り戻すつもりだ」

再び話し込んでいる間に、「ヴァッカ・アトラーダ」は客ですし詰めになっていた。バンドも演奏の準備を整えている。バーの中央にある大きな丸テーブルの周りにミュージシャンが全員座り、その周りを客がびっしりと取り囲んでいる。

クラウジオはこれから、かつてのジャイミと同じような大仕事、サンバ隊を統率しながら、会場全体の雰囲気をコントロールしていくことになる。ミュージシャンの輪の中に入って行く際に、彼はこう言い残した。

「演奏を仕切らないと。それができたら、みんなの力も自由にコントロールできるんだ」

日曜午前のキックオフ

日曜日の午前九時。若手の映画監督ハファエウは、ホテルの外で私を待っていた。手にはフラメンゴの赤と黒のユニフォームを持っている。

「これを着ないであそこに行くと、かなり浮いてしまうからね」

ハファエウはクラウジオと同様、フラメンゴのドエンテである。そもそも私にクラウジオを紹介し、「ヴァッカ・アトラーダ」に案内してくれたのも彼だった。

私とハファエウは、マラカナンでフラメンゴ対シャペコエンセ戦を観ることになっていた。シャペコエンセは、飛行機の墜落事故によりチームのメンバーをほぼ全員失うという悲劇に見舞われていた。リオに本拠を置くクラブではないためダービーマッチとはならないが、シャペコエンセを支援しようということで、試合の入場券は完売する見込みだった。

これは最近のブラジルサッカー界では珍しい。

過去数年の間に、スタジアム内では暴力沙汰がほとんど起きなくなった。だが試合会場に向かうまでの道があまりに物騒になり、一部リーグの平均入場者数は一万五〇〇〇人程度に留まっていた。もともとブラジルは二〇一八年には約五万人が殺害されるなど、世界で最も殺人事件の多い国の一つとなってきた。これに輪をかけるようにスタジアムの周辺で暴力沙汰が頻発した結果、今ではサッカー観戦に最も危険が伴う国の一つに堕してしまった。

サッカー界の常識とは逆に、ビッグクラブ同士が戦うダービーマッチは、観客の入りが一番悪い試合になることもしばしばある。事実、前日に行われたフルミネンセ対ボタフォゴ戦でも、マラカナンは半分しか埋まっていない。

このような状況を改善するという名目で、ボルソナーロ政権はサッカーファンに対する締め付けを強化。その一方ではチケットの値段を吊り上げ、労働者階級のファンを無理やり排除しようと試みてきた。またリーグ側も奇怪な解決策をひねり出している。なんとキックオフの時間を、日曜日の午前一一時に設定したのだった。

奇妙なほどひと気の少ない通りを歩きながら、ハファエウはブラジルサッカー界の現状をこんなふうに解説してくれた。

「世間の人たちは、トルシーダが危険だと主張して責任をなすりつけようとする。でもスタジアムの中じゃ、大きな抗争なんてずっと起きていない。そういう事件はむしろ稀なんだ。ブラジルの人間は、実際にはスタジアムに行くことそのものを怖がっている。だから試合の入場率があんなに低いんだよ」

ハッサは数年前にリーダーが起こした殺人事件のせいで、マラカナンに出入りするのを禁じられている。クラウジオならば、再び組織を正常化して本来の姿に戻してくれるのではないか。ハファエウは大きな期待を寄せていた。

トルシーダの再建は、草の根レベルから民主化への意識を高めていくことにつながる。

「先月、ある男性がマラカナンに行ったんだけど中に入れなかった。反ファシストのTシャツを着ているという理由で、警察に阻止されたんだ。

今のブラジルは既に独裁に近い体制になっている。だからこそクラウジオはトルシーダを盛り上げて、多くの人にブラジルの現状をもう一度認識させようとしているんだ」

クラウジオやハファエウは、ハッサのようなトルシーダが独裁政治に抵抗する手段になり得ると考えていた。フラメンゴ以外のクラブでも似たようなトルシーダが組織されており、年末には複数のグループによる会合が開催される予定にもなっている。

息絶えていなかったサンバのリズム

マラカナンの内部は、多種多様なサポーターで埋め尽くされていた。これはブラジル社会の実情をよく反映している。

だが二〇一四年のワールドカップ、あるいはその前年に行われたコンフェデレーションズカップの会場では、肌の色が白い人々の占める割合が多かった。チケットの値段が、ブラジルの所得水準よりも、はるかに高く設定されていたためである。結果、大部分のサッカーファンは、スタジアムの周りや自宅のテレビで観戦することを余儀なくされていたし、いずれのスタジアムでも大会期間中は当時の政権に対する抗議運動などが頻発していた。

国歌の斉唱が終わり、ホイッスルが鳴らされた後、観客は合唱を始める。

フラメンゴはすぐにゴールを決め一対〇と試合をリードする。その瞬間、ファンは熱狂し、スタジアム全体が振動した。

だが試合会場には何かが欠けていた。サンバ隊、シャランガの演奏、花火やフラッグである。警察の取り締まりが強化された結果、かつてトルシーダが躍動していた頃のような雰囲気は、もはや存在しなくなっていた。

海を越えたイングランドではフーリガニズムを撲滅するという名目で、実際に暴力行為を働いた個人を摘発するのではなく、ファンベース自体に規制を加えている。ブラジルの為政者たちも、これと同じアプローチを採っていた。

後半、フラメンゴは一点を返されたものの追加点を挙げ、二対一で相手を振り切る。審判のホイッスルが吹かれると、スタジアムは祝勝ムードに包まれる。すると下の席から、突然、ブラスバンドの演奏が流れてきた。

あの音は何だろう？　私は居ても立ってもいられず階段を下り、周りの人たちを押しのけながら演奏が聞こえる方へと向かって行った。

そこにいたのは、トランペット奏者が一人、ホルン奏者が二人、そしてバスドラムとスネアドラムを担当する三人のメンバーからなる、シャランガ・ド・フラメンゴだった。

確かに彼らは、試合中に演奏を行うことは許されていない。だが今も細々と活動を続けており、フラメンゴが勝った際に演奏するチャンスを待っていたのである。

「わしらは世界初のトルシーダだ！」

白い口髭を生やしたドラム担当、セウ・ジジが高らかに声を上げる。現在、七〇代の彼は、四〇年間も会長を務めているという。

これまでシャランガを率いた人物は三人しかいない。創設者のジャイミ、彼が一九七六年に亡くなった後、短期間、サンバ隊をまとめた妻のラウラ、そして目の前にいるジジである。

「我々はジャイミの伝統を受け継ぎながら、これからもずっと活動していくんだ」

ブラジルのサッカー界は、ジャイミが生きていた頃とは比べものにならないほど変わってしまった。だが演奏を始めるやいなや、全ての人々は本能的に反応する。

シャランガのメンバーがスタジアムを後にし、サンバを奏でながら炎天下の通りへ繰り出して行く。まるでサンバに導かれるように、ふらふらと後をついていくのは大勢のサポーターだ。

酔っ払った若いトルセドーレス、子どもを肩車した父親たち、そして年老いた女性まで。誰もがサンバのリズムに合わせて踊りながら、笑顔でフラメンゴの歌を口ずさんでいた。

フラメンゴを一度好きになったら
フラメンゴ一筋さ
俺はずっとずっとフラメンゴ
フラメンゴが輝くのを見るのは
最高の楽しみさ
陸でも海でも（地球のどこでも）
勝って勝って、勝ちまくれ
フラメンゴを一度好きになったら
死ぬまでさ！

第二部
名もなく、顔もなく

素顔のままで語られる内容ほど、本音から遠いものはない。
仮面を渡せば、相手は真実を語るだろう。

オスカー・ワイルド 『芸術家としての批評家』

第四章

イタリア

カルチョに君臨し続ける闇の皇帝

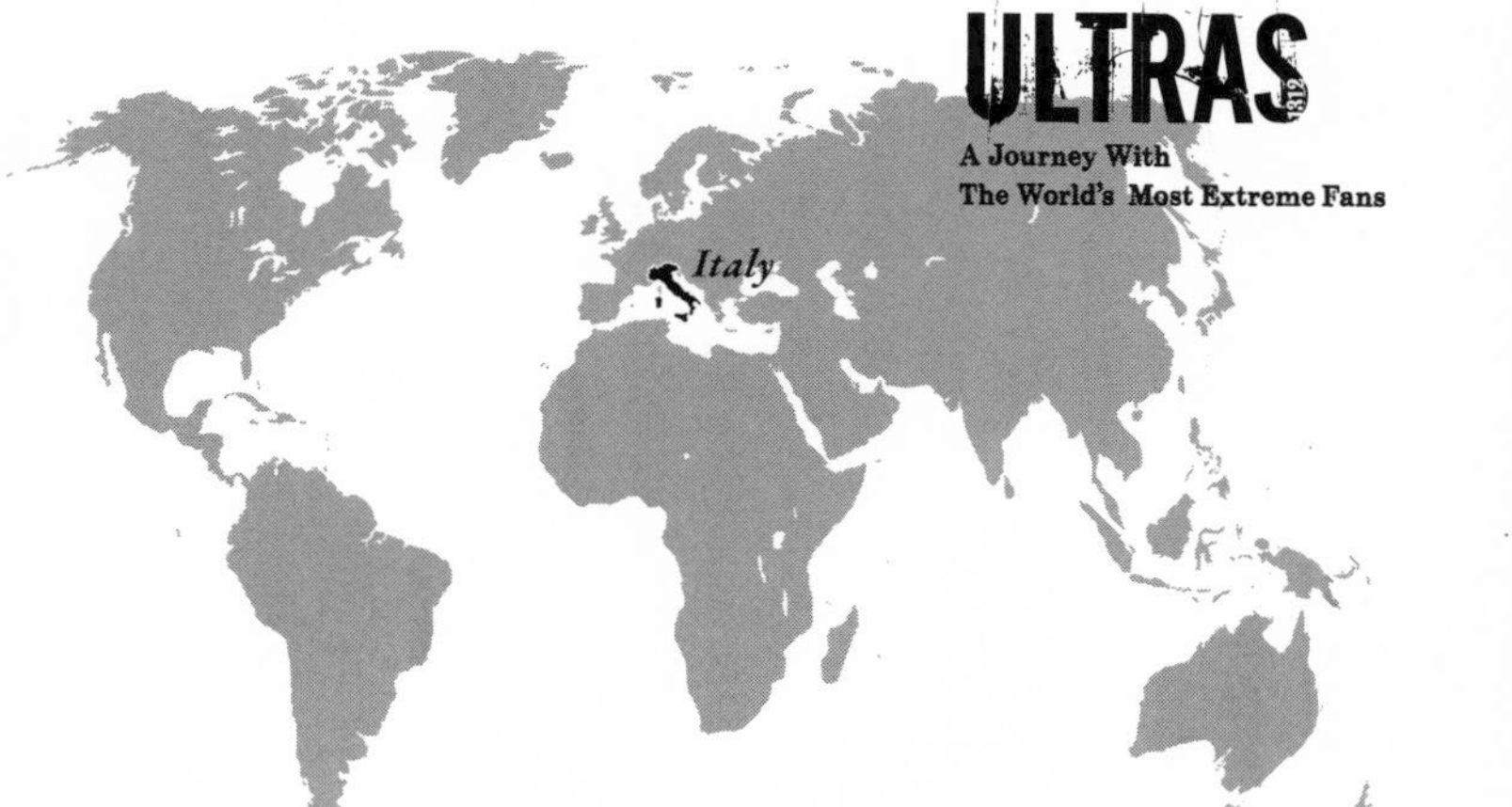

ローマ

ＡＳローマのトレーニング・グラウンドに設けられた病院の窓からは、ローマ郊外の美しい風景を見渡すことができる。その一室でロレンツォ・コントゥッチはベッドに横たわっていた。スクーターに乗っていて、事故に遭ったのだという。天井から吊り下げられた足が痛々しい。

だがコントゥッチには、治療に専念する暇などなかった。

「車にぶつけられてね」

彼はこう言いながらぎこちなく体勢を変え、電話に手を伸ばした。会話の内容は、今度行われる裁判についてだった。しかもその間には、病室内の固定電話も鳴り始める。電話の主はやはり裁判沙汰に巻き込まれており、彼の助けを求めていた。

弁護士のコントゥッチがかくも売れっ子なのには、然るべき理由がある。あまり一般的ではない分野、サッカー絡みの訴訟を手掛けているからだ。

派手なパイロのショー、発煙筒の使用、場合によっては口論に至るまで、罪を犯したと見なされたり軽犯罪法に触れたりという理由で、サポーターが起訴されるケースは後を絶たない。中でもコントゥッチが専門としているのは、ウルトラスにとっての最大の問題、「ディッフィード」と呼ばれる、忌まわしい入場禁止措置に対処することだった。

ディヴィエート・ディ・アッチェーデレ・アッレ・マニフェスタツィオーニ・スポルティーヴェ、

通称DASPO（ダスポ）として知られるこの制度は、一九九〇年代半ばにイタリアで導入されたが、適用されるケースは二〇〇七年以来激増。警察はまるで紙吹雪のように、サポーターに対して乱発するようになっていた。コントゥッチは、これを覆すことにかけては名人級の腕前を持っており、高い勝訴率を誇っていた。

ウルトラスが彼の下に殺到するのには、別の理由もある。コントゥッチは現在五〇代で頭のてっぺんはきれいに禿げ上がっているが、他のいかなる人間よりもウルトラスを理解しているからだ。彼はかつてウルトラスのメンバーだったのである。

ウルトラス出身の弁護士

ASローマのスタディオ・オリンピコには、クルヴァ・スッド（サウス・スタンド）と呼ばれる一角がある。彼がここを初めて訪れたのは一九八〇年、一三歳のときだった。基本的には父親も同行していたが、クルヴァ・スッドを染め上げる色やティフォージ（イタリア語の「ファン」）が口ずさむ歌に恍惚としていたという。

スタディオ・オリンピコは、ローマ市内に本拠を構える二つのビッグクラブ、しかもライバル意識を燃やしている同士によって共有されている。

クルヴァ・スッドは、ASローマのウルトラスの根城。他方、クルヴァ・ノルド（ノース・スタンド）に陣取るのは、ラッツィオのウルトラス。その中には公然とファシスト政権を支持する、悪名高き極右のイッリドゥチビリが含まれている。

コントゥッチは当時、最も大きな規模を誇ったグループ、「コマンド・ウルトラ・クルヴァ・スッド（CUCS）」に加わった。この組織は主なウルトラスのグループを束ねた連合軍で、斬新かつ訴求力の大きいコレオグラフィーを披露する集団として知られていた。

彼らは一九七七年一月九日、サンプドリアに三対〇で勝利した試合の前に、コマンドス・ウルトラ・クルヴァ・スッドという文字が載った四二メートルのバナーを披露。新たな組織が誕生したことを世間にアピールする。堂々たるバナーは、イタリアのスタジアムに登場したバナーの中で最もサイズの大きなものとなった。コントゥッチは語る。

「（CUCSは）クルヴァ・スッドにいた連中の中で、最も荒っぽい連中が集まったグループの一つだった。そこは認めなければならない」

彼によればホームでもアウェーでも、暴力沙汰や盗みは日常茶飯事だった。

「試合に来ていた連中はとても貧しかった。だからクルヴァに入ると、しょっちゅう首の辺りをまさぐられるんだ」

コントゥッチはASローマのウルトラスとして活動。一九七〇年代、八〇年代、そして九〇年代にはスタディオ・オリンピコのクルヴァ・スッドに立ち、場数を踏んでいく。その間、彼はDASPOが極めて恣意的に適用されている事実を、自らの身を持って経験することになった。ASローマが最後にスクデットを獲得した二〇〇〇／〇一シーズン、ウルトラスの仲間と共に逮捕され、スタジアムへの出入りを禁じられたからである。

彼は既に弁護士資格を所有していたが、実情を知って愕然とする。裁判官が正式に有罪判決を出していなくても、警察側はなし崩し的に、禁止令を乱発するのが当たり前になっていた。

驚くべき事実を目の当たりにした彼は、関連する法律を徹底的に研究。自らが受けた判決に対して異議を申し立て、見事に裁判に勝訴した。本人によれば、これは警察側が敗訴した最初のケースの一つになったという。

義憤に駆られたコントゥッチは、同種の裁判に積極的に関わり始める。そもそもこの法律は急ごしらえのもので盲点が多かったため、ほとんどのケースで逆転勝訴を勝ち取ることができた。結果、ウルトラスを構成する末端の兵隊であれ、あるいは組織を束ねるカポ（リーダー）であれ、トラブルに巻き込まれた面々は真っ先に相談を持ちかけるようになった。

今や彼が扱う仕事の半数は、ウルトラス絡みの訴訟である。ミラノやナポリ、そしてASローマの宿敵であるラツィオのウルトラスからも、ひっきりなしに電話がかかってくる。それをコントゥッチと共に処理するのが、やはりかつてウルトラスのメンバーだった弁護士たちだ。

「うちの事務所は、ウルトラス出身の弁護士を雇ってきた。彼らは他の弁護士たちが理解できない事柄もしっかり踏まえているからね」

「鉛の時代」とイングランドの影響

ウルトラスという単語は、フーリガンの同義語としてよく用いられる。

だがこの用語法は正しくない。フーリガンは「乱暴者」を意味する英語に由来するが、ウルトラスはラテン語の「ウルトラ」「限度を超える」という単語から派生している。

さらに述べれば、「ウルトラ」なる言葉は一九世紀のフランスにおいて、ブルボン王朝を支持した「極端に忠実な」一派を表現するためにひねり出された。彼らはナポレオン・ボナパルトが失脚した後に王位に復帰したルイ一八世さえからも、熱狂的だと見なされた。

かくも古い由来を持つ言葉が、イタリアのサッカー界で用いられるようになったのは一九六〇年代末だった。イタリア初のウルトラス、ACミランの「フォッサ・デイ・レオーニ」は一九六八年に誕生。続く一九六九年には、サンプドリアのファンが「ティト・クッキアローニ」を立ち上げる。トリノでは同じ年に「ウルトラス・グラナータ」も設立された（ただし当人たちは、一九五一年には初の組織化されたサポーターグループを結成したと主張している）。

サポーターが独自にグループを組織し、思い思いのスタイルで応援する。この新たなトレンドは、一九七〇年代後半を迎える頃には全土に普及し、ほとんどのクラブがウルトラスの組織を抱えるようになる。

イタリアのウルトラスには顕著な特徴があった。政治色の強さである。

たとえばイタリア共産党（ＰＣＩ）の支持者が多いボローニャやリヴォルノでは、当然のように左翼的なウルトラスが誕生している。左翼的なウルトラスとしては、ＡＳローマのフェダインなども挙げられる。フェダインという名称は、当時、中東で飛行機のハイジャックや爆弾テロ、要人の誘拐、暗殺などを行っていた極左の過激派にちなんでいる。

これも地域の特性に関連したものだった。当時のローマはイタリアの首都でありながら、左翼勢力が極めて強かったからである。コントゥッチは語る。

「クルヴァ・スッドには、いつもローマの状況が反映されてきたんだ」

一九六〇年代と七〇年代にかけて、イタリアでは政治の嵐が吹き荒れた。ヨーロッパ全域に広がった学生運動はイタリアにも波及。社会の急速な近代化によって既に古い価値観や秩序は瓦解していたが、極左が台頭すると危機感を覚えた極右の活動も活発化したために、左右両勢力が街中で激しいデモや衝突、テロを繰り返すようになる。

しかも無差別テロでは各セクトのメンバーだけでなく、民間の活動家や弁護士、政治家、ビジネスマン、さらには数多くの一般市民も犠牲になるなど、社会情勢は極めて不安定になった。いわゆる「鉛の時代」と呼ばれる、陰鬱で血なまぐさい時代である。このような状況の中で産声を上げたウルトラスが、政治結社ばりにイデオロギーに染まっていたのは何ら不思議ではない。

同じく強い影響を与えた要素としては、イングランド経由のものも指摘できる。

一九七七年、リヴァプールはスタディオ・オリンピコで行われたチャンピオンズカップの決勝で、ボルシア・メンヒェングラートバッハと対戦。最終的に三対一で勝利を収めている。数カ月後、クルヴァ・スッドにはイングランドではおなじみのスカーフ、ポールを二枚利用して弛まないようにしたフラッグ、リズミカルなイングランド風のチャントが登場する。

この新たなトレンドが生まれる過程では、チェルシー対ミルウォール戦のビデオテープも参考にされたという。ちなみにビデオを仲間に見せたのはコントゥッチ自身だった。

「今、サポーターが歌っている歌のいくつかは、そのビデオを参考に作られたんだ。ビデオはまだ手元にあるよ。僕が持ち込んだものだったからね」

イングランドの影響は、一九七〇年代末から一九八〇年代にかけて、イタリアで「純然たるフーリガニズム」（コントゥッチ）が吹き荒れた理由を理解する手がかりにもなる。

一九七九年には、ラツィオのファンであるヴィンチェンツォ・パパレッリが、むごたらしい形で死亡している。当時三一歳で二児の父でもあった彼は、ＡＳローマとのダービーマッチの前に帰らぬ人となった。クルヴァ・スッドから放たれた緊急照明弾（ピストル型の照明弾）が彼の目を直撃。そのまま倒れ込むと、妻に抱きかかえられながら息を引き取ったのである。これは今日に至るまで、イタリアのスタジアム内で記録された唯一の死亡事故となっている。

同時期に起きた事件としては、同じくスタディオ・オリンピコで行われた、一九八四年のチャンピオンズカップ決勝を巡る一件も指摘できる。

リヴァプールはＡＳローマに勝利を収めたものの、サポーターは祝杯を挙げるどころではなかった。クルヴァ・スッドのウルトラスが、ナイフを持って襲撃したからである。刺されたのは主に臀部だったとはいえ、十数人のリヴァプールのファンが負傷した。

国家成立よりも古い、都市文化の伝統

ただし暴力沙汰が頻発した背景には、イタリア独特の歴史的な事情も関係している。

そもそもかつてのイタリア半島は中央政府が統治するのではなく、様々な都市国家や独立した州がパッチワークのように集まった地域となっていた。イタリアは一八六一年に国家統一を果たすが、それ以前から各地域を拠点に、激しい対立構造が存在していたのである。

結果、近代国家としてのイタリアは誕生したものの、当初は統一的なアイデンティティが確立されていなかった。現にジュゼッペ・マッツィーニやジュゼッペ・ガリバルディと共に、イタリア統一を進めたマッシモ・ダゼーリョは、こんなふうに述べている。

「我々はイタリアを作り上げた。これからは（共通のアイデンティティを持つ）イタリア人を創らなければならない」

この発言は、建国以降もほとんどのイタリア人が、首都であるローマよりも自らの市や町、地域に対して強い思い入れ、「カンパニリズモ（郷土愛）」を抱いていたことを示唆する。

事実、地域ごとの特性の違いはいまだに顕著だ。郷土料理はわかりやすい例だし、シチリアなどは二五〇年に亘ってイスラム勢力に支配されていたために、アラビア語の名残を留める表現が多く残っている。

イタリアにおける一連の取材では、Copa90というユーチューブチャンネルを運営しているイタリア系アメリカ人ジャーナリスト、マルティノ・シミック・アレーゼがサポートしてくれたが、彼は各地域の訛りを「英語とウェールズ語と同じくらい違っている」と評した。

イタリア建国の一六年後、ジェノヴァに持ち込まれたイングランド式の近代サッカーは、各地域の文化や伝統、そして対抗意識と表裏になったカンパニリズモを最も反映してきたのである。

コントゥッチによれば、ASローマのウルトラスは「ローマの街を守っている」という意識も持っていたという。ならばウルトラスとは何者なのかと改めて問うと、彼は携帯電話のスイッチを切り、しばらく考えた末に静かに口を開いた。

「君はバンドのザ・スミスを知っているだろう？　ボーカルのモリッシーのことも。

モリッシーはフーリガンについて、自分たちの街を愛する者だと発言したことがある。ウルトラスとフーリガンではちょっとニュアンスが変わるけど、この定義は悪くない。ウルトラスは自分たちの街を愛する連中だといえると思う」

先鋭化していく警察との対立

激しく吹き荒れた政治の嵐と陰鬱な「鉛の時代」、イングランドから輸入されたワイルドなフーリガニズム、そして都市国家を軸とした地域間の対抗意識。イタリアのウルトラス文化は、これら三つの要素を背景に成立したと考えて間違いないだろう。

だが時の流れと共に、イタリアのサッカー界では構造的な変化が生じていく。

まず見られたのは、左派の衰退と右派の躍進である。ASローマを例にとれば、クルヴァ・スッドで絶大的な影響を誇ったCUCSは一九八七年に分裂。左派の牙城だったはずの一角では、人種差別や極右的な主張を行う勢力が増えていく。

誤解のないように断っておくと、イタリアのウルトラスは、左派の集団ばかりが占めていたわけではない。たとえばインテル・ミラノでは、ボーイズSAN（スクアドレ・ダツィオーネ・ネラッズーレ）という極右のウルトラスが早くから組織されていた。また、ローマのスタディオ・オリンピコのクルヴァ・ノルドを牛耳っていたのは、やはり極右に傾倒しているラツィオのウルトラスである。だが全般的に見た場合、潮目は明らかに変わりつつあった。

これは現実社会の流れも反映している。熱い政治の季節が終わりを告げ、政治の舞台では左派が勢いを失うにつれ、スタジアム内では左翼のウルトラスも勢いを失っていったのである。コントゥッチは語る。

「イタリアでは一九九〇年代に移民が問題になり始めた。だからクルヴァの一部の連中はもっと右寄りになり、（極右の）シンボルを掲げるようになったんだ」

次に見られたのは、ウルトラスのグループ内における世代交代である。旧世代のカポは第一線を退き、若いウルトラスたちが台頭してくる。結果、それまで存在していたウルトラスが解散したり、グループの組織文化が変わるようなケースも多々起きた。

確かにウルトラスの数自体は、一九八〇年代と九〇年代に爆発的に増加している。だが新たな世代のサポーターは、旧世代よりも社会に不満を持つ者が多かった。また大上段に構えて政治や社会の理想を論じるというよりも、より限定された狭い世界で、自分たちのアイデンティティや存在意義を見出そうとする傾向が強くなる。いわゆる「ミーイズム（自己中心主義）」の浸透である。このようなスタンスも排外的、排他的な右派の世界観と相性がいい。

イタリアにおけるウルトラスの歴史を綴ったベストセラー、『スタジアムの反逆者：リベリ・デリ・スターディ』を出版した『ラ・ガゼッタ・デッロ・スポルト』のピエルルイジ・スパニョーロは、次のように喝破した。

「一九六〇年代と七〇年代は、ユースカルチャーそのものが急進的な左翼の文化に惹かれていた。だが今では、逆に極右勢力に引き込まれるようになってしまった」

新たな流れは二〇〇〇年代に加速していく。

二〇〇一年七月、ジェノヴァは大揺れとなる。G8首脳会議が開催された際に、サミット会場周辺では大規模な抗議行動が展開されたからである。そもそもこのサミットは、反グローバリズムを掲げる活動家の標的となり、二〇万人もの抗議者が街の通りを埋め尽くした。いくつかのデモ隊は暴徒と化したため、警察は手当たり次第に見つけた人を殴打する強硬手段に出た。その前日には、抗議に参加していた二三歳の若者が警察に射殺されるという事件も起きていた。

サッカーファンの命はどうでもいい

スパニョーロによれば、ジェノヴァで発生したこれらの出来事は、警察に対する反感が生まれる分岐点になったという。

「昔はスタジアムに行っても、警察と戦ったりはしなかった。警察を敵視する傾向が強まったのはG8が行われ、警察が残忍な体質を自ら露呈したときからだった」

三年後の二〇〇四年には、ASローマ対ラツィオのダービーが中止になる。

試合前、サポーターの間では、子どもがスタジアムの外で警察車両に轢かれて死亡したと噂が流れる。これは誤報だったが、ASローマの三人のカポティフォージ（リーダー）がピッチに侵入。キャプテンのフランチェスコ・トッティに対し、試合を中止すべきだと訴えた。

その後、ラツィオとASローマのウルトラスは激しい戦いを繰り広げる。ただしお互いにやり合ったのではない。警察に憎しみをぶつけ一五〇人を負傷に追い込んだ。

さらに二〇〇七年には、二件の死亡事故が警察との対立構造を決定的なものにする。まず二月にはカターニャとパレルモのウルトラスが暴動を起こした際、シチリアの警官が死亡するという事件が起きた。これは全てのリーグ戦や代表戦のキャンセルにつながっただけでなく、ウルトラスに対する取り締まりを一気に強めるきっかけとなる。

そもそもイタリアでは、「ピサヌ規定」と呼ばれるテロリスト対策法も二〇〇五年に導入され、ウルトラスの弱体化に適用されていた。だが警官の死亡事件を境に、ＩＤカードシステムの導入に向けた動きが本格化したのである。

このような状況の中、同年の一一月には別の死亡事故が発生する。ラツィオのイッリドゥチビリのメンバーが、警官に射殺されたのである。

発端は、ミラノに向かっていたユヴェントスとラツィオのウルトラスが、サービスステーションで乱闘を繰り広げたことだった。現場に居合わせた警官は、空中に向けて威嚇射撃をした後、サポーターに銃を発砲している。

当の警官は、射殺は不慮の事故によるものだった、つまずいた際に誤って銃弾が発射されたのだと弁解したが、サッカーファンは納得しなかった。しかも、その週末に予定されていたセリエAの試合は中止されず、予定通り開催されたことが火に油を注いだ。イタリア全土のウルトラスが激怒し、警察に反旗を翻したのである。

スパニョーロによれば二〇〇一年以降、イタリアでは警官に対する不信感が社会全体で募っていた。ましてやサポーターは強い不満を覚えていただけに、当局側やリーグ側のお粗末な対応は、不信感をさらに根深いものにしたという。曰く。

「警官が死んだときにはリーグ戦が中断されたのに、サッカーファンが死んだときにはリーグ戦が続行される。それはファンの側からしてみれば、自分たちの命の重さが軽んじられているということに他ならない。こうして戦争状態になったんだ」

なぜウルトラスは不可欠な存在なのか

対立の激化を違う側面から語ってくれたのは、ジャンニヴィットリオ・デ・ジェンナーロである。彼は生粋のウルトラスであり、ASローマの熱烈なサポーターでもあるが、ASローマだけを扱う日刊紙『イル・ロマニスタ』に記事を寄稿している。

彼もまたサッカー界の変質を実感していた。

スタジアムのテラスでは極右勢力、特にボーイズと呼ばれたウルトラスが勢力を拡大する一方、政府側による規制も強化。パイロや発煙筒の使用は禁じられ、スタジアムにドラムやメガホンを持ち込むのにも特別な許可が必要とされるようになった。

これはウルトラスを取り締まるべく、当局が打ち出した方針に基づくものだった。

もともとイタリアのテラス文化（立ち見席で育まれる、独特なサポーター文化）は、イングランドから大きな影響を受けていたが、当局側はイギリス政府が一九九〇年代初期に実施したのと似た方法を推進する。具体的にはスタジアムからテラスを排除し、全ての観客が座って試合を観る施設に作り替える。これに併せてチケットの値段を吊り上げ、労働者階級のファンを排除した。

俗にいう「サッカーの高級化」である。

確かに新たなアプローチは、スタジアムを安全にし、サッカーそのものをよりアクセスしやすいエンターテインメントにするのに役立ったかもしれない。だが、世界中に影響を及ぼしてきたイタリア発のテラス文化を根絶やしにしてしまった。

ウルトラスを徹底的に弾圧する方針は、皮肉な結果ももたらしている。ジャンニヴィットリオによれば、各クラブのウルトラスが分断された結果、いざスタジアムの周辺で抗争が起きた際には、暴力がはるかにエスカレートする傾向が生まれたという。

ジャンニヴィットリオは、ウルトラスの存在意義を信じ続けていた。過激なサポーターは独自の治術も維持してきたし、社会奉仕にも積極的に関わっているからだ。現に彼らは貧しい人々に食事を提供したり、障害者を助けたり、逮捕されたサポーターのために基金を募るような活動も行っている。たとえそれが、敵対するウルトラスのメンバーだったとしてもだ。

ジャンニヴィットリオは、イタリアサッカーが商業的に生き残っていく上でも、ウルトラスの存在は決定的に重要なはずだと主張した。

「イタリア製のサッカーは、スタジアムが無人で、何の雰囲気も演出できなければ売り物にはならない。スカイはセリエAのコマーシャルで、パイロの映像を使っているくらいだ。世界中の人たちも、コレオグラフィーやパイロのショーを見たがっている。サッカーそのものや二二人の選手だけではなくてね」

たとえばASローマとラツィオのサポーターがタッグを組むシナリオなど、かつては考えられなかった。だが独自の文化を守るためには、ウルトラスは互いに団結してサッカーの近代化や商業化、国家権力に対抗していかなければならないという。

ジャンニヴィットリオはこう主張した。

「敵の敵は自分の味方なんだ。そうだろ？」

ラツィオを牛耳る極右勢力

私はローマ市内の高級な場所にある、タトゥーパーラーにいた。

待合室には、初代ローマ皇帝であるアウグストゥスの巨大な絵が飾られている。アウグストゥスは反対派をことごとく排除して秩序を確立し、四〇年に亘ってローマを支配した人物だ。

その下では観光客と思しきアメリカ人女性のグループが、どんなタトゥーを入れてもらうのかを大声で話し合っている。

取材をアシストしてくれているマルティノが自己紹介をすると、彫り師のアンドレアは滲んだ血とインクを慎重に拭き取り始めた。針を抜いたばかりの肌には黒い模様が彫ってある。

たいていの場合、アンドレアは一見の客を門前払いする。見知らぬ客は、他のウルトラスのメンバーや正体を隠したジャーナリスト、あるいは警察や公安の捜査員だったりするケースもあるからだ。ましてやアンドレアは、ラツィオのイッリドゥチビリに名を連ねている。彼は自分たちが当局側にマークされていると信じて疑わなかった。

私たちがアンドレアを訪ねたのは、イタリアで最も悪名高きカポティフォージ、ファブリツィオ・ピッシテッリに会うためだった。彼は「ディアボリック（悪魔）」というニックネームで広く知られている。

これは漫画のキャラクターにちなんだものだが、ファブリツィオの特徴をよく表している。

彼はイッリドゥチビリを率いて、スタディオ・オリンピコのクルヴァ・ノルドを仕切っていたが、他のウルトラスと衝突した際の圧倒的な強さ、ムッソリーニなどを公然と支持する政治的なラディカリズム、さらにはＰＲや商売の感覚においても明らかに傑出していた。

イッリドゥチビリが披露するコレオグラフィーは、単に巨大なだけでなく独創的だった。むしろ芸術的なセンスが、政治的なメッセージと結び付き、さらにインパクトを高めていたと解釈するのが正しい。

彼らはムッソリーニ時代を想起させるようなシンボルを活用。自分たちはその正統な後継者だというイメージを打ち出した。モチーフとなったのは、ムッソリーニ自身の顔や、ナチスでも使用されたケルト十字、「ファスケス」と呼ばれる束ねた斧である。この斧は強者による支配を意味するもので、「ファシズム」という単語の語源にもなった。

人種差別と反ユダヤ主義を公然と謳うイッリドゥチビリに対しては、多くの人が眉をひそめてきた。だが彼らは、ラツィオの上層部や選手に対しても絶大な影響力を及ぼしていた。

一方、組織のメンバーは、マーチャンダイジングも積極的に展開して数百万ユーロを稼いでいたし、帳簿に記載されない闇のビジネスでは、それ以上の額を手にしていた。これら全ての中心にいたのが、悪魔的なカリスマ性を持つファブリツィオだった。

だが彼は二〇一六年に麻薬密売で投獄。イタリア当局によって、二〇〇万ユーロ以上の現金や様々な資産を没収されている。釈放された後は組織のリーダーとして活動を再開したが、スタジアムに顔を出すことは叶っていない。イタリアで出会ったほとんどのウルトラスのように、彼も「ディッフィード（出入り禁止措置）」の対象となっていた。

「わかった。ファブリツィオに確認してみる」

アンドレアは彫り終えたばかりのタトゥーを満足げに眺めながら、ようやく同意してくれた。本人と話がついた時点で、電話をよこすとも約束してくれた。

数時間後、私の携帯電話が鳴った。声の主はアンドレアだった。一〇時きっかりに、イッリドゥチビリの本部で会ってくれるのだという。

「絶対に遅れるなよ」

アンドレアはこう釘を刺して電話を切った。

イッリドゥチビリの本部へ

イッリドゥチビリのビルは、トゥスコラーノ地域の閑静な住宅街を走る、アムリオ通り沿いに建っていた。

正面入り口は白い金属シャッターが下ろされているため、一見、何の建物かはわからない。だがこの場所が彼らの事務所であることは、周囲を眺めればすぐに確信できる。道路標識にはスペイン、ブルガリア、ポーランド等々、ヨーロッパ各国の極右系ウルトラスのステッカーがびっしり貼られていた。

やがて彫り師のアンドレアがスクーターに乗って到着する。同行しているのはイッリドゥチビリの別のメンバー、ジャンニだった。

ジャンニは鍵を開けてシャッターを押し上げ、アンドレアと共に内部を案内してくれた。

天井の高い工作場は、バナーやコレオグラフィーを制作するために利用されている。中央のスペースには、中途半端なジムもあった。喧嘩に備えて、ここで身体を鍛えるのだという。

中二階の床からは白い巨大なバナーが掛けられている。これはイッリドゥチビリが最初に手掛けた作品の一つで、彼らがモチーフに多用した「ミスター・エンリッチ」のイラストがあしらわれていた。ミスター・エンリッチとは山高帽をかぶった若い男性で、よからぬことを繰り返す架空のキャラクターである。バナーに描かれているのも、ミスター・エンリッチが手錠をかけられ、二人の警官に連れ去られている場面を表現したものだった。しかも左手には、導火線に火のついた爆弾をこっそり抱えている。

隣の部屋は、イッリドゥチビリが経営するグッズショップだった。一九八七年に結成されて以来、彼らは「オリジナル・ファンズ」という人気ブランドを設立。ある時点ではローマの周辺に一五ものショップを構えるまでになっていた。

現在でも彼らのステッカーや山高帽、ナチス時代のトーテンコップ（髑髏）、第二次大戦中にヒトラーの要請によってデザインされた「黒い太陽（黒い円から放射状に折れ曲がった線が描かれているマーク）」など、極右のシンボルマークをあしらったTシャツを買うことができる。ちなみに黒い太陽は、世界中の極右グループで採用されてきたデザインだ。

イッリドゥチビリは、ウェストハムのインター・シティ・ファームと友好関係を結んでから三〇周年にあたるため、この記念Tシャツも販売していた。そしてもちろん、ミスター・エンリッチがブーツを蹴り上げているデザインのTシャツもある。この種のアパレルは、彼らにとってドル箱になっていた。

その周りには、志を同じくする世界中のウルトラスから送られてきたステッカーが置かれている。白人至上主義を謳うもの、鉤十字のマーク、警官が銃で頭を撃たれているデザインのものさえあった。部屋の壁には、大きな木製のファスケス、ケルト十字を白い円で囲ったナチス風の旗も飾られていた。

続いてジャンニはビルの裏側を案内してくれた。イッリドゥチビリの本部の後ろには、アッカ・ラレンツィア通りが走っている。一見、何の特徴もないような短い道路だが、イッリドゥチビリやファシズム全体にとって決定的に重要な意味を持っていた。

一九七八年一月、ムッソリーニの系譜に連なる極右政党、「イタリア社会運動」に傾倒していた一〇代の若者二人が、急進左翼の活動家と思しき連中に射殺される事件が起きた。その現場となったのが、この場所だったのである。

以降、アッカ・ラレンツィア通りは、イタリアの極右勢力にとって巡礼の地になってきた。一月七日が来る度に、イタリアや世界中から約五〇〇〇人のファシストが参集。行進をして花輪を捧げ、右手を挙げたローマ式の敬礼を行う。

ジャンニは春の日差しの中で茶色くなった花輪を指差した。花輪は数カ月前の式典で用いられたものだ。足元を見ると、黒の巨大なケルト十字がタイルで表現されている。おそらく直径六メートルはあるだろう。ここはまさにサッカー界に吹き荒れる、極右勢力の中心地だった。

ついに姿を現した闇の帝王

ファブリツィオがようやく姿を現したのは、夕暮れになってからだった。

ボディガードを伴ってリーダーが車から降りてくると、アンドレアとジャンニは背筋を伸ばして直立し、ローマ式の敬礼で出迎えた。

初めて対面したファブリツィオは、ほっそりとした体格の持ち主で、整った顔立ちをしていた。年齢は五〇代初めだが、はるかに若々しい。事実、眼鏡姿で写真に撮られたときには、温和な青年のような印象さえ与える。だが全身からは、圧倒的なカリスマ性を漂わせていた。

ファブリツィオは私たちを中二階まで誘った。壁にはムッソリーニの肖像画が掛けてある。彼は机の後ろに置いてある椅子に腰掛けると、マリファナを巻いて火をつけ大きく吸い込んだ。そしてこちらをじっと凝視したまま、手にしたものを差し出してきた。私たちが〝ルール〟に従うつもりがあるのか否かを、見極めるためである。当然、拒むことはできなかった。

「サッカーを運営している連中は、サポーターが馬鹿だと思い込んでいる。実際、サポーターはある意味では馬鹿だ」

ファブリツィオは、くつろいだ様子で煙を吐き出しながら口を開いた。

「実際、俺たちは赤と黒（ACミラン）、白と黒（ユヴェントス）、水色とライトブルー（ラツィオ）

に分かれていがみ合いをしているわけだからな。

まあ、呼び名は何でもいいんだが、それで誰が一番うまい汁を吸うと思う？　サッカークラブのオーナーたちさ。そういう奴らが俺たちを馬鹿どもに差し向けているんだ」

彼は再びマリファナを吸い込むと尋ねてきた。

「おたくらは暴力沙汰の話だけを聞きたいのか？」

「いや、そんなことはないです」

本音を言えば、私は暴力沙汰についても詳しく知りたかった。だが、イッリドゥチビリがいかにして始まったのかも興味がある。少なくとも、私はファブリツィオ本人に語ってほしかった。

イッリドゥチビリは一九八七年、ファブリツィオが二一歳のときに設立された。彼自身は一三歳の頃からスタジアムに通っていたという。いわゆる「鉛の時代」である。

「俺は赤ばかりがいる地域で育ったし、道を挟んだ向かい側には（ＡＳローマのウルトラスであり、極左の）フェダインのリーダーが住んでいた。

あいつはローマの極左だったが、自分は真逆、極右のラツィオを応援するようになった。そうやってローマと、近所にいる左翼の連中に対抗したんだ。ラツィオは極右の喧嘩屋を何人か抱えていたしな」

ウルトラスたちが、鉛の時代以降も政治的に過激化していったのは偶然ではない。

当局側は街中からイデオロギー闘争を一掃する代わりに、その舞台をサッカー界に移そうとしたのである。スタジアム内ならば、秩序を維持するのはもっと容易になるという判断も働いたはずだ。ファブリツィオはそう信じていた。

またウルトラスの中でも変質が見られた。当時は極左的な傾向が弱まる一方、世代交代が進んだことによって筋金入りのメンバーが引退。ウルトラスは一種の停滞期を迎えていた。

そこで起きたのが一九七九年の事件だった。ＡＳローマのウルトラスが、ラツィオ側のクルヴァ・ノルドに拳銃型の照明弾を発射した結果、ラツィオのファンが死亡したのである。これによって若い世代のイッリドゥチビリは急進化していく。

「歳上の連中は穏便に収めようとしたが、こっちは拒否した。俺たちはスタジアムに『鉛の時代』を持ち込むつもりだったんだ。

まるで野良犬みたいだったな。悪ガキ揃いでとにかく荒れ狂っていたし、真っ先にスタジアムに行って揉め事を起こすんだ。

あの頃は一五や一六になれば一人前だった。今は一三、一四、一五歳でもガキのままだ。しかもオカマにオカマとは言えないし、クロンボをニガーとも呼べない。イエローやチャイニーズもそうだ。全部、ポリティカル・コレクトネスってことで引っ掛かる」

イッリドゥチビリは、ＡＳローマをはじめとする他のクラブのサポーターに対抗しただけでなく、ラツィオで活動していた既存のウルトラスやクラブ側にも弓を引いた。

たとえば試合会場に向かう際には、クラブが指定したバスや列車には乗らず、自分たちで勝手に移動して、他のグループと別に行進していく。彼らはスタジアムの内外でも悪名を届かせる。ラツィオでは最も規模が大きく、存在感もあるウルトラスのグループが、メンバーを引き抜かれることまで起き始めた。

「試合の後は喧嘩をするのが当たり前だった。一線を越える瞬間はすぐにきたさ。二〇人が二〇〇人になり、三〇〇、四〇〇人と増えていった。そしてさらに過激になっていったんだ」

ファブリツィオは一九九〇年代の初め頃には、グループ全体を率いていた。彼の下でイッリドゥチビリは勢力を拡大し、暴力沙汰やコレオグラフィーなどで有名になっていく。

コレオグラフィーの中には、ダンテの地獄篇のような古典文学にヒントを得たものもあったが、むしろ注目を集めたのは人種差別や反ユダヤ主義を露骨に謳うバナーやチャントだった。絶え間ないブーイング、黒人選手に向けられた猿の鳴き真似、セルビアの戦争犯罪者であるジェリコ・ラジュナトヴィッチの称賛、ASローマファンがユダヤ人だとする執拗な中傷。

悪名高き行状は多過ぎるため、全てをリストアップすることは到底できない。たとえば「クロンボのチーム、ユダヤ人のホーム」「アウシュヴィッツがおまえらの祖国」といったメッセージは、ローマに住むユダヤ人の多くが、市の中心部出身である事実を受けたものだった。

イッリドゥチビリは、ASローマのサポーターが陣取るクルヴァ・スッドにも侵入し、至る所にステッカーを貼り付けた。アンネ・フランクの写真と「ローマのファンはユダヤ人」という文字が印刷されたような下劣な代物である。

「俺たちはどうしようもない連中の集まりだった。基本的にはね」

ディ・カーニオ、ガスコイン、シニョーリとの濃密な関係

ただし、イッリドゥチビリが注目を集めたのは他の理由もある。彼らはラツィオに所属した有

名な選手たちと親密な関係を築いていた。

　最も有名なのは、ウェストハムでもプレーしたパオロ・ディ・カーニオだ。ディ・カーニオは一流のフォワードだが、エキセントリックな行動を取ることでも知られていた。事実、彼はムッソリーニに傾倒しており、背中にイル・ドゥーチェ（国家の指導者。転じてムッソリーニの意）の大きなタトゥーを彫っていた。スタディオ・オリンピコでゴールを決めた際には、右手を挙げるローマ式の敬礼をしてサポーターに応えたこともある。

　ディ・カーニオは二〇〇二年、ＢＢＣが放送したドキュメンタリー番組において、イッリドゥチビリとの関係について証言している。ファブリツィオとの出会いも覚えていた。

「チームと同じように、（サポーターに関しても）行動や振る舞い方を見れば、誰がリーダーなのかがわかるんだ」

　二人目はポール・ガスコインである。

　一九九〇年、イタリアではワールドカップが開催されている。イングランド代表として活躍したガスコインは、大会終了後にラツィオに招かれる。しかもガスコインは、イッリドゥチビリを毛嫌いしなかっただけでなく、むしろ親愛の情を示したという。

「彼はすごく影響を与えたよ。ガスコインの家にフーリガンの連中と一緒に行くと、ビールを飲みながら文化やいろんなことを喜んで話したがったんだ」

　ガスコインが加入する前、イッリドゥチビリの面々はイングランドのサッカー界で起きている暴力沙汰をニュースで目にする程度だった。応援方法に関しても、特に影響を受けていたわけではない。だがイッリドゥチビリが陣取る一角には、やがてユニオンジャックが翻るようになる。

またドラムを使うのをやめ、スカーフを振りかざしながら歌を合唱するという、よりイングランド的な応援スタイルにシフトしていった。

イッリドゥチビリのメンバーが、「自分たちの身内だ」と評した最後の選手は、ジュゼッペ・シニョーリである。

彼は九〇年代半ばにストライカーとして活躍したが、九五年にはパルマに放出されかかる。これに反発したイッリドゥチビリのメンバーは、数千人単位でデモを展開。クラブ側に抗議を行い、最終的には移籍を阻止してしまう。お気に入りの選手に対する思い入れ、そしてクラブ側に対する圧力はかくも強かった。

イッリドゥチビリが謳歌した、我が世の春

ラツィオのオーナー、セルジョ・クラニョッティはこの行動にひどく腹を立て、クラブを売却すると恫喝している。だがイッリドゥチビリは意に介さなかった。

もともとクラニョッティは、巨大な総合食品メーカー、チリオを築き上げた億万長者だった。彼は一九九〇年代初めにラツィオを買収すると、移籍金の記録を次々と塗り替える大型補強を実現させていく。先ほど述べたガスコインも、クラブのオーナーに就任してから最初に呼び寄せた選手の一人だった。

しかもクラニョッティはさらに大型の補強を続け、ついに一九九九／二〇〇〇シーズンには、

クラブ史上二度目となるスクデットを手にする。当時のチームはスヴェン＝ゴラン・エリクソンが率いており、配下にはロベルト・マンチーニ、マルセロ・サラス、シニシャ・ミハイロヴィッチ、そしてアレッサンドロ・ネスタを擁するなど、最強のチームの名を欲しいままにした。

ところがチリオ社は、スクデットを獲得した直後に破綻し、クラニョッティは急速に力を失っていく。これを尻目に一気に存在感を増していったのがイッリドゥチビリだった。

当時の状況は、先ほど触れたBBCのドキュメンタリー番組、『フーリガンズ』で克明に捉えられている。撮影クルーはローマダービーの数週間前にファブリツィオに密着し、インタビューを実施。このインタビューは、ボカ・ジュニオールのウルトラスを束ねるラファ・ディ・ゼオ、元アルゼンチン大統領のマウリシオ・マクリのインタビューなどと共に放映された。

ファブリツィオは、ラツィオのオーナーであるクラニョッティよりも、クラブを牛耳っているような印象さえ与えている。まるで一流企業のように独自のオフィスを設立し、ラジオ局やファンマガジンの出版を手掛ける。さらには「オリジナル・ファンズ」というアパレルブランドを立ち上げ、ローマ周辺に店舗や倉庫を構えていたからだ。

しかも彼らの機嫌を取るために、ラツィオ側はホームゲームが行われる度に八〇〇枚ものチケットを提供していた。これらのチケットは当然のように転売され、かなりの収益をもたらす。ファブリツィオは顔パスでクラブに出入りすることができたし、スタジアムの内外で我が世の春を謳歌していた。

事実、彼はありとあらゆる場面を仕切っていた。

クルヴァ・ノルドではメガホンを持って観客席の最前列に立ち、えげつないチャントでＡＳローマをこき下ろす。警察を説得し、極右のメッセージが記されたバナーの持ち込みを許可させるのもお手の物だった。彼はアウェーのアタランタ戦では、これ見よがしにローマ式の敬礼も披露している。ファブリツィオはスタジアムの外で暴動が起きた際にも、しばしば現場にいた。だが自ら殴り合ったりしない。一歩下がって全体を見回しながら、イッリドゥチビリの行動を指揮するのである。

イッリドゥチビリがいかに我が物顔で振る舞っていたかを物語るエピソードとしては、数百人のメンバーがトレーニング・グラウンドに押しかけ、選手たちの不甲斐ないプレーに不満をぶつけた事件も挙げられる。圧力に屈したキャプテンのアレッサンドロ・ネスタは、なんとファブリツィオを中に招き入れ、ひとまず矛先を収めさせたのだった。

当時のセリエAでは、パルマに所属していたフランス代表のリリアン・テュラムが、ラツィオ行きを拒む一件もあった。理由となったのは、イッリドゥチビリが黒人選手に対して人種差別的なチャントを行うことだった。この事態を打開するために動いたのもファブリツィオだった。彼はパルマに出向き、本人に面会する手はずまで整えていたという。

「あれはすごく変な感じだったよ」

テュラムは振り返っている。

「イタリアでは、ファンがものすごい力を持っているんだ」

ではイッリドゥチビリは、なぜそれほどの力を手にするようになったのか。

ファブリツィオ自身は、欲望や権力志向が要因だとは考えていなかった。むしろ腐敗したシステムを、自分がうまく活用したに過ぎないと見ていた。

「体制側はこっちを貧乏で中身がなくて、馬鹿な連中だという見方をしたがる。馬鹿でいてほしいんだ。俺たちにとって大事なのは、政治に無関心なサポーターのままでいるのではなく、自分たちの価値を守っていくことなんだ。価値というのはファミリー、伝統、名誉だ」

ファブリツィオは、自分たちほど稼いでいる人間はいないと述べた後で、こう付け加えた。

「うちは弁護士にも一番金を出すし、会員がアウェーの試合に行くときも、一番いい条件にしてやっている。金は常に組織を維持するために使われるんだ。今まで数え切れないほどの人間が務所に入ったし、組織はいつ潰れてもおかしくないわけだから」

そもそも彼は、イッリドゥチビリが純粋なウルトラスだという見方さえしていない。サッカー自体にさほど興味がないからだ。彼はラツィオ以上にイッリドゥチビリに肩入れしていた。

「俺はちょっと特殊だと思う。ラツィオは愛しているが、選手は一人も知らないからな。

俺の場合、『ウルトラス』という単語は、そのまま『イッリドゥチビリ』に置き換わる。単なるウルトラスじゃなく、イッリドゥチビリのメンバーであろうとする。これは、もう少しだけ目的意識を持ったウルトラスになるということなんだ」

失われていく覇権

だが二〇〇四年を境に、状況はがらりと変わってしまう。警察による取り締まりが一気に厳しくなったからだ。ファブリツィオは語る。

「何が起きたか、そして俺がどこまで被害を受けたかは調べればすぐにわかる。しかもあいつらは俺を務所にまで入れようとした。要するに狙い撃ちされたんだ」

二〇〇四年には、セルジョ・クラニョッティがラツィオを去るという変化も生じた。彼はチリオ社の財務を不正操作したとして告発され、後に刑務所で過ごす羽目になる。

クラニョッティに代わってオーナーに収まったのは、クラウディオ・ロティートだった。清掃業や警備業などを営むロティートは、イッリドゥチビリとの癒着に終止符を打つ方針を明言。クルヴァ・ノルドでは彼を批判するバナーが掲げられ、殺害の脅迫さえ送りつけられた。

翌年、イッリドゥチビリ側は巻き返しを図る。クラブのレジェンドであり、かつて会長でもあったジョルジョ・キナーリャが率いるコンソーシアムに買収させようとしたのだった。

しかし、この試みは奏功しなかった。イタリアの当局側は、クラブの買収はカモッラ（イタリアのマフィア）によるマネーロンダリングだと見なしていたからである。結果、七人が逮捕され、キナーリャも米国への亡命を余儀なくされる。彼は無実を主張し続けたが、結局イタリアに戻ることはできず、彼の地で二〇一二年に世を去った。

検察による包囲網は、当然のようにイッリドゥチビリにも迫ってくる。

まずロティートに対する脅迫容疑でイッリドゥチビリが捜査の対象となっただけでなく、ファブリツィオ個人も麻薬密売に関与していたことが暴かれる。彼はスペインからイタリア国内に、大量のハシシを運び入れていたのである。

結果、ファブリツィオは数百万ユーロの個人資産を差し押さえられる。その対象には「オリジナル・ファンズ」の権利や、ミスター・エンリッチの肖像権も含まれていた。

この件を巡っては、当初、検察側は八年の実刑判決を要求した。確かにファブリツィオは迷宮のように複雑なイタリアの司法システムを利用しながら、裁判を巧みに長引かせてきたが、全体的な状況は芳しくない。アルバニア系マフィアとの関係も浮かび上がったため、今や無数の裁判沙汰を抱えるようになっている。

ここまで話が進んだところで突然、会話は遮られた。イッリドゥチビリのメンバーの一人が、大急ぎで階段を駆け上がってくると、息を切らしながら伝言を囁く。それを聞いたファブリツィオは、紙にメッセージを書くと半分に折り、部下に差し出した。

二人目のスタッフはファブリツィオに歩み寄り、口元で手を隠しながら何事かを伝える。ファブリツィオはうなずくと、小走りに階段を下りていった。

敵の敵は味方のはずだ

しばらくして戻ってきたファブリツィオは、椅子に再び腰掛けながら述べた。

「暴力性というのは人間に本来備わっているものなんだ。人種差別もそうだ。権力側はこういう人間本来の要素を押さえつけようとしている」

彼は現代における、ウルトラスの在り方についても嘆いていた。テクノロジーの発達が、全てを台無しにしてしまったという。

確かに現代社会では、誰もがインスタグラムに写真を投稿するようになった。そこに匿名性は存在しない。顔を見せず、名前も明かさず、自分のアイデンティティを隠すことができる場合でさえ、多くの人は自分の素性を嬉々としてさらけ出す。しかも最近では、フェイスブックでコミュニケーションを取ろうとするウルトラスさえいる。

「人と話をしようとするなら、昔は実際に出かけて行って相手を見つけなきゃならなかった。だから人間の関係性は、もっと純粋だったんだ」

フェイスブック上に一万人の友人がいたとする。だがそんなものは、クルヴァで長年かけて作り上げてきた一〇〇〇人との友情とは比べものにならない」

ファブリツィオは、今のサッカー界では〝リアルな体験〟ができなくなったとも述べた。

「たとえば壁に何かをスプレーで殴り書きする、あるいは相手と喧嘩になるときには、誰でも必ず一瞬ためらう。今はそういう経験をする場面が失われちまった」

だが彼が何よりも強調したのは、当局側や運営側のやり方の汚さだった。

「俺たちはクラブのために金を生み出してやった。

世間の人がスタジアムに行き、試合会場が満員になるのは俺たちがいるからだ。俺たちはコレオグラフィーを作ったし、要らなくなった選手がいれば、チームから追い出すのも手伝ってやってきた……なのに突然、背を向けてしまう」

彼は汚れた手を洗うかのように両手をこすり合わせた。

「サッカー界をクリーンにしなきゃならない。あいつらはこっちを穢らわしい連中のように扱う。だが実際には毎試合、八百長をしている。クラブの会長連中の半分は腐っているんだ」

彼は最近起きた、とばっちりについても語ってくれた。ニュースではイッリドゥチビリが女性ファンに対し、クルヴァ・ノルドの先頭から一〇列目まで座るのを禁じたと報じられていた。ファブリツィオは誤報であるだけでなく、典型的な情報操作だと指摘する。

「こっちの方針はすごく単純明快だった。『女は入るな』じゃなくて『ラツィオのウルトラスでない奴は、先頭から一〇列まで入るな』と言っただけなんだ。

しかもその二週間後に何が起きたか？　あいつらはスーペルコッパの決勝をサウジアラビアでやったんだが、女のファンはスタジアムの隔離された場所に移動させられた。それで儲けようとしたんだ！」

イタリアにおける多くのウルトラスと同様に、ファブリツィオは自らの憎しみを他のウルトラスのグループではなく国家に向けている。この状況を打破すべく、全てのウルトラスが手を携え、真の敵に対抗すべきだとも考えていた。〈敵の敵は自分たちの味方〉だからだ。

「俺たちは民主的な社会に生きているわけじゃない。グローバリズムを支持する連中、労働の権利を奪い、ユダヤに世界経済を牛耳るのを許しているEUに対抗しなきゃならない。

俺はウルトラスに団結してほしい。スタジアムの周りで殴り合う代わりに、EUのクソッタレどもと戦ってほしいんだ」

〈敵の敵は味方のはずだ〉

ファブリツィオも同じことを口にした。

彼は本部の外まで見送ってくれると、握手の手を差し出した。ラツィオがカップ戦の決勝に進んだら電話をすると約束すると、ボディガードは私とマルティノをハグしてくれた。

私はマルティノと近くのカフェに入り、体験したばかりのことを夢中で話し始めた。私たちは取材を無事に終えた安心感、そして何よりファブリツィオのような大物にたどり着き、実像に迫ることができた高揚感に浸っていた。

だがアドレナリンはすぐに引いていった。イッリドゥチビリの本部の向かい側には、空きビルが建っていた。その物陰に一人の警察官が潜み、こちらにカメラを向けていた。

ベルガモ

筋金入りのアタランティーニでもない限り、スタディオ・アトレティ・アッズーリ・ディターリアという施設はなかなか好きになれないだろう。

屋根のないアタランタのホームグラウンドは、ムッソリーニ政権時代に建てられたもので、当時を連想させる様々な要素が否応なく目に入る。コンクリート製の外装にペイントされた青と黒のグラフィティを別にすれば、建造当時からあまり変わっていないような印象も受ける。それでいて試合を観る際には視界がかなり遮られてしまうので評判が悪い。

だがアタランタは、ファシズムとは対局にある哲学を掲げている。

そもそもアタランタが本拠を置くベルガモは、政治的に「進歩的な文化」が根強い地域で、サッカークラブも一つしか存在しない。このためイタリア中のスタジアムでネオ・ファシズムが強まっていったときも、アタランタのサポーターはリベラルなスタンスを堅持。地域コミュニティと密接に提携しながら、社会や政治にまつわる活動を展開してきた。

　特に大きな役割を担っていたのは、クルヴァ・ノルド1907という中心的なグループである。彼らは他のクラブのウルトラスからも尊敬を集めていたし、コレオグラフィーやパイロの仕掛け方も見事だった。現にユーチューブには、クルヴァ・ノルド1907絡みの動画が数多くアップされている。

　その活動を常に先頭で指揮してきたのが「イル・ボーチャ（少年）」こと、クラウディオ・ガリンベルティだった。

　このニックネームは彼が試合に足を運び始めた頃、体つきが少年のように華奢で、年齢も若かったことに由来する。父親は一九四〇年代末にアタランタでプレーした経験を持つ人物だったが、ボーチャは身寄りを失い、クルヴァ・ノルドのメンバーに実の息子のように育てられた。

　やがてボーチャは、フェンスの上に立って片方の手で身体を支え、もう片方の手ではメガホンを操作しながらサポーターたちをまとめ上げていくようになる。彼はまさに古典的なカポティフォージだった。

　私とマルティノは、スタジアムに隣接したバーで彼を待っていた。このバーには三方向に大きな窓が設けられており、危険をすぐに察知できるようになっていた。

　まず店内に入ってきたのは、若いウルトラスのメンバーだった。イングランド風のカジュアルな服に身を包み、頭にはバケツ帽をかぶっている。彼は辺りを見回して、私たち以外に誰もいないのを慎重に確認すると、後方に向かって手招きした。

　ボーチャは、引退したロックスターのような人物だった。灰色の無精髭を生やし、袖を切ったデニムジャケットを羽織り、頭には黒いバンダナが巻かれている。

「もしアタランタがなかったら、仲間と知り合うこともなかっただろうな。アタランタは人々を結び付ける『すごい存在』なんだ。クラブを超えた存在なんだよ」

　アタランタはいかなるクラブなのか。こう水を向けるとボーチャは熱く語り始めた。彼にいわせれば、クルヴァ・ノルド1907を支えているのも、友情と連帯意識だということになる。

「ここには生き甲斐や連帯感を見つけたくて、ウルトラスに入ってくる連中もたくさんいる。誰かが亡くなれば五〇〇人のメンバーが駆けつけるし、ヘロインのオーバードーズで死んだ人の葬式でも一〇〇〇人が集まったりする。こんなに団結力の強いグループは他にない。だから世間の人たちは、ぶったまげるんだよ」

　無論、クルヴァ・ノルド1907は、社会活動だけをする善良な団体ではない。彼らは喧嘩の強さでも名を馳せてきた。現にイタリアでは、非常に多くのウルトラスが腕試しをするために、ベルガモ詣でをしていた。ボーチャ自身、敵のウルトラスとやり合うのは嫌いではない。相手からバナーやフラッグを盗むのは、何よりも楽しいとも語っている。

　だがクルヴァ・ノルド1907は、ラツィオのイッリドゥチビリとは対極にある。彼らが手にする金は、全て残らずグループ全体に還元される。またトレードマークの付いた商品など一切販売していないし、組織犯罪とも無縁のままだ。

「ものを作って売ったりしたら、全ての金はクルヴァにいる連中とアタランタに戻される。陰でこっそり金を稼ぐような人間は、身ぐるみを剥がされて十字架に掛けられ、スタンドの真ん前で見せしめにされるんだ。地元のコミュニティにいる全ての人たちがわかるようにな。アタランタというクラブは、俺たちにとってそれだけ神聖なものなんだ」

不埒な人間を磔にするというのはもちろん冗談だが、ある面では真実を突いている。彼らはあくまでもフェアで、透明な運営を目指しているからだ。

「北の方のクルヴァは、全部、犯罪組織に牛耳られちまった。確かに俺たちも間違いは犯すかもしれないが、母親が恥ずかしく思うような真似は絶対にしない。ここはそういう場所なんだ。ラツィオのクルヴァは、いつもリスペクトされてきた。いいコレオグラフィーを作るし、メンバーはチームをどこにでも応援しに行くからな。でも、あんなふうにビジネスをやったりする感覚はわからない。たぶん、俺は単なる田舎者なんだろうな」

試合が観たくてたまらなくなるだろうな

ふとバーの外を見ると、怪しげな男たちが動き回っている。ボーチャの若いボディガードは危険を察知し、その正体を突き止めるために飛び出していった。

それはギリシャのチーム、イラクリス・テッサロニキのファンたちだった。「アタランタ・サロニッコ」というロゴの入ったTシャツを着た彼らは、ボーチャと一緒に写真に収まるためにキプロスからやってきたのだという。

ヨーロッパ各地のウルトラスは、アタランタというチームを応援するためだけでなく、ボーチャ個人を支援するためにもベルガモを訪れる。彼は二五年もの間、スタジアムへの出入りを断続的に禁じられてきたからだ。

「基本的にチームが試合をするときには、スタジアムだけじゃなく街からも締め出されるんだ」

特に二〇〇六年からは、一切試合に出入りできなくなっている。近所に住む警官に豚の頭を投げつけたのも原因の一つだ。その警官は汚職の容疑で捜査を受けていたにもかかわらず、ボーチャは罪に問われている。

「あれで一年半出入り禁止を食らったんだよ」

今のボーチャにとっては、アトレティ・アッズーリ・ディターリアに隣接するバーが、クルヴァ・ノルドに最も近づくことができる場所となっている。

「警察のやり方はすごく汚い。連中は俺のことを、いろんな人々を動員できる人間だと思っている。確かにスタンドでは、周りにいる人たちに影響を与えることはできる。自分はコミュニティを結び付ける接着剤にもなってきたからな。

でも俺は麻薬や組織的な犯罪、政治には一切関わってこなかった。アタランタの試合を観ることと、このコミュニティが大きくなっていくことだけを楽しみにしてきたんだ」

事実、ボーチャは強烈なカリスマ性を発揮してサポーターをまとめ上げるだけでなく、社会奉仕活動や不治の病に悩む人たちに手を差し伸べるプロジェクトも数多く組織してきた。だからこそヨーロッパ中のウルトラスから、カルト的な支持を集めてきたのである。

彼はイタリアのサッカー界における最もピュアなウルトラス、そして最もクラシカルなカポティフォージの最後の一人だといっていいだろう。

「ホームレスの人たちのために家を探す、コミュニティを立ち上げて、アタランタの一員として一緒に生きていく。ウルトラスで生まれた友情は、これまでの人生で最高のものだった」

彼の口調に熱がこもる。その目からは涙がこぼれそうだった。

ウルトラスにとって最も大切なもの

ボーチャを慕う人たちは、彼を支持するべく抗議活動を続けている。数週間前にも大勢のファンがベルガモ市内の中心部を行進し、出入り禁止措置の撤回を訴えた。スタジアムの改修工事に伴ってクルヴァ・ノルドも改修されるため、長らく親しんだ場所で試合を観戦できるのは今シーズンが最後になるからだ。

ベルガモでは、ありとあらゆる場所に彼を支持するグラフィティがある。「ボーチャに自由を」「我々はいつもクラウディオと一緒だ」といったメッセージは、クルヴァ・ノルドのバナーでもシーズンを通して掲げられてきた。

だが当局側は、出入り禁止措置を頑として撤回しようとしない。業を煮やしたサポーターたちは、「女神祭」の開催を示し合わせてキャンセルしている。これは毎年、シーズン開幕前に開催されるクラブ公認の大規模なイベントで、多くの観光客を集めていた。

ボーチャやサポーターは、かくも警察や国家権力と対立してきた。しかし世界中のクルヴァで見られるように、反権力的な態度を前面に押し出すことは避けている。

「制服を脱げば、あいつらも一人の人間なんだ。明日は（社会の）英雄になるかもしれないし」

むしろ彼にいわせれば、憎むべき敵は個々の警官などではなく、法を押し付けてサッカー界を死に体にしてしまった、国家権力だということになるのだろう。

「ベルギー、ドイツ、イングランドは灰色で淀んでいる。どこも死んでしまっているんだ。イタリアだけは魔法がかかっていたけど、やはり流れは変わってしまった。イタリアでも全部が淀んでいる。国があまりにも取り締まり過ぎたからだ」

ボーチャの言葉には強い実感がこもっている。

翌日、ローマではラツィオとアタランタがカップ戦の決勝に臨む予定になっていた。アタランタは長らくセリエAでプレーしてきたにもかかわらず、一九六三年にコッパ・イタリアを制した以外は、トロフィーをほとんど手にしたことがない。サポーターにしてみれば、まさに歴史的な一日になるはずだったが、ボーチャはその晴れ舞台に立ち会えない。

彼は朝五時、アタランタファンと共にローマ行きの鉄道に乗るが、ピサで下車する。そこで自分が身に着けてきた8番のユニフォームを若いメンバーに託し、再びアタランタに戻ってこざるを得ない。警察署に出頭して、自分の所在地を証明する書類にサインをするためだ。

「明日は試合が観たくてたまらなくなるだろうな。考えただけで胸が一杯になるよ」

ボーチャは空になったビールグラスを眺めながら、ぽつりとつぶやいた。

「自分の親は若い頃に死んだから、俺はその代わりにアタランタに身を捧げたんだ。なのに警察署の中で歌を歌うことで満足しなきゃならない。二五年間も出入り禁止を食らったし、うち一三年間は立て続けだった」

その晩遅く、私たちはクルヴァ・ノルド１９０７の他のメンバーと共に、決勝前の最後の晩餐を共にした。ディナーにはアイントラハト・フランクフルトのウルトラスも同席し、イタリアサッカー界、最後のカポティフォージのスピーチに耳を傾けていた。

重要なのは金でも権力でも、憎しみを抱くことでもない。クルヴァとチーム、そして地域への愛情なのだ。ボーチャャはこう指摘した後、ウルトラスのあるべき姿について語った。

「結局、一番大切なルールは今でも変わっていないんだ。セカンドキーパーは誰か、ユースチームでプレーするのは誰か。そういう基本的なことも知らないような連中は、ここから出て行けってことさ！」

死に体となったイタリアのウルトラス

ラツィオ対アタランタのコッパ・イタリア決勝当時、ローマでは土砂降りの雨が降った。キックオフの直前には、ラツィオのウルトラスと警官が衝突する。ウルトラスは発煙筒や道路に叩きつけて割ったガラスのボトルで対抗。さらに一台のパトカーを奪い、横に倒して火を放った。警察は暴徒に向けて大量の催涙弾を発射したため、私たちが三〇分ほど前に立っていた広場からは、誰もいなくなってしまった。

もちろんファブリツィオは、その場に姿を現すことは許されていなかった。代わりに彼はイッリドゥチビリの本部でテレビ観戦している。

彼は一緒にテレビで試合を観ないかと声をかけてきたが、私は誘いを断った。スタジアムへの出入りを禁じられているウルトラスたちと行動を共にしていたため、イタリアではスタジアムの中で、まだ一度も試合に立ち会っていなかったからだ。

ローマには二万人を超えるアタランタのファンがやって来ていたが、スタディオ・オリンピコの中ではパイロのショーもなければ、コレオグラフィーも一切なかった。そして試合では終盤ラツィオが二点を取り、順当にカップ戦を制している。

私はローマに住む弁護士、ロレンツォ・コントゥッチが口にした台詞を思いだしていた。

「昔はやりたいことができた。当時はCCTVとか、そんな類のものはなかったからな。単に座席に座っているのはつまらないが、（警察に捕まって）人生を棒に振るわけにもいかない。今のウルトラスはがんじがらめに縛られて、死に体になってしまった」

コントゥッチが述べたように、イタリアのウルトラスは死に絶えてしまったのだろう。あるいは自分たちが既に死んでいることにさえ気付かず、骨になっても蠢き続けるゾンビのようなものかもしれない。

だがウルトラスの文化は、違う形で今も生き永らえていた。

サポーターは下位のディヴィジョンに目を向け、クラブの設立や運営などに独自に関わるようになった。この手のクラブならば、取り締まりの対象にならないからである。

またイタリアのウルトラス文化は、かつてないほど大きな影響を及ぼすようにもなっていた。ボーチャやファブリツィオはまるで実感できないかもしれないが、一九六八年にカルチョの国で誕生したムーブメントは、世界各国に少しずつ浸透。しかも誰もが予想していなかった場所で、大きく花開いていたのである。

第五章
セルビア
スタジアムから戦場に直行した若者たち

ULTRAS
A Journey With
The World's Most Extreme Fans

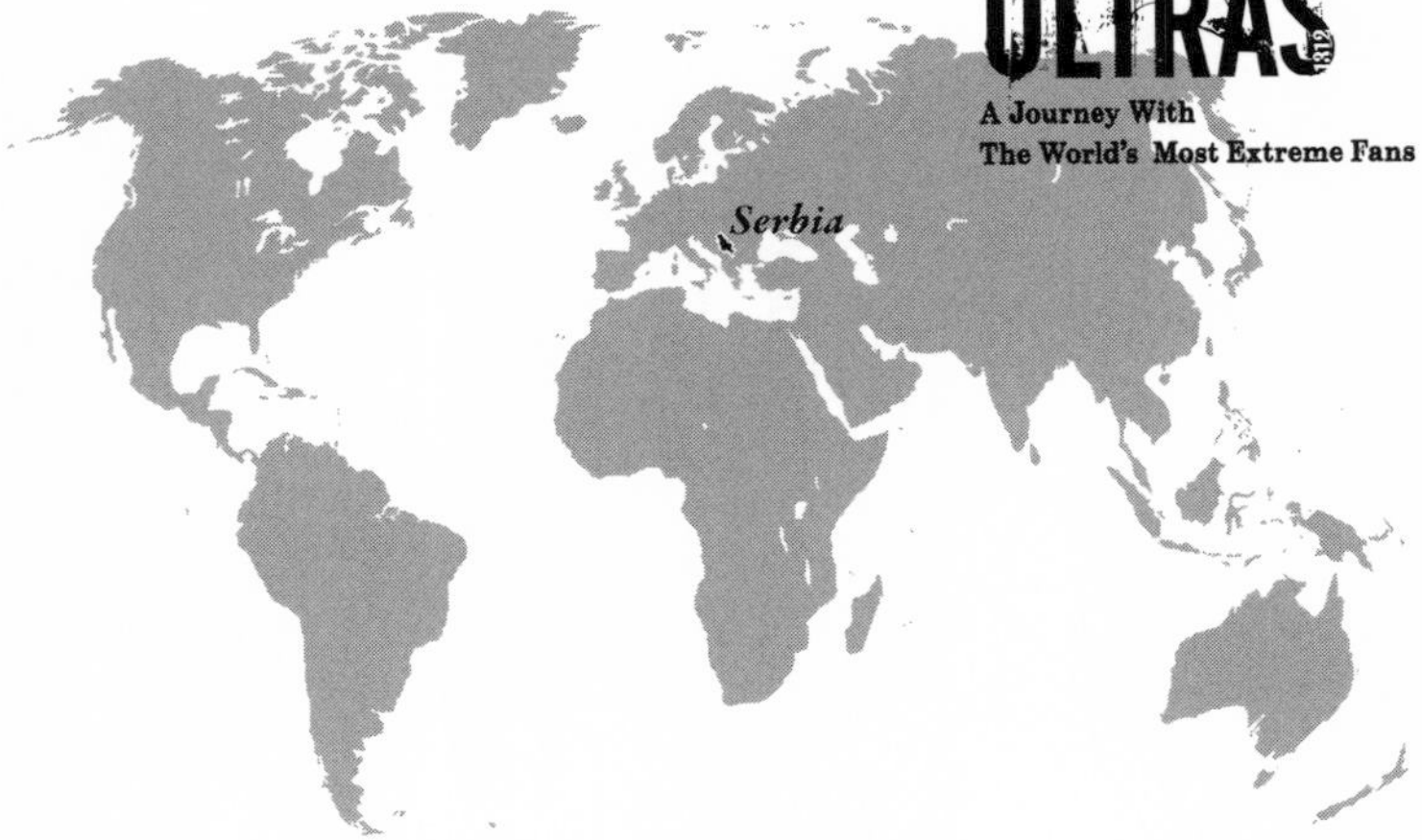

ベオグラード

試合が始まる前の神聖なひとときライコ・ミティッチ・スタジアム周辺の道路や小道は、心が浮き立つような新鮮な空気、そして過ぎ去った時代が蘇ったような雰囲気に包まれる。

高級住宅街のデディニェ地区の端にある巨大で、少しだけ古ぼけたコンクリート製のスタジアムは、ゲームの主催側であるツルヴェナ・ズヴェズダ（レッドスター・ベオグラードのセルビア名）のチームカラーである赤と白に囲まれていた。

二〇〇八年にライコ・ミティッチが亡くなった直後、この施設には彼の名が冠せられた。一部には異論もあるが、ミティッチはズヴェズダの最も偉大な選手であり、第二次世界大戦終了直後に結成されたクラブをキャプテンとして率い、五度の国内リーグ制覇に導いた人物だった。

しかし、ほとんどのファンは、別の名称でスタジアムを呼んでいた。「マラカナ」である。独特な名称は巨大なサイズや（一九九一年のチャンピオンズカップの準決勝では、少なくとも一〇万人がレッドスター対バイエルン・ミュンヘン戦を目撃している）、しばしば披露されるブラジル式のプレースタイル、そして相手を圧倒するような雰囲気にちなんで名付けられた。

マラカナに一〇万人の観客が集まっていた時期は、遠い過去のものとなった。

だが、この日の試合は満員になる可能性があった。どんよりとした蒸し暑い日曜の午後、何千人もの人々が並木道を歩いてくる。興奮した一〇代の若者のグループ、息子と娘を連れた両親、絶えずたばこを吹かしているスキンヘッドの集団、誰もがノース・スタンドに向かって移動して行く。若者の数の多さは目を見張るほど新鮮だ。これは若者や労働者階級の多くが、プレミアリーグの試合から締め出されてしまったイングランドのサッカー界とは好対照を成している。

ヘルメットや盾で武装した機動隊の列を通り過ぎると、今度は行商人が見えてくる。彼は塩味の付いたピーナッツとカボチャの種を、その日の新聞で丸めて作った円筒形の筒に入れ、数ディナールで売っていた。さらに急ごしらえのフラッグとスカーフを販売している男女の前を過ぎ、壁画やグラフィティが描かれた壁の前に差し掛かる。

「コソヴォはセルビアのものだ」というメッセージ、「ＵＥＦＡはテロリズムを支援している」というフレーズとマシンガンのイラスト。中でも最も多いのは「デリイェ」、ズヴェズダの有名なウルトラスの名前をモチーフにしたグラフィティだ。

ヨーロッパの栄光から遠く離れて

ズヴェズダは永い間、眠り続けていたようなクラブだ。

一九九一年、ズヴェズダはマルセイユを破りチャンピオンズカップを制する。イタリアのバーリで行われた試合には、三万人のズヴェズダファンが遠征した。だがヨーロッパ各国で試合を見た人々は、この試合にいい印象を持たなかった。ズヴェズダはＰＫ戦に持ち込むために、消極的な戦い方をしたからである。

本来、そのような戦術は不要なはずだった。当時のズヴェズダは旧ユーゴスラヴィアを構成していた、様々な民族の黄金世代が集まっていた。セルビアのシニシャ・ミハイロヴィチ、マケドニアのダルコ・パンチェフ、クロアチアのロベルト・プロシネチキ、ルーマニアのミオドラグ・ベロデディチなどは、美しいサッカーを自在に展開できた。

しかしミハイロヴィッチが後に認めたように、彼らは攻撃的な本能を封印し、歴史に確実に名を刻むことを優先した。ヨーロッパサッカーのエリートに加わるために、必要な作業を遂行したのである。一年後、ズヴェズダは日本のインターコンチネンタルカップで、チリのコロコロ（コパ・リベルタドーレス優勝チーム）を撃破して世界王者ともなった。

それはユーゴスラヴィアが、二〇世紀において最も陰惨なものの一つに挙げられる、泥沼の内戦に突入していった時期に前後する。罪なき無数の人々が犠牲になった結果、旧ユーゴスラヴィアは国際社会から孤立。代表チームは、一九九二年のヨーロッパ選手権に参戦することを禁じられる。代わりに出場したのが、最終的に優勝を飾るデンマークだった。

これと同時に、クラブチームも檜舞台に立つ機会を奪われる。

当時のヨーロッパサッカー界では、チャンピオンズカップがチャンピオンズリーグに改称され、華やかでリッチな時代に突入しようとしていた。ズヴェズダも当然のように、サッカー界の頂点に君臨するリーグで常連になっていくことを考えていた。ところがまさにその瞬間に、セルビアの他のクラブと同様に失速したのである。

以降の二〇年間は、失われた空白期間となった。クロアチア、ボスニア、コソヴォにおける紛争、ハイパーインフレと経済制裁による荒廃、そしてＮＡＴＯによるベオグラード空爆。このような状況の中で、ズヴェズダもサッカー界の周辺に押しやられる。マラカナの壁にスプレーで描かれたグラフィティは、自分たちは国際社会で不当な扱いを受けているというセルビアの人々、ひいてはウルトラスの連中が抱いた怒りを代弁していた。

世界に冠たる帝国

その意味でズヴェズダは、ようやく復活を遂げる形になった。

彼らは一九九一／九二シーズン、チャンピオンズリーグの前身となるチャンピオンズカップでグループリーグに進出している。だがユーゴスラヴィアのチームはそれを最後に三年間、ＵＥＦＡ主催の大会に参加することを禁じられる。

ズヴェズダは二六年ぶりに然るべき舞台に戻ってきたが、サッカー界の状況は見分けもつかないほど激変していた。事実、彼らはグループステージを通過できなかったが、それなりに気を吐いている。グループステージのリヴァプール戦などは最たるものだろう。彼らはヨーロッパサッカー界のトップチームに二対〇で勝利を収めたからだ。

私がこれから観ようとしている試合はヨーロッパのカップ戦でもなければ、わずか数百メートル離れた場所にホームスタジアムを構える、パルチザンとの「エターナルダービー」でもない。対戦相手はセルビア南部の都市、クルシェヴァツのＦＫナプレダクだった。

通常、この手の試合には多くとも数千人のサポーターしか集まらない。

だが今回は違っていた。キックオフの前には、ズヴェズダが手にした三〇個目の優勝トロフィーが、正式に手渡されることになっていたからだ。しかもウルトラスのメンバーは、デリイェの設立三〇周年を華々しく祝い合う計画も立てていた。

スタジアム内では、選手たちが優勝メダルを受け取った後、観客が10番の付いた大きな赤いユニフォームを披露した。この試合後に引退するキャプテン、ネナド・ミリヤシュを讃えるためである。さらにはモザイク状のコレオグラフィーが、三つのトリビューン全体で展開された。ノース・スタンドで再現されたのは、デリイェの歴史を示す「30」の数字である。

試合中に繰り広げられたスペクタクルは、さらに印象深いものだった。目の前にあるピッチでは両軍の選手がプレーしているが、実際のショーは北側のクルヴァ全域で披露されることになる。ベオグラードを激しい雷雨が襲ったために、試合は二度に亘って中断された。まさにその瞬間、クルヴァからは煙がもうもうと湧き上がり、真っ赤な閃光が辺りを包む。ピッチ全体が発煙筒の煙と雨霧のせいで見えなくなったほどだ。

ショーの目玉は、マリオブラザーズに出てくるような場面をモチーフにした巨大なバナーだった。大きなキノコと城を描いたバナーの下には、赤いバナーが掲げられる。そこには「世界に冠たる帝国」という文字が載っていた。

サポーターグループ、デリイェの設立

デリイェは一九八九年一月七日、正教会のクリスマスの日に結成。以降、おそらくはヨーロッパで最も尊敬され、同時に最も恐れられるウルトラスのグループとなった。

巨大なコレオグラフィーや盛大なパイロ、ライバルグループの侵入を許さない腕っ節の強さと組織力、あるいは単純な数の多さだけが理由ではない。民族主義的なスローガンを露骨に掲げる点でも、彼らは近寄り難い存在となっていた。

ズヴェズダは、UEFAから無観客試合のペナルティを頻繁に科せられていた。たいていの場合、その原因となったのは、デリイェがアルバニア人を中傷する人種差別主義的なチャントを合唱したことだった。現にズヴェズダは、チャンピオンズリーグのグループステージに復帰する前にも、全く同じ理由のためにマラカナで二度、無観客試合を行う羽目になっている。

デリイェが執拗にアルバニア人を攻撃してきたのは、コソヴォを奪われたという思いがあるからだ。この傾向は二〇一六年、UEFAがコソヴォの加盟を承認してから特に顕著になった。

UEFAがコソヴォを迎え入れると、デリイェはマラカナで開催される次の試合に向けて、巨大なコレオグラフィーを準備した。スタジアムでは「UEFA」の文字の下に「テロリズムを支持している」というメッセージが再現されている。

またスタジアムでは、白いフラッグに赤・白・青で塗られたコソヴォの輪郭が描かれ、その上にパスポートの判子が押されているコレオグラフィーもよく目にする。そこで謳われているのは

「コソヴォはセルビアの領土だ」という主張だった。

右翼的で危険な集団というイメージを高めたのは、この種のコレオグラフィーやバナーが連想させるような、軍部や戦争との濃厚な関わりである。

戦争指導者にして、マフィアの一味でもあったジェリコ・ラジュナトヴィッチ、通称「アルカン」はデリイェ出身だとされていた。彼が率いたセルビア義勇親衛隊は「アルカンの虎」と恐れられた部隊で、ユーゴスラヴィア内戦中、残虐な殺戮行為を繰り返した組織の一つだった。

またデリイェは、ボスニアで大虐殺を行い終身刑を受けたラトコ・ムラディッチ、あるいは第二次世界大戦中に「チェトニック」という名称のゲリラ部隊を指揮したドラジャ・ミハイロヴィッチなど、極右の大物の肖像画を公然とフラッグやバナーのモチーフに用いてきた。

建国の父、ティトーの存在感

ただしデリイェの実像、とりわけアルカンとの関係は、はたで考えられているよりはるかに複雑だ。正確に把握するためには、ユーゴスラヴィアが辿ってきた歴史も理解する必要がある。

そもそもユーゴスラヴィアは、東欧の他の共産主義国家と異なっていた。一党独裁制を敷いていても、政府による締め付けはチェコスロヴァキアやルーマニア、東ドイツほど過酷ではなかった。それを実現させたのが建国の父、ヨシップ・ブロズ・ティトーである。

ティトーは第二次世界大戦中、パルチザンを率いて戦い続け、最終的にはナチスに勝利。大戦終了後の一九四八年にはソヴィエトのヨシフ・スターリンと不和に陥り、非同盟の独自路線を歩むようになる。その一方では、宗教も民族も異なるバルカン半島の六カ国を束ねて、一九七四年からは終身大統領の座に就いた。

ティトーは部分的にではあったにせよ、市場経済も導入している。これが奏功し一九六〇年代と七〇年代には、生活水準を大きく向上させている。また許容範囲は六つの共和国でそれぞれ違っていたものの、当時のユーゴスラヴィアでは旅行の際の自由も比較的認められていた。

事実、ユーゴスラヴィアのパスポートは、洋の東西を問わず、世界で最も「強い」パスポートの一つとして知られていた。このため国境を越え、旧西ドイツなどに出稼ぎに行くことも可能になっていた。

ミリエンコ・イェルゴヴィッチは『ニューヨーク・タイムズ』に寄稿したエッセイにおいて、このように述べている。かつての東欧諸国では、西側の文化に触れようとするならば、本やカセットテープ、LPレコードを密かに密輸しなければならなかった。だがユーゴスラヴィアでは、むしろ西側の文化は歓迎されたし、暗黙のうちに受け入れられていた。

「あの頃は良い生活を送れたし、若い人々も定職に就くことができた。そうして稼いだ給料で、国境近くのイタリアの街であるトリエステを訪れたり、ウィーンに出かけたり、さらにはロンドンまで足を伸ばしてサブカルチャーを吸収し、レコードを買っていた」

かくしてユーゴスラヴィアでは、パンクロックやヘビーメタルなどの音楽文化が、フーリガンやウルトラスといったサッカー文化と混じり合いながら、ユースカルチャーに浸透していく。こうして「西側風の共産主義」が発達していったのである。

しかし時が経つにつれ、ユーゴスラヴィアではとある懸念が徐々に膨らんでいく。ティトー亡き後の国家を、誰がいかに運営するのかという問題である。

ティトーは「ティトーの後もティトー」というフレーズを作り出したが、これは後継者探しが進んでいないことを示したに過ぎない。事実、晩年のティトーは、次代を担う指導者を育成する代わりに各共和国や各地域の分権化を推進し、時代の波に対処しようと試みた。

結果、ユーゴスラヴィアでは二〇年の間に三度も憲法が改正。六つの共和国だけではなく、セルビア内の二つの半自治地域、北のヴォイヴォディナと南のコソヴォに対しても、自治権と権限が与えられる。これは多くのセルビア人に、強い不満を抱かせる要因となった。

ポスト・ティトー時代への見通しを不透明にしていた要因としては、経済情勢も挙げられる。一九七〇年代、ユーゴスラヴィアは西側の資本主義と東側の共産主義の良いとこ取りをしながら、経済を急成長させている。しかしこれは、いずれは返済しなければならない西側諸国からの融資を前提にしたものだった。現に一九七一年の時点で四〇億ドルだった債務は、一九八〇年代初頭を迎える頃には、五倍以上に膨らんでいた。

しかも政府は、債務解消のために強硬な手段を取った。わずか数年のうちに生活水準は一気に低下。ユーゴスラヴィアは右肩上がりの成長を遂げていた産業国から、高インフレ率と物資不足に悩まされ、闇経済が跋扈するような典型的な共産主義国家に成り下がったのである。

復活したウルトラスと民族主義

ヨシップ・ブロズ・ティトーは、一九八〇年五月四日午後三時五分、現スロヴェニアの首都であるリュブリャナの病院において、八七歳で息を引き取った。

ティトーの死は共和国中に即座に伝えられた。彼は長い間糖尿病を患っており、最終的には左足を切断している。当然、死は予期されていたが、多くの人々にショックを与えている。

ちょうど四時間後、ハイドゥク・スプリットのポリュド・スタジアムでは、ハイドゥクとレッドスター・ベオグラードの試合が突如として中断され、選手たちがセンターサークルに整列するように命ぜられる。そこで場内スピーカーから流れてきたのは、ティトーの死を告げるハイドゥクの会長の声だった。試合はそのまま中止され、選手たちは人目をはばからずに落涙した。

ザグレブ大学で、社会学と政治学の教授を務めるドラジェン・ラリッチは語る。

「クロアチアのハイドゥク・スプリットと、セルビアのレッドスター・ベオグラードの試合中にティトーの死が発表されたのは象徴的だった。

ティトーが亡くなったのを境に、経済と社会が破綻し始めたのは指摘するまでもない。だがそれと同時に、新たな世代のサッカーファンが登場したからだ」

ティトーの死をきっかけに、各共和国のサポーターグループは精力的に活動を開始した。

たとえば一九八〇年の後半には、ハイドゥク・スプリットでトルツィーダが復活を遂げている。

組織が設立されたのは一九五〇年だったが、政治的な理由から「トルツィーダ」という名称は長らく非合法化されていた。しかし表現の自由が徐々に認められるにつれて、ウルトラスは息を吹き返す。そしてついには、当局側に取り締まられるという不安を感じることなく、本来の名称を堂々と使用できるようになった。

ハイドゥクは、一九八一年のUEFAカップ一回戦、シュトゥットガルトとのセカンドレグにおいて、数千人のファンをアウェーに動員している。それに先立つ九月一六日には、ホームゲームで、トルツィーダの旗をスタジアムに掲げている。これは実に一九五〇年一〇月二九日以来のことだった。

ラリッチは、まさに復活の現場に立ち会っていた人物である。彼は現在六〇代だが、かつての自らの経験を下に、一九九三年には『トルツィーダ：内側から見た物語』という名の著書も執筆している。

「旧スタジアムにいたメンバーは数百人、うち二〇〇人は筋金入りのメンバーだったと思う」

ラリッチによれば、新生トルツィーダは「自分たちの街と祖国」を代表する機会をサポーターに与えたという。しかも集まった人間の多くは、クロアチアの民族主義者たちだった。

当時、ハイドゥクのスタジアムは、現状に不満を抱える者が自らの考えや意見を自由に表現できる場となっていた。ラリッチは、自分は民族主義者ではないと強調しながら述べた。

「一部の連中は、（ウルトラスに名を連ねるのが）政治的な意見を表明する良い方法だと思っていた。彼らは時代の変化を体現したし、誰よりも重要な人物になったともいえる。

その変化が最終的にもたらしたのが、ユーゴスラヴィアの衰退であり（民族の）衝突だった」

不良とインテリが同居した奇妙な集団

同じ頃、ベオグラード市内の地下室では、ドゥーレ・ネデリコヴィッチが自らのバンドと共に熱っぽい演奏を行っていた。ネデリコヴィッチは、セルビアで最も有名な小説家の一人である。だが一九八〇年代初めの彼は、現地のパンクロックシーンを構成する一人であり、熱心なズヴェズダのファンでもあった。当時のユーゴスラヴィアでは、イギリスとアメリカ発のパンクミュージックやファッションが、スタジアムのテラスにも流れ込んでいた。

ドゥーレはジャンパーの袖をまくり、右前腕に刻まれた三つのタトゥーを見せてくれた。一つ目はツルヴェナ・ズヴェズダ（赤い星＝レッドスター）の文字、二つ目は英語で「パワー・アンド・グローリー（一九八一年に発表された、コックニー・リジェクツというパンクバンドのアルバムタイトル）」、そして三つ目が『時計じかけのオレンジ』に登場する四人組のイラストだった。

「ロックンロールやパンクロックを演奏し、アートを作り、映画を撮り、それからレッドスターの試合に行く。俺たちはそんなことをし始めた最初のグループだったんだ」

彼はユーゴスラヴィアの国営航空会社に勤務するという恵まれた立場を利用し、ロンドンとニューヨークに出かけては、MC5、ラモーンズ、ニューヨーク・ドールズのような米国のパンクバンドのアルバムを買い込んでいた。ちなみに一番のお気に入りは、テッド・ニュージェントというハードロックのアーティストだった。

ドゥーレは西側の音楽が、テラスにおけるチャントとファッションにも影響を与えたと考えていた。ロックとサッカーの違いはあるにせよ、根底に流れるものは同じだからだ。

「パンクを演奏するときには、何らかの怒りが必要になる。こういう怒りはテラスにもある。そこが似ているんだ。人は権力に歯向かうために叫ぶわけだから」

ズヴェズダのファンは長年、セルビア語の「ツィガニ（ジプシー）」を自称していた。これは対戦相手のファンが口にした蔑称から来ている。ズヴェズダのファンには、下層階級の人々が多いとされていたからだ。

だがドゥーレの説明によれば、実はノース・スタンドは「不良とインテリ」のたまり場であり、それが特徴の一つにもなっていたという。

サポーターの中にインテリがいたという説明は、ウルトラスのグループ名からもうかがえる。最初に設立されたのは「ウルトラス」。この組織は一九八三年、ティーマの愛称で知られるゾラン・ティミッチが発起人となって誕生した。ウルトラスのメンバーは、イタリア風のコレオグラフィーや発煙筒の使い方をマラカナで広めている。

続いて一九八五年には「レッド・デヴィルズ」が結成される。設立者はマンチェスター・ユナイテッドのファンだったために、「赤い悪魔」が名称に用いられた。さらに一九八七年には、「ズールー・ウォリアーズ」という組織が登場する。モチーフになったのは、バーミンガム・シティのフーリガングループの名前である。

西側への憧れが憎しみに変わる瞬間

確かにそれ以前も、ノース・スタンドをまとめ上げようとする試みはなされていた。だが組織化に成功したのは、ウルトラスが初めてだった。ちなみに彼らはイタリアのウルトラスと交流があり、発煙筒やコレオグラフィーと共に、イタリア風のチャントも導入している。

「発起人のティーマは、イタリアのウルトラスと連絡を取っていた。言葉ができたし距離も近いから。あそこで発煙筒の使い方を覚えたり、コレオグラフィーを参考にしていったんだ。だからサポーターは、イタリア語で合唱することもあった。まるでテラスでオペラをやっているみたいだったよ」

ウルトラスの元メンバーで、『ズールー・ウォリアーズ』という映画を制作したペータル・イリッチは証言している。

イタリアのウルトラスの文化が、まずはユーゴスラヴィア、次にバルカン半島全体に伝播していったのは物理的な距離の近さ、移動の自由化、そして文化の交流が進んだことによるものだった。こうしてウルトラス文化の「第一波」は西欧や南欧、あるいは北欧ではなく、なんと東欧に上陸したのである。

またサポーターグループの名称からもわかるように、ユーゴスラヴィアではイングランド発のパンクロックやファッション、フーリガニズム、テラス文化にも強い影響を受けている。

当時のユーゴスラヴィアでは、各共和国や世界各国のスタジアムで披露されているティフォやフラッグなどを紹介した、『スーペル・ティフォ』というイタリアの雑誌も手に入った。ティフォとは人物やキャラクターなどを立体的に模した、巨大な衝立のようなフラッグである。とりわけベオグラードで発行されていた『チャオ・ティフォ』という雑誌を見ると、ユニオンジャックや英語で書かれたバナーも極めて多かったことに驚かされる。イリッチの説明は続く。

「俺たちはイングランドのフーリガンが大好きだった。あの頃は、イングランド風のものがオシャレだと思われていたんだよ」

　ところが、このようなムードは一連のユーゴスラヴィア内戦、そして一九九九年に行われたNATOのベオグラード爆撃により激変。ウルトラスは民族主義的な色彩を強めていく。

「ベオグラード・ボーイズ（現在、デリイエを構成するサブグループ）に所属しているような若い連中は、レッド・デヴィルズの絵やアメリカ国旗、ユニオンジャックを見つけると文句を言うようになったんだ。『ありゃなんだ？　敵のシンボルだぞ』とね。新しいグループは、明らかに民族主義的な考え方をするようになっていたんだ」

　また、サポーターグループ同士の関係にも微妙な変化が生じていく。確かにサポーター同士の暴力沙汰は、一九八〇年代から広い範囲で見られていた。しかし少なくともマラカナにおいては、サポーター同士のいがみ合いに、民族問題が反映されるようなケースはなかった。

　やがてイリッチは、空気が変わり始めたことに気付く。それは一九八七年だったという。

「スタジアムの中に不穏な雰囲気が広がり始めたんだ。そう。この国で起きていることを、誰もが感じていたんだ」

　一九八七年とは、後にセルビアの初代大統領となるスロボダン・ミロシェヴィッチが、セルビア共産党内で権力を掌握した年である。彼はもっぱらコソヴォ問題を取り上げてアピールすることにより、自らの影響力を高めていった。

コソヴォ問題は、現代セルビアを理解する上で鍵を握る。

セルビアの人々にとって、コソヴォは昔から精神的な故郷となっていた。事実、コソヴォには、セルビア正教会の建物が無数にあるし、ベオグラード市内では、あらゆる場所で「１３８９」という数字のグラフィティも目にする。これは「コソヴォの戦い」が勃発した年に他ならない。「コソヴォの戦い」とは、バルカン半島諸国の連合軍がオスマントルコに大敗し、オスマン帝国による五世紀に亘る支配が始まる、きっかけとなった合戦である。

コソヴォは鉱業を主な産業とする地域だが経済的には貧しく、長い間、ほとんど見向きもされなかった。事実、コソヴォに暮らしていたセルビア人は、就業の機会やビジネスチャンスなどを求めて他の地域に移ったため、少数派となっていた。

だがミロシェヴィッチは、セルビア人は魂の故郷であるコソヴォから追い出された、その張本人がアルバニア人、主にイスラム教徒だったと主張。強い被害者意識を植え付けていく。

さらにミロシェヴィッチは、一九八九年にセルビア社会主義共和国の大統領に就任すると、コソヴォに住むアルバニア人の権利を大幅に制限しただけでなく、同年六月には、コソヴォ最大の都市であるプリシュティナに程近い場所で有名な演説を行う。「コソヴォの戦い」の六〇〇周年を記念したセレモニーにおいて、セルビアの人々は不当に追放されたと、またもや主張したのである。この演説は、後に勃発する戦争の前触れになったと見られている。

デリイェと戦争犯罪人を結ぶ糸

同じ一九八九年には、ズヴェズダの周辺でも大きな変化が起きた。先に紹介した「ウルトラス」「レッド・デヴィルズ」「ズールー・ウォリアーズ」という三つの主要グループが合併し、「デリイェ（「英雄・勇者」の意）」が誕生したのである。

そこで頭角を現したのが、アルカンことジェリコ・ラジュナトヴィッチだった。

アルカンはユーゴスラヴィア空軍大尉を父に持つ人物だったが、昔から曰く付きの人物で、一〇代の頃に軽犯罪に手を染める。そして強盗や恐喝に関わるようになった。さらに一九七〇年代には西側諸国で大胆な銀行強盗を重ねたばかりか、しばしば脱獄もやってのけたために、闇社会で一種の伝説的な人物になっていた。

当時コンビを組んでいたのは、セルビアで悪名を轟かせたマフィア、「モンキー」という名で呼ばれたゴラン・ヴーコヴィッチだった。彼は一九八四年にベオグラードで射殺されたが、その直前にアルカンについて語っている。

「俺たちの中で一番多く銀行強盗をやったのはアルカンだった。奴はまるでセルフサービスの食堂にでも行くような感じで、銀行に入って行くんだ。

俺は政治はわからない。でも銀行強盗なら奴の右に出る奴はいなかった。脱獄も得意だったしな。同じ刑務所から繰り返し抜け出したこともあるし、ドイツの刑務所からも脱獄している」

神出鬼没の犯罪を重ねたのは、ユーゴスラヴィアの諜報機関の助けに負う部分も少なくない。

実際にはアルカン自身が諜報機関に所属するスパイで、国外に逃亡した共産党の反乱分子を粛清する暗殺者だった可能性が高い。

後に彼はユーゴスラヴィアに戻り、表向きにはケーキ屋を経営しながら、裏では政府とつながり続け、闇市場で巨額の金を稼ぎ出すようになる。

一九八九年にデリイェが設立されると、政府はアルカンに仕切らせる案を思い付く。当時のスタジアムには、セルビア民族主義の台頭を感じさせるような空気が漂っていたからである。現にデリイェのメンバーは、民族主義者でミロシェヴィッチのライバルともいえる二人の政治家、ヴーク・ドラシュコヴィッチとヴォイスラヴ・シェシェリを讃える歌を合唱したり、バナーを掲げたりしていた。

この種の民族意識を煽りながら若者を組織化していくには、デリイェを利用するのが最も手っ取り早い。ましてやアルカンは、ズヴェズダの大ファンだった。

他のメンバーより一〇歳年上だったアルカンは、デリイェの中ですぐに一目置かれるようになったという。イリッチは証言している。

「アルカンはデリイェを立ち上げたわけじゃない。それに自分の取り巻きといつも一緒だったから、(組織の)中心人物だったとはいえないと思う。

でも影響力はすごかった。勇敢で頭が切れる代わりに、本当に冷酷な人間だった。まるでマフィアのようだったよ。話をしていると、鷲に見つめられているような気分になるんだ」

ユーゴ内戦の発端となった試合

きな臭い雰囲気が漂い始める中、一九九〇年には決定的ともいえる一戦が行われる。五月一三日、クロアチアの首都ザグレブのスタディオン・マクシミールでは、ディナモ・ザグレブ対レッドスター・ベオグラードの試合が開催された。この試合は、ヨーロッパのサッカー史において、最も物議を醸すものの一つとなってきた。

当時は五〇〇〇人ものデリイェがベオグラードから遠征してきていたが、彼らとディナモのウルトラスである「ブルー・バッド・ボーイズ」（一九八六年、ショーン・ペンが出演した『バッド・ボーイズ』にちなんで命名された組織）が衝突。プラスチックのシートを外して投げつけるような事態に発展したため、試合は途中で打ち切られてしまう。

「張り詰めた空気、狂ったような雰囲気、本当に強烈だった」

ズヴェズダの一員として試合に出場していたミオドラグ・ベロデディチは、二〇一七年にこんなふうに語ってくれた。

「そのうちフェンスが破られて、ファンがピッチになだれ込み始めた。コーチたちは『ロッカールームに行け、今すぐだ！　走れ！』と言ったから、みんなが走って逃げたんだ」

選手たちは狭い部屋に閉じ込められ、暴徒と化したファンが外で暴れるのを聞く羽目になる。

だが彼らが避難した直後、ピッチ上では最も衝撃的な事件が起きていた。ディナモ、そして後にACミランで活躍したミッドフィルダーのズヴォニミール・ボバンが、ユーゴスラヴィア人警官の顔面に跳び蹴りを食らわせたのである。

ボバンはクロアチアの民族主義者の間で、英雄視されるようになる。ユーゴスラヴィアは六つの連邦共和国から成り立っていたが、セルビアが不当に大きな権力を享受しているという不満が常に存在していたからだ。その象徴の一つが、セルビア人たちが牛耳っているとされる警察組織に他ならなかった。

この試合とボバンが取った行動は、歴史的に決定的な意味を持っていた。セルビアの支配に対して、クロアチアが自主独立を勝ち取る戦い、いわゆるクロアチア独立戦争の前哨戦になったと位置付けられたのである。

そもそもディナモ・ザグレブ対レッドスター・ベオグラードの一戦は、政治的に極めて危うい状況の中で行われていた。

まずクロアチアでは前年、フラニョ・トゥジマンという人物がクロアチア民主同盟（ＨＤＺ）を結成する。トゥジマンは史学を専門とする無名の大学教授、しかも反体制派の研究者だった。彼は自分がクロアチアの独立を目指す極右だと公言。後にはユーゴスラヴィア時代のクロアチア共和国、さらには独立を果たした後のクロアチアにおいて、大統領にまで成り上がっていく。トゥジマンのＨＤＺ党は、クロアチアで実施された第二次大戦後初の自由選挙でも、民族主義的な政策を打ち出して大衆の支持を集めて、圧勝を収めていた。

セルビア側も、クロアチア側の動向には神経を尖らせていたし、何らかの策を講じなければならないと考えていた。結果、暴動が勃発した際には、セルビアもしくはクロアチアの工作員が、意図的に両軍のサポーターを衝突させたのではないかという説さえ流れた。

だが、試合当日はドラジャ・ミハイロヴィッチの追悼式典が行われていたため、デリイェの主だったリーダーは、遠征していなかったという。イリッチは、セルビア側が衝突を仕掛けたのではない証拠として次のように断言した。

「レッドスターの主力部隊はそこにはいなかったんだ」

しかしマクシミールで試合を観戦していた人物は、現在のセルビア大統領であるアレクサンダル・ヴチッチがスタジアムに来ていたと証言している。

ヴチッチは元ジャーナリストで、後にセルビア急進党の事務局長を務めることになる（セルビア急進党とは、ヴォイスラヴ・シェシェリが創設した極右政党である。シェシェリはやがて政争犯罪人として、ハーグに設けられたＩＣＴＹ：旧ユーゴスラヴィア国際戦犯法廷において有罪判決を受けた）。

ヴチッチの存在が西側で知られるようになったのは、ミロシェヴィッチ体制の晩年だった。彼はコソヴォ紛争やＮＡＴＯによるベオグラード爆撃が行われていた頃は、強硬派の情報大臣として活動していた。以降は、セルビアのＥＵ加盟を目指す、西側寄りのテクノクラートとして自分をアピールするようになり、ウルトラス出身の初の大統領にまで成り上がる。

とはいえ一九九〇年代当時のヴチッチは二〇歳の学生であり、ズヴェズダの熱狂的なファンに過ぎなかった。事実、ヴチッチは後年、インタビューで次のように述べている。

「ザグレブに行くときは、必ず乱闘が起きることを覚悟していた。

だが戦争がマクシミールで始まったなどという説は信じていない。あの暴動は（長年、いがみ合ってきた）関係性が表れただけなんだ」

戦争に送り込まれたウルトラスの若者

マクシミールでの試合が戦争の発火点になったという神話は、今も語り継がれている。たとえばスタジアムの外には、次のような文言が刻まれた記念碑が建っている。

「一九九〇年五月一三日に勃発した戦争に参加し、クロアチアの故郷で命を落とした、全てのディナモファンに捧げる」

実際に起きたことは、それほど単純明快ではない。サッカーのレギュラーシーズンは、戦争が始まった後も継続したからだ。それどころかユーゴスラヴィアの一部リーグは、さらに翌シーズンも開催されたし、ボバンもユーゴスラヴィア代表としてプレーし続けた。

またヴチッチがインタビューで示唆したように、ユーゴスラヴィアのサッカー界においてウルトラスのグループ同士が衝突するのは、決して珍しいことではなかった。

ただし暴力事件の性質は明らかに変わり始めていた。それ以前の暴力沙汰はサポーター同士の縄張り争い、あるいは敵対するウルトラスのスカーフやフラッグを盗むといった類のもので、一種の子どもじみた儀式にも近かった。

ところが一九八〇年代が進むにつれて、各共和国のサポーターグループは、極めて政治的かつ過激な文脈で相手を敵視するようになった。

ドラジェン・ラリッチは、一九八八年から九二年にかけて発生したサポーター同士の暴動に着目。連邦国家の求心力が低下するにつれて、民族間の衝突が激増したと結論づけている。

「相手を単にクロアチア人としてではなく、『ウスタシャ（クロアチアの極右のテロリスト）』、セルビア人としてではなく『チェトニック（第二次大戦中にクロアチア人などを虐殺した、セルビアの民族主義的なゲリラ部隊）』として捉える。さらにはムスリムとしてではなく、『国民戦線（第二次世界大戦中、ナチスにも協力したアルバニアの民族主義者）』という目で相手を見るようになっていった」

いずれにしても疑う余地がないのは、次に起きた一連の出来事だった。

まずマクシミールで乱闘が演じられた五カ月後、アルカンはセルビア義勇親衛隊を結成。自らが所属していたデリイェで、直接兵士を募集し始める。同じ頃、クロアチア側でもディナモのバッド・ブルー・ボーイズやハイドゥクのトルツィーダで新兵が募られるなど、各スタジアムは兵士をかき集める草刈り場と化していく。

そして一九九一年六月には、クロアチアが独立を宣言。クロアチアとユーゴスラヴィア軍（実質的なセルビア軍）が戦火を交えるようになる。その最前線に立っていたのが、各クラブの若きウルトラスだったことは指摘するまでもない。

現に戦争で命を落としたウルトラスに捧げるレリーフや彫像は、ハイドゥクやズヴェズダのスタジアムにも残っている。ドラジェン・ラリッチが一九九三年に出版した本の中には、トルツィーダのメンバーで、戦場に向かった若者の証言が引用されている。

「銃を渡されたという違いがあるだけで、まるでスタジアムにいるみたいだったよ。この戦争は何にも増して、サッカーのサポーター同士による戦争だったんだ」

クラブの買収を試みた戦争犯罪人

ユーゴスラヴィアの解体に伴う紛争は、その後、ボスニア・ヘルツェゴヴィナからコソヴォへと飛び火していく。そこで悪名を轟かせたのがアルカンだった。

彼は軍事司令官としての才と冷酷な性格を持ち合わせた人物で民族浄化に加担。「アルカンの虎」と呼ばれたセルビア義勇親衛隊を率い、クロアチア東部とボスニア北東部において虐殺や強姦、強盗を重ね、戦争犯罪の指名手配を受けるようになる。

こうして権力と富を手に入れたアルカンは、後にズヴェズダの買収を試みる。かつてのようにノース・スタンドに陣取るデリイェを仕切るだけでは、満足できなかったのである。

クラブ側に買収を拒絶されると、彼はベオグラードの無名のチームであるFKオビリッチを買収し、一九九八年には国内リーグのタイトルを獲得させる。アルカンが用いたのは、金の力と暴力（恫喝）だった。オビリッチを勝たせないなら殺すぞと、対戦相手の選手や審判を恫喝したのである。この事実については、元選手や審判が数多くの証言を残している。

UEFAはオビリッチに対して、チャンピオンズリーグへの出場を禁じると警告する。戦争犯罪で告発された人物がクラブを仕切っている状況は、イメージダウンになるからだ。

アルカンはUEFAによるペナルティを回避すべく、クラブの所有権を二五歳の妻ツェツァに譲渡したが、結果的には妻の存在が命取りとなってしまう。彼女はセルビアで最も知られた民謡調ポップ歌手の一人だったため、ICTY（旧ユーゴスラヴィア国際刑事裁判所）は居場所を特定しやすくなったのである。

ＩＣＴＹはアントワープとマドリードで行われた試合に調査員を派遣し、そこでアルカンを捕らえようとした。アルカンは当局の包囲網を巧みにかいくぐり続けたが、思いもかけぬ形で死を迎える。二〇〇〇年一月一五日、ベオグラードのホテルのロビーで射殺されたのだった。

殺害の目的は謎だが、いくつかの理由は容易に思い浮かぶ。

裏社会には敵も多かっただろうし、当局側にとって用済みの人間だったのかもしれない。ハーグにあるＩＣＴＹで尋問を受けるような展開になれば、自分が知っていることを洗いざらい吐くのではないかと、スロボダン・ミロシェヴィッチが懸念した可能性も考えられる。

彼の死後、ＩＣＴＹは起訴状を公開している。指名手配されたのは人道に対する罪、ジュネーブ条約の重大な違反、および戦時国際法違反などによるものだった。

ただし、これらの罪状は氷山の一角に過ぎない。彼が率いる部隊がボスニアにあるイスラム教徒の町、サンスキ・モストを占領した際には、少なくとも七八人もの人々が殺害されている。

体制を支持する者から、体制に楯突く者へ

世紀の変わり目を迎えた頃、ベオグラードは陰鬱とした空気に包み込まれていた。

経済は長期間、底知れぬ悪化が続いていた。一九九〇年代半ば、政府に経済政策を助言していたスティーヴ・ハンケ教授によれば、一カ月あたりのハイパーインフレ率は三億一三〇〇万％に

まで上昇したという。ベオグラードは、コソヴォからセルビア軍を徹底させようとするNATOによって空爆を受けていたし、街中ではマフィアが跳梁跋扈し、殺傷事件を起こしていた。ノース・スタンドに陣取ったサポーターも、現状にほとほと嫌気を感じており、こんなチャントを合唱するようになっていた。

「スロボダン（ミロシェヴィッチ）、自殺しろ」

二〇〇〇年一〇月、民衆の怒りはついに政変をもたらす。学生の「オトポール（抵抗）」運動に触発されて数十万もの市民がデモに加わり、議会が占拠されるという事件が起きた。いわゆる「ブルドーザー革命」である。この際、デモの先頭に立っていたのは、デリイェのメンバーだった。彼らはかつてナショナリズムの片棒を担いだが、今度は逆の立場で存在感を発揮した。

革命には二人のキーマンがいた。ミロラド・ウレメクとゾラン・ジンジッチである。

まずウレメクは強盗に失敗した後、逮捕を逃れるためにフランスに渡り、外人部隊で傭兵を務めた人物だった。以降、彼は「レギヤ」という別名で知られるようになり、後にはアルカンの副官も務めるまでになっていた。ちなみに当時レギヤは、ミロシェヴィッチの身辺警護をするJSO（特殊作戦部隊）という部隊を率いていた。

一方、ジンジッチは野党の主要人物で民主化の旗手的な存在だった。大衆による議会突入が迫ってきた頃、ジンジッチはレギヤと直接会い、デモ隊への発砲を思いとどまらせている。

「相手に殺されるかもしれないが、危険を冒す価値はあった。自分に何かできるとすれば、あの場面しかなかった。後になれば、さらに大きな代償を支払う羽目になってしまう」

深夜、両者は同じ車に乗り込み、ベオグラード周辺を走りながら交渉を開始する。その際レギヤは、翌日に群衆が議会を占拠すれば、自分たちは発砲を辞さないだろうと述べた。

「混乱が起きるだろうな。断固たる措置を取れという命令が出ている」

ジンジッチは、デモ隊がＪＳＯ側に発砲しないことを条件に、相手にも発砲を控えてほしいと依頼する。レギヤはこれを受け入れ、両者は固い握手を交わしたという。

レギヤは約束を違えなかった。デリイェが率いるデモ隊は最終的に議会を占拠し、ミロシェヴィッチを権力の座から追放する。当然、レギヤが指揮するＪＳＯは対峙したが、ＪＳＯは実力行使に出なかった。最悪の事態はこうして回避されたのである。

だが両者の運命は、後に再び交錯する。

ジンジッチは新たに誕生した政権で首相に就き、前首相であったミロシェヴィッチをハーグの法廷へと引き渡す。最終的にミロシェヴィッチは二〇〇六年、公判を待っている途中で獄死するが、先に命を落としたのはなんとジンジッチだった。

ジンジッチは二〇〇三年、議会に入ろうとしているところを狙撃される。その命令を下したのはレギヤだったとされる。レギヤは裁判にかけられ、有罪判決を受けた。

調査ジャーナリストが暴いた、きな臭い関係

セルビアを代表する調査ジャーナリストの一人、スロボダン・ゲオルギエフはレッドスター・ベオグラードのファンである。彼もまた、ズヴェズダが一九九一年にチャンピオンズカップを制

したチームのことを詳細に記憶していた。チームポスターがオフィスの壁に貼られているのは、彼が抱く誇りを反映したものだろう。

机の後ろの壁には、マラカナの航空写真も飾ってある。私がゲオルギエフの肩越しにその写真を見つけると、彼はこんなふうに述べた。

「今は試合に行くのが難しくてね」

ゲオルギエフは、ＢＩＲＮ（バルカン半島調査報道ネットワーク）という組織に名を連ねている。セルビアで独自に調査を続けているジャーナリストは決して多くない。ＢＩＲＮは、投資家のジョージ・ソロスが設立したＮＧＯ「オープンソサエティ」にも支援を受けている。ソロスは腐敗の防止と法の支配を促進するために支援を行っており、東欧全域に点在する、非民主的な政権にとって目の上のたんこぶ的な存在になってきた。

ゲオルギエフは長年、汚職の問題を調査してきた。特に目を向けてきたのは政治家、マフィア、組織化されたサポーターグループの関係である。このような事情もまた、彼が最近マラカナをめったに訪れなくなった理由の一つだった。

しかし彼は、いつにも増して苦境に立たされていた。最近報じたとあるスクープが原因となり、ソーシャルメディア上で非常に組織的な攻撃にさらされていたのである。

彼が公開した記事は、ヴチッチの弟であるアンドレイと、ズヴォンコ・ヴェセリノヴィッチにまつわるものだった。アンドレイはヴチッチの「黒幕」と評される人物で、ヴェセリノヴィッチは組織犯罪への関与が長らく疑われてきた、コソヴォ北部出身のビジネスマンである。両者の関係をあからさまにする写真が公になるのは二度目だった。

この写真が掲載されるやいなや、プロの人間が匿名で制作したビデオがネット上にアップロードされる。そのビデオは不吉な運命を感じさせるBGMが流れる中、ゲオルギエフを裏切り者と名指し、外国から金を受け取っている売国奴だと糾弾するものだった。

とはいえ、ゲオルギエフは脅迫を受けるのに慣れていた。とりわけヴチッチと彼が仕切る政党が、セルビアのウルトラスのグループに舞台裏で接触し、政治的な目的のために利用してきたことを詳細に報じてきたからである。曰く。

「ヴチッチは政治の世界にいるフーリガンなんだ。（政党とウルトラスの）関係はシンフェイン党とIRAの関係に似ている」

反体制グループを崩壊させよ

ヴチッチがサッカーの大ファンであるという説は、幾度となく報じられてきた。

彼は「大衆の味方」というイメージを高めるために、サッカーへの愛情の深さをアピール。一九八〇年代にデリイェに関わっていた事実や、自分がデリイェに近い存在だったことを強調してきた。そして彼もまた、ウルトラスを利用しようとしてきた。その対象とされたのが、デリイェだったことは指摘するまでもない。

ヴチッチは二〇一二年に副首相になったが、当時のズヴェズダは惨憺たる状況に置かれていた。対照的にパルチザンは二〇〇八年から二〇一三年にかけて国内リーグを六連覇し、チャンピオンズリーグのグループステージにも駒を進めていた。

そこでヴチッチはズヴェズダに資金援助を行い、クラブの立て直しを実現させながら、巧みに政権側に取り込んでいこうと試みた。

結果、ズヴェズダは復活を遂げ、久方ぶりに国内タイトルを獲得する。

確かにズヴェズダは巨額の負債を抱えていただけでなく、選手に対する未払い分の給料も残っていたために、UEFAからチャンピオンズリーグへの出場を禁じられている。

だが少なくとも、パルチザンの連覇は阻止することができた。これにファンが溜飲を下げたのは明らかだ。ゲオルギエフは語る。

「私が話をしたデリイェの一般メンバーは、ほぼ全員が反ヴチッチ派だった。でも今では、ヴチッチを糾弾するチャントが、ノース・スタンドから聞こえる場面はほとんどない」

ちなみに政府側は、ズヴェズダが復調したのは自分たちの差配とは何の関係もない。ズヴェズダとパルチザンは、同じ額の援助を受けていると強調しているが、その言葉を信じる人はほとんどいない。とりわけパルチザンのサポーター集団、「グロバリ（墓掘り）」と呼ばれるウルトラスたちは、疑いの目を向けている。

しかし、このグループも様々な問題を抱えている。

腐敗を暴くテレビ番組『インサイダー』の番組編集者、ブランキツァ・スタンコヴィッチが二〇〇九年に実施した調査は、関係者に衝撃を与えた。政治家、犯罪組織、セルビアで最も規模の大きな複数のウルトラスが癒着している実態を明らかにしたからである。各ウルトラスのリーダーは、政府側の意向を受けて右翼的な活動を展開する。その見返りとして、闇マーケットで事実上、無条件で活動することを許されているというのがスクープの内容だった。

パルチザンにまつわる黒い話は、これだけに収まらない。

二〇〇九年、トゥールーズのファンであるブライス・タトンが、ベオグラードのバーで殴打されて殺害されるという事件が起きた。これを重く見た米国大使館員は、サポータークループが犯罪組織とつながっているとワシントンに報告。結果、数人の主要人物が検挙された。その中にはグロバリを構成する「アルカトラズ」で、リーダー役を務める人物の一人も含まれていた。

かくしてパルチザンのウルトラスの内部には、一時的に権力の空白が生じる。それを埋めたのが「イェニチェリ」と呼ばれるグループであり、「サーレ・ムタヴィ」というニックネームを持つ新しいリーダー、アレクサンダル・スタンコヴィッチだった。

ところがサーレには信じ難い裏話があった。なんと彼は本来ズヴェズダのファンであり、パルチザンに鞍替えした人物だったのである。ゲオルギエフによれば、サーレは反体制志向の強いグロバリを分断するために、政府当局から送り込まれた工作員だったという。

「ヴチッチは、いずれ自分がグロバリと揉めるだろうと読んでいた。グロバリ側から嫌われていたからね。実際、彼が大統領になった頃、グロバリの連中は『ヴチッチ・ペデル（ヴチッチのホモ野郎）』といつも叫んでいたんだ」

為政者に翻弄され続けるウルトラス

ベオグラード市内を歩くこと一〇分、にぎやかな道路沿いにある洗練されたカフェのテラスでは、調査報道ジャーナリストのボヤナ・パヴロヴィッチがユーチューブをチェックしていた。彼女はセルビアでは数少ない独立系のニュースサイト、ＫＲＩＫで活動していた。

「これよ。これがサーレ。ほらここ」

そう言いながら彼女が再生ボタンをクリックする。そこに映し出されていたのは、パルチザン・スタジアムの外部に設置されたＣＣＴＶのカラー映像だった。がっしりした体格の男性三人が、パルチザンの警備員を激しく殴っている。相手は床に倒れ、半ば意識を失っているにもかかわらず、男性のうちの一人は頭をずっと踏みつけていた。その首謀者がサーレだった。映像からは、彼が襲撃を指示していることが明らかに見て取れる。

「一般の人たちが彼らの存在を知ったのは、このときが初めてだったの。でも彼がキーマンだってことがはっきりわかるでしょ」

衝撃的な映像がきっかけとなり、暴行を働いた三人の男性は逮捕される。ところがなんとヴチッチは強権を発動し、サーレを釈放させたのである。

理由を尋ねられた際、ヴチッチはサーレがパンチを出していないと説明。さらには逮捕すべき人間と逮捕されるべきではない人間を混同したとして、メディアを腹立たしげに非難した。

ただしサーレが収監を免れたことに対して、パヴロヴィッチは驚かなかったという。麻薬犯罪で有罪判決を受け、懲役五年を言い渡されたときにも自由の身になっているからだ。

しかも裁判所は、あり得ないような理由を挙げて判決を引き延ばし続けた。その中には、膝の状態が思わしくないというものさえ含まれていた。

ところがサーレは例のＣＣＴＶの映像が流れた五カ月後、マシンガンの弾丸を五〇発以上も撃ち込まれて即死する。

これはマフィアの抗争絡みだった可能性が高い。もともとベオグラードは、麻薬密売人と密入国斡旋業者の双方が行き来する「バルカンルート」に位置しているからだ。

案の定、そこでいち早く反応したのは政府だった。パヴロヴィッチは語る。

「サーレが暗殺された後、内務大臣はマフィアに対して宣戦布告したの。それで私たちも改めて気が付いたのよ。そうか、彼はやはり大物だったのかと」

策略と陰謀が渦巻き、裏社会や権力側とスタジアムのテラスが密接に結び付く。セルビアのサッカー界に潜む闇はかくも深い。

「アルカンはレッドスターの純粋なサポーターじゃなかった。それはヴチッチも同じなんだ。

俺はこの真実を世界中に知ってほしい。ヴチッチがレッドスターの大ファンだと公言する度に、こっちは気恥ずかしい思いをする」

作家のドゥーレ・ネデリコヴィッチは、私に向かって何度も繰り返した。

確かにそれは事実なのだろう。

だが、ウルトラスが政治の舞台に容赦なく引き込まれ、旧ユーゴスラヴィアの歴史において一定の役割を担ってきたことは否定できない。陰惨な内紛においても、今日においてもである。

ヴチッチのホモ野郎

長く寒い冬が終わり、セルビア・スーペルリーガは再開。土曜日の午後、一五九回目のベオグラードダービーがパルチザンのホームで始まろうとしていた。

友人のアレクサンダルは、私に赤いものは絶対に身に着けず、他の人と同じように黒ずくめの格好にしろと釘を刺していた。

武装した警官隊の前を過ぎて左に曲がり、サウス・スタンドに向かう。私が過去に観戦したエターナルダービーでは、警察がグロバリとデリイェを引き離していた。ところが今回は、パルチザン側のテラスを四つのセクションに分割している。こんな状況を見ても、パルチザンのウルトラスが内部から解体させられたという話が嘘ではないことがわかる。

試合が始まると、パルチザン側のスタンドではフェンスを挟んで罵声が浴びせられ、発煙筒と瓶が飛び交い始める。グロバリはスタジアムの反対側に陣取るデリイェに対してだけではなく、本来、身内であるはずのメンバーに対しても憎しみを抱いていた。

だが三六分、内輪揉めはピタリと止まる。ネマニャ・ニコリッチが先制点を奪い、パルチザンがリードしたのである。

ズヴェズダはリーグ戦ではるかに上位を走っているし、パルチザンは過去八年間、ホームで二回しかズヴェズダを破ったことがない。にもかかわらず、突如として大番狂わせを演じる可能性が生まれたのだった。

もはやグロバリの内部には、派閥争いは存在しなかった。ウルトラスたちはお互いに罵声を浴びせる代わりに、スタジアムの反対側に陣取るズヴェズダのウルトラスに向かって叫び始めていた。勝利を収める可能性は、何にもましてグロバリを団結させたのである。

ピッチの向こう側にあるノース・スタンドの面々も対抗。デリイェのメンバーは次々に発煙筒に火をつけ、すさまじいパイロを展開し始めた。

目の前で繰り広げられている状況は、ウルトラスの内部にまで政府側の手が伸びているという嫌な記憶を一瞬だけ忘れさせてくれた。やはりサッカーの本質に流れるのは、部族同士の争いにも似た、街や地域の素朴な対抗意識なのである。

ところがパルチザン側の至福の時間は長続きしなかった。残り数分となったところで同点ゴールを決められ、ダービーで宿敵に勝つという夢は消え失せてしまう。

その瞬間に大量の発煙筒が点火され、やり場のない怒りをぶつけるために、再びフェンス越しに罵声と物が飛び交い始める。グロバリの面々は発煙筒を掲げるだけでは飽き足らず、ボルトで留められた椅子を無理やり床から外し、生贄でも捧げるようにかざしながら叫び始めた。

「ヴチッチ・ペデル（ヴチッチのホモ野郎）」

第六章
ギリシャ&マケドニア
PAOKの英雄が目指す真のゴール

ギリシャ　テッサロニキ

黒と白のユニフォームに身を包んだ数万人のPAOKテッサロニキのファンは、トゥンバ・スタジアムの前に立ったままだった。騎馬警官が出動しても身じろぎもしなかったし、盾を持った武装警官も彼らの眼中になかった。

対戦相手であるベンフィカの選手を乗せたバスが来ても、状況は変わらなかった。チームバスを目にするや否や、ベンフィカのファンは発煙筒に着火。煙の中をバスに向かって突進したが、それでもPAOKのファンは微動だにしない。

ところが黒塗りの高価なSUVの車列が到着した途端、状況は一変する。モノクロームの人の波は一瞬にして二つに分かれ、スタジアムの入り口まで続くスペースを確保する。そこに姿を現したのが、PAOKのオーナー、イヴァン・イグナティエヴィッチ・サヴィディスだった。

サヴィディスは、とある出来事がきっかけでスタジアムへの出入りを禁止されていた。だがPAOKは彼が六年前に買収したクラブであり、紛れもなく彼自身の所有物でもあった。ましてやサポーターからは絶大な支持を受けている。「王」の帰還を阻止しようとする者は、周りに誰もいなかった。

「彼は毎試合スタジアムに来て、選手たちに別れを告げてから戻っていくんだ。気持ち的には相当きついだろうな」

若きシーズンチケットホルダーのアリスは、その場面を見ながらつぶやいた。ちなみに彼が着ているのは、黒と白のユヴェントスのジャージだ。曰く。

「あそこのクラブは（ユニフォームの色が同じ）兄弟なんだ」

数分後には、チャンピオンズリーグのプレーオフの第二戦、ＰＡＯＫ対ベンフィカの一戦が始まる。ＰＡＯＫはポルトガルでアウェーゴールを決め、予想に反して一対一で引き分けに持ち込んでいたため、グループステージに初出場するという夢が現実のものになろうとしていた。

これは前シーズンのギリシャリーグの結果に対する、最高のリベンジとなるだろう、ＰＡＯＫはＡＥＫアテネに次ぐ二位でシーズンを終えていたからである。

とはいえリーグ戦の結果は、ＰＡＯＫを巡る物語のごく一部に過ぎなかった。

ピッチ上に拳銃を持ち込んだオーナー

二〇一八年三月、トゥンバは三万人もの観衆ですし詰めになっていた。僅差でリーグの首位を争う、ＰＡＯＫ対ＡＥＫアテネの一戦を観るためである。

そもそもギリシャリーグには、長年オリンピアコスが君臨してきた。オーナーを務めるのは海運界の大物で、億万長者のエヴァンゲロス・マリナキス。ふさふさした顎髭と、大柄な身体が特徴のマリナキスは父親から財産を相続し、二〇一〇年からオリンピアコスに資金を提供。過去二一シーズン中、一九度もチームを優勝に導いてきた。

だが今回の状況は違っていた。過去数十年間、脇役に押しやられていた二つのチーム、PAOKとAEKアテネが、互いに覇を競っていたからである。ましてや直接対決ともなれば、試合はいやが上にも盛り上がる。トゥンバから鳴り響く騒音のすさまじさは「地震のようだった」と評された。

〇対〇で迎えた八九分、審判はPAOKが記録したはずの決勝点を取り消した。この瞬間、スタジアムは最も強く揺れ動いた。ピッチには判定を疑問視するPAOKのスタッフが殺到。その最中に勢いよくピッチに足を踏み入れたのが、オーナーのサヴィディスだった。

イヴァン・サヴィディスなる人物のことは、ギリシャ国外ではあまり知られていない。

小柄で眼鏡をかけ、灰色の顎髭を生やしたサヴィディスは、一見、温厚な初老の男性のようにも映る。だが実際にはたばこ業界の大物で、次々に資産を買い漁りながら、テッサロニキの財界に君臨するようになった凄腕の実業家である。さらにはロシアのオリガルヒ（新興実業家）で、プーチンの政治的な盟友でもあった。

ところがピッチ上に登場したサヴィディスは、予想だにしない行動を取る。なんと腰に拳銃をちらつかせながら、審判に抗議したのだった。

「ユーチューブだろうと何だろうと、拳銃を持ってボディガードを引き連れた人物が（ピッチに）入ってくる場面なんて見たことがない」

当時、AEKの選手としてピッチに立っていたイラン人のミッドフィルダー、マスード・ショジャエイは、こんなふうに語ってくれた。

サヴィディスの暴挙によって場内がさらに騒然とする中、試合は打ち切りとなり、ひいてはリーグ戦も中断されてしまう。結果、最終的にはＡＥＫが勝利したと見なされ、二四年ぶりの優勝を手にする。逆にＰＡＯＫは三ポイントを剥奪され、三三年ぶりの栄冠をふいにした。

またクラブのオーナーが拳銃をちらつかせながらピッチ上を歩き回り、審判に食ってかかるショッキングな写真は世界中に一夜にして拡散。サヴィディスは三年間、ギリシャのサッカースタジアムに出入りすることを禁じられている。

だがギリシャの人々は、さほど驚いた様子を見せなかった。過去一〇年間、ギリシャのサッカー界では幾多の事件が起きており、この手の出来事に慣れっこになっていたからだ。

たとえば二〇〇七年三月には、オリンピアコスとパナシナイコスのサポーター同士が大乱闘を繰り広げて一人が死亡、リーグ戦が四週間停止されている。しかも暴力に関与した人のうち、数十人がウルトラスのリーダーや、オリンピアコスの役員であることが明らかになった。

二〇〇八年には、パナシナイコスのファンが警官に殺され、警察に反旗を翻す暴動が六週間に亘って続いている。かと思えばＡＥＫアテネのウルトラスである「オリジナル21」が、チャンピオンズリーグの試合でアヤックスのファンに火炎瓶を投げつける事件もあった。

サポーターは、他の競技でも荒れ狂った。ギリシャのサッカークラブは、ヨーロッパや北アフリカの多くの国々と同様、大きなスポーツクラブの一部として運営されている。このためウルトラスはバスケットボールやハンドボールの試合でも、サッカーの試合が行われるときと同じように大群で押し寄せる。事実、二〇〇七年三月には、女子バレーの試合前にオリンピアコスとパナシナイコスのファン同士が衝突するという傷害事件が発生している。

問題を起こしてきたのはサポーターだけではない。

二〇一一年には大規模な八百長スキャンダルが発覚。数十人のマッチオフィシャルが告発され、二チームが降格処分を科された。似たようなスキャンダルは二〇一五年にも発覚している。この際にはオリンピアコスの会長であるマルキナスなどが捜査の対象となったが、マルキナスに関しては、以前から様々な不正に手を染めていたらしいことも明らかにされた。

ギリシャリーグの顔役ともいえるオリンピアコスが、八百長に関与しているという説は以前から囁かれていた。とりわけＰＡＯＫのウルトラスであるゲート4は、マルキナスやオリンピアコス、アテネ側の陰謀によって、自分たちが被害に遭っているという意識を抱いてきた。

全ての審判は買収されており、でたらめな笛を吹く。そしてクラブオーナーは政治家と結託しながら、甘い汁を吸う。ギリシャでは、この種の陰謀説が常に渦巻いてきた。

ギリシャがサッカー界から追放される日

人々が抱く深い疑念は、ただでさえ政治的な党派性が色濃く反映され、かつ暴力沙汰が頻発してきたサッカー界を、さらに混沌としたものに変えてきた。

ギリシャで組織化されたサポーターグループが生まれたのは、一九六〇年代後半にさかのぼる。以後テラスに陣取ったサポーターたちは、独裁政権への不満を燻らせながら、強烈な政治的イデオロギーを育んできた。

たとえばアテネの強豪パナシナイコスのゲート13は、ＡＥＫアテネのウルトラスであるオリジナル21と同様に、昔から左翼的な傾向が顕著だ。時に彼らは無政府主義（アナキズム）まで標榜するようになった。PAOKで一九六三年に発足したサポーターグループ、SFベロス・ネアポリも反ファシズム的なスタンスを明確に打ち出してきた。対照的にオリンピアコスのゲート7は、極右の民族主義に長年肩入れしてきた。

どのクラブのサポーターが最初に組織を結成したかについては、今も侃々諤々の議論が続いている。だが右派であると左派であるとを問わず、彼らは政治や社会を階級闘争的な視点から捉えてきた。一九七四年にギリシャ軍事独裁政権が崩壊すると、サポーターグループの数は爆発的に増大。発煙筒やバナー、パイロも盛んに駆使されるようになり、サポーターはさらに過激に政治的なメッセージを提示するようになっていった。

このような傾向は、二〇〇〇年代の後半から一気に加速する。

そこで脚光を浴びたのが、ネオ・ファシスト政党の「黄金の夜明け」だった。同党は以前からサッカースタジアムで支持を集め続けていた。特に二〇〇〇年以降は、ギリシャ代表のネオナチ系グループであるブルー・アーミーを結成するなど、サッカーへの関与を深めていく。

そもそもブルー・アーミーのメンバーには、亡命を希望する人々を殺害するなど、残忍な犯罪に関与した人間も含まれている。また外国人や同性愛者などに対するヘイトクライムも起こしていたため、多くの人から唾棄される存在になっていた。この種の悪評が、設立母体である「黄金の夜明け」のイメージ低下につながっていたことは指摘するまでもない。

ところが二〇〇八年の世界金融危機によってギリシャ経済が破綻し、一般市民の不満が高まると、「黄金の夜明け」は政治の世界で徐々に躍進していく。二〇一五年に実施された選挙では支持率を〇・三％から七％にまで伸ばしている。警官の支持率は特に高く、五〇％以上が同党のシンパだとされる。

他の国々と同様、ギリシャでは中道勢力が衰退し、極左と極右、あるいはラディカルな民族主義の台頭が顕著になってきた。

当然、スタジアムの雰囲気も殺伐としていくが、サッカー絡みで起きる暴力事件に歯止めをかける要素は何一つなかった。サポーターの逮捕やスタジアムへの出入り禁止措置、勝ち点剥奪、リーグ戦の中断、そして電子チケットの導入といった策も焼け石に水だった。

ウルトラスはとりわけ電子チケット制に猛反発し、導入プラン自体を撤回させている。彼らの活動を支えているのは「顔も見えず、名前もわからない」という匿名性だからだ。ギリシャのウルトラスはあまりに強力で、もはや手のつけようがない。巷の関係者の間では、そんなことさえ囁かれていた。

このような状況の中で開幕したのが、二〇一七／一八シーズンだった。

オリンピアコス、パナシナイコス、ＡＥＫ、ＰＡＯＫの四強がそれぞれ制裁を受けている状態でリーグ戦に臨むなど、シーズンは最初から波乱含みだった。以降も暴力事件やトラブルは相次いでいたが、そこで起きたのが二〇一八年三月のＡＥＫ対ＰＡＯＫ戦における一件、サヴィディスが拳銃をちらつかせながら抗議をするという暴挙だった。

事態があまりに深刻だったため、ＦＩＦＡはギリシャに対して、混乱を収拾できなければ国際大会から排除すると警告した。厳しい制裁措置は、ギリシャのマスコミによって「ブレグジット」ならぬ「グレグジット（Ｇｒｅｘｉｔ）」と呼ばれた。ＦＩＦＡのハーバート・ヒューベルは、こんなコメントさえ発表している。
「遠い未来のことのように思われていたグレグジットは、もはやあり得ない話ではなくなった。ギリシャサッカー界は崖っぷちに立たされている」

クリーンな改革派、サヴィディス

ギリシャのファンやサポーター、ウルトラスがかくも荒れ狂ってきた背景には、国を影で牛耳る政治家や官僚、エリート階級への根強い反発もある。事実、クラブ経営に手を出そうとした実業家などは、ことごとく大やけどをしてきた。

ところがイヴァン・サヴィディスは、すんなりと迎え入れられた。そもそも彼は金には困っていないし外国人でもあるため、政府の癒着とは無縁だと考えられていたのである。それどころかサヴィディスは、ギリシャサッカーを正常化させ、腐敗を一掃するキーマンとさえ目されていた。だからこそ二〇一二年にＰＡＯＫを買収した際にも、ファンに支持されたのである。

サヴィディス自身、改革派のイメージを事ある度に強調してきた。彼はＰＡＯＫのオーナーに収まった後、こんな声明を発表したこともある。
「ギリシャのサッカー界は、深刻な危機に直面しています。健全な運営を目指すグループが、腐敗した組織と戦っているのです。クリーンなサッカー界を支持するサポーターは、いつでも我々の仲間に歓迎します」

ただし、彼がなぜギリシャで活動しているのかという根本的な問いには、誰も答えられなかった。テッサロニキの元スポーツ記者で、サヴィディスのＰＡＯＫ入りを取材したアントニス・レパナスはこう述べている。

「サッカーチームを買収するような人物には見えなかった。どちらかというと、政党を結成するようなタイプに思えたね」

イヴァン・サヴィディスは一九五九年、ソ連の一部だったグルジア（現ジョージア）の片田舎において、貧しいポントス系ギリシャ人の家庭に生を受けた。ポントス系ギリシャ人とは、黒海南岸（現在のトルコ北部）にルーツを持つ民族で、オスマン帝国時代末期に迫害を逃れて脱出した人々の末裔である。

サヴィディスは一五歳で家を出るとソ連のロストフ・ナ・ドヌに移り住み、国営のたばこ会社で下働きを始める。その後の足取りについてはよくわかっていないが、ソ連崩壊後は民営化されたドンスコイ・タバックという企業を管轄し、ロシア有数のたばこ会社に成長させた。

やがてサヴィディスは事業を多角化して財を成し、オリガルヒの一員と目されていく。ちなみに彼は大のサッカー好きでもあり、ロシアのＦＣロストフ、さらには地元のライバルチームであるＳＫＡロストフの会長も歴任した。

サヴィディスは同じ頃、政治家としてのキャリアもスタートさせた。

二〇〇三年には、プーチンの支持母体である「統一ロシア」の一員として、ロシア連邦議会の下院選挙に当選。政治家として活動しながら、先祖代々の故郷であるギリシャ、特にテッサロニキのあるマケドニア地方に目を向けるようになっていた。

そんなサヴィディスに訪れた格好のチャンスが、二〇〇八年の経済危機だった。

サヴィディスはギリシャのアレクシス・チプラス首相、そして彼が率いるＳＹＲＩＺＡ（急進左派連合）と提携。共同事業体を立ち上げ、あらゆる資産を安価に買い占めていく。その中には地元の新聞社、テレビ局、たばこ会社、不動産、海岸沿いの土地、ミネラルウォーター工場、ホテル、さらにはＮＡＴＯにとって軍事上の拠点でもある、テッサロニキ港まで含まれていた。

地元の経済はこれを機に活気を取り戻す。事実、テッサロニキに住むギリシャ系マケドニア人の多くは、サヴィディスのことを、政府以上に自分たちに尽くしてくれた恩人と見なしていた。

ＰＡＯＫのシーズンチケットホルダーで、レストランを経営するトドロスもその一人だ。

「彼はテッサロニキでとても人気がある。たくさんの仕事を（作って）くれたからね」

しかしサヴィディスを一躍地元のヒーローにしたのは、なんといっても二〇一二年に実現させたＰＡＯＫの買収である。

テッサロニキは、ギリシャ北部に位置するマケドニア地方最大の都市である。当然、アテネに対する対抗意識は昔から根強い。また二〇〇八年の金融危機以降は、首都のアテネが政治、経済、文化のあらゆる面で不当に優遇されているという意見が大勢を占めていた。

そんな人々にとって、かけがえのない拠り所になっていたのがＰＡＯＫだった。サッカーの世界ならば自分たちのアイデンティティをアピールし、アテネ勢に一泡を吹かせることができるからだ。ＰＡＯＫのウルトラスであるアリスは語る。

「俺たちはいつもこう主張している。ＰＡＯＫを応援するのは、アテネ中心に動いている国に対抗する唯一の手段だとね。ＰＡＯＫ絡みの活動には政治的な意味があるんだよ」

サヴィディスは、そうした状況を利用して、地元のヒーローに成り上がった。彼が大枚を投じて手に入れたのは、テッサロニキの産業界やクラブチームだけではない。本質的には、救世主を求めるギリシャ系マケドニア人の心を掴み、熱烈な支持を得ることに成功したのだった。

ただし、それでも疑問は残る。確かにサヴィディス家のルーツはマケドニア近辺にあるとしても、なぜここまで集中的に投資を行わなければならなかったのか。そもそもテッサロニキ港のような国家戦略上の要所まで、本当に買収する必要があったのだろうか。

スタジアムで銃をちらつかせるという暴挙を働いた数カ月後の二〇一八年七月、その謎を解くヒントが明らかになる。ＯＣＣＲＰ（組織犯罪・腐敗報道プロジェクト）というグループが、サヴィディスを巡る不可解な金の流れをスクープしたのである。

その内容は、彼が旧ユーゴスラヴィア共和国の民族主義グループを支援している。とりわけ北マケドニアの強豪クラブ、ＦＫヴァルダルの「コミティ」というウルトラスに、三〇万ユーロの現金を渡したというものだった。しかもFKヴァルダルのオーナーを務めているのは、サヴィディスが富と権力を築いたロストフ出身の人物で、やはりロシアのオリガルヒだった。

さらにＯＣＣＲＰは、サヴィディスが資金援助を行っている理由についても示唆した。援助の目的は北マケドニアの反政府活動を煽り、国名変更を巡るギリシャとの和解を妨げることだという。これは簡単に述べるなら、ＰＡＯＫの救世主どころか、ロシア政府の意向を受けて暗躍していた人物だという指摘に他ならない。それこそが彼の正体なのだろうか。

「マケドニア」という名称を巡る争い

この問題を理解するためには、少し歴史を振り返らなければならない。

そもそもマケドニアは、一九九一年に旧ユーゴスラヴィアから独立したのを機に「マケドニア共和国」を名乗っていた。これに反発したのがギリシャだった。ギリシャ側は、「マケドニア」という名称はギリシャ古来のものであり、他の国が採用するのは歴史を踏みにじる行為だと主張。二〇〇六年、マケドニアの首都であるスコピエの空港が「アレクサンダー大王空港」と改称された際にも、撤回も求めていた。

ギリシャ側の抗議を受け、一九九三年からは「マケドニア共和国」ではなく、「FYROM（マケドニア旧ユーゴスラヴィア共和国）」という名称が国際社会で使用されることになり、マケドニアは国連への加盟を果たす。だが、これはあくまでも暫定的な名称だったため、ギリシャはNATOとEUへの加盟については拒否権を発動するなど、強硬姿勢を取り続けていた。

しかし両国の膠着状態は、二〇一七年についに打開へと向かう。

マケドニア共和国では、左派の社会民主同盟（SDSM）党首であるゾラン・ザエフが首相に就任。ギリシャ側となんとか折り合いをつけるべく、現実路線を模索し始める。

翌二〇一八年には、ザエフ首相とギリシャのアレクシス・チプラス首相が会談を行う。かくして国名を「北マケドニア共和国」に変更し、「アレクサンダー大王空港」という名称も破棄する代わりに、EUとNATOへの加盟に反対しないという「プレスパ合意」が成立する。

ところがこれに対して、マケドニアのスコピエでは右派勢力が激しく反発。この都市に本拠を置くFKヴァルダル、まさにサヴィディスが支援していたとされるクラブのウルトラスであるコミティは、フェイスブックで抗議声明を発表した。

尊敬するマケドニア共和国の国民の皆さん、
我々の祖国マケドニアは、裏切り者や外国の侵略者の攻撃にさらされています。
彼らは我々のアイデンティティを、国家を、言語を、歴史を強引に変えようとしています。
皆さんにお願いがあります。支持政党の違いや、個々に抱えている問題の違いはひとまず忘れ、共にマケドニアを守りましょう。皆さんの両親、兄弟、姉妹、親戚、友だちに声をかけ、今日はマケドニア共和国議会の前に集まってください。我々の心に、自由を求める気持ちが息づいていることを示そうではありませんか。

声明を受けて、ヴァルダルのサポーターを中心に二〇〇〇人もの人々がデモを展開し、議会への突入を試みた。さらには火炎瓶を投げ始めたため、マケドニアでは二五人が逮捕されている。

抗議活動は、サヴィディスのお膝元であるテッサロニキでも見られた。当時、テッサロニキの国際見本市会場では、ＳＹＲＩＺＡが地方集会を開いていた。そこにＰＡＯＫのウルトラスが大挙して来襲。数十人が正面のドアを破壊し、建物内で抗議活動を行っている。警察は警棒と催涙ガスで制圧せざるを得なくなっている。

これらの事件は、否応なくサヴィディスの名前を連想させるものだった。

無論、サヴィディスが所有するギリシャの会社は、ＯＣＣＲＰの調査を真っ向から否定している。同報告書は「全くでたらめで、非常に中傷的である」として、国名変更を巡る投票に対する抗議行動とは一切関係がないと主張している。

だが、疑念はどうしても残ってしまう。サヴィディスがテッサロニキに拠点を築き、ＰＡＯＫまで買収したのは、先祖のルーツへの思い入れやサッカーへの愛情に突き動かされた結果なのか。あるいは別の目的を見据えた動きだったのだろうか。アリスに意見を尋ねてみた。

「それは君が物事をどう見たいかによるな。そもそも彼はやり手の実業家で、人も雇っている。それに俺は、彼がＰＡＯＫのサポーターだと心から信じている」

トゥンバに戻ってきたサヴィディスは、黒塗りのＳＵＶから降りてスタジアムの入り口まで行き、中に向かって手を振ると、再び車に乗り込んで去って行った。

「王」の帰還を見届けたＰＡＯＫのファンは、大挙してスタジアム内に移動。チャンピオンズリーグのグループステージ進出をかけたプレーオフ、この大一番を前に、英語で書かれた巨大なバナーをスタンドに掲げる。そこにはこんなメッセージが記されていた。

「マケドニアはただ一つ。それがここにある」

すさまじい騒音の中、ＰＡＯＫは序盤でリードを奪う。だがすぐにベンフィカが反撃に転じ、最終的には一対四で苦杯を舐めている。良くも悪くも、今回トゥンバで地震は起こらなかった。

マケドニア旧ユーゴスラヴィア共和国　スコピエ

テッサロニキでの試合の数週間後、私はギリシャの北側に隣接するマケドニア旧ユーゴスラヴィア共和国（２０１９年に北マケドニア共和国に改称）を訪れた。ＯＣＣＲＰの調査で、サヴィディスから資金を受け取っているとされた、ＦＫヴァルダルのウルトラスグループ、コミティのメンバーに話を聞くためである。

対応してくれたのは、カジノの開店準備をしているキリルという男性だった。

「あんたと会うのはそう約束したからさ。俺は約束は守る男だ。カジノでも何でも、とにかく約束を守るのが大事なんだ」

キリルは小柄でがっしりした体格の持ち主で、自分たちは約束を違えないとしきりにアピールしたがっていた。彼はカジノのテーブルやスロットマシンをどこに置くかというプランを細かく説明した後、慌てて一言付け加えた。

「それと俺は愛国者なんだ」

これは驚きではなかった。マケドニアのウルトラスは非常に政治的な枠組み、特に民族的、宗教的な枠組みの中で長年活動してきたからだ。

とはいえ、マケドニアの政治状況を理解するのは容易ではない。民族的には人口の四分の一がアルバニア系だとされているが、正確な数字は誰も把握していない。二〇〇二年以降は、国勢調査さえ行われていなかった。そもそもこの国の民族構成は、極めてデリケートな問題にもなっている。そこには必然的に宗教が絡んでくる。

コミティは自分たちのグループが、マケドニア人のキリスト教徒で、民族主義を支持するメンバーから構成されているとはっきり謳っている。

現に彼らは、前任の政権ともつながりがあった。世界各国のウルトラスがそうであるように、コミティも政治の世界に組み込まれている。

そして国名変更に反対する立場を明確にしていた。彼らに言わせれば、国名変更はマケドニア人の尊厳を傷つける行為に他ならない。ただし、サヴィディスや他の外国人実業家から金を受け取っているという噂はきっぱり否定した。

キリルは、一九八六年にＦＫヴァルダルが旧ユーゴスラヴィアで、初めてリーグを制した際の模様も話してくれた。当時は後にレッドスターで活躍するダルコ・パンチェフがフォワードとして所属しておりキリルたちはつかの間、勝利の美酒に酔っている。

だがリーグ戦の優勝には、もっと深い意味があったという。それはキリルの弁を借りれば、「マケドニアの愛国心、キリスト教のイデオロギー、そしてコミティを設立したスコピエ出身のメンバーが抱いていた反共産主義」を基板とした「民主主義の勝利」となる。

犯罪者や麻薬の売人、原理主義者の集まりだ

ちなみにマケドニアは、ユーゴスラヴィア紛争で最後の戦地となった場所である。二〇〇一年にはこの地において、アルバニア系住民とマケドニア正教徒が衝突している。コミティは本来、サッカークラブのウルトラスに過ぎないはずだが、レッドスター・ベオグラードのデリイェなどと同様に、やはり陰惨な戦争に深く関わっていた。

当時、コミティをまとめ上げていたのは、ヨハン・タルクロフスキーという人物だった。彼は後にマケドニア大統領のボディガードを務め、さらには警察の特殊部隊を指揮するようになる。なんとこの部隊はセルビアの戦争犯罪人、ジェリコ・ラジュナトヴィッチが率いた「アルカンの虎（武装民兵組織）」をモデルにした曰く付きのものだった。

案の定、アルバニア系住民とマケドニア正教徒の間で戦闘が発生すると、タルクロフスキーは近くのアルバニア系住民の村を襲撃させている。

後にタルクロフスキーは戦犯容疑で起訴され、ハーグにある旧ユーゴスラヴィア国際戦犯法廷（ＩＣＴＹ）で有罪判決を下されている。彼はユーゴスラヴィア紛争絡みで有罪となった唯一のマケドニア人だが、二〇一三年に釈放されて帰国した際には、英雄のような歓迎を受けた。また投獄中には、彼の妻には月五〇〇〇ユーロもの給付金が支払われていた事実も判明している。これはマケドニアの平均賃金と比べても異常な額で、右派勢力から手厚い支持を受けていたことを物語る。

後にタルクロフスキーは、ＶＭＲＯ（内マケドニア革命機構・マケドニア民族統一民主党）の国会議員にも選出された。ギリシャとの協調路線を模索するゾラン・ザエフは首相に就任する直前にデモ隊に襲撃されたが、タルクロフスキーは、デモ隊の突入を補助した人物の一人だった。

マケドニアの各クラブチームは、まるでモザイクのような民族構成をベースにしている。ヴァルダルにとって最大のライバルチームはどこかと尋ねると、キリルは「ＦＫスローガ」と答えてきた。これは同じスコピエを本拠にするアルバニア系のチーム、現在の「ＦＫシュクーピ」の旧称である。

ちなみにシュクーピには、アルバニア系のウルトラスである「シュヴェルツェラート（「密輸人たち」の意）」というグループが存在している。彼らの話題になると、キリルは存在意義そのものを真っ向から否定した。

「俺たちは基本的に（彼らを）ウルトラスだとは思っていない。あいつらは犯罪者や麻薬の売人、宗教的な原理主義者の集まりだ。ああいう連中は、元テロリストによって結成された民主統合連合（ＤＵＩ）によって保護されてきた。警察や裁判所に送り込まれた人間によって、守られているんだ」

アルバニア人にガス室を

翌日、私は同じスコピエの閑静な住宅地にある洒落たカフェにいた。マケドニア議会の議員で、民主統合連合（ＤＵＩ）の首席補佐官を務めているアルタン・グルピに会うためである。

ＤＵＩは、マケドニアのアルバニア系住民の利益を代表する政党で、右派のＶＭＲＯとは明らかに立場が異なる。実際、ゾラン・ザエフが政権の座に就き、国名変更に関してギリシャと合意する道が拓かれたのは、キャスティングボートを握っていたＤＵＩが動いたからだった。

ただしグルピは別の顔も持っていた。今でこそ政治家として通っているが、一九八九年、ＦＫシュクーピのアルバニア系ウルトラス、シュヴェルツェラートを創設した人物なのである。

「あの頃のことを、人に聞かれるのは久しぶりだな」

高価なシャツとジーンズを身に着けたグルピは、席に着くと少し恥ずかしそうな表情を浮かべながらインタビューに応じてくれた。

グルピは狭い石畳が続くスコピエの一画で育っている。幼少の頃、父親と兄は地元のクラブでプレーしていたという。グルピもゴールキーパーをしていたが、やがて選手としてではなく、ウルトラスとして活動した方が、自分の才能を発揮できるだろうと考えるようになった。

「それが一九八〇年代の流行りだったんだ。ティトーが亡くなった後、いろんなグループができ始めたし、イングランドから新しい波がやってきたんだ。主にファッション絡みでね。

そういう状況の中で湧き上がったのが、体制に反発する声だった。周りにいる人たちが、無理やり戦争にかり出される。僕たちはそんな状況を目の当たりにしてきたから抗議し始めたんだ。

それと同時に、自分たちの民族性ももっと意識するようになった。お互いに違うんだということがわかってきたし、自分たちの怒りや不満を表現できることに気付いていったんだ」

かくしてサッカーの試合は、異議申し立ての場と変わっていく。前の週に反体制派の活動家が逮捕された、あるいは有名なアルバニア人活動家がレイシストに殴られるといった事件は、すぐにチャントに取り入れられていくようになる。

スタジアムのテラスでは、抗議のバナーも掲げられた。グルピが住んでいた地域は貧しかったため、ほとんどのバナーは盗んだペンキと布で作られた。

「家庭や学校、公の場ではできないことを表現するんだ。その日とか、その週に起きた出来事をモチーフにしながらね。あれは怒りの声だったんだ」

とりわけ例のヴァルダルと試合を行う際には、スタジアムには緊張感がみなぎった。そして試合後には、決まって暴力沙汰になった。コミティ側は「アラーはゲイだ」というバナーさえ掲げたこともあったという。

「あれは一九九四年か、九五年だったと思う。彼らはほとんど民族主義者だったし、レイシストに近かった。どっちにしてもひどいもんさ。おまけに『良いアルバニア人はみんなくたばった』とか『アルバニア人にガス室を』なんて合唱するわけだから。とにかくありとあらゆるチャントがアルバニア人をこき下ろすものだった」

運命の巡り合わせか、コミティのリーダーであるヨハン・タルクロフスキーも同じ地区の出身だった。二人は知り合いで、最初はライバルチームのウルトラスのリーダー同士として、後には議員として張り合うようになる。

だが二〇〇一年に戦争が起きたのを機に、関係はぷつりと絶たれた。

「彼はこのコミュニティの出身だし、周りにいる人たちだって知っている。なのに二〇〇一年にはコミュニティに対する敵意を剥き出しにして、罪のない村の人を殺すのに関わっている。だから戦犯法廷で有罪になったんだ。そんな奴にどうやって話しかければいいんだ？」

併存し続ける二つの正義

現在、コミティに対してイヴァン・サヴィディスから金が流れているということがまことしやかに囁かれている。その説をどう思うかと尋ねると、グルピは全く驚いた様子を見せなかった。バルカン半島では、サッカー界と政界は密接に結び付いている。ＶＭＲＯやマケドニア国外の親ロシア派の勢力も、ウルトラスとつながっているというのが彼の見立てだった。

「それは間違いない。断言できる。コミティはプレスパ合意にも、国民投票にも、国名変更にも反対しているはずだ。

ウルトラスは、どの政党も欲しがるような有権者のグループから構成されている。しかも統率が取れていて団結力もある。集団としても軍隊としても機能するから、抗議運動をするときの原動力にもなる。結果、政党はウルトラスのグループに媚びるんだ」

その見返りとして政党側はウルトラスに対し、国際試合に行くための交通費やパイロの購入費を援助するのだという。

「それに問題を起こしたときには、警察が介入して保護してくれる。ウルトラスは自分たちが欲しいものを手に入れる。政治家も自分が望むものが手に入れられる。だから両者は一緒のベッドで寝るんだよ」

現在のグルピは、もはやウルトラスのメンバーではない。

二〇一一年、グルピは正教会の建設に反対するデモを組織する。この際にはコミティのメンバーと衝突が起き、最終的にはグルピも含めた六〇人が逮捕されている。これをきっかけにグルピはウルトラスとしての活動をやめ、政治家として本格的に歩むようになった。

だが彼は今もサッカーと政治の間に立っている。グルピはFKシュクーピのホームゲームに行くことになっていた。キックオフ前にセンターサークルからスピーチを行い、アルバニア系コミュニティの人々に、国民投票への参加と国名変更への同意を呼びかけるためである。グルピが立ち上げたシュヴェルツェラートはコソヴォ紛争の際も、NATOの介入を求める運動の旗振り役となる場面が多かった。

「今日の試合でも、そのことを思いだしてもらうつもりさ。僕たちは（NATOとの協調路線で）発展していかなければならないんだ」

もちろんキリルも、自分たちの正しさを信じ続けている。彼はこんなメッセージを送ってきた。

「俺たちはただ、自分たちの土地で自分たちらしく生きたいだけなんだ。一九世紀のイギリスの首相、ウィリアム・ユワート・グラッドストンが言ったように、ギリシャがギリシャ人のもので、セルビアがセルビア人のもので、ブルガリアがブルガリア人のものなら、どうしてマケドニアはマケドニア人のものであっちゃいけないんだ？」

数週間後に実施された国名変更に関する投票は、二転三転している。

まず投票の九四％は国名変更に賛成。これですんなり決まるかと思いきや、野党のVMROは投票のボイコットを呼びかけたため、全有権者の中で投票した人間は三六％に過ぎないことが判明する。これは国民投票を成立させるのに必要な、五〇％という基準に遠く及ばなかった。

ザエフ政権が結果をどう受け止めるか、投票を有効と認めるか、あるいは無効とするかの問題になるが、国名変更に反対する人々にとっては悪い結果ではない。

一方、国民投票が行われたのと同じ日、ＰＡＯＫはオリンピアコスに一対〇で勝利を収め、ギリシャリーグの首位に立っている。これもまたイヴァン・サヴィディスにとって申し分なかった。

第七章
アルバニア&コソヴォ
ドローン事件の首謀者と過ごした日々

ULTRAS
A Journey With
The World's Most Extreme Fans

クロアチア　ドゥブロヴニク

日曜日の早朝、クロアチアの港町ドゥブロヴニクは、静まりかえっていた。

米国のケーブルテレビ局、ＨＢＯのテレビシリーズ『ゲーム・オブ・スローンズ』はこの町で撮影され、キングズ・ランディングと命名された。そのため、週末になると何千何万という観光客で通りがごった返し、誰もが映画のセットの中にいるように振る舞う。

だが既に動き出しているのは、アナと私だけのようだった。彼女はロールパンを差し出し、自分でもかじりながら息子の身の上話を始めた。

「彼はお酒とマリファナが好きなの。若いから、友だちと一緒に馬鹿騒ぎをしてしまうのよ」

二五歳になる息子は、ドゥブロヴニクにある唯一の刑務所に勾留されていた。毎週日曜日、アナは坂道を登って息子に会いに来る。食べ物やたばこを買う五〇ユーロを手渡すためだ。

彼女が涙をこらえながら話していると、刑務官が大きな青い門を開ける。

「ポケットの中のものを全部箱に入れろ」

頭の禿げた刑務官に怒鳴りつけられた後、私とアナは分厚い強化ガラスで仕切られた面会室に連れて行かれた。部屋の両側には長いベンチが一つずつあるだけで、会話をする電話は一切ない。

面会者側の壁には、アニメのキャラクターや漫画など、何枚かのポスターが貼られている。

目の前にはＴシャツにジーンズ姿の若者が座っている。

私は、それがイスマイル・モリナ本人であることにしばらく気付かなかった。最後に会ったのは一年以上前だったが、彼は見分けがつかないほど人相が変わっていた。

トレードマークだった黒いクセ毛は切り落とされ、髭も剃られている。もともと痩せてはいたが、体重もかなり減っていて、死期の近い患者のようにも見える。最初、彼の声は聞こえなかった。私は立ち上がってガラスに耳を押し当てた。そこには三つの小さな穴が空いている。

「看守は良くしてくれるから、ここにいるのは心配していない」

確かにクロアチアの刑務所は、以前に収監されたアルバニアの刑務所よりも快適そうだった。金さえあれば、アナにもらった金を渡し、テイクアウトを注文することさえできるという。

だがイスマイルは別の不安を抱えていた。

「俺はここを出て行ったときのことが心配なんだ。俺は世間からテロリストだといわれているし、セルビアの連中は、奴らの国旗や宗教を侮辱したと思い込んでいる。でも、そんな真似はしていない。自分たちの歴史と国旗をアピールしただけなんだ」

イスマイルは明らかにおびえていた。妻は三人目の子どもを身ごもっていたが、赤子を抱き上げることなど永遠にできなくなる可能性もある。

「セルビアに移されたりしたら、あいつらに殺されてしまう。だから見た通りのままを伝えてくれよ。俺が（殺人の）脅迫を山ほど受けていたことをね」

イスマイル・モリナ。この名を聞いて、顔を思いだせる人は決して多くないだろう。だがサッカーファンなら、彼が行ったことは多少なりとも覚えているはずだ。

私がドゥブロヴニクにやってきたのは、とあるクロアチア人弁護士からメッセージを受け取ったからだった。その内容は、彼が弁護しているモリナがセルビアに送還され、一〇年の実刑判決を下されそうになっている。彼は命の危険を感じているらしいというものだった。

イスマイル・モリナ

二〇一四年一〇月一四日、セルビアはアルバニアをホームに迎えて、EURO2016の予選を行っている。セルビアの首都、ベオグラードにあるパルチザン・スタジアムは、この珍しい対戦カードを一目見ようとする人が詰めかけ、キックオフの二時間前には満員になっていた。

セルビアとアルバニアは一九六〇年代以降、一度も対戦していなかった。そこには然るべき理由がある。両国は昔から戦争や相手国民の虐殺、報復としてのさらなる虐殺、そしてお互いの歴史を侮蔑し合うような争いを繰り広げてきた。

だが今日における敵対関係を決定づけたのは、旧ユーゴスラヴィア紛争、中でも一九九九年に勃発したコソヴォ戦争だった。

そもそもコソヴォはかつてセルビアの領土の一部であり、多くのセルビア人が一方ならぬ思い入れを抱いている。民族主義者やセルビア正教会の信者にとって、コソヴォは自らの文化が生まれた揺籃の地に他ならない。

しかも一九八〇年代半ば、スロボダン・ミロシェヴィッチはコソヴォ問題と、コソヴォに対するセルビア人の不満を巧みに煽ったため、リベラル派であると民族主義者であるとを問わず、ほとんどの人がコソヴォはセルビアの一部だと強硬に主張するようにもなっていた。

そこで起きたのがコソヴォの独立運動である。セルビアはユーゴスラヴィア軍の主力部隊として、力ずくで相手を抑え込もうとしたが、NATOが介入してベオグラードを空爆した結果、しぶしぶ手を引かざるを得なかった。

コソヴォ紛争では、アルバニアが陰に日向にコソヴォ解放軍を支援している。兵士と武器を提供しつつ、必要とあらばアルバニア内に一時退却することさえ許可した。かくしてセルビアの人々は、コソヴォとコソヴォに住むアルバニア人、そして独立を支えたアルバニアに対して強い憎しみを抱くようになっていた。

事実パルチザン・スタジアムでは、憎しみと怒り、強烈な怒号がコソヴォ生まれのアルバニア人選手たちに向けられていた。通常、サポーターは相手方のスタンドを目の敵にする。だが、この試合はUEFAから最も事件が起きるリスクが高いと判断され、アルバニア側のファンやサポーターが入場することが禁止されていたからである。

スタジアムに正式に入場を許されたアルバニア人は、選手とコーチングスタッフを除けば、ごく一部のVIPだけだった。貴賓席にはアルバニアのエディ・ラマ首相の弟、そしてマケドニアのアルタン・グルピ議員も姿を見せていた。

「殺せ、殺せ、（アルバニア人を）ぶっ殺せ！」

スタジアムには容赦ないチャントが響き渡るが、実際にはアルバニアも得点機を演出していく。セルビアのサポーターは不満を募らせ、ピッチに発煙筒や物まで投げ込み始めた。

この試合で主審を務めたイングランド人のマーティン・アトキンソンは、前半だけで二度ほど試合を中断する羽目になる。そして〇対〇のまま迎えた四二分、スタジアムの上空に見慣れない物体が突如として現れた。

それが果たして何なのか、最初は誰も理解できなかった。だがチャントが中断されてスタジアムが静まりかえると、奇妙な物体の正体がようやくわかってくる。ブンブンというモーター音を鳴らしながら飛んでいるのは、赤と黒の旗をぶら下げたドローンだった。

その旗には、古代ギリシャ語で「先住民」を意味する「Autochthonous」という文字と、アルバニアを代表する二人の民族主義者の顔が描かれていた。

左側はアルバニアの初代首相であるイスマイル・ケマリ。彼の顔は、五〇〇レク札にもあしらわれている。右側はオスマントルコに対する反乱を指揮したゲリラ軍の指導者であり、民族主義者の英雄と目されるイサ・ボレティニだった。ちなみに旗の上部には１９１２・11・28という数字が入っている。これはアルバニアが独立宣言書に署名した記念日である。

ただし最も物議を醸したのは、旗の中央に描かれた地図だった。

それはコソヴォの他、モンテネグロ東部、セルビア南部、マケドニアの領土の半分、ギリシャ北西部など、アルバニア人が多く住む地域を統合しようとする「大アルバニア主義」を象徴するものだった。旗のデザインは「大アルバニア」の領土を背景に、黒い双頭の鷲をあしらったアルバニア国旗を配置するという、極めて民族主義の強いものだったのである。

ドローン事件が招いた大混乱

スタジアムを包んだ静寂は、まるで竜巻の目が通り過ぎて行く際のように一瞬にして破られた。セルビアのディフェンダー、ステファン・ミトロヴィッチは国旗を掴んでドローンを引きずり下ろそうとする。対するアルバニアの選手たちは、自分たちの国旗がぞんざいに扱われようとしていると思い込み、ミトロヴィッチを阻止しようとした（ちなみに後にミトロヴィッチは、自分は国旗をアルバニアの選手たちに返そうとしただけだと弁解している）。

こうして国旗を巡って乱闘が起こると、ウルトラスまでピッチ上になだれ込み、選手に殴りかかったり、プラスチックの椅子を投げつけ始めた。結果、身の危険を感じたアルバニアの選手たちはトンネルの中に逃げ込む羽目になる。

「収拾がつかなくなっていたし、味方の選手たちのことが本当に心配だったよ」

アルバニア代表でキャプテンを務めたロリック・ツァナは、事件の数カ月後にこう述べた。ツァナはコソヴォで生まれ、戦火を逃れて子どもの頃にスイスに移住した選手である。

にもかかわらず重傷者が出なかったのは、試合を行っていたセルビアの選手たちが機転を利かせたからである。ツァナは証言している。

「アレクサンダル・コラロフと（セルビアのキャプテンであるブラニスラヴ）イヴァノヴィッチが本気で守ってくれたんだ。彼らがいなければ、とんでもないことになっていただろうね」

結局、試合はこのまま中止となるが、騒動はまだ終わっていなかった。

アルバニア人選手たちは、ドレッシングルームで怪我の手当てを受けていた。そこに今度はセルビア人の警官が乱入し、選手たちのバッグを調べ始めたのである。探していたのはドローンのリモコンだった。ツァナは呆れたような表情を浮かべながら、当時の状況を振り返っている。

「僕たちの誰かがやったと思っていたんだ。そんなの馬鹿げてる」

セルビア当局は、このドローン事件は「事前に計画された、一種のテロ行為」だと思い込んでいたため、選手がリモコンを持っていないことが判明すると、今度はアルバニア代表の使節団と、首相の弟に疑いの目を向ける。

首相の弟がドローンを操作したりするわけがない。ドローンのリモコンは、スタジアムに程近いまるで別の場所にあった。スタジアムに隣接するフムスカ通りの向かい側には、大天使ガブリエルを祀ったセルビア正教会が建っている。その石床に置かれていたのだった。

当事者が語る事件の全容

ドローンを飛ばしたのは誰か。

真実が明らかになるまでには数カ月を要したし、アルバニア政府や特殊部隊、あるいはＮＡＴＯが仕組んだ巧妙な挑発だという説も流れた。

だが張本人はいずれでもなかった。ドローンを操縦していたのは、ミラノで生活している、細身で縮れ毛の若者、アルバニア出身のイスマイル・モリナだったのである。

警官が選手の荷物を手当たり次第に調べている頃、イスマイルはリモコンを床に置いて教会を後にし、近くの駐車場に停められた車の下に潜伏していた。やがて辺りが安全になると、夜の闇に紛れてベオグラードの裏通りを移動。待機していた車に乗って逃走している。

事件の全容は、ユーチューブで公開された一時間二〇分のインタビューで詳細に明かされた。この動画は大反響を呼び、一〇〇万人もの人々が視聴している。

そもそもイスマイルは、なぜ大それた計画を立てたりしたのか。きっかけは、二〇一〇年の秋にさかのぼる。

当時、イスマイルはミラノでクレーンのドライバーとして働きながら、仲間と共にアルバニア代表の試合を応援に行くような生活を送っていた。イタリア人の妻、そして二人の子どもとの生活は、既に四年を数えていた。そんなある日、シフトを終えてアパートに戻った彼は、シャワーも浴びずにリビングに駆け込む。

「心の中で、テレビをつけろという声が聞こえてきたから、真っ先にそうしたんだ。あんなことをしたのは後にも先にも、あれが初めてだった」

そこで目の当たりにしたものは、彼の人生を大きく変えることになる。

イタリアはジェノヴァにセルビアを迎え、ＥＵＲＯ２０１２の予選を戦っていた。試合は開始六分、セルビアのサポーターが発煙筒と爆竹を投げ込んだために、中止となってしまう。

だが試合中止よりも波紋を呼んだのは、客席の最前列にいた人間が取った行動だった。レッドスター・ベオグラードのウルトラス、セルビア人のイヴァン・ボグダノフはフェンスの上にまたがると、これ見よがしにアルバニア国旗に火をつけたのである。イスマイルは語る。

「信じられなかった。ふざけんなと思ったよ。セルビアはアルバニアと試合をしているわけでもないのに、なんで俺たちの国旗を燃やすんだとね」

イスマイルは、この事件をきっかけにある計画を漠然と思い付く。それは自分たちの国旗を、逆にセルビアに対してアピールするというものだった。

そして四年後、ＥＵＲＯ２０１６の予選で、アルバニアはセルビアと同じグループに入る。ＵＥＦＡは戦争の当事国が直接対戦しないように、厳格なルールを定めてきた。しかしアルバニアとセルビアは戦火を交えていなかったため、別のグループに分けなかったのである。

「抽選会を見たら、初戦はベオグラードでのセルビア戦じゃないか。あれはまさに完璧な組み合わせだったんだ」

ついに具体化したアイデア

セルビア戦が近づいてきても、イスマイルは自分のアイデアを形にすることができずにいた。だが、そこで転機が訪れる。ミラノ市内で出会った友人は、幼い息子のためにドローンを買い、公園で飛ばしてみせていたのである。

同じことをスタジアムでやればいいとひらめいたイスマイルは、早速ドローンを買い、練習を開始する。一機目のドローンは操縦を誤って壊れ、二機目も似た運命を辿る。それでも三機目を購入する頃には、操縦方法をマスターするようになっていた。

「すぐに慣れたよ。クレーンを運転するときにはジョイスティックを使うし、プレイステーションで遊んでいるようなもんだから」

次に問題になったのは、ドローンをどこから飛ばすかだった。

イスマイルはグーグル・アースでリサーチした後、実際にベオグラードに飛び、マラカナの周囲を歩き回っている。この種の計画は企画倒れに終わるか、いざ実行しても失敗するケースが多い。だがイスマイルは本気で準備をし続けた。

ところが試合まで二、三週間となった時点で、イスマイルは試合会場がマラカナではないことに気付く。そこでベオグラードを再び訪れ、今度はパルチザン・スタジアムをくまなく調べ、聖天使ガブリエル大聖堂に目を付ける。大聖堂は身を隠すには完璧な場所だった。敷地内には広い公園のような場所があるし、建物の鍵はかかっていない。しかも尖塔からはスタジアム内のピッチがよく見えた。

試合数日前、イスマイルは友人と車でイタリアからセルビアに移動。セルビアに入国する際には検問に引っ掛かったが、これもかろうじて切り抜けた。

「連中は車の中をくまなくチェックしたし、後ろの席に置いてあった箱にドローンが入っているのを見つけたんだ」

イスマイルは機転を利かせて、「友だちの息子へのプレゼントだ」と説明。すると国境警備隊はドローンを返し、二人を難なく通してくれたという。

「自分でも信じられなかったね。あの後は誰にも邪魔されなかった」

ベオグラードのホテルの一室にチェックインしたイスマイルは、音を立てないようにしながらナイフでケースの裏地を切り取っていく。そこに隠されていたのは、例の旗だった。

準備を整えたイスマイルは、キックオフの一七時間前に教会に移動。目立たぬように敷地内に寝そべりながら、時が来るのを待つ。そしてセルビアのサポーターたちが、アルバニアを貶めるチャントを合唱する声が聞こえ始めると、ドローンと国旗を手に尖塔へと移動した。

ところが、いざドローンを飛ばす段になって問題が起きる。ドローンに吊り下げるはずだった旗は重すぎて、うまく離陸させられなかったのである。だがイスマイルは万が一に備えて、より軽い小さめの旗も用意していた。やがて試合が始まると、彼はついに計画を実行に移す。無事に発進したドローンは、パルチザン・スタジアムに向かっていった。

「二〇秒間、静まりかえったよ」

イスマイルは、ドローンがスタジアムの上空に侵入した瞬間のことを振り返る。

「選手たちに旗を見せて、勇気付けてやるためにドローンの高度を下げたんだ」

しかしイスマイルはミスを犯していた。赤いユニフォームを着ているのが、アルバニアの選手に違いない。彼はこう思い込んで赤いユニフォーム目がけてドローンを近づけていったが、赤いユニフォームで試合に臨んでいたのはセルビアの選手たちだった。

間違いに気付いた彼は、慌ててドローンの高度を上げようとした。

だが時すでに遅し。ステファン・ミトロヴィッチが旗とドローンを引きずり下ろしたのをきっかけに、ピッチ上で大乱闘が起きてしまう。ことの大きさを悟ったイスマイルは、リモコンをその場に置いて現場を離れた。

レッド・アンド・ブラックの異質性

無論、これは一面の真実に過ぎない。いかに愛国心が強くとも、国旗をアピールしようなどと考え、リスクを冒してまで実行する人間は少ないからだ。

だがイスマイルには相応の行動を取る理由があった。彼は「ティフォ・ザット・クチ・エ・ズィ（「赤と黒のサポーター」の意。通称、レッド・アンド・ブラック）」という、極めて民族主義的なウルトラスの組織に名を連ねていたのである。

バルカン半島に点在するアルバニア系の人々は、様々なサポーターのグループを結成している。アルバニア系の祖先を持つ人々は、世界各国でもアルバニア代表チームに熱い声援を送ってきた。これらのグループや個人のファンを束ねる団体がレッド・アンド・ブラックだった。

しかもイスマイルは、レッド・アンド・ブラックのメンバーの中でも、ひときわ過激な行動を取る人物として知られていた。たとえばワールドカップ予選のスロヴェニア戦では、一〇メートルもある金属製のフェンスによじ登り、アルバニアの国旗を掲げたこともあった。その模様を撮影したビデオは、今でも公開されている。

レッド・アンド・ブラックは独特なグループだった。

もともとウルトラスは地元に密着した存在であり、代表よりも常にクラブチームを優先する。事実、イタリアのウルトラスは、かつての都市国家を基盤にしたクラブチームのことは熱烈に応援しても、歴史の浅い代表チームに対しては、大半がそっぽを向いてきた。

だがレッド・アンド・ブラックはクラブチームではなく、代表チームを積極的にサポートしてきた。それに並行して自国やバルカン半島、さらには世界各国に散らばったアルバニア民族を結集させようと試みている。

同団体は、二〇〇三年のクリスマスに結成されている。設立メンバーの一人であるフィティムによれば、その目的は「とりわけサッカーの代表に重点を置き」ながら、アルバニア国旗の「赤と黒を身にまとった全てのアスリートを支援すること」にあるという。

とはいえ、点在する様々なグループと歩調を合わせていくのは骨の折れる作業だった。

たとえばバルカン半島だけをとってみても、コソヴォにはFCプリシュティナのプリサット、マケドニアではKFシュケンディヤのバリステット、私が取材したFKシュクーピのシュヴェルツェラート、そしてアルバニア本国には、パルティサニ・ティラナのゲリラといったウルトラスなどが存在する。これらのグループの多くは、社会の中で浮いた存在になっていた。

それはコソヴォでさえも例外ではない。

コソヴォ問題の根幹に潜むもの

コソヴォは旧ユーゴスラヴィアの中でも、特に複雑な事情を抱えている。

二〇〇八年には一方的に独立を宣言したが、本当の意味で独立を果たしたわけではない。確かにNATOが大規模な空爆を行った結果、セルビアはコソヴォから撤退したが、単にセルビア側の支配下に置かれていない状況が訪れたに過ぎない。セルビアは自国の領土だとする立場を放棄していないため、国際社会では全面的に承認されていない状態が続いている。これが俗にいう「地位問題」である。

彼の地を巡る問題の複雑さは、これだけに留まらない。

コソヴォは青地に領土を引き、上に白い星を六つ配した旗を国旗に採用しているが、住民の大半を占めるアルバニア系民族は、国旗として掲げることを拒否している。彼らは赤と黒を基調にしたアルバニアの国旗こそ本来の旗であり、現行の旗は他国から押し付けられた代物だと考えているからだ。

それどころかコソヴォに住んでいる人の中には、せっかく独立を果たしたにもかかわらず、コソヴォという国家自体を認めていない人もいる。象徴的なのは、コソヴォのＦＣプリシュティナで活動するプリサットだ。このメンバーたちは異口同音に、コソヴォの存在意義そのものを否定するような発言を繰り返していた。

「これは僕たちの旗ではないんです」「コソヴォ解放軍はコソヴォの独立のために戦ったわけじゃない。全てのアルバニア人を一つに結び付けるために戦ったんだ」

複雑なメンタリティは、コソヴォ代表の存在意義も危うくする。

セルビアはコソヴォを独立国家として承認していない。このためＦＩＦＡとＵＥＦＡも、当初は加入に難色を示していたが、二〇一五年と二〇一六年にそれぞれ加入を認めている。

結果、コソヴォは自分たちの代表チームを、晴れて国際大会に送り込めるようになった。ところがコソヴォに住むアルバニア系住民の多くは、自分たちの代表はあくまでもアルバニアであって、コソヴォではないという立場を採る人が多いのである。

似たような声は、コソヴォの隣国、マケドニアでも幾度となく聞かれた。マケドニアの都市テトヴォには、ＫＦシュケンディヤというクラブチームがある。このクラブのアルバニア系のウルトラス、バリステットのスタッフは次のように断言した。

「自分たちの代表はアルバニア代表だし、マケドニア代表は応援していない。（非アルバニア系の）クラブのウルトラスとは何の交流もない。一切関わりたくないんだ」

コソヴォ問題とは、単なるセルビアとの二国間問題ではない。

無論、セルビアは直接の当事者だが、コソヴォ問題を探れば探るほど、アルバニアの巨大な影が浮かび上がってくる。とりわけバルカン半島のアルバニア民族を統一しようとする「大アルバニア主義」は、新たな国際紛争の火種になる危険性を秘めていた。

事実、コソヴォにはアルバニアに併合されるのではないかと危惧する人々も少なくない。アルバニア系住民が人口の四分の一を占めるとされるマケドニアでは、深刻な脅威とさえなっている。だからこそイスマイルが起こしたドローン事件は、なおさら大問題に発展したのである。

民族の英雄に祭り上げられたイスマイル

ドローン事件の真相が明らかになると、イスマイルは英雄として歓迎されるようになる。アルバニアの首都ティラナの街角では、あらゆる店で赤と黒の旗が売られていた。

そこには然るべき理由がある。イスマイルが取った行動は、セルビアに対する精神的なリベンジとしての意味合いを持っていた。と同時に、アルバニア代表をEURO予選で有利な立場に導きながら、セルビア代表を窮地に追い込んだからである。

当初、UEFAはこの試合を没収扱いとし、三対〇でセルビアの勝利としていた。アルバニアはこれを不服として、スポーツ仲裁裁判所に異議申し立てを行う。一方、セルビアはアルバニアと同様に罰金を科されたことに納得せず、やはり異議申し立てを行った。

結果は驚くべきものだった。なんとスポーツ仲裁裁判所は、アルバニア側の主張を全面的に認め、三対〇でアルバニアの勝利とするように指示。さらにはセルビアに対するペナルティとして、既に獲得していた勝ち点三を追加で剥奪したのだった。仲裁裁判の裁定が下されるまでには一年近く要したが、この勝ち点追加が奏功し、アルバニアはグループ二位で初の本大会出場を果たすことになる。

かくしてアルバニアの英雄に祭り上げられたイスマイルは、各種のイベントに招かれるようになる。アルバニア国内では彼がステージに登場した瞬間、何千人もの人々が黒い旗を振り、本人の顔が大型スクリーンに映し出されるようなケースも珍しくなくなった。

ただしイスマイルは、身の危険にもさらされ始めた。セルビアの人々は、イスマイルに侮辱されたとして激高。セルビア政府は各国政府に対して、イスマイルを発見次第、直ちに逮捕して身柄を引き渡してほしいと、インターポール経由で通達まで行った。セルビアのメディアによれば、とある実業家はイスマイルの逮捕に対して、一〇〇万ユーロの懸賞金まで出したという。

人目を避けるべく、イスマイルはイタリアを脱出して、家族と共にアルバニアにやってくる。

だが熱狂は収まらなかった。セルビアとのセカンドレグが近づくと、インタビューのリクエストやメディアへの出演依頼が次々に舞い込み続ける。

そしてイスマイル自身も、結局はスポットライトを浴びようとしてしまう。彼はソーシャルメディアを積極的に活用していたが、ユーチューブでボスニアから特別な贈り物が届いたと発表したのである。彼が受け取ったのは眼鏡だった。

当時、セルビアの首相だったアレクサンダル・ヴチッチは、ボスニアのスレブレニツァで二〇年前に実施された軍事作戦の記念式典に出席したばかりだった。これはセルビア人の部隊が八〇〇〇人以上のイスラム系ボスニア人を虐殺した事件だが、セルビア側はジェノサイドとして認めていなかった。会場では当然のように小競り合いが起き、ヴチッチには石も投げつけられた。辺りが騒然とする中、彼は眼鏡をなくしてしまったと報じられていた。

「ちょっとしたサプライズがあります……」

イスマイルはカメラの前で小包を開封。ヴチッチがかけていたのと極めて似た眼鏡をつまみ上げてみせる。そして自分は、眼鏡を返してほしいと頼まれたと得意げに説明したのだった。

セルビアとの第二戦に先立ち、イスマイルはレッド・アンド・ブラックの面々を率いて、コソヴォの激戦地を訪ねるツアーも実施している。

最初に訪れたのは、セルビアの特殊部隊に襲撃されて命を落とした、コソヴォ解放軍の初代指揮官アデム・ヤシャリの家だった。次はコソヴォ解放軍のリーダーにして、コソヴォ首相でもあるラムシュ・ハラディナイが建てた戦争記念碑と墓地。そしてアルバニア人にとって心の故郷とされる南部の都市プリズレン。

イスマイルは行く先々で最大級の歓待を受けた。たとえばアデム・ヤシャリの遺族からは「あなたはアルバニア人の英雄です」と讃えられ、戦争記念碑の前では市長から表彰される。その後、一行はさらに様々な場所を訪れたが、いずれの地域でも町長やコソヴォ解放軍の元関係者、好意を寄せる人々が集まり、セルビア戦に向けてレッド・アンド・ブラックの健闘を祈った。

しかし、彼らにとって本当のお目当ては、イスマイルに会うことだった。

「彼は英雄なんだ。ジェノヴァで起きたように、アルバニアの旗が捨てられたり、燃やされたりしてはならないということを示してくれたんだ」

レッド・アンド・ブラックの若いメンバーで、アントワープから駆けつけたドニは力説する。ドニが子どもの頃、一家は内戦を避けて彼の地に逃れていた。

このツアーが終わると、我々はコソヴォからアルバニアの首都であるティラナに車で向かった。イスマイルが運転しているのは、弟から借りたレンジローバーだった。後部座席にはレッド・アンド・ブラックのメンバーで、山のように大きな身体をした人物が座っている。

「ボディガードさ」

イスマイルは笑いながらこんなふうに説明した。

俺は危険人物なんだってよ

私とイスマイルは、コソヴォからアルバニアに入国。彼の故郷であるククスを通り過ぎ、首都のティラナに向かった。

それからの数日間、私は彼と共に各所を回りながら、ドローン事件に関する取材を続けた。危険や不安を感じる場面は一切なかった。イスマイル・モリナはアルバニアの国民的英雄であり、好きな場所で、好きなだけ話を聞くことができた。また彼の周りではレッド・アンド・ブラックのメンバーが常に目を光らせ、英雄をガードし続けている。

イスマイルは取材依頼にほとんど応じず、もっぱらフェイスブックを使って外の世界と交流していた。だが殺害を仄めかす脅迫は、依然として大量に届いていた。上半身裸で目出し帽だけをかぶった男たちは写真を送りつけてきたし、ベッドの上に銃やナイフが並べられた写真と共に、おまえの知り合いを皆殺しにしてやるというメッセージが届くのも珍しくなかった。

ただし本人は、有名になるのは悪い気もしないとうそぶいていた。フェイスブックでは美しいアルバニア人女性からも何百もの友だち申請を受けていたが、特殊部隊の男性たちと同じように、彼女たちも思い思いに服を脱いだ写真を送ってきたからである。

イスマイルと最後に時間を過ごしたのは、海岸沿いの都市、ドゥラスにあるレストランだった。私はレッド・アンド・ブラックの上層部の連中と夕食を共にし、めまいがするほど強いラキア（地元名産の蒸留酒）を呷りながら、彼がアルバニアで最も有名な男になった瞬間のことについて語り合った。

数日後にはセルビアとのセカンドレグが、ティラナから五〇キロほど離れたエルバサンという場所で行われる予定になっていた。アルバニアのサッカー協会とＵＥＦＡは、イスマイルが再びスタジアムの上空にドローンを飛ばすことを懸念していた。イスマイル本人は挑発じみた真似はもうしないと述べていたが、彼は依然として要注意人物と目されていた。

ましてや試合には、セルビアの首相が顔を出すといわれていたため、アルバニア政府はエルバサンには二〇〇〇人の警察官と五〇〇人の特殊部隊を配置。狙撃手をスタジアム周辺の建物の屋上で待機させ、ドローンを撃ち落とせるようにするとも報じられていた。

「俺は危険人物なんだってよ！」

イスマイルは過熱する報道を一笑に付した。

バーが閉まると、イスマイルはティラナまで車で送ってくれた。既に遅い時間になっていたし、レストランはぽつんと離れた場所にあったからだ。

私たちは暗く、曲がりくねった片側一車線の道を通ってハイウェイに向かった。フェイスブックを見て興奮したイスマイルは、車のドアポケットからピストルを取り出して窓を開け、引き金を引いた。

カチリ。

銃に弾は込められていなかった。

それから彼は車を飛ばしながらフェイスブックでメッセージを送り、同時に銃に弾を込めるという芸当をやってのけた。やがて彼は再び窓から銃を突き出し、空に向かって三回発射した。車内は耳をつんざくような騒音に包まれた。使用済みの薬莢がはじき出されて私の額にぶつかる。それを見たイスマイルは咳き込むまで笑い続けた。

ティラナの中心部にある私のアパートに着いたのは午前二時だった。だがイスマイルの夜は終わっていない。これからさらに他の人に会うという。

「じゃあ、また明日。一緒に試合を観に行こう」

彼はこう約束して去って行った。部屋に戻った私は眠りに落ち、海の夢を見た。

突如として暗転した運命

翌朝早く、私は携帯電話で起こされた。ガールフレンドから、すぐにツイッターをチェックしろ、イスマイル・モリナが逮捕されたというメッセージが届いていたのだ。

最初は耳を疑った。彼とは数時間前に別れたばかりである。だが、テレビやラジオ局は、既にニュースを報じ始めていた。私はカフェに移って地元局のニュースチャンネルをチェックしたが、イスマイルは私を降ろしてから三〇分も経たないうちに逮捕されたという。

まずニュースでは、昨日と同じ格好をしたまま、被告席に立たせられているイスマイルの写真が紹介された。次は彼が乗っていた車の写真。空の薬莢とセルビア戦のチケット三〇枚が大写しになる。そのうちの一枚にはイスマイルの名前が書かれていた。

次に出てきたのは、思いもかけぬ写真だった。テレビの画面には私の写真が大きく映し出され「ジェームス・モンタギュー」「アメリカ人レポーター」「ニューヨーク・タイムズ」といった文字が並んだのである。

私はイスマイルの逮捕を踏まえて、『ニューヨーク・タイムズ』に急遽記事を寄稿していた。

この記事で彼が殺害の脅迫を受けていたこと、命の危険を感じていたこと、純粋に身を守るために銃を携帯していること、そして彼が逮捕されたことなどを言及した。

ところが警察側はメディアに対して、私の記事を読んで逮捕に踏み切ったと説明していた。掲載されたタイミングを考えても、私の記事が逮捕の原因になったなどというのはあり得ない。にもかかわらず、テレビ局やラジオ局は警察の説明を鵜呑みにしたのである。

その直後、私の携帯電話が再び鳴った。メッセージの送付者はイスマイルになっている。

「なんでピストルのことを書いたんだ！」「イスマイルは今刑務所に入っている。全部、おまえのせいだぞ!!」

メッセージを送ってよこしたのは、イスマイルの甥だった。彼はイスマイルが逮捕されたのを受け、フェイスブックのアカウントを代理で管理し始めていた。

そもそもアルバニアにおいて、銃の所持容疑で市民を検挙するなどというのは馬鹿げている。アルバニア国内に銃が大量に出回っており、ほとんどの人が所有しているからだ。それはアムステルダムにおいて、マリファナの入った鞄を持っていたという理由で罪に問うのに等しい。

かくも銃が溢れたのは一九九七年に経済が破綻し、本格的な暴動が起きたことも影響している。この際、市民は軍の基地を襲撃し、兵器庫からありとあらゆる武器を略奪。街中ではたった一〇ドル払えば、ソ連製の機関銃であるカラシニコフを手に入れることもできた。

ともあれイスマイルは捕らえられてしまった。

私はそれからの数時間、イスマイルが連行された警察署を突き止めるべく、ひたすら市内を走り回った。私なら彼がなぜ銃を持っているのかを説明できる、彼が得体の知れない連中から殺害予告を受けており、実際に命の危険にさらされていると証言できると思ったのだ。

しかし、お目当ての警察署にたどり着いても、誰もまともに取り合おうとしない。その日の遅く、私はようやくレッド・アンド・ブラックのメンバーとも会うことができた。彼らもイスマイルが留置されている場所を探し出し、弁護士の力を借りて保釈させようとしていた。

だがイスマイルの保釈は拒否された。懲役は最長で一五年に及ぶ見込みだという。

「とんでもない状況になっている。銃の件で逮捕されたんだよ」

レッド・アンド・ブラックの幹部は、咎めるような口ぶりで言い残すと立ち去って行った。

私は自分自身の先行きについても恐怖を覚えた。国の英雄を刑務所に入れた張本人として、公の場で名指しされたようなものだからだ。当然、多くの人は私を目の敵にするだろうし、次には私自身が当局の標的になる危険性もある。

民族の英雄が逮捕された理由

アルバニア対セルビア戦の試合当日。キックオフの九時間前から、エルバサン・アリーナへの道路は全て閉鎖されていた。ハイウェイには検問所が設けられ、スタジアムの周りは武装した警官で囲まれている。スタジアムを見下ろすマンションの住人たちには絶対に自宅から出ず、不審者もマンション内に入れないようにと厳命が下されていた。

街中には二〇〇〇人の警察官と五〇〇人の特殊部隊が配置される予定になっていたが、実際の人数はそれよりも多いようだ。他方、アリーナを取り巻く大小のビルや家屋の屋上には狙撃手が待機している。雨をしのぐための小さなテントまで張られているのが見える。

ロシア製のヘリコプターが頭上を飛び交い、警察が放水銃や催涙弾で群衆を制圧する練習を始める。耳をつんざくような回転翼の音がこだまする中、「これは演習です」という声が聞こえてくる。キックオフの六時間前になると、さすがにスタジアム周辺は人でごった返していたが、降り続く雨と居丈高な警備が華やいだ空気を徐々に奪っていった。

イスマイルが逮捕された。しかも私が警察に情報を提供したという報道は、二日目もトップニュースになっていた。とあるニュースは、イスマイルが独房でセルビア戦を見せてくれと依頼したが、却下されたとも報じていた。

私は一時、試合を観に行くのを控えようかとも考えた。イスマイルの逮捕に腹を立てた連中が襲ってくる懸念もあるからだ。

現にスタジアムの外では、酒に酔ったレッド・アンド・ブラックのメンバーに絡まれた。相手はこちらの襟を掴んで揺さぶりながら、逮捕されたのはおまえのせいだと咎めてきた。

数分後、私はフィティムからメッセージを受け取った。その内容は、彼とレッド・アンド・ブラックの代表たちがスタジアムで待っているから、会いに来いというものだった。

彼らは当然のように不機嫌だったが、私に怒ってはいなかった。さらにフィティムは、彼の友人が路上で私の胸ぐらを掴んだことを代わりに謝ってくれた。

メンバーと話をしていると、ようやく全貌がわかってきた。実はアルバニア警察は、何カ月も前からイスマイルの動向を追っていたという。例のドローン事件以来、彼は一躍有名人になり、英雄として崇められたが、そのような状況をアルバニア政府は快く思っていなかった。

アルバニアのエディ・ラマ首相は、セルビアのヴチッチと友好的な関係を築いてきた。ましてやエルバサンでの試合には、ヴチッチが観戦に訪れるかもしれないとされていた。そこでドローン事件が起きたりすれば、エディ・ラマが重ねてきた努力は水泡に帰してしまう。

レッド・アンド・ブラックのメンバーによれば、駄目押しとなったのはヴチッチの眼鏡だった。イスマイルはユーチューブ上で、「アルバニアに来てくれたら眼鏡を返したい」とまじめ腐った顔で述べたが、これがヴチッチに対する一種の脅迫だと解釈されたのである。

以来、警察はイスマイルをマークし始め、相手が一線を越える瞬間を虎視眈々と待ち構えていた。事実、私たちがドゥラスの崖の上にあるレストランから戻る際も、警察は尾行を続けていた。そこで銃声を耳にしたため、私と別れるのを待って逮捕したのだった。

結局、ヴチッチは会場に姿を現さなかった。試合中にはセルビアの国歌にブーイングが浴びせられ、ファンはコソヴォ解放軍のために合唱したが、一万二〇〇〇人の観客は厳重な警戒態勢に明らかに威圧されていた。

試合そのものも、セルビアが二対〇で勝利してしまう。

ここで勝てば初の国際大会出場が決まるとあって、アルバニアの関係者は祝勝会を計画していたが、パーティーの準備は無駄になる。試合終了を告げるホイッスルが鳴ってから一時間も経たないうちに、エルバサンからは人っ子一人いなくなり静寂に包まれた。おそらく刑務所のテレビで試合を観ることができなかったのは、イスマイルにとってよかったのかもしれない。

つかの間の平穏

アルバニアはその数日後の一〇月一一日、予選の最終節でアルメニアに三対〇で快勝。初のEURO本大会出場を決める。一向を乗せた飛行機が着陸するや否や、首相によって歓迎会が開かれるなど、選手たちは国家の英雄として歓迎された。ティラナの街はもとよりアルバニア全土でも、多くの人が歴史的な快挙を祝い合ったのは指摘するまでもない。

対照的にイスマイルは、刑務所に捕らえられたままだった。アルバニアの本大会出場に間接的に貢献したにもかかわらず、クリスマスも刑務所で過ごす羽目になった。

ところが逮捕から三カ月後、状況は打開する。自宅待機の形で保釈が認められたのである。

こうして私は再び連絡を取ることができるようになった。私はイスマイルから責められるのではないかと思っていたが、彼はそんな真似をしなかった。また幸いなことに、当初は一月で終わるはずだった保釈はやがて二月末、そして四月末までと伸びていった。

彼は代表チームにもう関わろうとしていなかった。自宅や祖国を離れて国外に出ることが許されたとしても、EURO2016を観戦するためにフランスを訪れるつもりもなかった。

だが静かな生活は長く続かなかった。アルバニアが初めて出場する国際大会への関心が高まってくると、ドローンを使って貴重な勝ち点三をもたらしたイスマイルへの関心も、必然的に高まっていったのである。

インタビューやテレビ出演に応じる機会が増え、アルバニアではイスマイルが掲げた旗絡みの楽曲さえ生まれた。このビデオにはイスマイル自身も登場している。彼はケレシェ（アルバニアの伝統的な白いフェルト帽）をかぶって登場。少し恥ずかしそうに、有名な黒い旗で赤ちゃんを包んでみせた。

ＥＵＲＯの本大会に臨んだアルバニアは、グループリーグの最終戦でこそルーマニアを破ったものの、早々と敗退してフランスから帰国することになる。

その頃を最後に私はイスマイルと再び連絡が取れなくなったし、彼が実家から姿を消したという話も伝わってきた。

だが彼の生活拠点はもともとミラノにある。アルバニアを離れていても何ら不思議ではない。確かにパスポートは押収されていたが、それも大きな障害にはならないはずだった。アルバニアの東側はコソヴォで、国境の検問は極めて緩い。アルバニアの北西側にあるモンテネグロとの国境も、検問は穴だらけで、アルバニアのＩＤカードを使えば容易に通過できる。

案の定、イスマイルはモンテネグロからクロアチア、そしてスロヴェニアへと密かに移動。イタリアに戻って、何事もなかったかのように平穏な日々を送っていた。

身柄引き渡しを巡る国家の思惑

ところがイスマイルは、またしても獄中の人になってしまう。発端は父親の死だった。訃報を受け取ったイスマイルは、イタリアから葬儀のために帰国したが、イタリアに戻るべくクロアチアに入国した際に運が尽きた。

クロアチアの国境警備隊は、彼の名前をコンピューターで照会。例のドローン事件絡みでインターポールのリストに載っていることを確認する。彼はその場で逮捕され、最寄りのドゥブロヴニクにある刑務所に送られていた。

結局、イスマイルはドゥブロヴニクの獄中で一年間も過ごす羽目になる。

この間、状況は二転三転している。当初、ドゥブロヴニクの裁判所は、一刻も早く彼をセルビアに引き渡そうとしたが、アルバニアのサッカー界は、これに猛反発した。アルバニアのサッカー連盟も異を唱えたし、元キャプテンのロリック・ツァナや代表チームの選手たちも、イスマイルの解放をアピールした。レッド・アンド・ブラックのチームも動員されて、抗議活動を展開したのはいうまでもない。

一方、イスマイル自身は弁護士を雇って身柄引き渡しの引き延ばしを図りながら、政治亡命を申請しようと試みる。だが手続きは難航した。イスマイルの処遇は、今や国家レベルの問題に発展していたからである。

そもそもクロアチアとセルビアは、内戦絡みで微妙な関係が続いていた。

イスマイルの身の安全が保証されないということで引き渡しを拒否すれば、クロアチア側は、セルビアを侮辱したのと同じ格好になってしまう。かといってセルビアに身柄を引き渡し、イスマイルが殺害されたとなれば、クロアチアは実質的に手を下した形になり、今度はアルバニアの政府や大衆から容赦のない批判にさらされるのは目に見えている。

クロアチア、セルビア、アルバニアによる駆け引きが繰り広げられる中、最終的にドゥブロヴニクの裁判所は、イスマイルの身柄をセルビアに引き渡すと発表する。

これで命運が尽きたかに思いきや、イスマイルには思いも寄らぬところから救いの手が差し出された。なんとセルビア急進党の創設者であり、戦争犯罪人としてハーグで一一年間服役したヴォイスラヴ・シェシェリが異を唱えたのである。

「どうしてモリナを捕まえなければならないのか。むしろ臓器売買のような犯罪に手を染めているアルバニア人を追いかけるべきだ」

セルビアでは、ミロラッド・ウレメクが、イスマイルの到着を歓迎するパーティーを計画しているという新聞報道もなされた。前章で述べたように、彼は二〇〇三年にセルビアのゾラン・ジンジッチ首相を暗殺した罪で有罪判決を受けた、右翼の大物である。

各国の政治家を巻き込んだ論争があまりに過熱したため、最終的にクロアチア側は最も無難な決断を下す。それはセルビアではなく、イタリアへ返すという選択だった。

そもそもイスマイルにはイタリア人の妻がおり、生活拠点もイタリアで構えてきた。またイタリア側ならば、面倒な交渉ごとに対応できるだろうという判断が働いたのだろう。

ある晩、イスマイルは何の前触れもなく独房から引きずり出され、バーリ行きのフェリーに乗せられる。無論、イタリアに着くや否や、今度はイタリアの司法関係者によって捕らえられたが、少なくともセルビア行きは免れることができた。

セルビア当局は反発し、人種的・民族的憎悪を扇動したという罪状を列記。最高で八年の刑期に相当するとして身柄引き渡しを求めたが、イタリアの裁判所は要求を却下する。

そして二〇一八年七月、イスマイルはついに釈放される。こうして彼は約三年ぶりに自由の身になった。

イタリア　ミラノ

イスマイルはミラノ郊外にある小さなイングリッシュ・パブ、中国人オーナーが経営する店でアルバニア人のウルトラスたちに囲まれていた。

ドゥブロヴニクの刑務所で面会して以来、顔を合せるのは初めてとなる。

イスマイルが自由の身になってから、早くも七カ月が経っていた。彼はミラノに戻って妻や子どもたちと再会を果たし、生まれたばかりの息子をついに抱き上げることができた。またトラックの運転手という、新しい仕事にも就いた。トレードマークだった髭も生やしていない。

彼の下には、一目会いたいと願う世界中のファンから、今でも無数のリクエストが届く。だがイスマイルは慎重な姿勢を崩していない。殺害予告はなりを潜めたが、セキュリティ上のリスクがあるという判断で、ほとんどの依頼を断ってきた。

前回、彼が最後に対面に応じたのは、クロアチアのクラブチーム、ハイドゥク・スプリットのトルツィーダだった。クロアチアはセルビアと戦った過去を持つため、イスマイルにとっては〈敵の敵は味方〉だということになるのだろう。イスマイルはその際の写真も見せてくれた。全員、ハイドゥクのユニフォームに身を包み、我々が今座っている席でビールを飲んでいる。

アルバニアの若者たちは、ミラノダービーがお目当てでやってきていたが、イスマイル自身はまるで興味を示していなかった。彼は二〇一五年にアルバニアで逮捕されて以来、代表の試合さえチェックしていない。

事実、彼はパレルモで行われるアルバニア対イタリア戦に招待されていたが、その誘いも辞退した。レッド・アンド・ブラックのメンバーは、アルバニアのサッカー連盟を批判しており、イスマイルの有名な旗をモチーフにしたティフォ（人物やキャラクターなどを立体的に模した、巨大な衝立のようなフラッグ）の披露を計画していた。

だがイスマイル本人は、もはや政治的な活動に関わりたくないと考えていた。地元の小さなバーで、リヴァプール対フラム戦を眺めるくらいで十分なのだという。

二〇一四年一〇月一四日、イスマイルはドローンを飛ばして一躍時の人になり、国家の英雄に祭り上げられた。しかし、その代わりに三年もの月日を刑務所で過ごす羽目になっている。

彼はドローン事件について、後悔の念を覚えたりするのだろうか。

「（罪悪感を覚えるとするなら）教会の塔に上がったことだけだね。敬虔なセルビアの人たちが気分を害したなら、それについてはすまないと思っている」

私たちは小さなパブを出て、車で近所のマクドナルドへと向かった。

「えーと……英語で『何を請う』って言うんだっけ？」

車を降り、マクドナルドの方向に歩いて行くとイスマイルがふと尋ねてきた。

「許しを請う？」

「そう、許しを請うだ。俺は許しを請いたいんだ。

でも、それ以外は誇りしか感じない。あれは最初から自分で考えたことだった。馬鹿さ加減も含めて自分の全てを注いだし、自分がやったことだからね」

イスマイルがマクドナルドの店内に入って行く。明るく輝くエントランスでは、彼の妻と子どもたちが待っていた。イスマイルは赤ちゃんを抱き上げ、おでこにキスをした。

第三部
モダンサッカーに抗う

怪物と闘う者は、その過程で自らが怪物にならぬよう、気を付けねばならぬ。

フリードリヒ・ニーチェ『善悪の彼岸』

第八章
ウクライナ
民主革命を支えた極右勢力のこれから

ULTRAS
A Journey With
The World's Most Extreme Fans

キエフ

セルヒー・フィリモノフのオフィスは、キエフの「黄金の門（一一世紀に建造された巨大な城門を再現した施設）」から、徒歩で数分の場所にある。周りにはヨーロッパ各国の大使館が立ち並び、灰色の雪の山が霧雨でゆっくり溶けていた。

玄関の扉は最近黒い鋼板に取り替えられ、最新の電子キーを使わなければ開錠できないようになっている。エレベーターが四階で停まると、そこには天井の高い古びた部屋が並んでいた。「ハード・ロック・カフェ：タイランド」というロゴの入ったTシャツを着たフィリモノフは、一番広い部屋の中で、やたらと大きな木製のデスクの後ろに座っていた。デスクの上には、彼が新たに立ち上げた警備保障会社の書類が山積みになっていた。部屋の片隅には、散弾銃と弾薬が収められたスチール製のキャビネットもある。

フィリモノフは二〇代半ばの若者で、小柄ながらがっしりした体つきをしている。ブロンドの髪を短く刈り込み、顎にはうっすらと赤い無精髭を生やしている。

だが左腕は包帯で吊られ、指には大きな包帯が巻かれていた。

「こいつは」

彼は腕をそっと上げながら口を開いた。

「ギリシャの警官からのプレゼントだ」

六日前のバレンタインデー、フィリモノフはアテネにいた。ディナモ・キエフ最強のフーリガン、ロディチのリーダーの一人である彼は、ヨーロッパリーグのオリンピアコス戦にも当然のように出向いた。ちなみに彼は試合の合間を縫って、ヨーロッパの様々なクラブの「ファーム（武闘派のグループ）」と拳を交える〝交流戦〟も行っている。ところが、ことは思い通りに運ばなかった。

確かに試合会場に向かうロディチのバスに火炎瓶が投げつけられ、前夜にはオリンピアコスのウルトラス、ゲート7にホテルを襲撃されるという事件も起きた。

だが問題になったのは、敵方のウルトラスではなかった。フィリモノフによれば、カライスカキス・スタジアムに入った瞬間に殴りかかってきたのは警官だったという。彼は左腕が動かないのを確かめながら振り返る。

「奴らは思いっきり殴ってきたんだ。そのせいで気を失いかけたよ。あんなに強く殴られたのは、生まれて初めてだ」

ディナモは二度に亘ってリードを許したものの、スロヴェニア人ウインガー、ベンヤミン・ヴェルビッチがゴールを決めて、試合を引き分けに持ち込んでいる。こうして彼らは、アウェーゴールの差で優位に立った。

当のフィリモノフは、怪我のせいで試合を観るどころではなかった。オリンピアコスは、ディナモとセカンドレグを戦うためにキエフにやって来るが、彼は別の事情でも、リベンジを断念せざるを得ない。これから数日間は、「国民部隊」なる政治団体のキエフ支部長として、政治活動に奔走することになるからだ。

まずは最近殺害された女性活動家、カテリナ・ハンズュークの審理が行われる裁判所の前で抗議活動をしなければならない。

ヘルソン市において市長のアドバイザーを務めていたハンズュークは、林業から建設業にいたるまで、地域の様々な産業に関わる汚職を告発。また警察官から官僚、著名な実業家に至るまで、不正が疑われるケースをフェイスブックに定期的に投稿し続けていた。

しかし、彼女は近づいてきた男に一リットルの硫酸をかけられ、全身の三分の一にやけどを負ってしまう。その後一一回にも及ぶ手術を受けたが、三三歳にして帰らぬ人となった。犯人はいまだに逮捕されていない。

さらにフィリモノフは「ウクライナ語の日」という祝日を定着させるための活動や、国民部隊の知名度を上げるのに貢献してきた、おなじみの抗議活動も予定している。ウクライナのオリガルヒが最近購入した物件に向かい、まずは現場の警備員を「無力化」する。そして次には建物の内部に押し入っていく。その一部始終をフェイスブックでライブ配信するのである。フィリモノフは自分たちのことを、オリガルヒと闘う市民の代表として位置付けていた。

ただし彼は単なる行動派の活動家ではない。確かに街中で抗議運動を行う際には、左派の活動家と連帯する場合もある。だが所属する国民部隊は民主勢力や左派勢力どころか、超国家主義を標榜する極右政党だからだ。

ディナモ・キエフのウルトラスのメンバー、ファームと呼ばれる武闘派のフーリガン、元軍人、市民運動の活動家、そして政治家。二〇一四年以降、ウクライナの政治状況が刻一刻と変わりゆく中で、フィリモノフはこれらの役割を全て演じてきた。

そのせいで彼は刑務所にも何度か送り込まれている。国民部隊は、アルセン・アヴァコフ内務大臣など、ウクライナで最も力のある政治家たちの庇護を受けているとされるが、体制側の一員だという実感はまるでないという。

「俺たちの会話は盗聴されているんじゃないかと思うんだ」

フィリモノフはこう言いながら窓に近づき、向かい側の建物を見つめた。

オレンジ革命からユーロマイダンへ

二〇一九年二月二〇日、キエフの「マイダン・ネザレージュノスチ（独立広場）」には人影がほとんどなかった。この広場は二〇一三年の終わりから二〇一四年初めにかけて起きた民主革命、いわゆる「ユーロマイダン」において数十万の市民が集まった場所だ。

ユーロマイダンには長い伏線がある。

ウクライナは一九九一年、ソ連崩壊からわずか一週間で独立を宣言する。当時のウクライナは混迷を極めており、腐敗が蔓延していた。実権を握っているのは選挙で選ばれた議員ではなく、共産主義が崩壊した後に頻発した国有資産の投げ売りで、私腹を肥やしたオリガルヒだった。彼らは手にした富を利用して、政治や経済を自分の意のままに操っていた。

その恩恵にあずかった人物の一人が、ヴィクトル・ヤヌコーヴィチだった。

彼はもともとドネツク近郊で悪名を轟かせていた凶悪犯だったが、ウクライナ東部のロシア語圏のオリガルヒから資金援助を受けて中央政界に躍り出て、首相にまで成り上がる。さらに二〇〇四年には大統領選に出馬。票の水増しや対立候補のヴィクトル・ユシチェンコに毒殺を仕掛けるなど、手段を選ばぬ方法で選挙を戦い、権力を握る寸前にまでこぎつけた。

だがヤヌコーヴィチが勝利したことに大衆は猛反発。後に「オレンジ革命」と呼ばれる大規模な抗議運動を展開する。結果、再投票が行われ、ヤヌコーヴィチはあえなく落選してしまう。この時点で政治家としての命運は尽きたかに思われた。

にもかかわらず彼はポール・マナフォート（ドナルド・トランプ大統領の元選挙対策本部長）の助言と、ウクライナで最も裕福な人物、ドネツクを拠点に活動するリナト・アフメトフに提供された資金を頼りに、まさかの政界復帰を果たす。そして二〇一〇年の大統領選挙では、なんと勝利を収めた。

こうして政権を握ったヤヌコーヴィチは、ユリア・ティモシェンコ（ユシチェンコを支えた女性政治家）のような政敵を投獄し、国政を牛耳り始めた。

しかし、彼はそこで再び墓穴を掘ってしまう。

ウクライナは広大な国で、文化や民族も複雑に入り組んでいる。鉱物資源が集中する東部では大半の住民がロシア語を話し、政治的にもモスクワ寄りの地域となっている。

一方、国の西部ではもっぱらウクライナ語が使われており、政治・経済の両面において西側との絆を強化していきたいという意識が強い。ほとんどのウクライナ人はある程度ロシア語を解するが、とりわけ西部はロシアの影響圏を脱し、自主独立路線を歩むべきだとするナショナリズムが深く浸透していた。

ヤヌコーヴィチも、従来の政治家と同じように〝東（ロシア）〟を向くのか、あるいは〝西（EU）〟を目指すのかという選択を迫られていたが、EUとの連合協定に署名すると公約。西側の仲間入りをしたいと望む、若い世代の歓心を買おうと目論んだ。

ところがロシアはこの方針に異議を唱える。ウラジーミル・プーチン大統領は重要な貿易相手国でもあり、戦略資源も豊富な隣国が西側寄りになることを危惧したために圧力をかけた。結果、ヤヌコーヴィチはプーチンに屈して、EUとの協定締結を見送ってしまう。

二〇一一年一一月二一日、ウクライナの人々はヤヌコーヴィチの方針転換を不服とし、キエフの独立広場に集結し始める。これと軌を一にして全国の都市でもデモが勃発。かくして「ユーロマイダン（ユーロを目指す人々が独立広場に集まった運動）」なる名称が生まれた。

以降、デモの参加者は増え続け、警官隊との衝突や負傷者なども増加していく。翌年の一月中旬になると、政府側と国民との衝突はさらに激化した。ヤヌコーヴィチは「独裁法」と呼ばれる弾圧法に署名し、ほぼ無制限に近い権限を警察に与えたからである。

事実、二月中旬に入ると、警察は抗議をするために寝泊まりしていた人々のキャンプを襲撃するようになったばかりか、スナイパーによる無差別狙撃も始まる。二月一八日からの三日間だけで、独立広場では百人以上のデモ参加者が犠牲となった。

事態を収拾しきれなくなったヤヌコーヴィチは最終的にウクライナを脱出し、ロシアへと亡命する。尊い代償を払う形になったものの、こうして市民は勝利を収めた。

ただしユーロマイダンでは、一風変わった人々も大きな存在感を示している。それがウルトラスやフーリガンと呼ばれる面々だった。

反抗、連帯、そしてフーリガニズム

ウクライナをはじめとする東欧諸国のフーリガニズムは、旧ソ連時代から根を張り始めた。きっかけとなったのは一九七二年、カンプ・ノウで行われたカップ・ウィナーズ・カップ決勝、グラスゴー・レンジャーズ対ディナモ・モスクワ戦である。

この試合ではレンジャーズが三対二で勝利したが、終盤、ディナモが得点差を縮めてくると、レンジャーズのファンがピッチ上に侵入。試合の進行を妨げ、早く終わらせようと試みた。試合の模様はテレビで家庭に中継されており、若者たちに強い影響を与えている。やがて東欧のサッカーファンは、イングランドのフーリガニズムに影響を受けながら、暴力事件をエスカレートさせていく。

とりわけ一九八七年九月一九日、スパルタク・モスクワ対ディナモ・キエフ戦の前日に起きた事件は、今でも語り草となっている。スパルタクの選手たちがキエフ市内で買い物をしている最中に、ディナモのサポーターに襲われたのである。さらに試合後には駅の周辺で暴動が発生し、モスクワの為政者が青ざめるような光景が繰り広げられた。

「電話ボックスで爆発が起こり、スパルタクファンの服に火がつけられました。乗客のスーツケースは線路の上に投げ出されていましたね。

私は後ろを振り返って呆然としました。多くの人が雪崩のようにホームに押し寄せてきて、血みどろの殴り合いが始まったんです。女の子まで戦っていました」

暴動を目撃した人物は、『モスコフスキー・コムソモーレッツ』紙に語っている。

同シーズンはソ連全域、特にグルジア（現ジョージア）とリトアニアで暴動が多発した。これはサッカーが、極めて政治的な役割も担い始めたことを意味している。サポーターは激しい衝突を通じて、ライバル意識を体現していただけではない。サッカーは、共産主義によって封じ込められていた民族主義的な衝動を、暴力的な手段で表現するはけ口ともなりつつあった。

「オーコロフットボーラ」の誕生

共産主義とソ連が解体すると、東欧のフーリガニズムは新たな局面を迎える。

旅行が自由に認められるようになっただけでなく、インターネットなどが普及して西側の情報がさらに入手できるようになった結果、イングランドのフーリガンの影響を強く受けたスタイルに、派手なバナーやパイロなどを駆使したイタリアの様式が融合されていったのである。

この組み合わせはウルトラスの「第二波」ともいうべきもので、東欧のみならずドイツ、オランダ、そしてスカンジナビア諸国にも波及していく。

事実、一九九〇年代の終わりには、ウクライナ、ロシア、ポーランドのほとんどのチームでは、パイロや試合の雰囲気づくりを主に担当する一般的なウルトラスのグループと、敵のサポーターと拳を交えることを主眼に置いた「ファーム」の双方が存在するようになっていた。

また時間の経過と共に、ファームの間では新しい喧嘩のスタイルが浸透していく。ビールの勢いを借りて喧嘩をふっかけ、街中ででたらめに殴り合うイングランド式のスタイルは下火になり、総合格闘技などでトレーニングを積んだ面々が、あらかじめ場所と時間、人数を決めて待ち合わせをし、共通のルールに則って集団で戦うようになったのである。

この独特なスタイル、ロシア語で「オーコロフットボーラ（「サッカーの周辺」の意）」と呼ばれる方式はドイツで生まれ、東欧や北欧一帯で信じられないほど普及していく。その一端は、フランスで開催されたＥＵＲＯ２０１６でも見て取れた。

六月一〇日、マルセイユでは試合前に酒を飲んでいたイングランド人ファンに、一五〇人ものロシア人が集団で襲いかかるという事件が起きた。ロシア勢の暴力性と組織性は衝撃的だった。ノーサンブリア警察のスティーヴ・ニールは証言している。

「あんなものを見たのは初めてだった。ロシア人はとことん痛めつけてやろうと腹を括っていた。すごく組織化されていたし戦い方も実戦的だった。これまでのサッカーのフーリガニズムとは、レベルが違っていたんだ」

何を隠そう、フィリモノフもオーコロフットボーラで名を馳せた人物である。もともと彼は若い頃、優秀なレスリング選手であると同時に、熱烈なウルトラスでもあった。そんなプロフィールを持つ人間が、ウルトラス同士の戦いに誘われるのは時間の問題だったともいえる。

彼は私に「オーコロフットボーラ」の動画を何本か見せてくれた。

一本目は、アイントラハト・フランクフルトのウルトラスと、六〇対六〇で行ったすさまじい肉弾戦。二本目はディナモとメタリスト・ハルキウがタッグを組んだ際の映像。三本目はポーランドで、ＧＫＳカトビツェのファームと一戦を交えたときの模様を撮影したものだった。

「ポーランドに出かけて行ったら、地元のウルトラスの連中がうまい具合にいたから『俺たちとやろうぜ』と誘ったんだ。

　ところが連中は『無理だ。別の相手と戦う予定が入っている』と断ってきた。ワルシャワだかクラクフだか覚えていないが、先約があるってことでやり合わないことになったんだ。

そしたら、奴らはこう言ってきたよ。『今日のおまえらは仲間だ。何か欲しいものはあるかい？コカイン？　女の子か？』とね」

　フィリモノフは実に楽しそうだった。その口ぶりはサッカーの話をするときよりも、生き生きとしている。サッカーは好きかと尋ねると、案の定、こんな答えが返ってきた。

「たぶん、好きじゃないんだと思う。ディナモの選手の名前も知らないしな」

愛国主義がもたらした奇妙な連帯

　フィリモノフのような面々は、一般市民が眉をひそめるような存在だった。

　確かに彼らは近年、人目につかない場所で戦うようになったし、二〇一四年以降は、各ウルトラスがかろうじて協定を守ってきたため、一般的なファンが暴力沙汰に巻き込まれるようなケースも減ってきている。とはいえ幾多のトラブルを引き起こし、極右思想を公然と謳うウルトラスが白眼視されてきたのは当然と言えば当然だろう。

　ところがユーロマイダンが起きると、極右のウルトラスは思いもかけぬ行動に出る。地元の街や市内の広場で抗議活動を行う人々を支援すべく、ボランティアの「防衛隊」を結成し、キエフや地方都市でも民主化革命を支えたのである。

これは考えてみれば奇妙な現象でもあった。

ウクライナの最西部に本拠を構えるチーム、ドニプロやカルパティ・リヴィウのウルトラスが、こぞって立ち上がったのは何の不思議もない。これらの地域では「脱露入欧」の意識や、民族主義的なメンタリティも強いからだ。

またクリミア半島のタフリヤ・シンフェロポリと、セヴァストポリのウルトラスからも、多くのメンバーがユーロマイダンに参加している。クリミア半島は後にロシアに併合されてしまうが、ロシアにしても反感を抱く人は少なからず存在していた。

だが当時は、ロシア語圏であるウクライナ東部、そして南部のゾリャ・ルハンシク、メタリスト・ハルキウ、チョルノモレッ・オデッサ、メタルルフ・ザポリージャといったクラブのウルトラスも、デモ隊の支援に回っている。彼らはEUに対して、思い入れや憧れを持っていたわけではない。にもかかわらずユーロマイダンを支持したのは、ウクライナの独立を守ることにつながると考えたからに他ならない。

現にメタリスト・ハルキウのウルトラスであるセルヒーという人物は、サポーターとユーロマイダンの関係を取り上げた『ウルトラス』というドキュメンタリー番組において、次のようにコメントしている。

「(自分が望むのは) ウクライナの独立だ。ヨーロッパとロシアからの独立なんだ」

似たような発想は、ディナモ・キエフのウルトラスにも見られた。

彼らは一月、独自の部隊を結成。政府側から金を受け取ってデモ隊を襲撃している「ティトゥーシキ」と呼ばれるごろつき集団から、ユーロマイダンの参加者を守る活動を開始した。その際、ウルトラスの一つであるホワイト・ボーイズ・クラブは、ロシア版のフェイスブック、ＶＫ（フコンタクチェ）の公式ページにメッセージを掲載している。

売国奴からキエフを防衛する活動にまだ参加していない方へ。
我々が（デモに）向かうのは、ヨーロッパの一員になるためではありません……
ロシアやロシア人に対抗するためでもありません！！！
我々が（マイダンに）向かうのはキエフの人々のため、我々の街のため、祖国のため、そして我々の名誉のためなのです！

こうして考えてくると、ユーロマイダンを支えたウルトラスと市民の活動家は、同床異夢ともいうべき連合を組んでいたことがわかる。同じ構造は、独立広場に集まってきたウルトラス内にも存在した。フィリモノフは証言している。

「マイダンの直前、ガールフレンドの家から帰る途中で、アルセナル・キエフのアンティファ（反ファシズム派）が二〇人で襲いかかってきたんだ。俺はマジで切れたよ」

アルセナル・キエフは、ウクライナの主だったクラブの中で、左翼のウルトラスを抱える唯一のクラブだった。当然、フィリモノフが所属していたディナモのロディチとは、明らかに政治的なイデオロギーが異なっている。

「ところがマイダンが始まったら、アルセナルの連中がいるじゃないか！　でも俺は言ったんだ、今はやり合っている場合じゃないとね。で、握手さ。確かにイデオロギーもチームも違うけど、手を取り合ったんだ。マイダンには左翼も右翼もない。ナチもアカも関係なかった。あれはヤヌコーヴィチとの戦争だったんだ」

ヤヌコーヴィチとの戦いから、ロシアとの戦いへ

フィリモノフによれば、ウルトラスが前線に立ったのには明確な目的があった。

「マイダンに参加していた人たちに安心感を与えて、自分たちは守られているということを理解してもらうためさ。

彼らは身体を張って戦うわけじゃない、そうだろ？　でも俺たちが前に出れば、自分たちには援軍がいることや、崇高な目的のために身体や命を捧げようとする人がいるってことを実感してもらえる」

フィリモノフの説明は筋が通っている。ユーロマイダンに参加していたほとんどの人々は、警察や兵士と戦ったことなどなかった。だがウルトラスは実戦の経験を豊富に持っている。

「彼らは見るからに、非常に組織化されていた」

マイダンの頃、ウクライナサッカーの極右集団に着目しながらデモを行っていた活動家、パヴェル・クリメンコはこう振り返る。ちなみに彼はスタジアムにおける人種差別に目を光らせつつ、

各国で使用される極右のシンボルも解説しているＦＡＲＥ（Football Against Racism in Europe）というグループのメンバーでもある。

「他の連中は会社のマネージャーのようなノリで、いきあたりばったりで行動していた。だが彼ら（ウルトラス）は統率が取れていたし、自分たちの身を守るための術も把握していた」

ただし、いかに〝実戦〟を積んできた人間が多く集まったとしても、武器の数と種類に関しては明らかに政府側に分がある。フィリモノフもデモに参加するや否や、この問題をすぐに解決しなければならないと感じたという。

「彼ら（警察）がマイダンを制圧に来ることはわかっていたし、武器が必要なこともわかっていた。だからこっちは自前で銃を用意したんだ」

フィリモノフたちは、オリガルヒの警備員が所有するポルシェを襲ってピストルを強奪。さらにはトロリーバスをジャックして、バリケード代わりにデモ隊の前に停めて火を放った。

ちなみに当時、フィリモノフは手榴弾も持っていた。彼の友人が父親の葬儀に参列した際、ロシアから密かに持ち帰ったものを渡されたのである。最終的には思いとどまったものの、フィリモノフは手榴弾を使うことも二度ほど真剣に考えたという。

しかし、後に始まった戦闘では鎮圧部隊に押され、フィリモノフは四〇人の仲間と共にカナダ大使館へ逃げ込んでいる。一時はカナダへの政治亡命も検討したが、ヤヌコーヴィチがロシアに逃れると、フィリモノフはカナダではなく、ウクライナ東部のドニプロペトロフスク（現在のドニプロ）という都市へ向かっている。

フィリモノフは、ディナモ・キエフのウルトラスと友好関係にあったＦＣドニプロのウルトラスと現地で合流し、新しい部隊に加わる。近いうちに勃発するであろう、ロシアとの本格的な武力衝突に備えるためである。

その部隊こそアゾフだった。

アゾフ大隊

もともとアゾフはメタリスト・ハルキウのウルトラスが設立した志願兵の部隊を前身としていたが、当時はアンドリー・ビレツキーという人物が率いていた。

ビレツキーは極右の指導者で、超国家主義者、急進右派、そしてネオナチの連合体である社会国民会議という組織を創設しており、ユーロマイダンが始まった時点ではハルキウで服役していた。だがヤヌコーヴィチがロシアに逃亡して四日後、ウクライナ最高議会は全ての政治犯を釈放する法律を可決する。かくして自由の身になったビレツキーは、アゾフの初代司令官に収まることとなった。

私が初めてアゾフ大隊の存在を知ったのは二〇一四年の夏、シャフタール・ドネックの試合を観るためにキエフを訪れたときだった。

当時、ロシアとの戦闘は既に勃発しており、ウクライナの国内リーグの盟主であるシャフタールは、キエフに活動拠点を移していた。このためサポーターはチームを応援するべく、わざわざドネックからキエフまで遠征してきていた。

ドネツクはウクライナ東部の大工業都市で、言語学的にはロシア語圏に位置している。当然、サポーターも親ロシア派だろうと想像していたが、実際にはユーロマイダンを支持していたし、メンバーの中にはアゾフに入隊しようとしている者もいた。スタジアムの外で出会った二一歳の学生、大学で金融を学んでいるヴラディスラフは、こんなふうに証言してくれた。

『ロシアの一部』になることを望んでいる人もいるけれど、一般の人はウクライナに残りたいと思っている。僕たちは皆ロシア語を話す。子どもの頃からロシア語が母語だったからね。でも僕は自分の国を愛している。ウクライナを愛しているんだ」

シャフタールのウルトラスは黒い発煙筒を焚き、パイロを披露しながら応援。チームは五対〇で楽々と勝利を収めている。ヴラディスラフは試合後に語ってくれた。

「今日の試合に来ていた何人かの連中は、（アゾフ）軍に忠誠を誓ったんだ。彼らはドンバスに行くことになった」

アゾフが初めて実際の作戦行動を取ったのは、ドネツクよりもさらに南部に位置するマリウポリだった。マリウポリは黒海の内湾に面した重要な港湾都市であり、ウクライナで二番目に規模の大きなイリイチ製鉄所があった。

イリイチ製鉄所は、メトインヴェスト・グループというコングロマリットの傘下にあり、造船から石油のパイプラインに至るまであらゆる用途の鉄鋼を生産していた。製鉄所がいかに大規模なものだったかは6万人もの従業員を雇用していたことや、同グループの経営者でシャフタール・ドネツクのオーナーでもあるリナト・アフメトフ（ヤヌコーヴィチの元支援者）に、二〇一八年だけで一二億ドルもの利益をもたらした事実からもうかがえる。

当時のマリウポリは、ロシアの支援を受けた武装勢力の支配下に置かれていたため、これを排除するのがフィリモノフたちの任務となった。ところがマリウポリに着いた時点では、フィリモノフは戦いに必要な装備を実質的に何一つ持っていなかったという。

「訓練中も弾丸は五発しか使えなかったし、まるで浮浪者の集団みたいだったよ。俺が着ていたのはスーパーマーケットの警備員の制服だったしね」

とはいえ、新兵として入隊したウルトラスの面々は、アゾフの屋台骨を支えていた。なんと兵士の六五％は、様々なクラブのウルトラスに所属していた若者だったのである。

「彼ら（ウルトラス）はグループ単位でアゾフに加わってきた。オーコロフットボーラのおかげで、すぐに戦えるようなチームになっていたんだ」

部隊を率いていたビレツキーは、ウクライナで制作された映画『ウルトラス』の中で、このように証言している。

ただし部隊として作戦を展開していくためには、各ウルトラス間の長年に亘る柵も解消しなければならなかった。ウクライナではメタリスト・ハルキウ、チョルノモレッツ・オデッサ、シャフタール・ドネツクの同盟が成立しており、これに対抗する形で、FCドニプロ、ディナモ・キエフ、カルパティ・リヴィウが緩やかに連携する構図ができていた。

映画の『ウルトラス』では、それまで敵対していた様々なウルトラスのグループが、大義名分の下でいかに団結していったかも描かれている。ドニプロのウルトラスを束ねていたロディオン・クドリャーショフは、偵察隊の指揮官として重要な役割を果たした人物である。彼は次のように証言していた。

「俺たちは政治的なイデオロギーでも、自分たちの国を守る準備ができていたんだ」

美化されたウルトラスの存在

二〇一四年六月、アゾフはマリウポリを親ロシア派の勢力から解放することに成功し、彼の地に拠点を置くようになる。ロシアとの軍事衝突が始まって以来、ウクライナは屈辱的な敗北を重ねていただけに、マリウポリでの勝利は画期的だった。

ユーロマイダン、そしてロシアとの軍事衝突における貢献度の高さは、アゾフの名前を広めただけでない。ウクライナにおけるウルトラスの名誉復権にも貢献した。

かつてのウルトラスは、粗暴で人種差別的で社会に何らの利益ももたらさない存在として見なされていた。たとえばBBCは二〇一二年、ウクライナがポーランドとEURO2012を共催する前に、ドキュメンタリー番組を放送。カルパティ・リヴィウのサポーターがナチス式の敬礼を行い、黒人選手に罵声を浴びせる場面を伝えている。

また同番組はハルキウで、メタリストのウルトラスにインタビューしている。この人物はアンドリー・ビレツキーが率いるもう一つの極右組織、「ウクライナの愛国者」の幹部も務めていた。彼は自分たちがネオナチではないと盛んに強調したが、やはりメンバーはナチス式敬礼をしたり、インド人の学生グループを襲ったりしていた。

さらに彼らの党旗には、ナチス時代のヴォルフスアンゲル（狼用の罠をモチーフにしたデザイン）に似たシンボルも用いられている。ビレツキーは「ウクライナの愛国者」を解散させた後、同じシンボルをアゾフの軍旗にも採用するようになった。
だがユーロマイダンとロシアとの軍事衝突を通して、ウルトラスと極右勢力は自らの悪しきイメージを払拭し、社会において一定の立場を確保することに成功したのである。

「ロシアとの紛争が起きた後は、多くのウクライナ人にとって、極右勢力は二次的な問題に過ぎなくなったのです」

ヨーロッパ大西洋協力研究所の政治学者で、ウクライナとロシアの政治に詳しいアンドレアス・ウムランドは指摘している。

「極右勢力は反ロシア、反プーチン主義の立場を貫いてきました。この事実は、そもそも彼らが反ロシアを標榜する理由（ラディカルな民族主義）よりも重視されたのです」

一方、先ほど紹介したＦＡＲＥのクリメンコは、ウルトラスと極右とのつながり自体が軽視されるようになったと分析する。結果、世間一般ではウルトラスが抗議活動や戦闘にも加わったという美談ばかりが語られる状況が生まれた。

「ウクライナの最も西にある村の人間でさえ、ウルトラスを善良な連中だと思い込んでいる。ウルトラスを批判するような意見は、ロシアのプロパガンダだと受け止められるようになった」

我が物顔で振る舞う、右派勢力

かくして市民権を得た極右勢力は、自らの存在をより公然とアピールし始める。

二〇一六年一〇月、国民部隊は新たな政治勢力として表舞台に登場。数千人の支持者が火のついた松明を掲げながら、キエフ市内を練り歩く。この間、目出し帽と軍服に身を包んだ面々は「敵どもに死を！」「祖国に栄光あれ！」とシュプレヒコールを繰り返した。

同時に国民部隊は街宣活動を行う組織として、「国民軍」を新たに発足させる。ビレツキーは設立趣旨を説明している。

「当局が無力で、社会にとって死活的な問題を解決できない場合、ごく普通の一般市民が責任を負わされることになる」

ここまで右傾化が進んだ背景には、別の要因もある。

二〇一四年、内務大臣のアルセン・アヴァコフは、アゾフをウクライナの正規軍である国家警備隊に編入する案を承認していたのである。ジャーナリストのオレクシー・クズメンコは、『ベリングキャット』というウェブサイトで次のように分析した。

「もともとは超国家主義的なアゾフを骨抜きにするための手段だとされたが、実際にはアゾフの勢力を一気に拡大させている。結果、国民部隊という政党が結成され、街頭運動を担当する国民軍の設立につながった」

ちなみに国民部隊は、活動資金も潤沢なような印象を与えている。当然、アヴァコフが支援をしているのではないかと囁かれたが、内務省のスポークスマンは後に疑惑を否定している。

「そのような仮説の根拠をお聞かせいただきたい」

だが右翼勢力の台頭は、国内社会で様々な歪みをもたらしている。ユーロマイダン以来、ウクライナでは極右グループ絡みの暴力事件が頻発しているからだ。

一例としては、ロマと呼ばれる少数民族の迫害が挙げられる。国民軍の面々はキエフ近郊にあるロマの居住区域に進入。キャンプなどを破壊しながら、逃げまどう女性や子どもをあざ笑っている。しかも彼らは、その模様をフェイスブックでライブ配信したのである。

ロマの人々に対する嫌がらせ、ＬＧＢＴのイベントや女性の権利を主張するための集会の妨害は跡を絶たない。一連の事件には、「Ｃ１４」「右派セクター」「伝統と秩序」など多くの極右組織が関与していたが、いずれの場合も警察は見て見ぬふりをした。

ウクライナの状況に危機感を抱いた四つの著名な人権団体、アムネスティ・インターナショナル、フロントライン・ディフェンダーズ、フリーダム・ハウス、ヒューマン・ライツ・ウォッチは、内務大臣のアヴァコフに対して、連名での公開質問状を送っている。

「これらのグループのメンバーは、愛国心、もしくは彼らが『伝統的な価値観』と称するものを隠れ蓑にして、女性の権利活動家、少数民族、レズビアン、ゲイ、バイセクシュアル、トランスジェンダー、ＬＧＢＴＩ（Ｉは「インターセックス」の意）の人々など、自分たちと異なる価値観を持つ人間を軽蔑し、攻撃する姿勢を露骨に打ち出しています。

暴力的な手段で憎悪と差別を助長するグループが、ほとんど何も責任を問われずにいる。このような事実は、ウクライナ政府が襲撃事件を容認しているかのような印象を与えています」

国民部隊は、米国国務省からも「民族主義的な憎悪を煽る集団」と断じられている。だが彼らはネオナチの組織だという疑惑を一貫して否定してきた。

国民軍のスポークスマンは、次のように語っている。

「ネオナチでないことは保証できます。私たちは国家をいい方向に変えたいと願う人間の集まりに過ぎません」

ウクライナ当局も、極右勢力が影響力を強めているという批判を頑として認めようとしていない。彼らはその証拠として、選挙における得票率の低さを挙げている。

最高議会に議員を送り込むためには五％の票を獲得する必要があるが、極右政党はこのハードルをクリアできないのである。二〇一四年の選挙で最高議会の議席を確保したビレツキーは、二〇一九年に行われる大統領選挙に出馬すると噂されていた。しかし世論調査によれば、彼の支持率はなんと〇・〇％だった。

極右勢力は明らかにウクライナにおいて存在感を増しているにもかかわらず、実際の選挙ではなかなか支持を得られない。ヨーロッパ大西洋協力研究所のアンドレアス・ウムランドは、その原因が政治的イデオロギーのわかりにくさにあると考えていた。

「アゾフに吸収され、極右政党に関わることになったウルトラスも、自分たちのイデオロギーを厳密に把握できていないのではないでしょうか。

メンバーの中にはネオナチもいますが、そうでない者もいる。あるいは彼らは（極右ではなく）一般的な愛国者に過ぎないかもしれません。（ロシアによる支配からの）解放を訴える民族主義と、極端な国家主義を見分けるのが非常に難しい場合もあるのです」

拭いきれないネオナチの痕跡

フィリモノフも、自分がネオナチだという見方を頑として否定してきた。その上で、関心があるのはネオナチ的な価値観を煽ることではなく「汚職と搾取の阻止」だと強調する。事実、取材の際には、自らのポリシーを証明するために、ウクライナ市内で展開している別の活動、オリガルヒが手掛けている再開発事業を阻止した現場も案内してくれた。

彼は若く、弁が立ち、カリスマ性も備えている。また、あからさまに人種差別的な台詞を口にする場面も一切なかった。さらに述べれば、国民部隊の一員として掲げている極右の方針は、古株のウルトラスとして権力に楯突くスタンスとも折り合わない。

そもそも彼は、国民部隊が掲げる政治的イデオロギーをどう捉えているのか。改めて尋ねると、こんな答えが返ってきた。

「俺たちのことを極右だとか極左だというのは、どっちも正しくないな」

それからの数カ月間、私は国民部隊の動きをチェックし続けた。

様々なフェイスブックのサイトには、彼らの抗議活動の模様を撮影した写真が投稿されていたし、インスタグラムでも短いストーリーがアップされている。

彼のインスタグラムのアカウントには、サッカー系のカジュアル・ファッションに身を包んだ写真、妻や幼い息子と撮った家族写真、上半身裸でトレーニングをしていたり、マシンガンの扱い方を新兵に教える写真などが慎重に選ばれて公開されていた。

他には彼が言うところの「市民運動」を行った後にしばしば起きた出来事、刑務所に入れられたり、裁判にかけられている写真などが含まれている。

だがソーシャルメディアの投稿を数年前までさかのぼっていくと、きな臭い記事や写真が出てくる。私が握手をした男たちが上半身裸で写っているものもあったが、彼らの肌には88、18、14という数字のコードが彫られていた。88はアルファベットのコードでHHを示している。これは「Heil Hitler ハイル・ヒトラー」の意味だ。18はAHで「Adolf Hitler アドルフ・ヒトラー」となる。そして14は白人至上主義のイデオローグ、米国のデイヴィッド・レーンが生み出した、スローガンを示唆する。次のフレーズは14の単語から構成されている。

「我々は自らの種の存続と、白人の子息の未来を保証しなければならない」

二〇〇七年に米国の刑務所で死亡したレーンは、執筆活動を通じて世界中の白人至上主義者に最も大きな影響を与えた人物だろう。レーンが最後に出版したエッセイ集のタイトルは『VICTORY OR VALHALLA（勝利か。しからずばヴァルハラを）』である。

「ヴァルハラ」とは北欧神話に出てくる神殿で、勇者の魂が眠る場所とされているため、表題は「勝利か、しからずんば死を」というような意味になる。このフレーズも、私が出会ったウルトラスの多くが肌に刻んでいた。

それはフィリモノフも例外ではない。

上半身裸の写真を見ると、彼がVICTORY OR VALHALLAという文字を彫り、その下にウクライナの紋章である三つ又を入れていることがわかる。しかも右膝にはナチスの親衛隊がシンボルに使っていた、トーテンコップ（髑髏）のタトゥーもあった。

マリウポリ

凍えるように寒い土曜日の午後、マリウポリFCの本拠地、ウォロディミル・ボイコ・スタジアムでは、パチパチと雑音が入る古いスピーカーからウクライナ国歌が流れていた。ドンバス地方のもう一つのチーム、オリンピク・ドネックとの試合のキックオフに向けて、数百人のファンが起立して手を胸に置き合唱している。

「数あるサッカーの試合の中でも、一番退屈なマリウポリ対オリンピク・ドネック戦をわざわざ観に来ているんだ」

アントン・トレブホフは、ヒマワリの種の殻を剥きながら自嘲気味に述べた。彼はフィリモノフと同じように、テラスから政治の世界へ飛び込んだ人間である。もともとはマリウポリFCのウルトラスのリーダーだったが、現在は国民部隊・マリウポリ支部を運営している。

私はこの試合のキックオフ、ウィンターブレイクが開けて、ウクライナ・プレミアリーグのシーズンが再開される瞬間を危うく見逃すところだった。スタジアムに着いたときには、既に国歌が始まっていたからだ。

マリウポリはキエフから約七五〇キロ離れた場所にある。私は街灯もない砂利道にひたすら身体を揺さぶられながら、丸一日かけて移動を続けた。放棄された塹壕、機関銃が設置された陣地、対戦車用の巨大な障害物、そしてウクライナ軍が道路上に築いたコンクリート製のブロック。マリウポリに近づくにつれて、激しい戦闘を物語る痕跡が目に飛び込んでくる。

二〇一四年二月以降、ウクライナの東部や南部では、ロシアによるクリミア併合、ドネツクを巡る攻防戦、さらにはアゾフによるマリウポリ解放などが繰り広げられてきた。今日に至るまで、軍人と民間人合わせた死者の数は一万人以上に上る。

その後、戦闘は膠着状態に陥り、大規模な軍事衝突は減少していく。またドンバス地方のチームはキエフ、ハルキウ、リヴィウといった西部の都市に移転していたため、ウクライナのサッカー界も徐々に平時に回帰していった。しかしマリウポリFCは、本来の場所に留まることを選択した。これはスタジアムでヒマワリの種をかじっていたトレブホフも然りである。

トレブホフは人影のまばらなスタジアムで、クラブの現状を嘆いていた。

確かにアゾフは各クラブのウルトラスから志願兵を募り、マリウポリを親ロシア派から奪還している。だが当のマウリポリでは、戦禍のためにファン文化が破壊されてしまったという。

「俺たちの組織は一九九〇年代に結成されたんだが、一番（ウルトラスが）盛り上がっていたのは二〇一二年から一四年までだった。

あの頃はオーコロフットボーラでも、何回かいい勝ち方をしていたしな。ところが、そこで戦争が起きちまった」

トレブホフは寂しそうに遠くの方を指差した。

「戦争はあそこ、ここから二〇キロ先で今も続いているんだよ」

クラブの二つのファーム、「プロジェクト32」と「ユース」は、今やほとんど機能していない。トレブホフが率いていたグループからも、五〇人がアゾフに加わった。彼らはここから数マイルの最前線で、今も任務をこなしている。

活気に満ちたファン文化の名残を伝えるのは、スタンドのところどころにいる家族連れや老人だけになってしまった。

「トリビューンはがらがらで観客もいない。本当に悲しいよ」

突然、マリウポリにペナルティが与えられ、オレクサンドル・ピハリョーノクがきっちり得点をものにした。彼はウクライナのユース代表で、シャフタール・ドネックからレンタル移籍してきた六人の選手のうちの一人だった。

これを受けて、センターラインの上の座席には、新しいバナーが掲げられた。そこには「我々は一緒に強くなっていく」というメッセージが記されていた。

「でも今は、ちょっとだけ元気になった」

トレブホフは手をこすり、ようやく笑みを浮かべた。

「見るからに退屈な試合だし、ファンは一人もいないがね」

ロシアの謀略を阻止した英雄

翌日曜日、トレブホフはマリウポリ市内で開催された、アゾフ主催のイベントに連れて行ってくれた。会場内の壁は、アゾフと国民部隊の旗、そして露骨な極右のシンボルで覆われていた。ある黒い旗にはナチス第三帝国において、最初に設立された準軍組織の訓練校のバッジに使用されていたモチーフが描かれている。

しかし、今日行われるのは政治集会ではない。警察、海軍、今は国家警備隊に所属しているアゾフのメンバーが集まり、クロスフィット（複合エクササイズ）で汗を流すイベントだ。ヘビーメタルが大音量で流れる中、レスリング用のマットやトレーニング機材が設けられたジムでは、筋肉質の男たちがウェイトを持ち上げたり、トレッドミルの上を走ったりしている。

「この街は戦争で最も重要な拠点の一つになった。ここを解放したことで『ロシアの春』が来るのを食い止めたんだ」

アゾフが運営する士官学校の校長で、大きな顎髭を蓄えたキールという名の人物は、息を弾ませながら自分たちの功績を強調した。

「連中はドネツクとクリミアを占領したし、（二つの地域を）ホットラインで結ぼうとしていた。その目論見はマリウポリで潰されている。立ちはだかったのはアゾフさ。俺たちは街を三回も守っている」

対象的な運命を辿ったのはクリミアだ。

彼の地では、まず「クリミア共和国」なる傀儡国家が樹立され、次にはロシアとの併合条約を強引に締結してしまう。これに伴い、クリミアに本拠を置いていた三つのクラブは、二〇一四／一五シーズンから、無理やりロシアの国内リーグに組み込まれることになった。この状況はウクライナサッカー連盟の抗議を受け、ＵＥＦＡが介入するまで続いている。

そのような経験をしたクラブの一つが、クリミアの首都だったシンフェロポリに拠点を構える、タフリヤ・シンフェロポリだ。

彼らは一九九二年、ウクライナ独立後に開催されたプレミアリーグで、初代チャンピオンになったチームである。ところが現在、「タフリヤ」を名乗るクラブは二つ存在する。一つはUEFAの介入によって新設されたクリミアリーグ（ロシアリーグでも、ウクライナリーグでもない独立した組織）で活動しているクラブ。もう一つはウクライナ国内で、タフリヤのサポーターたちが蘇らせたクラブだ。後者は現在、ウクライナの下部リーグでプレーしている。

アゾフとウルトラスたちは、似たような悲劇がマリウポリで繰り返されるのを阻止したともいえる。確かに二〇一七年には、市内東部にある市場がロケット砲で攻撃され一〇人が死亡しているが、それ以来、マリウポリの中心部は親ロシア派の攻撃にさらされていない。

結局のところ、この手の事実に勝るものはないのである。

ウルトラスは暴力沙汰や人種差別などの問題を起こしてきたが、ユーロマイダンを推し進め、マリウポリ防衛にも尽力したということで、過去の悪行はほとんど水に流されている。ましてロシアの支援を受けた勢力との軍事衝突は、完全に決着したわけではない。マリウポリ郊外では、今も小規模な戦闘が毎日のように続いている。

東部の前線に向かって走っていると、大きな対戦車障害物が次々に現れた。道路脇には、道から外れるなという警告の標識もある。雪に覆われた原野には、無数の地雷がいまだに埋まっているからだ。ウクライナ政府によれば、戦争が始まって以来、一〇〇〇〇人近くの民間人が犠牲になっている。

ウクライナ軍は道路を封鎖しているため、二〇〇メートル進む度に車を停め、説明をしていかなければならない。そんな手間暇をかけながら、前線から一キロ手前のレベディンスケという場所までようやくたどり着いた。

激しい砲撃のせいで目ぼしい建物はほとんどない。わずかに残った地元の人たちが、廃墟と化した街の中をゆっくりと歩いているのが見える。

ふと重い衝撃が身体に伝わってきた。耳には聞こえないものの、ズシーンという衝撃の間隔がどんどん短くなってくる。親ロシア派の抵抗部隊が、例によって砲撃を始めたのである。立ち会っていたウクライナ軍の兵士は、私に声をかけてきた。

「そろそろ帰ってもらった方がいいな」

キエフ

私は二四時間ひたすら車に揺られて、再びキエフに戻った。

オリンピック・スタジアムでは、ウクライナ国歌が響き渡っていた。この試合は、ウィンターブレイク明けのウクライナ・プレミアリーグにおいて、第一節の最終カードとなる。

スタジアムはがらがらで、ディナモのサポーターはめっきり少ない。対照的にアウェーの一角は、ゾリャを応援する人たちでほぼ埋め尽くされていた。

もともとゾリャはウクライナの最東部、ロシアとの国境に位置するルハンシクのチームだったが、二〇一四年以降は親ロシア派の傀儡国家、ルガンスク人民共和国（ＬＰＲ）の支配下に置かれている。彼の地で暮らしていた人々は難民としてキエフに逃れ、チームも現地を脱出。ロシア国境から三〇〇キロほど離れたザポリージャという都市に拠点を移した。

アウェー側のセクションの中央では、一〇〇人ほどの小さなグループが、白いフラッグを掲げながらチャントを合唱している。そこには虎のイラストと「ブラック・アンド・ホワイト」というウルトラスの名称が描かれていた。

写真を撮っていると、誰かがふいに私の腕を掴んだ。この場所で会うことになっていたブラック・アンド・ホワイトのメンバー、ヴラディスラフ・オフチャレンコだった。

「試合後に話そう」

彼はこう言い残すと姿を消した。結局、試合はディナモが五対〇で快勝した。

ヴラディスラフはスタジアムの隣にあるカフェで、自分の体験談を語り始めた。テーブルの向かい側に座っているヴラディスラフは、二一歳とは思えないほど若々しかった。髪を伸ばして片側だけ刈り上げたヘアスタイルは、クリスチアーノ・ロナウドを連想させる。何より彼は少しふっくらしていたし、以前、動画で見たときとはまるで別人だった。

ちょうど一年前の彼は、ウクライナとルガンスク人民共和国の間で交換された捕虜の一人だった。ヴラディスラフは一八カ月前に有罪判決を下され、ブラック・アンド・ホワイトの同僚と共に刑務所に収監されていたのである。

親ロシア派に奪われた故郷

二〇一四年二月、ヤヌコーヴィチ前大統領がロシアに逃亡した後、ウクライナ東部の政治情勢は急速に悪化。ロシアの支援を受けた反政府勢力がドネツクとルハンシクにあるウクライナ保安庁のオフィスを襲撃し、占拠するという事件も起きた。また四月初めにはドネツク人民共和国が、四月末にはルガンスク人民共和国が樹立される。

武力衝突が最も激しかった頃、ルハンシクの街中はホラー映画のような状況になる。道路には死体が散乱。死体安置所も電力が使えないため、市内で殺害された五〇〇人以上の民間人の遺体は、あっという間に腐敗していったという。ヴラディスラフは語る。

「ルハンシクはチェルノブイリみたいになってしまったんだ。

しかも一旦家を出たら、戻ってこられない可能性もあった。ウクライナのスパイだという容疑をかけられる場合もあるし、政治的にウクライナ派だという理由で銃殺されるかもしれない。ゾリャのウルトラスというだけで、危険人物と見なされるんだ」

親ロシア派がルハンシクを制圧した際、ブラック・アンド・ホワイトのメンバーの八割は武力で対抗すべくアゾフに加わった。だがヴラディスラフは地元に留まった。当時の彼はまだ一八歳だったし、両親の面倒も見なければならなかったからである。

かくしてヴラディスラフは銃を取って戦う代わりに、友人と共に地元で抗議活動を開始した。ただしその内容は、さほど本格的なものではなかった。市内の中心部にある「アイ・ラヴ・ルハンシク」と書かれた看板の隣で、ウクライナ国旗をアピールする。ウクライナの民族主義者の間で標榜されていたスローガンをバナーで掲げ、動画をユーチューブに投稿するといった類のささやかなものである。

だが彼らはこの種の抗議活動を通して存在を知られるようになり、当局側にもマークされるようになっていく。ヴラディスラフによれば、最後の駄目押しは、森の中でルガンスク人民共和国側の国旗を燃やした動画だったという。

「連中はこう言ったんだ。『君と話がしたい。ゾリャのウルトラスだということはわかっている。二、三時間ほど話し合いに付き合ってくれ』とね。

でも知っての通り、その『話し合い』は一年半も続いたんだ」

ゾリャの灯火を絶やさぬために

ヴラディスラフは、スパイ活動の容疑で逮捕される。証拠として提示されたのは、アゾフに所属しているブラック・アンド・ホワイトのメンバーとの日常的なやり取りだったが、ウクライナのスパイ活動を行っているファシスト分子として認定するには十分だった。

ヴラディスラフは「水道もトイレもない、ただの穴蔵のような」地下室に放り込まれ拷問を受ける。さらにはでたらめな裁判にかけられた後、二〇一六年に反逆罪で有罪となった。内容はヴラディスラフが一七年の懲役刑、友人は十三年の懲役刑という非常に厳しいものだった。

数カ月後、彼は通常の収容所に移された。

「最初の日は取り調べもなく、ただひたすら殴られるだけだった」というが、少なくとも地下牢と違ってトイレはあったし、食事も定期的に与えられた。たとえそれが「ぬるいウクライナ風のボルシチや、虫が混じった大麦のお粥」であったとしてもである。

しかしヴラディスラフは、肉体的にも精神的にも追いつめられていく。自分は世界から見捨てられ、全てを失ったように感じていたという。そんな彼を支えたのは、同じ房の人々だった。

「殺人犯や泥棒に救ってもらったんだ。懲役一七年を宣告されて戻ったとき、連中は俺を抱きしめて『兄弟、諦めるな！』と励ましてくれたよ」

またキエフの政治活動家たちは、ヴラディスラフたちの存在を忘れていなかった。フィリモノフとディナモ・キエフのウルトラスは、二人の釈放を求めるデモを繰り返し、メディアや政府に訴えかけていく。

地道な支援はついに結実する。ウクライナとルガンスク人民共和国は捕虜の交換で合意。ヴラディスラフたちも対象となったのである。

二〇一七年一二月二七日午前八時、彼らは突然拘置所から連れ出され、車でウクライナとの国境に移動させられる。車から降りた二人は徒歩で前線を越え、待機していたバスへ向かう。

ウクライナのテレビカメラは、その瞬間を捉えていた。国境の向こうから姿を現したのは髪を剃られ、一八カ月間の獄中生活で痩せこけた若者たちの姿だった。

ウクライナ側に渡ったヴラディスラフは携帯電話を渡される。電話口の向こうにいるのは、釈放を仲介したポロシェンコ大統領だった。

「大統領、全ての仲間を代表してお礼を言います。ウクライナの皆さんありがとう」

ヴラディスラフは、ついに実現した釈放を次のように振り返る。

「個人的にはディナモ・キエフ、チョルノモレッ・オデッサ、マリウポリの多くのサポーターが、俺たちのためにデモ行進に参加してくれたからだと思っている。あのときは国内でものすごい反響があったからね。あれはウルトラスたちのおかげだ。だから俺は釈放されたんだ」

ウクライナ側に戻った彼は、家族やガールフレンドと再会し、サッカー連盟から新たな職も委託された。退役軍人や戦争で移住を余儀なくされた子どもたちのために、サッカーの大会を企画する仕事である。

またルハンシクから逃れてきた人々との交流は、もはや帰ることのできない故郷を思いださせてくれる「絆」にもなっている。現にこの日の試合でも、ゾリャのウルトラスだけではなく、ジャーナリストやエンジニア、あるいは医師なども含む多くの民間人がスタジアムに来ていた。

とはいえヴラディスラフは、明らかに精神的なダメージを引きずっていた。特に大きいのは罪悪感である。同じ拘置所には犯罪者だけでなく、ウクライナのために戦った兵士も囚われていた。そのような人たちを差し置いて、自分が捕虜交換の対象に選ばれたのは申し訳ないと感じていた。

ヴラディスラフとは二時間ほど話したが、空気はずっと張り詰めたままだった。

時計は深夜一時を回っていた。バーは店じまいの準備を始めていたし、ガールフレンドも家に帰りたがっている。ヴラディスラフも、いつか自分の故郷に戻れる日が来ると信じていた。

「（今日、スタジアムにいた）人の多くは戦争を経験している。みんなルハンシク出身だからね。そういう人たちは、ルハンシクをゼロからつくり直すことができる。廃墟からルハンシクを蘇らせるんだ。

俺は自分たちがやっている活動と、ウルトラスを信じている。ゾリャは昔も今も、これからもルハンシクのクラブさ。それは絶対に変わらないんだ」

包み隠される不都合な真実

キエフでは、ウクライナの大統領選が本格化していた。結局、国民部隊は候補者を擁立しなかった。ビレツキーは選挙戦が始まる数週間前に、出馬表明を撤回していたからである。

大統領選では、現職のポロシェンコが側近のスキャンダルが発覚したために敗北。まるで政治経験のないウォロディミル・ゼレンスキーという新人候補が、いきなり当選するという波乱が起きた。ゼレンスキーは俳優で、ネットフリックスが配信している連続ドラマ『国民の僕』で大統領を演じた人物である。長年に亘る汚職と戦争にうんざりしているウクライナの人々にとっては、彼がドラマの世界を再現してくれると錯覚したのだろう。

ゼレンスキーは、ウクライナ最高議会の選挙を一〇月から七月に前倒しすることを決定。国民部隊にとっては、最高議会の選挙やキエフの市議会選挙で、議席を獲得するのが至上命令となった。フィリモノフ曰く。

「本当の改革を行っていくためには、本当の権力が必要になる。

俺たちは大衆の本当の代表になるし、本当の市民活動を体現した議員になる。自分たちが投票する法案も全部調べ上げるつもりさ。それが最高議会での役割になるんだ」

国民部隊は、最高議会の選挙に向けても活動を開始。独立広場にテントを設け選挙のチラシを配っていた。チラシにはこれまでの実績が記されている。負傷した退役軍人の支援運動、動物保護施設への寄付、数百本に及ぶ樹木の移植、違法な開発を行う不動産業者に対する、直接的な抗議行動などだ。

だが白人至上主義をはじめとして、彼らが根底で抱いている極右的な思想には一切触れられていない。党首のビレツキーとフィリモノフの写真の下には、こんなメッセージが書かれているだけだった。

我々、人民の党は、ウクライナ国民のために責任を果たします。
我が国が壊滅的な状況にある限り、国民部隊だけが、我が国の救世主になるでしょう。
我々のイデオロギーの原点は、国民の皆さんと共にあります。

素朴な正義感と愛国心の行方

ウクライナのウルトラスは、身体を張ってユーロマイダンを支援し、ヤヌコーヴィチを退陣に追い込んだ。アゾフの主力部隊を結成し、マリウポリを奪還するなど、ロシアや親ロシア派の武装勢力からウクライナを守る役割を果したのも疑う余地がない。

だが真の問題は別のところにある。それは国内情勢が曲がりなりにも沈静化し、市民社会が再び機能するようになってから、彼らが実際に取ってきた行動だった。

極右はウルトラスの人気に便乗する形で勢力を拡大している。その際には、自分たちが信奉するのは、ファシズムやナチズムではなくナショナリズムだ、単にウクライナという国を愛しているに過ぎないと幾度となくアピールした。

パヴェル・クリメンコは、国民部隊を極めて冷徹に分析している。

「彼らは自分たちをロビンフッドに見せようとするんだ。しかもウクライナの人々は、ファシズムに関して免疫ができてしまった。リベラル派もいささか鈍感になっていたと思う。リベラル派は（国民部隊のような面々を）、単なる市民活動家と見なすようになっていたからね。

結果、こういう連中は誰かを襲撃したり、ロマのキャンプに放火しても、常に『活動家』という曖昧な呼ばれ方をされてしまう。彼らはネオナチとして注視されることもなければ、どうしてロマのキャンプを燃やしたりするのかと問い質されたりもしない」

だがフィリモノフは、自らを改革の担い手だと信じ切っている。来る選挙では、国民戦線の全面的な支持を受けられるはずだとも確信していた。

「俺の名前はうちの党の候補者名簿に載ることになるさ」

私がフィリモノフと最後に過ごした日も、彼は精力的に活動を続けていた。

腐敗した政府に異議を唱える活動が終われば、硫酸をかけられて死亡したカテリナ・ハンズュークの公判で、真犯人を追求すべきだとするＰＲ活動を展開する。さらにはロシアやベラルーシ、クロアチア人などの兵士で、ウクライナ側について戦った人々に市民権を与えるための活動も待っている。

「ウクライナの市民権を獲得するのが、生きるか死ぬかの問題になっている連中もいるんだ。ロシアやベラルーシから（ウクライナ側の部隊に）参加した連中は、絶対に国に戻れない。帰国したら投獄されるからだ」

政治活動の合間を縫って、フィリモノフは他のクラブのファームと〝非公式な試合〟も行わなければならない。またディナモ・キエフがヨーロッパリーグにおいて、チェルシーと正式な試合をするのも楽しみにしていた。

「サッカーが好きじゃないっていうのは本当さ」

彼はこう言い残して、次の抗議活動に向かって行った。

「でも、手強い相手に勝ったときには、サッカーも悪くないなって思うんだ」

第九章
ドイツ
イデオロギー闘争としてのブンデスリーガ

ドルトムント

この街をこよなく愛する人でも、ドルトムントを美しい街と呼ぶのには抵抗を感じるだろう。だがヴェストファーレン・シュターディオンがまばゆい光の輪に囲まれ、八万人の観客で埋め尽くされると、少なくとも街の一角はまさに驚くべき変貌を遂げる。

契約の関係でジグナル・イドゥナ・パルクと称されるようになったスタジアムは、ナイトゲームが開催される度に、シュヴァルツゲルプ（黒と黄色）の巨大なＵＦＯが着陸したかのような存在感を放つ。ブンデスリーガのトップを走るボルシア・ドルトムントは、ホームグラウンドにおいて、ヴェルダー・ブレーメンとの対戦に臨もうとしていた。

ドルトムントはドイツ最西端に位置する工業都市で、ルール地方の経済の中心地となってきた。大きな炭鉱や製鉄所だけでなく、数多くのビール醸造所があることでも知られる。事実、クラブのウルトラスは、ドイツビールの首都だとするバナーをいつもはためかせている。

ただしこの街は重要な役割を担ってきたが故に、第二次世界大戦中には連合国による攻撃目標とされた。一九四三年と一九四四年の空爆では、かつてハンザ同盟の主たるメンバーだった美しいゴシック様式の都市は瓦礫と化し、六〇〇〇〇人以上の市民が犠牲になっている。

現在、ドルトムントの中心地には、機能的なオフィスビル、ガラス張りのモダンなショッピングモールが並ぶばかりで、歴史的な建造物は何も残っていない。また復興を果たした後も、一九八〇年代には長く厳しい産業の衰退を経験するなど、幾多の紆余曲折を経てきた。

とはいえどんな時代にも、黒と黄色のチームカラーはあらゆる店舗やカフェを彩ってきた。ボルシア・ドルトムントはこの街の誇りの象徴でもあり、活力を反映する鏡のような存在だともいえる。クラブやサポーターの勢いは、地域全体の雰囲気と常に緊密に結び付いてきたからだ。

クラブは一九六〇年代に躍進。一九六六年にはカップ・ウイナーズ・カップの決勝でリヴァプールを破り、ドイツのチームとして初めてヨーロッパのタイトルを獲得している。

ドイツ人コーチのテオ・ベッカーは、一九六九年から七三年までドルトムントでプレーしていた人物である。私が出会ったのは、彼が数年前、レバノン代表チームを率いていた際だった。ベッカーは神経質そうな雰囲気を漂わせてはいるが、基本的にフレンドリーで気さくな性格の持ち主だ。ベイルートにいた頃は、ドルトムント時代のことを毎日のように尋ねられたという。

「ドルトムントは労働者の街だし、多くの人が鉱山で働いていた。だから（昔は）あまりきれいな街じゃなかったね。ドルトムントの人々から仕事を取ったら、あとはサッカーしか残らない。誰もがボルシア・ドルトムントに夢中だった……サッカーは彼らの宗教なんだ」

一九七〇年代以降、ドルトムントは光と影の時代を行き来してきた。八〇年代は成績が低迷し、クラブの経営は破綻寸前となるが、一九九〇年代には見事に復活。一九九七年にはオットマー・ヒッツフェルトの下、大方の予想に反してチャンピオンズリーグ優勝を成し遂げる。

ところが二〇〇〇年には金融緩和や低金利の信用取引に目がくらみ、株式上場という馬鹿げた選択をしてしまう。結果、クラブはほぼ無一文となった。

今日のボルシア・ドルトムントは、再びルネッサンスを謳歌している。

転機はユルゲン・クロップが監督に就任したことだった。クロップは戦術家としての才とカリスマ性を発揮し、ブンデスリーガで無敵を誇るバイエルン・ミュンヘンに対抗し始める。

ドルトムントは、独自のカルチャーを確立する試みにも成功した。バイエルンが合理的な経営を極めた企業だとするなら、ドルトムントには我が道を行くロックンローラーのような雰囲気がある。トロフィーの数では太刀打ちできないものの、代わりにドルトムントはヨーロッパのいかなるクラブより素晴らしいファン体験を提供している。安いチケット、安いビール。熱気に満ちた立ち見席が用意された結果、スタンドではパイロやコレオグラフィー、そして得点に関係なく響き渡り続けるチャントを誰もが堪能できるようになった。

事実、ドルトムントには、海外からも数多くのサッカーファンが訪れる。クラブ側の推計によれば、イングランドのファンに限っても、ホームゲームが行われる度に一〇〇〇人のファンがやってくるという。自分たちのクラブが金に「魂」を売っていなければ、今頃はイングランドのサッカー界も同じように活気を呈していたかもしれない。彼らは幾ばくかの後悔と羨望を覚えながら、ドイツで繰り広げられるエンターテインメントを満喫するのである。

イングランドのクラブチームと対照的に、ドルトムントは自らの「魂」を保ち続けてきた。

その象徴が「ズュートトリビューネ（サウス・スタンド）」であり、そこに築かれる巨大な「黄色い壁」に他ならない。ズュートトリビューネは、ヨーロッパで最大規模を誇るテラス（立ち見席）として知られる。ブンデスリーガの試合では、最大二万五〇〇〇人のファンが立錐の余地もないほど結集し、黄色の旗とバナー、コレオグラフィーを展開しながら、分厚い音の壁を作り上げる。その景観はまさに圧巻だ。

ブリーゲルが開いた新たな扉

ドイツの芳醇なサッカー文化は、様々な要素が混じり合って醸成されてきた。

かつてのドイツには、「クッテン」と呼ばれる男性中心のグループが存在した。袖を切り、ピンバッジを大量に付けたデニムジャケットを羽織るサポーターは。独自のファン文化が生み出したものだった。

だがテラスに陣取るサポーターは、もっぱらイングランドのスタイルを模倣していた。またドイツには、フーリガニズムの長い伝統もあった。フーリガンという名称自体は、使用されていなかったとしてもである。

「ドイツサッカーの歴史を調べれば、常に何らかの暴力が存在していたことがわかる」

学者で作家のロベルト・クラウスは指摘する。彼はドイツにおけるフーリガニズム、ファン文化、極右勢力を専門的に研究してきた人物である。

彼によれば一九二〇年代にマンハイムで行われたサッカーの試合では、既にサポーターグループ同士の暴力沙汰が起きたという記録があるという。これに対して、「フーリガン」という呼称と具体的な組織形態を持つグループが初めて登場したのは一九七〇年代初頭。イングランドでフーリガニズムの嵐が吹き荒れるようになってからだった。クラウスは語る。

「ドイツで自らフーリガンと名乗った最初のグループは、シャルケ04のゲルゼンスツェーネだった。彼らは一九七八／七九シーズンの冬頃に表舞台に姿を現した」

ドイツのフーリガンは、極右勢力とも密接に結び付いてきた。たとえばドルトムントも、ボルーセンフロントというトラブルメーカーを抱えていた。これは地元の極右シーンの大物で、「SS―ズィギー」として知られた悪名高いネオナチ、ズィークフリート・ボーヒャルトが一九八二年に設立した組織である。

だが忌まわしき傾向は一九八四年、ある出来事をきっかけに変化し始める。発端となったのはドイツ代表としてプレーした、ハンス＝ペーター・ブリーゲルの移籍だった。

ブリーゲルは、カイザースラウテルンで選手としてのキャリアをほぼ全うした後、イタリアのエラス・ヴェローナに移籍する。当時のイタリアは大規模な八百長スキャンダルに揺れており、サッカー協会は試合を担当する審判をランダムに選ぶ制度まで導入している。それまでは委員会が審判を任命していたため、制度的にも不正が生じる余地が残っていたのである。

このような状況で幕を開けた一九八四／八五シーズン、イタリアのビッグクラブは総崩れになり、逆にヴェローナがクラブ史上初の（そして今に至るまで唯一の）スクデットを獲得する。チームの快進撃が続く中、以前は半分しか埋まっていなかった巨大なホームスタジアム、スタディオ・マルカントニオ・ベンテゴディもにぎわい始める。しかもテラスには、新たな客人が顔を覗かせ始めた。カイザースラウテルンのファンが、クラブのレジェンドであるブリーゲルのプレーを一目見ようと、イタリアまで来るようになったのである。

ブリーゲルはスクデットを手土産に、二シーズン後にはサンプドリアへ移っていく。他方、カイザースラウテルンのサポーターは、パイロやコレオグラフィーといったイタリア流のウルトラス文化に強く影響を受けながら本国へ戻った。

かくして蒔かれた種は、着実に芽吹いていく。一九九一年、カイザースラウテルンはチャンピオンズカップでバルセロナと対戦。この際には一〇〇本を超える発煙筒が焚かれ、壮大なパイロが展開された。ジャーナリストのウルリッヒ・ヘッセは、『黄色い壁の構築』にこう記している。

「ドイツサッカー界のサポーターは、古典的なイングランドのファン文化を三〇年間に亘って模倣しようとしてきた。（バルセロナ戦での光景は）彼らがついにそこから離脱し始めたことを、はっきり示唆していた」

ドイツに上陸した、ウルトラスの「第二波」

一九九〇年代に入ると、ドイツのファン文化はさらなる変化を遂げる。

まず、当時のサッカー界で最も華やかな成功を収めていたセリエAの試合が、ドイツの地上波でも無料で中継され始めた結果、より多くの若者が自宅のリビングルームにおいて、クルヴァの色彩とパイロを目にするようになる。

さらにはインターネットの普及や、有名選手の移籍などによって各国のサポーターは頻繁に交流するようになり、応援を盛り上げるための様々なアイデアや技術、チャントの情報などを自由に共有し始めた。これがウルトラスのムーブメントにおける「第二波」である。

無論、共産主義の崩壊も大きな影響を与えた。その対象となったのは東欧諸国だけではない。

一九八九年にベルリンの壁が崩壊し、一九九〇年に東西ドイツが統一した結果、ドイツとドイツサッカー界にも激震が起きる。旧東ドイツのサッカークラブが西ドイツのサッカー連盟（DFB）に統合されたからだ。かくして一九九一／九二シーズンにはブンデスリーガの枠が拡大され、旧東ドイツの二チーム、ハンザ・ロストックとディナモ・ドレスデンが加わっている。

ただし東西ドイツの統合がもたらした影響は、ポジティブなものばかりではない。現にドイツ国内では一時的に景気と治安が悪化し、多くの人が強い不満も抱えるようになった。

一九九二年には、もう一つの重要な出来事も起きた。

DFBは、サポーター・リエゾン・オフィサー（クラブ側とサポーター側の橋渡し役）を組織化。一般のファンを悩ませてきた、暴力沙汰や極右勢力の根絶に本腰を入れ始める。さらに翌年には、政府がクラブとサポーターグループに資金を提供するスキーム、「コーディナツィオンスシュテレ・フェンプロイエクテ（ファンに関連するプロジェクトの調整窓口）」も発足した。

ドイツサッカー界が、良質なファン文化の醸成に向けて他国よりも積極的なアプローチを採ることができた背景には、一九世紀までさかのぼる深いルーツもある。

そもそもイングランドのサッカークラブは、設立されて間もない頃から有限会社化され、ビジネス的な視点で運営されるようになった。先駆者であるバーミンガム・シティは、スモールヒースFCと呼ばれていた一八八八年の時点において、既に法人化されている。

一方、ドイツのサッカークラブは法人ではなく会員制の組織として発展した。

DFBによれば、二〇一七年の時点ではドイツ国内の二一の地域にそれぞれサッカー連盟が存在し、合計二万五〇〇〇ほどのクラブが加盟している。さらに重要なのは、これらのクラブが約七〇〇万の会員を抱えており、全員にクラブやチーム全般の運営方法に対する発言権が与えられている点だ。つまりドイツのサッカーファンは、単にスタジアムを埋めるだけの顧客ではなく、様々な問題の解決策を提供するリソースにもなってきた。

ズュートトリビューネで続く戦い

ドルトムントのウルトラスも、このような流れの中で誕生している。

「黄色い壁」を主に構成しているのはデスペラドス、ユーボス、そして最大派閥のザ・ユニティというグループだが、デスペラドスは一九九九年、ヤンニことヤン・ヘンリック・グルースチェッキによって結成された。

ヤンニは当時、まだ一四歳だったという。彼がデスペラドス（無法者）なるグループを立ち上げたのは、テレビでイタリアのサッカーを観たことにも起因していた。

「俺たちは単純にドルトムントのどんよりした雰囲気に嫌気がさしていたし、そこでイタリアのウルトラスに刺激を受けたんだ。エンポリには少しばかり影響されたね。あそこにはエンポリ・デスペラドスというグループがあったんだ」

かくして生まれ始めたウルトラスのグループは、旧世代のフーリガンに代わって存在感を増していく。その過渡期には当然のようにトラブルも起きた。ヤンニによれば、デスペラドスもフーリガンの集団に「ケツを蹴られ」、バナーを盗まれるという最大の屈辱を味わったという。

ただし、いがみ合っていたのは、旧世代のフーリガンと新世代のウルトラスだけではない。ズュートトリビューネ（サウス・スタンド）に陣取るウルトラス同士も、決して一枚岩ではなかった。特にひどかったのは、アウェーへの遠征である。俗にいう「オイ・パンク」のような連中、スキンヘッドで労働者階級出身のウルトラスがバスに同乗する形になったが、それぞれのグループが掲げる政治的なスローガンは異なっていたからだ。ヤンニは語っている。

「みんなボルシア・ドルトムントのウルトラスだってことで一応は団結していたけど、基本的なスタンスに関しては違いの方が大きかったんだ」

ヤンニは数年後、これまたドルトムントの代表的なウルトラスであるザ・ユニティの結成をサポートする。現在は家庭を持ち、映画監督としても活動するようになったため、現役のウルトラスとは距離を置くようになったが、ホームゲームが行われる土曜日に、ほぼ毎回のように黄色い壁に顔を出している。

「ユニティは常識的な感覚で動いている。俺たちにとっての政治というのは人種差別に反対することだけど、個人的にはとりたてて目新しい考え方をしているとは思わない」

イタリアや南欧、そして東欧のほとんどの国々ではウルトラスが右傾化しており、ラディカルな民族主義や、ネオ・ファシズムを掲げるグループが増加している。

しかしドイツサッカー界の傾向は、明らかに他国と一線を画していた。たとえ政治的なイデオロギーは微妙に異なっていても、人種差別などの重要な問題に関しては、一致団結して反対するスタンスを取っている。

ヤンニによれば、ドルトムントでこの種の考え方が定着するまでには数年を要したという。今ではリベラルな発想が根付いたとはいえ、状況は必ずしも盤石なわけでもない。事実、彼が立ち上げたデスペラドスは民主主義的な理念に基づいて運営されていたが、ヤンニが手を引くと政治的に右傾化している。

ヤンニはさらにソーシャルメディア、特にインスタグラムとフェイスブックの普及が、サッカー絡みの暴力を助長しているとも指摘した。現に数週間前にドルトムントがバイエルン・ミュンヘンを三対二で破った際には、ネオナチのフーリガンがノースサイドというファームの面々を引き連れて登場し、「ジーク・ハイル」と叫ぶ一件も起きている。

ただしヤンニは、フーリガンの連中が戻ってきたことを、さほど懸念していなかった。いかに強引な方法で特定のイデオロギーを植え付けようとしても、巨大な黄色い壁は全てを飲み込み、中和していってしまう。これこそがドイツにおけるウルトラス文化の強みだといっていい。

「(ネオナチや極右は)数もそれほど多くない。それに俺たちは、立ち見席にいるファンの意識を根本的に変えたから、連中に勝ち目はないさ……とはいえ、こういう状況を維持していくためには、毎日戦っていかなければならないんだ」

ナチはスタジアムから出て行け

辺りが徐々に暗くなり、ドルトムント対ヴェルダー・ブレーメン戦のキックオフが近づいてくると警察が慌ただしく動き始めた。暴動鎮圧用の装備を調えた数百人の警官と数十人の騎馬警官が、丸めたバナーを手に、スタジアムに向かおうとするサポーターを取り囲む。

「政府側の担当者には、俺たちのことを端から嫌っている人間が多いんだ」

スタジアムの外で待ち合わせたベンは、騒然とする現場から少し離れた場所で、こんなふうに述べた。ヴェルダー・ブレーメンには七つのウルトラスグループが存在する。ベンはその一つであるカイレラにおいて、肩書き上はリーダーを務めていた。ベンの隣には金髪で背の高いサーファー風のハジと、イスラム系の名を持つハキームも立っている。

ハンブルクのクラブであるザンクト・パウリのウルトラスは、政治的には明らかに左派で、極めて「進歩的な立場」を取っていることで知られている。

ヴェルダー・ブレーメンのウルトラスは、ザンクト・パウリのサポーター並みに左派的な発想をしている。とりわけカイレラは、バナーとコレオグラフィーを使ってメッセージを提示しながら、極右勢力やファシズムに反対する運動を牽引してきた。事実、シーズン序盤に設けられた「反ファシズムの活動を行う日」には、カイレラはホームであるヴェーザー・シュターディオンの一角、東側の下スタンドをこんなバナーで覆い尽くしている。


「人種差別に死を」

「ファシズムを許すな」

「ナチはスタジアムから出て行け」

「難民歓迎」

最も大きなバナーは、ゴール裏にあるイースト・スタンドの中央に掲げられていた。そこには次のようなメッセージが記されていた。

「サッカーファンは監視されている。だが極右に目は向けられない」

これが警察への当てこすりであることは説明するまでもない。ブレーメンのウルトラスは、警察が極右に肩入れしていると考えていた。クラブの会長であるフーベルトス・ヘス＝グルーネヴァルト博士は、ＡｆＤ（二〇一七年のドイツ連邦議会選挙で一三％の票を獲得した極右政党）を支持するような人間は、ここでは歓迎されないとさえ発言した。

ドイツの東南部に位置するケムニッツ市では、地元のフーリガンにつながりを持つ極右組織がデモを行い、暴動に発展したケースもある。カイレラはこの際にも様々なバナーを掲げている。一番大きなバナーには、次のようなメッセージが書かれていた。

「ナチのギャングが暴れている。しかも国家は協力している。ドイツよ、貴様はクソだ」

カイレラは、なぜかくも政治的な活動を行っているのか。ベンの答えは明快だった。

「俺たちは脳みそとハートを持っているからさ。うちのクラブには七つのウルトラスがあるが、そのうち四つのグループは、ほとんど同じ政治的立場を取っていると思う。

性差別の問題をより重視しているグループもいるだろうけど、少なくとも反ファシズムの立場を貫いているという点では、どの組織も共通しているんだ」

ついに逆転した力関係

ただしヴェルダー・ブレーメンの本拠地であるヴェーザー・シュターディオンは、昔から左派の拠点になってきたわけではない。むしろ長年に亘って幅を利かせていたのは、極右のフーリガンだった。

その中心人物の一人がハンネス・オステンドルフである。ハンネスは極右のパンクバンド、「カテゴリーC」のリードボーカルであり、ブレーメンの最も古いファーム、シュタンダート・ブレーメンともつながりがあった。ちなみにこのグループは、シュタンダート88とも名乗っていた。88とはHH、つまりハイル・ヒトラーを意味するコードである。また彼の兄弟であるヘンリクは、難民センターに放火を行おうとして有罪判決を受けた札付きの活動家だった。

一九九八年のワールドカップ・フランス大会が近づくと、ハンネスはカテゴリーCのアルバムを発表。極右の思想と、フーリガン的なテラス文化を大々的に賛美している。

ベンやハジのような少数派のファンは、右翼やフーリガンが闊歩する状況にげんなりしていたという。かくして彼らは独自にウルトラスを設立して活動し始める。

このような試みが加速したのが二〇〇七年だった。

同年、ベンたちはラカイユ・ヴェールというウルトラスの設立記念パーティーを企画する。ベンによれば、ラカイユ・ヴェールというグループ名は二〇〇五年にパリで起きた暴動に由来している。当時、フランスの内務大臣だったニコラ・サルコジは、郊外で暴動を起こしている人々を

「ラカイユ（クズども）」と呼んでいる。これにフランス語の「ヴェール」、ブレーメンのチームカラーである「緑」を指す単語を組み合わせたのが「ラカイユ・ヴェール」だった。

ところが設立記念パーティーは、途中で打ち切られてしまう。ヴェルダーのネオナチ系のフーリガンファーム、ノルトシュトゥーム・ハンゼシュタット・ブレーメンのメンバーが乱入してきたのだった。

黒い服を着て頭を剃り上げた二五人の男はパーティーを無理やり中断させると、一人一人の名前を呼び上げながら、反人種差別的なチャントやバナーの掲示をやめるように要求した。

ラカイユ・ヴェールの活動は、頓挫したも同然だった。

その後、メンバーの間では三つの選択肢が検討された。一つ目は組織を解散する、二つ目は政治的な活動を断念する、三つ目は暴力を振るわれる危険があっても、このまま組織を存続させるというものだった。

結局、ベンたちの気持ちは折れなかった。彼らは「ラカイユ」という単語の文字を組み替え直して「カイレラ」という名称に変更。インフェイマス・ユースをはじめとする他のグループと共に、反右翼の活動を継続する道を選んだ。

かくして誕生したカイレラはメンバーを増やし、イースト・スタンドで圧倒的な影響力を待つようになる。そして翌年の二〇〇八年には、右翼勢力との力関係が逆転する出来事が起きた。

ボーフムで行われたアウェーゲームでは、例のノルトシュトゥームのメンバー一人が、燃える頭蓋骨を描いた黒いバナーを掲げようとする一幕があった。カイレラのメンバーは「ナチは出て行け！」と繰り返しながら、これを阻止したのである。

さらにボーフムのファンもカイレラ側に加わり、最終的にノルトシュトゥームのバナーは引きずり下ろされた。ボーフム警察によれば、一一人のフーリガンたちは「危険から身を守るため」、警察にガードされながらスタジアムを後にしている。

「政治的な中立」という幻想

ウルトラスの台頭は、ドイツのフーリガンにとって不吉な兆候だった。もはやスタジアム内で、かつてのような存在感を誇示できなくなったからである。これは労働者階級に根ざしていたドイツのサッカー文化が、中産階級を主体としたものにシフトしていく過程でもあった。

フーリガニズムの退潮に関しては、二〇〇六年にドイツでワールドカップが開催された影響も少なくない。大会に向けて老朽化したスタジアムが改築される一方、警察側はファンをコントロールしていく方法を再検討し、施設内に分室を設けるようになる。こうして常に目を光らせることが可能になった。

ただし、立ち見席はサポーターの強い意向を受けて廃止されなかったし、ドイツではチケットの値段が高騰するような現象も起きていない。このような環境の中でウルトラスはさらに躍進し、政治や社会問題に対しても、積極的に関わるようになってきた。

ヴェルダー・ブレーメンも、そんなクラブの一つだ。確かに右翼勢力を完全に排除することはできないにせよ、民主的な勢力は明らかに大多数を占めている。とりわけカイレラが陣取るセクションでは、行動規範は厳格に定められている。人種差別を助長するようなチャントを合唱したり、バナーを掲げたりすれば即座に叩き出される。ベンは語る。

「基本的には、みんなナチスに反対しているね。

俺たちは人種差別的な行動、右翼的な行動を認めない。今、スタジアムには八万人のファンが来ているけど、俺たちが目指しているのは、人種、性別、セクシャリティに関係なく、誰もが歓迎されて、安心してチームをサポートできるような環境を創ることなんだ」

ベンとハジにとって、ヴェルダー・ブレーメンはただのサッカークラブではない。むしろ政治的な啓蒙活動を行っていく上で、最適なプラットフォームにもなっていた。

「政治はサッカーと何の関係もないと考えるのはおかしい。政治はあらゆる点で、サッカーに関わってくるからね」

ウルトラスの中には、政治にあまり携わりたくない、中立的な立場を貫きたいと望む人々もいるだろう。だがベンは、そのようなスタンスを取ること自体、不可能だという考え方をしていた。たとえば人種差別や性差別、ネオナチを黙認するような態度は、それ自体が一種の意思表明になるからだ。カイレラのメンバーにとって、「非政治的なウルトラス」なるものは原理的に存在しない。「何もしない」ということは、れっきとした政治的な行動なのである。

ここで思いだされるのは、ウルトラスを長年研究してきたヨナス・ガブラーの指摘だ。彼は興味深い分析を行っている。

「ドイツのウルトラスがイタリアを真似し始めたときには、『彼らのように政治的になりたくない』と常に主張していた。自分たちは茶色（ファシストの象徴）でも、赤（共産主義者）でもない。

黄色と黒（ボルシア・ドルトムント）を応援しているだけだという考え方をしていたんだ。だが差別に反対する人たちからは、こんな批判がなされていた。人種差別的な言葉を吐く人間を黙認し、問題に介入しようとしない。それは政治的な活動をしているのと同じことになってしまうのだと」

ただしドルトムントの一戦では、ブレーメン側は政治絡みのメッセージのバナーを一つも掲げていなかった。ウィンターブレイク明けの試合で、クラブ創設一二〇周年を祝うための準備に傾注していたのである。

また今日の試合では、あらゆる面で単純にドルトムントに分があった。

巨大な黄色い壁は、ブレーメン側に得も言われぬプレッシャーをかけながら、ドルトムントの面々に轟々たる声援を送る。黄色いユニフォームを着た選手たちは、期待に応えるように見事なプレーを披露し、二対一で順当に勝利を収めた。

だが両軍を通じて印象的な場面が見られたのは、試合中でもなければ試合終了の瞬間でもない。試合開始前だった。キックオフの前、ヌリ・シャヒンが黄色い壁に近づいて行く。彼はドイツに暮らすトルコ移民の両親の下に生まれ、一二歳でボルシア・ドルトムントに加入。他のクラブでプレーした時期もあったとはいえ、今日におけるドルトムントの躍進を支えてきた。

シャヒンは数カ月前にヴェルダー・ブレーメンに移籍していたが、ドルトムントのファンに別れを告げる暇もなくチームを離れている。そこで改めて挨拶をしようとしていた。

白と緑のトレーニング・ジャケットを着たシャヒンが黄色い壁に近づき、長年、自分を応援してくれたサポーターに感謝の気持ちを表す。その瞬間、両軍八万人の観客が彼の名前を連呼した。

シャヒンはじっと佇みながら涙を浮かべていた。

フライブルク・イム・ブライスガウ

SCフライブルクのシュヴァルツヴァルト・シュターディオンよりピッチの近くに立てるスタジアムは、ヨーロッパでもなかなかないだろう。ウルトラスたちが陣取るノルトトリビューネ（ノース・スタンド）の最前列では、広告板の上に身を乗り出すと、ゴールネットに触れることさえできそうになる。

凍えるような寒さの水曜日の夜、ブンデスリーガで最も小さいコンパクトなスタジアムでは、ハノーファー96との一戦が行われようとしていた。相手はリーグ最下位に低迷しているが、フライブルクサポーターの熱気は変わらない。いつものホームゲームと同じように、場内は立錐の余地がないほど満員になっていた。

私の背後には、赤と白の旗の海が広がっている。様々なウルトラスのグループや、フライブルクを象徴する旗である。中には、当局の高圧的な態度に反対するおなじみのバナー（フライブルク市：警察国家）、スタジアムの出入り禁止が言い渡されたウルトラスの名前が書かれたバナー、試合の度に必ず掲げられるイタリア語のバナーも見られる。そこには「Diffidanti con noi（出入りを禁止されたファンは我々と共にある）」というメッセージが記されている。

フライブルクのサポーターは、この日の試合に向けて二種類のバナーも用意していた。最初のバナーには、「50＋1ルール」を支持するメッセージが描かれている。50＋1ルールとはクラブが発行している株式の半数以上は、ファンが所有する形にしなければならないとした規定で、強引な買収や理不尽なクラブ経営を防ぐ防波堤となってきた制度である。

二つ目のバナーには、「キントは姿を消す」というフレーズがペイントしてある。これはドイツのウルトラスが最も嫌悪する人物の一人、ハノーファーのマルティン・キント会長を糾弾するためのものだった。キントは、ドイツサッカー界で採用されてきた50＋1ルールを廃止すべきだと、誰よりも強硬に主張してきた。

もともとキントは補聴器で財を築いた人物で、過去一〇年間、マスコミの報道や裁判を通じて、50＋1ルールは自由な投資を妨げる悪法だと力説してきた。ヨーロッパの他の国々では、ほぼ無制限にクラブに投資を行うことが認められている。これらの国々のチームに対抗していく上で、50＋1ルールは障害になるというのが彼の言い分だった。キントは、ドイツ独自のルールがバイエルン・ミュンヘンのようなビッグクラブをさらに優位に立たせ、ハノーファーのようなスモールクラブを不利な状況に追い込むだけだと考えていた。

二〇一〇年、私はキント本人に直接コメントを求めたことがある。その際、彼は誰からも支持されない無謀な運動を展開し続ける理由を、次のように述べた。

「イングランド、フランス、イタリア、スペイン、そしてロシア。これらの国々では、50＋1ルールなどどこも採用していない。

うちのチームを見てみるといい。シーズンの売上高は七〇〇〇万ドルで、利益はゼロだ。こんな数字じゃ、ビジネスでも競技の面でも将来性などまるでない。そんなことをしていたら、クラブは対抗できなくなる」

ルールをかいくぐろうとする者たち

50＋1ルールは、世界中のサポーターから理想的な運営モデルとして高く評価されてきた。イングランドを筆頭に、フランス、イタリア、ヨーロッパなどでは、億万長者によるクラブの買収が相次ぎ、サッカー界の在り方やクラブとサポーターの関係が歪められてきた。だがドイツ型のシステムは、同じ状況が起きるのを未然に防いできたからだ。

にもかかわらずキントは、50＋1ルールの撤廃にひたすら執念を燃やしてきた。仮にルールを全面的に廃止することはできなくても、その適用を免れる権利を確保しようと試みてきた。事実、過去には物議を醸しながらも、特例が認められたケースもあった。

一九九八年に50＋1ルールが導入された際、ヴォルフスブルクとバイヤー・レヴァークーゼンは特例として扱われている。もともと両チームは労働者のチームとして設立されたが、前者はフォルクスワーゲンから、後者は製薬大手のバイエルから出資を受けたという理由で、特例を申請したのだった。しかもこれが受理されたため、ドイツ中のウルトラスから怒りを買っている。

似たようなケースは他にもある。

かつてのホッフェンハイムは、人口わずか三〇〇〇人の村に拠点を置く、五部リーグのマイナークラブに過ぎなかった。ところがソフトウェア業界の大物、ディートマー・ホップが買収。ブンデスリーガの基準を満たすスタジアムを作り上げ、チーム自体もブンデスリーガに押し上げていく。二〇一五年、ＤＦＢ（ドイツサッカー協会）とＤＦＬ（ドイツサッカーリーグ）は、ホップが二〇年間で三億ユーロを費やしたことを理由にクラブの完全買収を承認し、再び特例の対象としている。

だが、これらのケース以上に物議を醸したのはＲＢライプツィヒだった。

二〇〇九年、オーストリアのエナジードリンクメーカーであるレッドブルは、当時、五部リーグで戦っていたザクセン州のクラブ、ＳＳＶマルクランシュタットを買収。

まずはチーム名を「ＲＢライプツィヒ」に変更する。ドイツではクラブ名にスポンサー名を使うことが禁止されているため、レッドブル側は、「ＲＢ」という文字は自分たちのブランド名ではなく、「Rasenballsport（ラーゼンバルシュポルト：芝の上で行う球技）」の略称だと強弁している。さらには数億ユーロの資金を投じて選手をかき集めながら、ブンデスリーガへの階段を一気に駆け上がって行った。

ライプツィヒ側は50＋１ルールを満たすために会員制度を設けたが、これは年会費が数千ユーロもかかる馬鹿げたものだった。簡単に述べるなら、クラブが会員によって運営されるというのは絵に描いた餅で、実際にはレッドブルの従業員によって仕切られていたのである。

当然、他のクラブのウルトラスは、ライプツィヒが昇格を果たす度に抗議活動を展開した。たとえば試合開始から一五分間沈黙する、アウェーゲームをボイコットする、葬儀に参列する際のように、ファン全員が真っ黒なポンチョを着てスタンドを埋め尽くしたケースもある。ディナモ・ドレスデンのウルトラスは、二〇一六年のDFBポカールでの試合中に、切断された雄牛（ブル）の頭をピッチに投げ込むことさえ行った。

ホッフェンハイムとRBライプツィヒは、ドイツのウルトラスたちが宗教のように崇めてきた50＋1ルールをすり抜けたせいで、今でものけ者扱いされている。

ボルシア・ドルトムントのウルトラス、そしてバイエルン・ミュンヘンと1FCケルンのウルトラスは、RBライプツィヒがブンデスリーガに昇格して以来、全てのアウェーゲームをボイコット。さらにライプツィヒが遠征してきた際には、抗議の姿勢をはっきりと打ち出している。ドルトムントの場合はウルトラスがあまりにも露骨なバナーを掲げたため、DFB側からズュートトリビューネ（サウス・スタンド）の使用を一試合禁じられたことさえある。

無論、ホッフェンハイムのオーナーであるディートマー・ホップも、容赦のない批判にさらされてきた。二〇一八年五月、ドルトムントとの試合がホッフェンハイムで開催されたときには、ドルトムントのウルトラスが、白い過激なバナーを披露している。そこにはディートマー・ホップの顔、ライフルの照準を模した赤い十字架、そして映画の『ターミネーター2』の決め台詞をもじった「アスタ・ラ・ビスタ、ホップ（あばよホップ）」というメッセージが書かれていた。ドルトムントのサポーターの中には、「娼婦の息子」というチャントを連呼する者もいた。

50＋1ルールをかいくぐろうとする目論見は、かくも猛反発を招いてきた。だがキントはルールの撤廃を主張したため、ついにはお膝元のウルトラスからも批判を受けるようになる。

ハノーファー96が一部リーグに復帰すると、ウルトラスは「キントはクラブを去るべし」というバナーを掲げながら試合をボイコットしたり、無言で座り込みを続けるようになる。ある試合では棺を担ぎながら行進し、「庶民のものであるはずのサッカーは、死に絶えてしまった」と宣言。スタジアム内には「金と腐敗、そして肥え太ったＤＦＬの手によって、庶民のサッカーと会員制度は抹殺された」というバナーまで翻った。

ハノーファーではその後も50＋1ルールがかろうじて維持されていたが、二〇一八年春頃になると、ついに流れはキントに傾き始める。おそらくフライブルクのウルトラスが救いの手を差し伸べていなければ、キントは自らの目標を達成していただろう。

マネーの論理に抵抗したウルトラス

私はキックオフの二時間前、スタジアム近くのトラムの終点にある喫茶店で、マヌとヘレンに会った。マヌは、フライブルクのウルトラスであるコリーリョの中心メンバー。ヘレンの職業は研究者で、クラブとウルトラスの間で様々な問題を解決していくファンプロジェクトの一つ、サポーターズ・クルー・フライブルクに所属している。

ヘレンによれば二〇一八年の初め頃、50＋1ルールは廃止の危機にさらされていたという。そのような状況をもたらしたのが二〇一七／一八シーズンの展開だった。バイエルン・ミュンヘンは首位を独走し、クリスマス明けに優勝を決める可能性さえ示唆されるようになる。しかもドイツのクラブはヨーロッパの大会で苦戦していたため、各クラブの会長はおなじみの台詞を口にするようになった。ヘレンは語る。

「非常に悪いシーズンでした。彼らはこう言っていました。『競争力をつけるには、もっと金が要る』と。彼らにとっては、金が全ての解決策なんです」

マヌとヘレンは、ハノーファーのウルトラスがキント相手に、苦しい闘いを続けている状況も熟知していた。そこで援護射撃を行うべく、ある計画を思い付く。

二〇一八年三月に開催されるＤＦＬの年次総会では、50＋１ルールの問題が議論され、投票によって存続の可否が問われるだろうと見られていた。その総会に向けて「50＋１ルールを継続させよう！」というキャンペーンを張ることにしたのである。

これは実質的には陳情書を作成するような活動だったし、さほど目新しい発想でもなかった。だが結果的に、まさにドンピシャのタイミングで人々の心に訴えかけていく。

彼らの活動は口コミで拡散。四日以内に、一〇〇〇を数えるサポーター組織とウルトラスのグループが署名する。さらに八日後の時点では、賛同した組織の数は三〇〇〇にも上っていた。これは数十万人ものウルトラスのメンバーや個人サポーター、しかもクラブの会員組織で議決権を持つ人たちが公然と異を唱えたことを意味した。

フランクフルトで投票が行われる直前、マヌとヘレン、そしてハノーファー96のファングループで、キントへの反対運動を最も精力的に行っていたプロ・フェアアイン１９８６の代表は総会の会場を訪問。署名に応じてくれた人々の名前を全てプリントアウトし、ホールの脇に張り出した。各クラブの会長が必ず目を留めるようにしたのである。

「リストの長さは三〇メートルにもなったんだ！」

マヌはこう声を弾ませる。

投票は二部リーグまで含めた合計三六のクラブによって実施されたが、最終的には過半数のメンバーが50＋1ルールの存続を支持した。ボルシア・ドルトムントのCEOは、一五万人いる会員の大多数が望んでいる以上、賛成に投票せざるを得なかったと認めている。かくして50＋1ルールは当面の間、存続することになった。マヌは語る。

「僕らはDFLに、総会の透明性を高めることも求めた。そして最終的に（誰が賛成し、誰が反対したのかを）公表させるようにしたんだ。フライブルクとドルトムントは50＋1ルールの継続に賛成票を、バイエルン・ミュンヘンは反対票を入れていたね」

サポーターの情熱、国家の策謀

月曜の夜に試合を開催するという案が提示された際、ファンが取った行動も然りだ。ドイツは国土が広いため、アウェーの会場まで移動するには時間がかかる。ましてや月曜日の夜に試合が行われたりすれば、仕事を持つファンは駆けつけるのがほぼ不可能になってしまう。ところが二〇一七／一八シーズンには、月曜の夜が試合スケジュールに組み込まれ、二部リーグでも制度化されそうになる。これに激怒したファンは一斉に立ち上がっている。

ドイツ国内の各スタジアムでは、様々なバナーやコレオグラフィーが披露された。ヴェルダー・ブレーメンのウルトラスは、ガーフィールドの漫画をもじって「僕たちは月曜日が嫌いです」というバナーを掲げている。一方、ボルシア・ドルトムントのウルトラスは、アウクスブルク戦で

「黄色い壁」を無人にし、スタジアムを静寂に包み込んでいる。

最も有名なものは、アイントラハト・フランクフルトのサポーターが展開した抗議活動だろう。彼らは数え切れないほど多くのテニスボールをピッチに投げ込んだばかりか、トイレットペーパーでゴールの一つを包んでしまうことまで行った。

このような事態を受けて、DFL側も方針を撤回。メリットよりもデメリットが大きいと判断し、しぶしぶ譲歩している。

「次の放映権交渉は九月に行われます。その際には、ブンデスリーガで月曜日に試合開催する方針が撤回されているはずです」

ドイツのサッカースタジアムでは、毎月のように数多くの抗議行動が展開されている。たとえばウルトラス・ティフォというウェブサイトのフォーラムでは、二〇一八年一二月だけに限っても一〇〇件以上の投稿がなされ、五つのディヴィジョンで披露されたコレオグラフィーが、三〇〇枚近くの写真と共に紹介されている。

様々なコレオグラフィーは、ほぼ全てが何らかの抗議活動に関連していた。シュトゥットガルトが掲げたのは反警察のバナー。「警察はくそ食らえ。奴らは八〇人以上のファンを出入り禁止にした。これら全ての禁止措置に反対する」

SVヴェーエン・ヴィースバーデンは、英語のメッセージでテレビ局に抗議している。「サッカーは俺たちのもので、クソ有料テレビのためのものじゃない」

ボルシア・メンヒェングラートバッハのウルトラスは、ビデオアシスタントレフェリーとeスポーツに反対している。「クソ食らえ、証拠ビデオ」「eスポーツをやめろ！」

バイエルン・ミュンヘンのウルトラスであるシケリアは、クラブがカタール航空とスポンサー契約を結んだことに不満を示していたし、ニュルンベルクは、友好関係にあるラピド・ウィーンのウルトラスと連帯している。ラピド・ウィーンのウルトラスは、スタンドを緑と白で埋め尽くし、「1312（警察は、どいつもこいつもクソ野郎）」という数字を再現した結果、ウィーン・ダービーに出入り禁止を食らっている。

これらの全てのバナーやフラッグ、コレオグラフィーには、世界中のウルトラスに共通する価値観が表現されている。敵対するグループへの対抗意識や、自分たちのクラブに対する愛情だけではない。サッカー界が近代化され、コマーシャリズムが浸透していくことへの抵抗感、仲間との連帯意識、そして何よりも警察権力への憤りである。

事実、警察に対する不信は根強いものがある。

たとえばドイツには、マーティン・タインという著名な学者がいた。彼は長年に亘ってニュルンベルクを起点にウルトラスを研究し、『ウルトラスのオフサイド：大胆不敵なファン文化の肖像』という著書まで出版。高い評価を受けている。

ところが二〇一四年には、驚くべき事実が発覚する。タインはドイツ国内で過激派などの活動を捜査する機関、連邦憲法擁護庁のスパイだったのである。

「マーティン・タインの行方を数カ月間探ってみたが、ぷっつり足取りが途絶えていた」

『デア・シュピーゲル』誌に、スクープを寄稿したラファエル・ブッシュマンは証言している。

「彼の家庭、借りていたアパート、かつて働いていた大学での仕事内容。そういう全ての情報が、ある日を境に完全に消えてしまったんだ」

一九八〇年代以降、ドイツサッカー界では死者が一人も出ていない。パイロで怪我をした人間も皆無である。しかも各クラブでは、デンマークで発明された「コールド・パイロ」、従来のものよりもかなり低い温度で燃焼する、新しいタイプの発煙筒もテストしてきた。

にもかかわらず政府側は、ウルトラスを管理するために膨大な予算を使い続けている。

先延ばしされた死刑執行

フライブルクとハノーファーのウルトラス、そしてヘレンが携わっているサポーターズ・クルー・フライブルクの活動は成功を収めていた。またフライブルクでは、性差別や同性愛者に対する差別を一掃するためのキャンペーンが行われていた。

ドイツのサポーター文化は、今もなお独自性を保ち続けている。かくも政治色が強く、かつ積極的に活動しているウルトラスは他に類を見ない。ロベルト・クラウスは語る。

「ドイツのウルトラスは画一的ではない。そんなものは存在しないと思う。存在するのはむしろ様々な文化を象徴する〝記号〟としてのウルトラスなのだから。

ドイツには、フーリガンと密接につながった暴力的なウルトラスもいれば、左翼で暴力に反対するグループもいる。さらには左翼の暴力的なグループ、そして右翼で暴力的なグループもいる。しかもこれらのグループの間には、様々な方針を掲げるグループが無数に存在している」

ドイツでは試合を観戦することよりも、政治的なメッセージの発信に重きが置かれているのではないか。現地で取材をしていると、そんな感覚に襲われる場面がしばしばある。

とはいえヘレンたちは、負け戦を戦っているような気がしてならないという。50＋1ルールの廃止を目論むキントや、大金を注ぎ込めば全てが解決できると考える億万長者たちは、遅かれ早かれクラブ経営の現場に戻ってくるだろう。ウルトラスや抗議活動を展開するスタッフは、単に死刑執行までの猶予期間を与えられただけなのかもしれない。

私はマヌに案内されながらスタジアムに向かった。

フライブルクの人々が経営するファン向けのバーは実にフレンドリーで、どんな人でも歓迎してくれる。ジョッキ一杯分のグリューワインを、たった数ユーロで楽しむこともできる。シュヴァルツヴァルト・シュターディオンまでの短い道のりは、マネーの資本の論理が浸透した場合、サッカー界やコミュニティから何が失われてしまうのかを教えてくれる。

フライブルクでは、空港近くに建設された新スタジアムに移転するプランも長らく議論されてきた。おそらくこれは50＋1ルールが導入され、強引な投資が禁じられた今日のドイツサッカー界において、フライブルクのようなクラブが生き残る唯一の方法なのだろう。だがお役所仕事のせいで認可が下りず、私が取材した時点では実現の目処が立っていなかった。

私はノース・スタンドの最前列で試合を観戦した。ハノーファーがゴールを決めて同点に追いついた瞬間には、ボールに触れるのではないかとさえ思えたほどだ。こんな経験ができるスタジアムは他には存在しない。

ハノーファーは一対一のまま、引き分けに持ち込むことに成功している。キントは結局、スタジアムに姿を現さなかった。

旧東ドイツ　ケムニッツ

巨大なカール・マルクスの頭像は、ケムニッツのランドマークになっている。そこから歩いて一分ほど行った場所には仮設の慰霊碑が設けられていた。

茶色くなりかけた献花、溶けて固まったろうそくの周りにできた蝋溜まり。そして素朴な木の十字架を囲むように、死亡告知や追悼記事が置かれている。十字架の一方にはドイツ国旗、もう一方にはキューバ国旗がある。土台の部分にはダニエル・ヒリッヒの遺影が飾ってあった。

数カ月前、彼はここで刺殺されている。凶行に及んだのは、最近シリアから入国したばかりの難民だった。ヒリッヒの死をきっかけに、ドイツ国内では移民の受け入れに反対する抗議活動や暴動が起きた。

ドイツ東部に位置するケムニッツは、ベルリンの壁が崩壊する以前は、カール＝マルクス＝シュタットと呼ばれていた場所である。この街に難民が住むようになったのは、二〇一五年だった。アンゲル・メルケル首相は、故国の戦火を逃れてやってきたシリア人などを積極的に受け入れる方針を発表。ドイツの各都市では、合計百万人以上の難民が暮らすようになる。ケムニッツもその一つだった。

メルケルの難民受け入れ政策は、世界中で高く評価された。

だがドイツ国内で保守勢力が強い地域、とりわけ産業の空洞化が進み、経済的に困窮していた旧東ドイツ地域では、政府による背信行為と見なされていた。一九九〇年以降、東部の街では人口流出が顕著になっていた。ベルリン人口開発研究所の分析によれば、一九九〇年から二〇一〇年の間に、およそ一八〇万人もの人々がドイツ東部の五つの州を離れている。

このような貧困と絶望、そして似たような境遇の人ばかりが住む均質性の高さは、極右が勢力を伸ばす上で格好の条件となる。事実、二〇一七年に連邦議会の選挙が行われた際、ケムニッツでは反移民を掲げる極右政党ＡｆＤ（ドイツのための選択肢）が、全体の四分の一の票を獲得している。僅差で二位に甘んじたものの、ケムニッツにおけるＡｆＤの得票率は、全国平均のほぼ二倍を記録した。

ヒリッヒの死後間もなく、現地に拠点を置く四部のクラブ、ケムニッツァーＦＣの極右グループであるカオティック・ケムニッツは、フェイスブックで抗議デモをアピール。「クラブと故郷への敬意、忠誠、情熱」を示すべく、カール・マルクス像に集合しようと呼びかけた。デモには二日目までに六〇〇〇人が参加したが、彼らは後に暴徒化している。ナチス式敬礼を行い、難民と思われる人を見つける度に襲いかかった。

そもそもヒリッヒはキューバ系のドイツ人で、過去には人種差別も受けていた。その意味では、紛れもなく被害者の一人だった。皮肉なことに彼の死は、極右勢力が難民政策や慢性化した不況への憂さを晴らすための道具として利用されたのである。

フーリガン、ナチス、レイシストの連合体

「ヨーロッパでは難民の受け入れについて、かなり大規模で極めて感情的な議論が続いている。ドイツの場合、論陣を張っている連中のほとんどは人種差別主義者だと思う」

フーリガンと極右に詳しい学者、ロベルト・クラウスは分析している。

ケムニッツのような旧東ドイツで人種差別が強まり、ウルトラスが跳梁跋扈するようになったのは何の不思議もない。社会に対するやり場のない不満が溜まれば溜まるほど、フーリガンや極右のウルトラスは勢いを増していくからだ。

これはクラブの事情も然り。ケムニッツァーFCはかつて成功を収めたもののその後に破綻。二〇一二年以降は、ドイツの四部リーグであえいでいる。クラウスは地元のウルトラス事情を、こう解説してくれた。

「ケムニッツァーFCのカオティック・ケムニッツは大きなグループではないし、実際のメンバーは二〇人にも満たない。

しかし数千人単位の人間を動員できるような印象を受ける。右翼のネットワークにつながっているからだ。このネットワークを調べてみると、過去二〇年間で、国から活動を禁じられた右翼組織の名前がごろごろ出てくる」

カオティック・ケムニッツは、「フーナラ（HooNaRa）」と呼ばれる団体を下敷きに誕生している。「フーナラ」とは「フーリガン」「ナチス」「人種差別（レイシスト）」の頭文字を取ったも

ので、地元の極右団体やフーリガン絡みの世界で恐れられていた人物、トーマス・ハラーが設立したグループだった。

クラウスによれば、ケムニッツには昔から文化的な土壌があり、何世代に亘って若い世代に影響を及ぼしてきたという。サッカーにおけるフーリガニズムと、極右志向の強いハードコアなパンク・ロック、そして総合格闘技などが混じり合ったサブカルチャーである。それを体現していたのが、ハラーが率いるフーナラだった。

「どの地域にも、レジェンドと呼ばれるような人物や、語り草になっているエピソードが必ずある。一九九七年に起きた出来事は、ドイツ東部のフーリガンがいかに組織的に活動するようになったのかを端的に示している」

この際にはケムニッツァーFCとツヴィッカウ（ザクセン州のクラブチーム）のフーリガンがタッグを結成し、フランクフルト側と戦っている。フランクフルトのフーリガンは、相手が「古代ローマ軍のように隊列を組んで襲ってくる」様子を見てショックを受けたという。

そこには然るべき理由があった。トーマス・ハラーが率いていたグループの面々は、ケムニッツァーFCの警備を担当しており、秩序だった戦い方をするのに慣れていたのである。

後にケムニッツァーFCは、ハラーとの関係を絶っている。だがクラウスによれば、これは表向きの対応に過ぎなかった。

「彼（ハラー）はずっと極右の世界にいたし、経済的にも重要な役割を担っていた。しかも実際には何も変わらなかった。ハラーの警備会社は（他の業者に紛れ込む形で）、ケムニッツァーFCの警備の仕事を続けていたんだ」

今なお存在し続ける左派の牙城

私がケムニッツを訪れた日は、街もダニエル・ヒリッヒの仮設の慰霊碑も、巨大なカール・マルクスの頭像を囲む広場も静まりかえっていた。クリスマス用に設けられた近くのマーケットは、土曜のランチタイムに向けてオープンしたばかりだった。

しかし数時間後には、この辺りの状況は一変しているかもしれない。ケムニッツァーは、ポツダムのクラブチーム、SVバベルスベルク03を迎え撃つことになっていた。

ポツダムは二〇〇キロも離れているが、バベルスベルクはケムニッツァーにとって政治的な意味でも最大のライバルの一つとなってきた。

エネルギー・コットブス、ロコモティヴ・ライプツィヒ、そしてケムニッツァーFCは、右翼のウルトラスを数多く抱えていることで知られる。これに対してバベルスベルクは独自の道を選んだ。ドイツ東部のクラブチームとしては珍しく、左翼のウルトラスグループが強い影響力を維持してきたからである。

それは彼らが旧東ドイツの他のクラブと異なり、共産主義時代のスタジアム名、カール・リープクネヒト・シュターディオンをそのまま使っている事実からもうかがえる。カール・リープクネヒトとは、ローザ・ルクセンブルクと共にドイツ共産党を結成した有名な政治思想家である。二人は一九一九年の同じ日に、裁判の手続きを経ずに処刑された。

私はバベルスベルクのバーバラというファンに、施設内部を案内してもらったことがある。彼女はサッカー界におけるファン文化の醸成において、女性が果たしてきた役割にスポットライトを当てるべく、「ファン・タスティック・フィーメールズ（素晴らしい女性たち）」というプロジェクトを主催する活動家でもあった。

マルクス主義者の名を冠したスタジアムは、非常に興味深かった。外壁にはファシズムに反対するグラフィティが描かれていたし、内部には託児所も設置されている。彼女の説明によれば、試合中はヴィーガン（完全菜食主義者）向けの食事が提供され、性差別や同性愛に対する差別を撲滅するキャンペーンも定期的に行われているという。

二〇一五年、ドイツが難民問題で揺れ動いた際、ドイツ東部のスタジアムでは「難民は帰れ」「難民は歓迎しない」というバナーが数多く掲げられた。だがバベルスベルクは難民を迎え入れ、無料で試合にも招待している。結果、バベルスベルクのほぼ全ての試合は、トラブルが起きる危険性が高い「ハイリスクマッチ」に分類された。

「アウェーでの試合観戦はおぞましいものになるぞ、リーグ最悪だ」

スタジアムの見学を終えると、サッカー・サポーターズ・ヨーロッパという組織で働くマルティン・エンデマンは、こんなふうに話しかけてきた。

「あいつらは面と向かって叫んでくるんだ。『とっとと帰れ、ベルリンのユダヤ野郎』ってね」

エンデマンのコメントは説得力に満ちている。

たとえば二〇一七年、バベルスベルクがエネルギー・コットブスと対戦した際には、両軍のウルトラスが衝突している。原因となったのはコットブスのウルトラスの挑発だった。彼らはナチス式敬礼をしながら、「働けば自由になる（アウシュヴィッツの門に書かれたスローガン）」、バベルスベルク03」、あるいは「ダニ（共産主義者に使われる蔑称）、ジプシー、ユダヤ人」という、聞くに堪えない内容のチャントを連呼したのである。さらにコットブスのウルトラスは発煙筒を投げ込み、ピッチを横切ってバベルスベルク側の席に乱入しようと試みた。

バベルスベルクのサポーターも「出て行け、ナチのブタ野郎！」と応戦したため、ついには乱闘騒ぎに発展する。しかも試合後、ドイツ北東部を管轄するサッカー協会は驚くべき決定を下す。なんと人種差別や挑発を繰り返したコットブス側ではなく、中傷を受けたバベルスベルク側に七〇〇〇ユーロの罰金を科したのである。バベルスベルクが支払いを拒否すると、協会はクラブライセンスの取り消しまでちらつかせている。

最終的に協会側は罰金を半額に減額し、差額を反人種差別の啓蒙活動に使うことを認めたが、クラブ側には領収書の提出が義務付けられた。これはまさに噴飯ものだった。同じことをドルトムントやケルンのようなクラブに行ったりすれば、社会的に大問題になっていただろう。

ケムニッツとの対戦に神経を尖らせていたのは、サッカー協会や警察だけではない。

バベルスベルクでは、フィルムシュタット・インフェルノ99というウルトラスのグループが活動している。この名前は、バベルスベルクがドイツの映画産業の拠点であることにちなんだものだが、彼らも来る試合に向けて警戒を強めていた。

事実、フィルムシュタット側に取材を申し込むと、私の素性を詳しくチェックしてから対応を決めたいという答えが返ってきた。

かくして紹介されたのがマックスだった。マックスはベルリン市内にある、ヒップなモロッコ風カフェで会ってくれた。赤みがかった口髭をうっすら生やし、一九八〇年代風の細縁の大きな眼鏡をかけ、野球帽をかぶった今風の若者だった。

マックスは自分たちのようなウルトラスが、いかにメディアに「シャイ」であるかを真剣に説明してくれた。私がアウェー側のスタンドに入りたいというと、彼は深いため息をついたが、最後は「ジャーナリストのように振る舞わない」という条件付きで、希望を叶えてくれた。

ただしマックスは、一緒に移動できる人間を自分で探すことや、ポツダムからケムニッツに向かうバスには絶対に同乗しないという条件も加えてきた。このため私は二本の列車を乗り継ぎながら三時間かけてケムニッツまで行き、そこで改めてフィルムシュタットの面々と合流しなければならなくなった。

徘徊し続ける、極右の亡霊

ケムニッツの警察は、郊外にあるスタジアムまでの道に大量の人員を配置していた。

フィルムシュタットのバスを待っていると、ケムニッツァーのファンが次々と通り過ぎて行く。最初に見かけたファンは、ジャケットの背中に「ホワイト・パワー（白人の力）」という英語の文字を刺繍している。スタジアムに向かうトンネルも、こんな落書きだらけだった。

メルケル消えろ

1312（警察は、どいつもこいつもクソ野郎）

白人の誇り！

スタジアムの入り口付近では、警官が二人のケムニッツァーファンを念入りに身体検査している。彼らはたまたま通りかかっただけだと主張していたが、一人は「FCK CPS」（ファック・ザ・コップス）というロゴの入ったバッグを持っていた。おそらくその六文字が、無駄に相手を刺激してしまったのだろう。

私は三カ所のセキュリティチェックを通過して、小さいながらも整然としたシュターディオン・アン・デア・ゲラートシュトラーセの裏手にたどり着いた。

やがて近隣の町や村からやってきたバベルスベルクのファンが一人、二人と集まってくる。彼らは皆、緊張で顔がこわばっていたし、周囲に仲間がいることが確認できるまで、スカーフをジャケットの外に出そうとしなかった。

キックオフまで三〇分となったところで、ポッダムを出発したバスの列がようやく到着した。ファンを装い、バベルスベルクのウルトラスと定期的に試合を観戦しているイングランド人ジャーナリストのトムによれば、遠征のバスは途中で襲撃に遭う恐れがあるという。だが今回は警察の護衛が付いていた。例のマックスは私を見つけると静かにうなずいてから、ゴール裏に向かって行った。

バベルスベルクのウルトラスは、スタジアム内でパイロを一切披露しなかった。その代わりに、こんなメッセージが記されたバナーを掲げている。

「ケムニッツではなくカール・マルクスを」

これは共産主義時代のケムニッツの地名に言及したものだが、左翼のバベルスベルクらしい気の利いた代物だった。ただし、ゴール裏のテラスは必ずしも一枚岩ではなかった。バベルスベルクでは、いくつかのグループが以前から対立していたからである。

結果、フィルムシュタットのウルトラスはテラスの前方に、ブルドッグというグループは後方に陣取ることになった。無論、アウェーのセクションは、物理的なスペースも席数も限られている。このため試合中は互いに見て見ぬふりをしながら、隣り合わせに立つような具合になる。対立を招いた原因はわからないが、そこにはまるでモンティ・パイソンのコメディのようなおかしな空気が漂っていた。

しかしバベルスベルクにとって、試合は楽しい展開にならなかった。チームはハーフタイムを迎える時点で選手は一〇人に減っていただけでなく、ケムニッツァーのキャプテン兼ストライカーのダニエル・フランに得点を許し、二対〇で敗北を喫してしまう。

ちなみに数カ月後、ケムニッツァーFCとダニエル・フランは、再びニュースに取り上げられている。フーナラを設立したトーマス・ハラーが、癌との長い闘いの末に死亡。これを受けてケムニッツァーFCは、ホームゲームが始まる前に一分間の黙祷を捧げる時間を設け、ハラーの顔を大きなスクリーンに映し出したのである。さらにサポーターは、ハラーを讃えるバナーを広げたばかりか、フランはゴールを決めた際にユニフォームをたくし上げ、地元のネオナチを支持するようなメッセージの描かれたTシャツを披露した。

ジャーナリストのフェリックス・タムズートによれば、旧東ドイツのクラブであるエネルギー・コットブスやスイスのグラスホッパー・クラブ・チューリッヒでも、似たような追悼式典が行われたという。

悪名高いネオナチの人物をクラブが追悼したという話が公になると、ケムニッツァーFCのCEOは辞任。ハラーにまつわるメッセージをフェイスブックに投稿したファン・リエゾン・オフィサーも、身を引いている。ちなみに後者は地元の政治家で、なんと中道左派の社会民主党に所属していた。またクラブの場内アナウンサーも解雇された。

事態を重く見たメインスポンサーは契約を解消し、地域を管轄するサッカー協会も、クラブに一万二〇〇〇ユーロの罰金を科している。

だがフーリガン、ナチ、人種差別（レイシスト）の三要素から構成されたフーナラを支持する風土は、ケムニッツのような地域に今も深く根付いている。

ドイツでは、ファームと呼ばれる武闘派のフーリガンや極右のウルトラスが、格闘技のグループと交流するケースも増えてきていた。この新たな組み合わせはウルトラスが殴り合いを演じる際の方式も根本的に変え、東欧や北欧にも大きな影響を与えることとなる。

結果はともかく、アウェーのケムニッツァー戦は大過なく終了した。暴力沙汰は起きなかったし、フィルムシュタットのメンバーは、ケムニッツのウルトラスに旗も奪われていない。

試合後、彼らはスタンドの後ろの壁にテープで貼り付けた「ケムニッツの代わりにカール・マルクスを」というバナーを畳み、待機していたバスに向かって行った。おそらく寒さに震えている私を哀れんでくれたのだろう。メンバーの中には、ベルリンまで一緒にバスで戻ればいいと親切に声をかけてくれる人もいたので、私は同乗させてもらうことにした。

しかし世界各国のウルトラスは、同じ掟と価値観に基づいて活動している。それはイタリアであろうとセルビアであろうとロシアであろうと、そしてもちろんドイツでも同様だ。政治的なイデオロギーが異なっても、基本的な世界観は共通している。

バスの旅が始まって二〇分、フィルムシュタットの幹部が私の席に近づいてきた。彼らは厳かな口調で「ジャーナリストはバスに乗ることが許されていない。君は我々のルールを破った」と指摘してきた。

車内に動揺が広がる。自分たちの会話を聞かれたのではないかと、不安に感じている人たちがいるのは明らかだった。ルールはもちろん知っていたが、私はドイツ語を話せない。誰が何を話していても理解できないと説明したが、リーダーは頑として譲ろうとしなかった。

「そういう問題ではない。君は警告を受けていたはずだ」

リーダーは私のことを、ネオナチと同じような「敵」だと見なしていた。ショウガ色の細い口髭を生やしたマックスが助け船を出してくれるのではないかと思ったが、彼はうつむいたまま、気まずそうに自分の足元を見つめているだけだった。

結局、私はバスの前方に連れて行かれ、ぽつんと一人で座らせられた。これと同時に前方にいたメンバーは全員、後方の席へ移動した。会話が一切、部外者である私の耳に入らないようにするためである。こうして私は事実上、独房に入れられているような状態になった。

ベルリンまでは丸々二時間半かかるし、萎縮しながら席に座っているのは堪え難い。そこで私は運転手に頼み、波風の立たない形で〝脱獄〟させてもらうことにした。ライプツィヒ郊外に差し掛かるとハイウェイ脇でバスを降り、最寄りの鉄道の駅まで一人で歩いた。

第十章
スウェーデン
サッカー版「ファイトクラブ」へようこそ

ストックホルム

帰郷して同国人の中に混ざっていても、ミカエルはよく目立つ。彼はストックホルム西部の郊外にある地下鉄の駅の外で、私を待ってくれていた。長い顎髭がさらに伸びていて、ポニーテールにした髪が、黒い野球帽から突き出している。

彼はモンテビデオで初めて会ったときと同じように、ウェストハムのTシャツを着ていた。今回は、セックス・ピストルズのデビューアルバムのジャケットを模したデザインで、色はエンジとブルー。胸の文字は「クズどもなんて放っておけ。セックス・ピストルズのお出ましだ」ではなく「トッテナムなんて放っておけ。ICF（インター・シティ・ファーム：トッテナムのウルトラス）のお出ましだ」になっている。

私たちは戦争を生き延びて、無事に兵舎に戻ったときのように抱き合ってから、市の中心部へ向かう電車に乗った。そして、彼が言うところの「ストックホルムにある、ワーキングクラスが通える最後のパブの一つ」であるドーヴァスを目指した。

彼の最愛のチームであるハンマルビーは、今でも庶民のクラブといわれている。だが市の中心部は高級化が進み、ミカエルのような庶民には手が出ない店ばかりになってしまった。

しかし一杯三〇クローナ、三ユーロ足らずでビールを提供し、早い時間から酒を飲んでいる者を色眼鏡で見ない場所も、まだかろうじて残っているという。そこにはハンマルビーの若い世代のウルトラスも待っているはずだった。

数日後、スウェーデンでは最大のビッグマッチの一つ、ＡＩＫ対ハンマルビーのダービーが予定されていた。ストックホルムにはハンマルビー、ユールゴーデン、そしてＡＩＫと一部リーグのチームが三つ存在するため、ダービーマッチにも三通りの組み合わせが成立する。

ハンマルビーはユールゴーデンと新スタジアム（テレトゥヴォ・アレーナ）を共有しており、一部のファンはこれこそ特別な戦いだと自負していた。だがユールゴーデン側は、強豪のＡＩＫ戦こそ真のダービーと考えていた。ミカエルは違う意味で、ＡＩＫ対ハンマルビー戦のどこがダービーだと自嘲している。ましてやＡＩＫの本拠地はストックホルムのはるか北方、ソルナという地域にあったからだ。

とはいえ、ＡＩＫ対ハンマルビー戦もビッグマッチの一つであることに違いはない。それにサポーターにとっては、厳密な「ダービーマッチ」に相当するか否かは、さしたる問題ではなかった。むしろ彼らにとって最大の関心事となっていたのは、自分たちを取り巻く環境が急激に変質しつつあることだった。

北欧で開花した、美しいサッカー文化

スウェーデンのサッカー界は、モダンサッカーとエクストリームなウルトラス文化が共存している輝かしい例として、しばしば脚光を浴びてきた。

彼の地ではドイツと同じように、クラブの運営に関しては50＋1ルールが採用されているし、チケットの価格設定、選手の移籍、スタジアムの警備など、試合に関連する全ての議論ではサポーターの意見が反映されるようにもなっている。UEFAが集計したヨーロッパの加盟国でのランキングでは、ウェールズやスロヴァキアよりも下の一九位に留まるが、運営システムに関しては他国に引けを取らない。

それに加えて、スウェーデンには世界でもトップクラスのファン文化が存在している。しかもウルトラスのムーブメントは今もなお成長を続けていた。

事実、スウェーデンは人口がわずか一〇〇〇万であるにもかかわらず、多くの人が試合に足を運ぶ。ハンマルビーでも、ホームゲームには平均二万四〇〇〇人もの観客が集まっていた。

また週末が来る度に、各クラブのウルトラスたちは、実に凝ったコレオグラフィーやティフォ（人物やキャラクターなどを立体的に模した、巨大な衝立のようなフラッグ）を披露する。厳密には法律で使用が禁止されているが、発煙筒の使用やパイロの披露も必ず準備される。カポと呼ばれるリーダーは特別に組み立てられたケージに立ち、メガホンを手にチャントをリード。スタンドには女性ファンも多い。

現にハンマルビーの男子チームは、ファンの女性比率が世界で最も高いことを自負している。ホームゲームでは三〇％を女性が占めるという。またスウェーデンでは警察側が過度に干渉しないため、サポーターやウルトラスが警官隊とぶつかり合うようなケースも少なかった。

このような環境を作り出そうとするアプローチは、スウェーデンのサッカー界にとって極めて現実的な選択だった。既に二〇一〇年の頃には、ヨーロッパのトップリーグに資金面で対抗するのは不可能であることが明らかになっていたからだ。

「御存知の通り、プレミアリーグ、ブンデスリーガ、リーガ・エスパニョーラといったビッグリーグはテレビの放映権料によってますますリッチになっていました。スウェーデンのような国に、何ができるというのでしょうか？」

スウェーデンリーグのCEO、マッツ・エーンクイストは語っている。

「ただし、この国にはオリガルヒはいません。それに50＋1ルールも設けられているんです」

スウェーデンのサッカー界は「何か別のもの」、強豪国と異なる発展モデルを必要としていた。

二〇一二年、CEOに就任したエーンクイストは、全国的なアンケート調査を実施した。するとほとんどのファンが気付いていた通り、多くの人は質の高いプレーを堪能するためではなく、スタジアムの雰囲気を味わうために試合観戦に出かけていることが改めて浮き彫りになる。

この調査結果を踏まえ、運営側はファン体験の充実に力を入れ始めた。

まず各クラブでは、ドイツのようにサポーターと連絡を取り、経営陣との橋渡し役を務めるスタッフが雇われた。新たな枠組み作りでは、ウルトラスの元メンバーだった人間に白羽の矢が立っている。さらに二〇一二年には、サポーターに対応するための特別な訓練を受けた「エベネマングスポリス（大規模なイベントを担当する部隊）」が導入され、「サポーター・ダイアローグ・ポリス（対話役の警察官）」も設けられる。これは警察とウルトラス、双方が恩恵に与れるようにしようという現実的な試みだった。

ハンマルビーの最も大きなサポーターグループ、「バイエン・ファンス」で副リーダーを務めるマリア・レンベリは、次のように記している。

「警察と私たちは、必ずしもうまくいっていませんでした。過去のしがらみで生じた相互不信や不快な経験のせいで、建設的な話し合いをするのが難しくなっていたのです。私たちと彼らの間には、常に深い溝がありました」

彼女は警察とサポーターが協力し合うようになった結果、クルヴァで発生するトラブルが減少したと指摘。警察側が、あらゆるサポーターを危険視するのをやめたことも称賛した。二〇一二年に行われたとある試合では、警察側はスタンドにいた半分の人間に催涙スプレーを吹きかけたという。そのような状況を考えれば、警察側と歩み寄り始めた状況は隔世の感があった。

「この結果にはサポーターも警察も満足しています。対話したくても聞く耳を持ってくれない。そんな状況の中で、サポーター・ダイアローグ・ポリスは大きな救いになったのです」

スウェーデンリーグのCEOであるマッツ・エーンクイストは、状況の変化が経営面でもプラスの結果をもたらしたと指摘する。

「暴力事件が減り、人種差別が減り、酔っ払いが減る。いいこと尽くしでしたね」

事実、二〇一五年から二〇一八年までのわずか三年間で、スウェーデンリーグの試合の平均観客数は倍増し、リーグの収入は三倍に膨らんでいる。それを可能にしたのが、大口のスポンサー契約とテレビ放映権の締結だった。

一方、サポーターが繰り広げる応援も進化していった。パイロは依然として違法とされているが、低温で発火する製品も開発されたために、負傷者が出るケースは減ってきている。全体的な秩序を維持しながら、情熱的なサポーターが豊かなサッカー文化を育んでいく。世界のサッカー界において、スウェーデンが高く評価されてきた所以である。

主役とまではいかないにせよ、このような環境を作り上げる上で重要な役割を果たしたのがミカエルだった。一九九三年、彼はスウェーデン初のウルトラスであるハンマルビー・ウルトラスを設立。さらには海外に出かけては、新たな応援方法やアイデアを人々に知らしめてきた。貢献度の高さに関して、ミカエルの右に出る者はいないといっていい。

突如として暗転し始めた状況

ところが過去数カ月間で、スウェーデンのサッカー界は一気に雲行きが怪しくなっていた。警察との対話路線が閉ざされたばかりか、ウルトラスに対する取り締まりも強化され、スタジアムに入場する際の身体検査も厳しくなったのである。ウルトラスに所属しているとある男性は、身体検査の厳しさが「レイプさながらだった」と証言している。さらには逮捕者が増加するなど、協調路線は明らかに機能しなくなっていた。

そもそもスウェーデンでは、二〇一四年を最後にサッカー絡みでの死者は出ていなかった。

確かに二〇一六年に行われたユールゴーデン対ハンマルビーのダービーマッチでは、二対四でリードされていたユールゴーデンのウルトラスがピッチに発煙筒を投げ込み始めたために、試合が中止されている。

試合中に選手が暴行されるケースも何件か起きてきた。

最も有名なのは、ヘンリク・ラーションの息子、ヨルダンに対する暴行事件だ。ヘンリクはヘルシンボリの監督、ヨルダンはチームを代表するストライカーだった。だがチームの降格が決まった瞬間、フードをかぶったサポーター集団がピッチに侵入し、ヨルダンに襲いかかったのである。その翌日、ヘンリクは監督を辞任している。さらに二〇一八年には、ユールゴーデンとハンマルビーのダービーマッチで、サポーター同士の乱闘が再び発生している。

だがサポーターが死亡したケースは報告されていなかったし、スウェーデンでは基本的な問題も解消されているはずだった。にもかかわらず、週を追うごとに警察の強硬姿勢と、行政の官僚的な態度は露骨になっていったのである。

「状況がおかしくなってきているね」

ミカエルはそう前置きして、何が起きているかを電車の中で説明してくれた。

彼は他の多くのウルトラスたちと同じように、汚職スキャンダルに関係があると考えている。警察の強硬路線を推進しているのは、スウェーデンスポーツ連盟スヴェリイエ・リクスードロッツフォブンドの会長で、かつて警察署長やインターポールの総長を歴任したビヨルン・エリクソンだと目されている。彼はサッカー絡みの暴力事件を調査し、いくつかの勧告を行った政府委員会のメンバーでもあった。

彼が最初に行った勧告は、スタジアムで顔を隠す行為を禁止することだった。この規定は二〇一七年、当時の内務大臣であるアンデシュ・イーゲマンによって導入されている。

エリクソンはコストを理由に、スタジアムに警察を派遣しない方針も表明している。その代わりに各クラブに対して、民間の警備会社と契約するように求めた。

ところがここでスキャンダルが発覚する。スウェーデンの夕刊紙である『エクスプレッセン』

は、エリクソンが民間警備会社のロビー団体の会長も務めており、同団体から数百万クローネを受け取っていた事実を暴露したのである。

　これは明らかな利益相反だった。だがエリクソンはロビー活動を行っていることは認めたものの、自分の決定に何らかの影響を及ぼした事実はないと主張。政府当局側もエリクソンの説明で事足りていると判断したらしく、彼はスポーツ連盟の会長に再選されていた。

ウルトラスがスウェーデンに誕生した瞬間

　私とミカエルは電車を降りてお目当てのパブ、ドーヴァスに到着した。木製のテーブルが整然と並ぶ暗い店内で待っていたのはマーティン、フェルナンド、ダニエルの三人だった。

　マーティンは、太いフレームの眼鏡をかけ、米国のＭＬＳに最近加入したロサンゼルスＦＣの黒い帽子をかぶっている。彼は一九九〇年代に、マルメＦＦの最初のウルトラスを結成した人物である。二人目のフェルナンドは、こざっぱりとした服装をしている若者で、見た目や話し方が映画『イングロリアス・バスターズ』でクリストフ・ヴァルツが演じた人物によく似ている。彼はマーティンが立ち上げたウルトラスに加わり、活動を続けていた。三人目のダニエルは、ハンマルビーで活動中のウルトラスだ。

　マーティンがマルメで最初のウルトラスを設立したのは一九九六年のことだった。もともと彼は毎週、ユーロスポートの『ユーロゴール』、ヨーロッパ各国の主要リーグで記録された全てのゴールを紹介するダイジェスト番組のファンだった。だが本当に興味があるのは、ゴールシーンではなかったという。

「その番組では、キックオフ直前のコレオグラフィーをちょっとだけ映していたんだ。それを見て、マジでカッコいいと思ったんだよ。

で、その『ちょっとだけ』の部分をビデオで録画するようになってね」

やがてマーティンは、ミカエルのような仲間と、ティフォやコレオグラフィーの写真を交換し始めるようになる。最初はスウェーデン国内のサポーターと情報を共有していたが、後に海外ともやり取りをするようになり、ついには最初のウルトラスグループである「トゥループス・オブ・ブルー96」を設立する。

一九九六年になるとマーティンは実家の地下室で「MFティフォージ」という文字が入ったバナーを作り始め、コレオグラフィー用の紙とカードをスタジアムの座席に置くようにもなる。

だが当初、他のサポーターたちは困惑したという。一九六九年一一月二九日、スウェーデンの国営テレビ局はイングランドサッカーを初めて放送したが、以来、スウェーデンのスタジアムでは、イングランド式の応援が行われてきたからである。

「A2サイズの紙を配って掲げてもらうように頼んだんだけど、みんなこう言ってきたよ。『何のためにこんなことをするんだ?』ってね」

一方ダニエルは、ハンマルビーのウルトラスとして活動し始めた二〇〇五年の頃の状況を振り返ってくれた。

「サポーターがピッチ上で互いにやり合う。まさに西部劇の無法地帯のような感じだったし、警察はサポーターを押さえ込むのに苦労していたよ」

ダニエルに言わせれば、スウェーデンの取り締まりは、決して行き過ぎではない。むしろ他の国々と同じようなレベルに、ようやく追いついたということになる。

ただし、警察による取り締まりの強化は別の問題も起こしていた。スウェーデンのテレビ局やスポンサー企業は、パイロを使う応援スタイルを気に入っていたからである。事実、ウルトラスの写真は雑誌によく掲載されるし、彼らの映像は広告にも度々登場する。

言葉を換えれば、質の高いプレーを期待して試合を観る人々の数は皆無に近い。ダニエルも、その点を素直に認めていた。

「そっち方面に関してはクソだからな」

マーティンによれば、今日はマルメがUEFAチャンピオンズカップの決勝に進出した四四回目の記念日にあたるという。当時のマルメはアマチュアのチームだったにもかかわらず、歴史的な偉業を成し遂げている。

だが今日のサッカー界では、同じようなシナリオが再現されることは二度とないだろう。ダニエルが言葉を継ぐ。

「トップレベルのリーグやトップレベルの国には歯が立たない。でもクルヴァは話が違うんだ」

ダニエルは今週末のダービーマッチに向けた準備を着々と進めていた。ハンマルビーのウルトラスは、AIK側のウルトラスであるブラック・アーミーとも話し合い、警察のやり方に異を唱えるメッセージを共同でアピールするのだという。

「試合開始から最初の一〇分間は抗議活動をする。両チームのウルトラスが相談して、一緒に沈黙を守ることになったんだ。
その一〇分間が終わった直後に、ちょっと特別なことが起きるぜ」

この国を仕切っているのは誰なのか

ハンマルビーの真新しいトレーニング・グラウンドは、クラブのホームタウンであるセーデルマルム地区の中心部にある。ミカエルはクラブのCEO、ヘンリク・シンドルンドのいるメインオフィスにも私を連れて行ってくれた。

たいていの場合、クラブのオーナーや役員たちは、自分がサポーターグループにいかに貢献したのかを躍起となってアピールしようとするが、シンドルンドにはその必要などなかった。彼は身も心もハンマルビーに捧げてきた人物だからである。

彼は長年、クラブのボランティアを務めてきた。クラブがユールゴーデンとテレ2・アリーナを共有するようになる前は、旧スタジアムのセーデルスターディオンに「おそらく七〇回から一〇〇回は」足しげく通った人物だった。

「私は常にクラブに関わってきました。ハンマルビーのファンしかいない地域で育ったんです」

シンドルンドは現在、サポーターの意見を最大限に反映する方向でクラブを運営している。そもそも50＋1ルールの下では、サポーターのグループやウルトラスが大きな力を持っており、チケットの価格設定から立ち見席の数に至るまで、あらゆることに関して発言を行う。現にチケットの値段は翌シーズンに引き下げられる予定になっていたし、シンドルンドは立ち見席を設けたいというサポーターのリクエストにも対応している。

現在、ハンマルビーのスタジアムには三つの立ち見エリアがある。これは他のスタジアムで、立ち見席の数が減ってきているのとは対照的だ。クラブ側はウルトラスに対して、コレオグラフィーを披露するスペースを確保しているだけでなく、数日前から準備することも許している。

「警備員には他のチームのファンが入ってこないように監視させています。せっかくの準備が台無しになるといけませんから」

そんなシンドルンドにとっても、パイロは悩ましい問題になっていたが、彼はこの点に関しても現実的な考え方をしていた。

「違法である以上、アリーナには持ち込まないでもらいたい、それが公式な立場です。

ただしパイロをやるなと言うのは、自分の娘が自転車に乗るときにヘルメットをかぶれと注意するようなものなのです。ヘルメットをかぶらないことがあるからといって、外出そのものを禁止したりはしません」

スウェーデンのサッカー界では暴力事件が顕著に増えているわけでもないし、取り締まりの強化を正当化するような状況にもなっていない。

シンドルンドはこう強調したが、警察は明らかに取り締まりを強化している。しかもスタジアムの周辺では、見覚えのある連中が再び登場した。ＲＯＧこと「レジオナーラ・オードニングスグルッペン（地域秩序維持隊）」と呼ばれる組織が、我が物顔で振る舞うケースが目に付くようになってきたのである。

ROGはかつて「トゥーネルバーネポリッセン（地下鉄警察隊）」と称された組織で、試合開催日の前後に公共交通機関で混乱が生じないように取り締まる役割を担っていた。彼らは暴動鎮圧のために特殊な訓練を積んでおり、やたらと粗暴で残忍な行動を取ることで知られていた。ミカエルの父親は、試合観戦の帰りに酔っ払いに手を貸しただけで、警官隊から暴行を受けたという。同行していた高齢の祖父も一緒にである。

二〇一三年、地下鉄警察隊は正式に解散したが、メンバーの大半はROGに移ったに過ぎないし、無用な暴行事件は頻発していた。現にシーズンの初めには、AIKのファンを殴ったとしてROGのメンバーが摘発されている。

日刊紙『ダーゲンス・ニューヘーテル』のマレーナ・ヨハンソンは、カメラが内蔵されているサングラスで撮影された映像を調査。そこには何の挑発もしていないAIKファンが暴行を受けたり、指を折るぞと脅される場面が記録されていた。

私が話を聞いたほとんどの人々は、今起きている現象を理解できずにいた。だがスウェーデンリーグのCEOであるエーンクイストには持論がある。

「突き詰めていえば、（取り締まり強化を招いている要因は）パイロということになります。行政側の警察官の中には、新聞を読んで『もうたくさんだ。誰がこの国を仕切っているのか思い知らせてやる』と考えるような人間がいるのです。

これは極めてポピュリスト的なアプローチですし、感情を逆撫でするような雰囲気を醸し出してしまいます。しかもサブカルチャーは、警察のようなわかりやすい敵が現れると、その対抗心を土台に膨らんでしまう。今の流れが何をもたらすかは、誰にも予想できません」

警察関係者が明かす内部事情

スウェーデンで起きている現象については、一般の警察官も困惑を覚えていた。新たな方針は、これまでに経験したことと矛盾していたからである。

ステファン・ホルゲションは、ROGのメンバーとしてサッカーの試合やネオナチの集会で群衆を取り締まった経験を持つ人物だ。現在は警部補として勤務する傍ら、大学の非常勤講師も務めている。彼が電話越しにまず指摘したのは、警備にある人間の質のばらつきだった。

「トラブルへの対処がとてもうまい者もいれば、そうでない者もいるんです」

ホルゲションによれば、トラブルに対処する方法とは、手荒な対応をすることではない。だが警官の中には、好き好んでトラブルを起こそうとする者もいるらしい。ウルトラスやファームの連中と同じようにである。

「彼らは武器を使いたがるし、やり合う機会が来るのを待っている。しかも同じ部隊に穏やかな警官が八人、喧嘩好きな警官が二人いる場合、穏やかな警官は相手の意見に従ってしまう。結果、暴力を振るいたくてうずうずしている連中に、場の雰囲気が流されてしまうんです」

ただし彼は、最大の要因は現場の警官ではなく、警察の上層部にあると見ていた。スウェーデンでは二〇一五年に警察組織が改編されている。以降はテロ対策部隊出身の人間が、組織内で大きな発言権を持つようになったという。

「警察は弾圧を強化する方向にシフトしている。そういう連中は荒っぽいやり方を好むんです」

ミカエルに言わせれば、スウェーデンで起きている奇妙な現象の根因は明らかだ。今やウルトラスの文化は、スウェーデンで最大のサブカルチャーに成長した。結果、これを誰が、いかにして管理するかが争点になってきている。

サブカルチャーがある程度まで社会的な影響力を持つようになると、国家が介入して管理し始める。事実、イングランドではサッカー界から労働者階級を追放し、中産階級を新たなファンとして位置付ける方策が取られた。具体的な方法の違いこそあれ、イタリアやドイツでも似たような現象が見られた。

新たなアプローチはサッカー大国ではあまねく機能してきたが、スウェーデンは状況が異なる。にもかかわらず、大国と同じ方法を採ろうとしているのが一番の問題なのだという。

「スウェーデンでウルトラスを排除したとしても、代わりになるような連中がいるかい？　この国は小さいし、サッカーの規模もそれほど大きくない。イングランドやスペイン、ドイツでは（中産階級を主なファン層として取り込むことが）できたかもしれないけど、スウェーデンでは無理な話なんだ」

舞台裏で繰り広げられる、もう一つのリーグ戦

ハンマルビーのトレーニング・グラウンドから歩いて数分の場所には、キリスト教徒のシリア難民が経営するバーがある。ハンマルビーのフーリガンファーム、「ＫＧＢ」のリーダーを務め

るヒューゴは、暴力に惹かれる理由を、穏やかな口調で語り出した。

「俺は昔から喧嘩やアドレナリンが出るようなこと、興奮させられる状況に惹きつけられてきた。いつもそうだったし、何かトラブルが起きる場所にいたいとずっと思っていたんだ」

ヒューゴは三〇代。武闘派として一番脂が乗っている年齢だ。瞬きをしないせいで、こちらを射貫くような青い眼が、さらに鋭く見える。

彼の場合、暴力沙汰に明け暮れる入り口となったのは、アイスホッケーだったという。アイスホッケーには暴力的で騒々しいファン文化が息づいており、毎年、五、六回は他のチームのファンと喧嘩を行っている。ヒューゴがハンマルビーでファームを作ろうと決意したのは、チームの不振が数シーズン続き、観客が減少した時期だった。

他国同様、スウェーデンのサッカー界にも、長いフーリガニズムの伝統がある。その歴史は一九二〇年代までさかのぼる。だが今日におけるフーリガニズムの雛形は、一九八〇年代と九〇年代にかけて、イングランドのスタイルを真似る形で生まれたものだった。

「俺がこの活動を始めた頃、世間の連中はイングランドに注目していた。俺が参考にしたのは（ウェストハムの）インター・シティ・ファームや（チェルシーの）ヘッド・ハンターズだね。それがファームのアイデアになったんだ」

かつての乱闘は街中で酒を呷りながら、アナーキーな戦いを繰り広げるような代物だった。

しかしドイツで始まり、ウクライナ、ロシア、東欧で完成を見たのは乱闘に参加する人間の数や細かなルールまで定めた上で、組織的に戦うスタイルである。

この方式では、いついかなる状況でも武器の使用は認められていないし、両軍の人数も同じでなければならない。完全に気を失った者に対して、攻撃を加えるのも禁じられている。何より大きな特徴は、警察の目を避けるためにサッカースタジアムから遠く離れた森の中や、使用されていない鉄道施設の跡地、農場などで試合が行われることだった。

ヒューゴも新たな流儀に対応。彼の下には、合理的な果たし合いに参加したいというメンバーがあっという間に二五人ほど集まる。さらにヒューゴは、組織の名前を「コンピスイェンゲット・バイエン」に変更した。この単語は頭文字を並べると「ＫＧＢ」になるため、ストックホルムの守護聖人である聖エリックの代わりにソ連のＫＧＢの紋章と、共産主義を象徴する鎌や槌、星印をモチーフに用いるようになった。

ＫＧＢが最初に大掛かりな戦いを繰り広げた相手は、ＩＦＫヨーテボリの恐るべきファーム、ワイズメンというグループだった。喧嘩には三五人ほどが加わったというが、試合がないときに拳を交えるのは、これが初めてだった。

「対戦したのは互いの街の真ん中、森のそばにある広場だった。

ちょうど真冬で周りは高い雪の壁になっていたな。あれはいい戦いだった。相手はインテル・ミラノの帽子をかぶっていて、ずっとニコニコしていたよ。

ただし俺たちは完敗したし、帰りはみんな血だらけだった。鼻はへし曲がって手も折れていた。リーダーはまるでエレファント・マンみたいになっていた」

ヒューゴは、これを機に本格的に戦いにのめり込んでいく。

だが初めの頃は、統率もさほど取れていなかった。実際には、適当に選ばれたメンバーが、でたらめな戦い方をするに留まっていた。ヒューゴの記憶によれば、決闘に出かけるバスの中でビールを呷る連中もいたし、大半がコカインを吸っていたという。

市民に危害を加えない、血みどろの殴り合い

各クラブが抱えるファームのメンバーは、対戦相手を求めてヨーロッパ中を遠征するが、ほとんどの場合、拳を交えた相手と友好関係を築いて帰ってくる。一定のルールが存在するだけでなく、相手に対するリスペクトの精神や、スポーツマンシップも共有されるからだ。

「身体は小さいけど、破壊力があったな」

私がウクライナで会った面々、セルヒー・フィリモノフとディナモ・キエフのロディチについて尋ねると、彼はこんなふうに述べた。ヒューゴによれば、ウクライナ人やロシア人、ポーランド人は、この種の決闘で間違いなく一目置かれているという。

警察が取り締まりを強化してきたことは、もちろんヒューゴにとっても頭痛の種になっていた。決闘の現場に踏み込まれたり、メンバーを満載した車が途中で停められる恐れが常にあるため、彼らは全く新しい方法を考え出して、警察の目をかいくぐらなければならなくなった。

ヒューゴが最も才能を発揮するのはこの分野だ。本人は「既成概念に囚われない発想」などと呼んでいるが、格闘技の教室を装い、夜間に学校の施設を借りるアイデアまでひねり出した。

「学校に金を払ってから、校舎の中に九〇人の男を集めたんだ」

かくして決闘は開催されたが、拳を交えた後には全員で血痕をきれいに拭き取ったため、学校

側には一切勘付かれなかった。ヒューゴはグループ内で一番腕っ節が強いわけではないらしいが、こう言って胸を張った。

「俺には頭の良さとハートの強さがあるんだよ。ファームのために生きているからな」

ヒューゴは、ハンザ・ロストックのファームと繰り広げた三〇対三〇の試合の動画も見せてくれた。ハンザ・ロストックのファームは、ドイツ最強の呼び声が高い。現にKGBを設立した当初は、ものの一分もしないうちに惨敗している。

だが数週間前にリターンマッチを行った際には、見事に快勝を収めることができた。

最初に映し出されたのは、木漏れ日が降り注ぐ緑豊かな森の空き地だった。やがてそこに二つのチームが、左右から入場してくる。どちらもしっかりと隊列を組んでゆっくり歩を進めてくると、ついに殴り合いが始まる。程なくしてハンマルビーが優位に立ち、ロストックの陣形を崩していく。腕に覚えのあるメンバーが、相手を一人ずつ引きずり出して倒し始めた。

「青い短パンが俺だよ」

ヒューゴは敵の一人を地面に殴り倒していた。

「この後、俺はこのでかい奴を押していって（画角から）外れる」

カメラは、KGBのファイターが敵を地面に叩きつけ、頭に何度も蹴りを入れる様子を捉えていた。仰向けに倒された男は、死に物狂いで攻撃をかわそうとしていた。

「本気で頭を蹴っているのか？　そんなことが許されるのかい？」

「ああ。この後……バーン！　だ」

ヒューゴは事もなげに答えた。地面に倒れた男は意識を失い、ぐったりとしている。するとK

GBのメンバーは、すぐに蹴るのをやめている。

今度は別のファイターが画面を横切り、敵に跳び蹴りを見舞おうとしていた。そして再びヒューゴが登場する。彼は最後の敵と戦っていた。

「奴の上に馬乗りになって、思いきり殴りつけているところさ。そう、ここだ。この瞬間に相手が気を失ったから、こいつの舌を口から引っ張り出した。息を詰まらせないようにな」

新たな方式には、いくつかのメリットがあった。

まず殴り合いは整然と行われるようになり、警察に逮捕される危険性は減少している。さらに〝試合〟のレベルも大幅に向上した。ヒューゴによれば、最近のファイターたちは、兵士が戦場で生き残るための格闘術や、一般的な総合格闘技、ムエタイを練習しているという。

ちなみにヒューゴ自身は、街中で乱闘をする方が好みだった。よりリアルな体験ができるし、もっと自由に戦えるからだ。

無論、街中で戦う場合には、様々な情報を頭の中にインプットしておかなければならない。どこから相手に近づいて攻撃を仕掛けるか、旗色が悪くなったらどう逃げるか、警察に追われる危険性も計算する必要がある。不確定要素が多くなればリスクは高まるが、その分だけアドレナリンの量も増え、快感を味わえるようにもなる。

だが今のスウェーデンでは、警察が街中の治安を完全に維持しているため、やはり郊外で拳を交えなければならない。これは彼らにとって次善の策だが、あらかじめ段取りを組んでやり合う方法なら、相手方のファームと好きなだけ血を流し合うことはできる。

しかも一般市民に危害が及ぶ危険性はほとんどない。ならば何が問題なのか、というのがヒューゴたちの持論だった。

サッカー版「ファイトクラブ」のネットワーク

私はヒューゴとは全く異なる世界の人間だ。それでも彼の理屈は何となくわかるような気がする。若かりし頃は、テラスの危険な雰囲気に惹かれていたからだ。

ただし私が興奮を覚えたのは、暴力を振るうことではない。警察に追いかけられる羽目になりそうな、ちょっとしたスリルを味わうことだった。一〇代の頃には一〇数回も警察のお世話になったが、ぎりぎりのところで逃げ切った快感に勝るものはない。

結局、私は刑務所で一晩過ごす羽目になった後、その手の危険を冒す価値はないと考えるようになった。だが、ぞくぞくするような快感の虜になっていれば、今頃はヒューゴのように東欧のどこかの森で相手と殴り合い、脳内でドーパミンの分泌を繰り返していたかもしれない。

スウェーデンのファームは数が多くないが、フェイスブック、インスタグラム、ユーチューブなどを通じて同好の士とつながっている。

グルッパＯＦ（インスタグラムのフォロワー数一一万五〇〇〇人）、ウルトラス・ティフォ（フォロワー数九万六〇〇〇人）といったサイトは、戦いに参加した人数、各ファームの同盟関係、そして対戦結果などの情報を定期的に更新して、フォロワーに伝えている。

また、暗号化されたメッセージアプリ、特に「テレグラム」というロシアのチャットアプリは、仲間同士で極秘裏に連絡を取り合うのを容易にしただけでなく、当局の目を遠ざけるのに役立ってきた。ただし決闘の動画が、一般に共有されることはほとんどない。画像のファイターの顔にはモザイクがしっかり入っている。

このような変化を受け、サッカーと無縁に戦いを繰り広げるファームはどんどん増えている。事実、ウクライナのCSKAとメタリスト・ハルキウのファームは、チームそのものが破綻した後も決闘には参加している。ボルシア・ドルトムントのノースサイドも然り。彼らは本来、ドルトムントのウルトラスだったはずだが、試合観戦に興味を示さなくなった。またヨーロッパには、ファームが犯罪組織に成り下がってしまったケースもある。

だがヒューゴは、今もハンマルビーの試合に足を運んでいる。彼は基本的にはサッカーファンであり続けているし、自分のチームも愛している。これは最も重要な点だと言っていい。そして匿名性を保ちながら、戦いに明け暮れている。

「昔のような戦い方がなくなるとは思わない。それにサッカーとのつながりは残すべきだし、（クラブとの）絆は強いものにしておかなければならないんだ。

要するに俺たちは、古い世代と新しい世代の間でうまく折り合いをつけたんだろうな」

ヒューゴはもちろん、日曜日のＡＩＫとハンマルビーのダービーマッチに行くつもりだった。そして試合の後には、ＡＩＫのファームであるフィルマン・ボーイズとの特別な試合も計画していた。ヒューゴは「ちょっと変わったこと」という曖昧な表現を使ったが、それが決闘を意味しているのは明らかだった。

この手の戦いは同好の士によって極秘裏に行われる。通常の場合、部外者は立ち会うことさえ許されない。だがヒューゴは、私が同行するのをあっさり認めてくれた。

電話番号を交換していると、彼は例のメッセージアプリ、テレグラムをダウンロードして、自分を登録しろとアドバイスしてきた。

言われた通りにアプリで検索してみると、画面にヒューゴが登場した。プロフィール写真に使われているのは、見知らぬ男と肩を組み、満面の笑みを浮かべている姿だった。二人の顔には真っ赤な血しぶきが付いていた。

壊滅の危機に瀕した魂の拠り所

ダービー当日、フレンズ・アリーナはにぎわっていた。観客の数はおそらく五万人はいただろう。試合にはミカエルとダニエルも来ている。ヒューゴもどこかにいるはずだ。

スタジアムには、様々なウルトラスやサポーターが詰めかけていた。老若男女、元フーリガン、スキンヘッド、幼い子どもの姿も見える。中にはノッティンガム・フォレストやウェストハム、シェフィールド・ユナイテッドなど、イングランドのテラスで修羅場を潜ってきたサポーターグループさえいた。

彼らはここに新たな「ホーム」を見出していた。イングランドから消えた要素、立ち見席やビール、そして一瞬にして生まれる、ある種の仲間意識が今でも体験できるからだ。

ＡＩＫとハンマルビーのダービーマッチは、静まりかえったままキックオフを迎えた。スウェーデンサッカー界指折りの大一番であるにもかかわらず、両チームのウルトラスは示し合わせていた通りに、協力して抗議活動を行ったのである。

一般のファンも、驚くほど沈黙を守っていた。五万人の観客が醸し出す重苦しい空気は、二二人の選手が繰り広げているプレーを、まるで無意味なもののように思わせた。

だが試合開始から一〇分が経つと、その静寂は真夏の雷雨のような閃光と共に破られた。スタジアムの両サイドで何百という発煙筒が点火され、濃厚な煙の柱が立ち昇った。

結果、審判は試合を一時中断させざるを得なくなる。さらにスタンドでは、バナーとコレオグラフィーが次々に展開される。そこでもっぱらモチーフにされていたのは、警察による取り締まり強化をもたらしたとして非難されている人物、ビヨルン・エリクソンだった。

ハンマルビーのウルトラスは、こんなバナーを披露した。

「スウェーデンサッカーは、スウェーデン警察に対抗する。国民のスポーツは、断末魔にあえぐ当局に対抗する」

ＡＩＫのウルトラス、ブラック・アーミーもバナーを掲げた。

「俺たちは歌でおまえたちの警棒に対抗する」

そして両方のゴール裏で、チャントの掛け合いが始まった。

「警察なんか、くそ食らえ！」

ハンマルビーが叫ぶと、ＡＩＫが呼応する。

「サッカーを殺す奴らだ！」

ただし試合の内容自体は、ミカエルにとってフラストレーションの溜まるものとなった。

前半、ＡＩＫはバーミンガム・シティやサンダーランドなど、イングランドのクラブで一四年間プレーし、最近帰国したばかりのスウェーデン代表ミッドフィルダー、セバスティアン・ラーションの活躍で、あっという間に二点を奪う。

逆にハンマルビーは、センターバックのマッツ・ソールヘイムを含む二人の選手が、怪我のために立て続けにピッチから去っていた。この悪しき流れは試合の後半も変わらず、結局、ハンマルビーは〇対二で完敗している。

だがミカエルの表情は晴れ晴れとしていた。彼にとっては試合会場にいるのが何よりも自然だったし、他のどのスタジアムよりも幸せを味わえるからだ。

一九七八年、彼はブエノスアイレスのスタジアムが、サポーターの情熱と色とりどりのバナーやフラッグ、紙吹雪に包まれる瞬間を初めてテレビで目撃した。以来、同じ光景をスウェーデンで再現しようと、地道に努力を重ねてきた。

確かにミカエルはもう若くはない。現にガールフレンドの長男は、今やハンマルビーのウルトラスで中心人物になるほどの年齢に達していた。

だが年齢など問題ではなかった。単純にウルトラスの文化の中に生き、その息吹に触れているだけで、無上の喜びを味わうことができた。彼は苦労して稼ぎ出した金や、費やせるあらゆる時間を、ハンマルビーとウルトラスの活動に捧げてきた。だからこそスウェーデンのウルトラスの間で、ゴッドファーザー的な存在と目されるまでになったのである。

しかし警察側は、ミカエルが植え付けた文化を根こそぎ破壊しようとしていた。

ミカエルは、このまま警察の締め付けがエスカレートするなら、ウルトラスをやめるつもりだとさえ述べていた。かつてローマで起きたのと同じことが、ストックホルムで再現される。そんな光景を目の当たりにするのは堪えられないからだ。

「倹約して年に二回、ボカ・ジュニオールを観に行く。俺はそれで満足だよ」

二度目のキックオフ

試合終了から数時間が経つと、目抜き通りのバーと広場は元の静けさを取り戻す。午後一〇時でも辺りはまだ明るかったが、私は「第二試合」の観戦を諦めかけていた。

ちょうどそのとき、ヒューゴからメッセージが届いた。試合は決行されるらしい。

待ち合わせ場所に指定されたのは、市内の広場からさほど遠くない場所にある、古びた団地の外れだった。犬を連れた老夫婦が通り過ぎ、近くの小さなピザレストランからは、ウエイターがグラスを片付ける際のカチャカチャという音だけが聞こえてくる。

これから一二〇人もの男たちによって乱闘が始まる場所だとはとても思えなかった。私は試合会場を間違えてしまったのかもしれない。あるいは土壇場になって、KGBの他のメンバーが私の同行に反対した可能性もある。

そんなことを考えていると、一台の車がゆっくり走って行った。中には黒い服に身を包んだ、首の太い男が五人乗っている。三〇秒後、やはり黒い服を着た連中を乗せた車が同じようにやってきた。どうやら、ここで間違いはなさそうだった。

ヒューゴは団地のポーチに立っていた。そしてまた別の車がスピードを緩めて停まる。ヒューゴは道路の縁石まで歩いて、助手席側の窓に頭を突っ込み、彼らが何者かを一人ずつ確認。納得したところで、他のメンバーと落ち合うための場所を指示した。

私たちは土手を下りて高速道路にかかる橋を渡り、閑散とした食肉加工工場にやってきた。おそらく三〇人ほどだろう。ヒューゴがバンを停めた場所には、既に男たちが集まっている。

ヒューゴは彼らに対して、別の集合場所に向かうように促した。スペシャルゲストと落ち合うためである。

「今、車に乗った。これから迎えに行く。待っていてくれ」

ヒューゴは電話口にそう告げながら、車を走らせて行く。

今夜行われるＡＩＫのファーマン・ボーイズとの決闘には、デンマークのブレンビーにおいてトップクラスの実力を誇るファームの連中も加わるらしい。

「これは三年ぶりの（ＡＩＫとの）ダービーなんだ。ブレンビーには何人か仲間がいるから、一緒に戦うことになってね」

ヒューゴは車を運転しながら自分の生い立ちや家族、現在就いている建設関係の仕事についても語ってくれた。

彼は仕事のストレスや決闘の段取り、そしてサッカー選手としての活動（本人によれば一〇代の頃、スウェーデンの三部リーグまで上がったという）を重荷に感じ、胃の具合が悪くなったこともあった。またバーで起きた喧嘩を仲裁しようとして加害者と間違われ、気が付くと懲役一カ月を食らった苦い経験も持っている。

今日の決闘が終わったら、二カ月の休暇を取って家族と時間を過ごしたり、読書に集中したい。ヒューゴはこんなふうにも述べた。

彼は今、バーナード・コーンウェルの『サクソン物語』（ドラマシリーズの邦題は『ラスト・キングダム』）を読みふけっている。

この作品は九世紀のイングランドを舞台にした歴史小説で、幼くして誘拐されたサクソン王国の王子、ウートレッドの数奇な運命を描いたものである。ウートレッドは敵対する二つの祖国を持つようになるが、どちらの側の人間にもなりきれない。そのことを悟りながら、数々の冒険や戦いを繰り広げていくという内容だ。

"スポーツマンシップ"を踏みにじった相手

ハンドルを握るヒューゴは、まるで教会の礼拝に出席する人たちでも迎えに行くかのように穏やかだった。ひっきりなしに電話がかかってきていたが、これから決闘に臨む不安も、細かな段取りをしなければならないストレスも全く感じていないようだった。

「俺たちの宇宙船を見張っていてくれ」

ヒューゴはこう言い残して車を降り、しばらくすると二〇人の男たちと共に戻ってきた。ブレンビーからやってきた面々である。助っ人たちは黒いスポーツウェアや戦闘服などを着た格好で、思い思いにスパーリングをしたり、その場でジャンプをしたりしている。しかも誰一人口を開こうとせず、黙々と身体を動かしている。まさに準備万端といったところだろう。

彼らは窓も換気口もないバンの後部に次々に乗り込んでいく。一方、リーダー役のクリスチャンは、私を挟むように前の座席に潜り込んできた。クリスチャンはさすがに神経質になっていたが、基本的にはフレンドリーな人物だった。

「ハンマルビーは俺たちに似ているけど、一つ違いがある。こっちはパーティーで大騒ぎするのが好きなんだ」

「俺たちだって派手に騒ぐさ！」

ヒューゴが異議を唱えると、クリスチャンがすぐに言い返す。

「ああ。だけど俺たちとはやり方が違う。ハンマルビーでは、コカインはあんまり人気がない。でもブレンビーでは大人気なんだ」

ブレンビーのファームは、腕っ節の強さで名を轟かせていた。クリスチャンは二〇一一年、一八歳でグループに参加すると、二年でリーダーの座に昇りつめた。彼らは独自の総合格闘技のジムまで運営しており、六〇人のファイターが週に三回のトレーニングを行っているという。誰かが抜けたり逮捕されたり、路上の喧嘩で兵隊が必要になったとき、すぐに若手を補充できるようにするためだ。現にこの日集まったメンバーにも、二八歳以上の人間は一人もいなかった。

ハンマルビーとブレンビーは、公式に協定を結んでいるわけではない。にもかかわらずクリスチャンがやってきたのは、リベンジを果たすためだった。

彼は一年前にＡＩＫのフィルマン・ボーイズと一戦交えたが、その内容に不満を持っていた。クリスチャンによれば、相手は足元にプロテクター（保護装具）を装着していたという。プロテクターを使うと足元のグリップ力が増えるだけでなく、頭を踏みつけたときの威力も増す。互いに守られるべきルール、お互いへのリスペクトの精神、そして〝スポーツマンシップ〟が破られたとしか思えない。クリスチャンはそう憤慨していた。

「負けたことはどうでもいい。そういう場合もあるからな。でも俺はスポーツマンのふりをして、真逆のことをする連中が好きになれない。ヘビのようにずる賢い連中は嫌いなんだ」

そうこうするうちに、ヒューゴには良くない報せが届く。フィルマン・ボーイズ側が決闘を放棄したのである。彼は電話を切るとため息をついたが、すぐに発想を切り替えた。

「向こうが来ないなら、こっちがソルナに行くまでさ」

一瞬とはいえ、ヒューゴが怒りの気配を見せたのは、このときが初めてだった。

「とりあえず、そうするのがいいんじゃないか？」

クリスチャンは、まるでレストランでも選んでいるかのように気軽に提案する。

「で、連中は俺たちのことを何か言っていたかい？」

試合がキャンセルされたのは、クリスチャンたちが助っ人として加わったせいだろう。現にヒューゴが連絡を取っていた相手は、観客の中にブレンビー側の人間が混ざっているのに気が付いており、新しい同盟を組んだのかと電話で尋ねてきたという。

電話のやり取りを思いだして、ヒューゴはさらに怒りを募らせた。

「とにかく叩きのめしてやる。何があってもな」

「そしたら俺も最高にぐっすり眠れるようになるね」

クリスチャンが茶々を入れると、ヒューゴはすまなそうに言葉を継いだ。

「本当に参ったぜ。臆病者のクソったれどもめ。とにかくソルナには行く。あいつらはパブにいるはずだし、見つけたらこう言ってやるんだ。『俺たちの方から来てやった』ってな」

警察の追跡を振り切れ

「連中は必ず見つかるさ」

ヒューゴは、自分を励ますように独り言をつぶやいてエンジンをかけ、数台のバンを先導していった。やがて私たちは、ソルナの中心部にある工業団地で車を降りた。

ＡＩＫのファームの面々が、不意打ちを仕掛けてくるのではないか。私はそんなふうに思っていたが周囲は静寂に満ちている。

「後ろに下がってな」

ヒューゴはまるで父親のような優しい口調で言い残すと、猛烈な勢いで走り始める。結局、私が彼の姿を見たのもそれが最後になった。

ヒューゴに続いて、ハンマルビーとブレンビーの混成軍も一斉に走り出す。こちらは全力疾走して、はぐれないようにするだけで精いっぱいだった。

彼らは公園を縫うようにして走り抜け、コンクリート製の階段を二度ほど駆け上がった。それでもＡＩＫのファームは現れない。

だがしばらく経つと赤い発煙筒の煙が上がるのが見え、ガラスが粉々に割れる音が聞こえてきた。ヒューゴたちはＡＩＫのメンバーが集まるパブを襲撃。正面のガラスを割り、発煙筒を投げ込んで、店内にいた男性を殴り始めたのだった。

パブは炎と煙で包まれ、歩道の上には男性たちが横たわっている。バルコニーにいた女性は、戦場のような光景を目の当たりにして悲鳴を上げていた。

私は全力で走りながら、倒れている男性たちの脇を通り抜けて行った。この人たちは何者だろう？　本当にフィルマン・ボーイズのメンバーだろうか？　むしろ悪いときに、悪い場所にたまたま居合わせた一般市民ではないのか？

ふと見ると、ひどい怪我を負い、気を失った友人を介抱している男性がいた。気道が塞がれないように、懸命に頭を持ち上げている。彼は憎しみのこもった目で私を見つめた。相手にしてみれば、私は暴徒の一人に過ぎなかった。

外にいた動物たちは、豚から人へ目を移し、次に人から豚へ、
そしてもう一度豚から人へと目を移した。
しかし、既に見分けがつかなくなっていた。

ジョージ・オーウェル　『動物農場』

私はイギリス映画『ザ・フーリガン（原題：I.D.）』、さらには主人公のジョンのことも思いだした。ジョンはもともと警察官で、危険なフーリガンのファームに潜入捜査するが、結局、その魅力に屈して暴力に手を染めてしまう。

ＫＧＢのメンバーは隊列を維持しながら猛スピードで走り続け、二軒目のパブに到着した。やはり正面の窓が割られて、発煙筒が投げ込まれた。

ところが、そこへ警察が突然襲いかかってきた。二台のバンが青色灯を点滅させて、待ち構えているのが見える。これが噂のＲＯＧなのだろうか。

警察が、かくも早く到着したのには理由があった。実は夕方にソルナで別の暴動が発生し、男性が昏睡状態に陥る事件が起きていたため、警戒を行っていたのである。

警察が近づいてくると、ヒューゴたちは一斉に角を曲がって団地に逃げ込んだ。だがこちらは追っ手から逃れることも、ＫＧＢの連中についていくこともできない。

そこで私はとっさに妙案を思い付いた。帽子と上着を脱いで回れ右をし、必死に走ってきた道をできるだけ冷静に歩いて行くのである。これなら暴徒の一味には見えないはずだった。

警官は私とすれ違いながら、ＫＧＢの連中を追いかけて行った。私は歩道橋を渡って公園に入り、木々が生い茂っている場所に飛び込んだ。そこには既に何人かのメンバーが隠れていた。

携帯電話を使って逃げ道を探してみたが、鉄道のソルナ駅は警察によって封鎖されている。どうしたものかと考えているうちに、公園からは誰もいなくなってしまった。

そこで私は、別の逃走ルートを考え出した。タクシーを呼んでホテルまで戻ればいいのだ。

タクシーは戦場のようになった場所をゆっくりと抜けて行った。バーからはまだ煙が上がっており、周りでは無数の青色灯が点滅している。警察のヘリコプターも上空を飛んでいた。

その後、ヒューゴから安否を確かめるＳＭＳが届いた。彼はなんとか逃げ切ったらしい。彼の仲間も警察を振り切ったようだった。

だが何人か逮捕者が出ていたし、二人の男性が病院に搬送されている。この一件は、朝のニュースでも報道されるだろう。暴力的なファン文化は、スウェーデンの若者に悪影響を及ぼしている。そんな解説がなされるかもしれない。

タクシーは、私を無事にホテルの近くまで送り届けてくれた。私は三〇分ほど道端で時間を潰し、誰にも尾けられていないのを確かめた。幸い、ホテルの周辺には青色灯を点滅させた警察車両やヘリコプターはやってこなかった。

ヒューゴたちの行動は悪質で、異様なまでに暴力的だった。彼らは相手のグループを殴り倒し、自分たちの強さを証明することしか考えていない。

だが彼らがこの手の行動に走るのには、より根源的でシンプルな理由もある。ぞくぞくするような高揚感を味わいたいのだ。

「昔から喧嘩やアドレナリンが出るようなこと、興奮させられる状況に惹きつけられてきた」

ヒューゴは私と出会って一分も経たないうちに、こんなふうに告白してきた。

無論、似たような傾向は私も持っている。この問題はいずれ解決しなければならない。ただし少しの間だけ、私はヒューゴと同じ快楽に酔っていた。

警察から逃げ切ってホテルの部屋に戻ると、胸の鼓動が激しくなり、何かがこみあげてくる。バスルームの電気をつけて鏡をのぞき込むと、知らず知らずのうちに顔がニヤついているのに気が付いた。鏡の中にいたのは、一五歳の頃の自分だった。

第四部

新たな世界

神が実在するかどうかを考えるのは男の仕事じゃない。
自分の目の前で、誰かが他の男の首っ玉に抱きついているときはなおさらだ。

エカ・カニアーワン『美は傷』

第十一章 トルコ

サッカーを弾圧し、そして利用せよ

イスタンブール、ベシクタシュ

イスタンブールの中心部。巨大な鷲の像の隣に立っている男性が合図すると、全員が一斉に石畳の床にしゃがみ込み、次の指示を待つ。老若男女を問わず、それを見ていた何百人もの人々も同じように膝をつき、白と黒に塗り分けられた海に波紋が広がるように連動していく。

ボスポラス海峡を挟んでヨーロッパ側に位置するこの地区は、試合前に毎回チェルシュが集まる場所だ。チェルシュとは、ベシクタシュ最大のサポーターグループである。

やがて彼らは飲んで歌い、通りすがりの行商が一本一〇リラで配る発煙筒に火をつけてから、スタジアムへ向かって行く。現在の正式名称はボーダフォン・パークだが、昔ながらのイニョニュという名称で呼ばれるスタジアムは、ここから歩いて程近い所にある。

先頭を行くチェルシュのカポたちが一瞬静寂を促すと、辺りにはドラムの音だけが響き渡る。ゆっくりとしたドラムの音が徐々に早く、そして大きくなっていくにつれて全員が勢いよく立ち上がり、耳をつんざくような大合唱が始まった。

発煙筒の煙が充満し過ぎているせいで、ドラムの音やチャントは聞こえてくるが、前は全く見えない。私の隣では、誰かがえずいていた。

彼らはどんな歌詞を口ずさんでいるのだろうか？　試合に一緒に来ていた、サッカーライター兼歴史家、ベシクタシュのファンでもあるボラに聞いてみた。

私は歌詞の内容がクラブやチームカラー、この迷宮のような地域にまつわるもの、さもなければ左翼的なスローガンに関するものだと思っていた。

ベシクタシュは民主化や環境問題、動物愛護などの活動を展開していることで知られている。あるいは文化的なモチーフ、たとえばノーベル文学賞を受賞したオルハン・パムクを讃えるような歌詞であってもいい。

「歌詞の内容はこうです。『俺のチンポをしゃぶりやがれ、フェネルバフチェ』」

ボラは恥ずかしそうに答えた。

母親と同世代の身なりのいい中年女性が周りの人間をたしなめ、膝をついて落ち着くように促す。ところが次の瞬間には、その同じ女性が「そうだ、俺のチンポをしゃぶりやがれ、フェネルバフチェ」と叫び、再び群衆を煽り始める。

もっと深い意味を探そうとしていたボラは、観念したようにつぶやく。

「あの歌詞には、それ以外の意味はありません」

今日の対戦相手はバシャクシェヒルである。だが彼らが口ずさむ歌の大半は最大のライバルであるフェネルバフチェに関するもので、相手を性的に卑しめようとするものだった。

ベシクタシュとフェネルバフチェは、ガラタサライと共に「三強」を構成してきた。これら三クラブは、一九二四年に初めてチャンピオンシップが認定されて以来、八七回開催されたトルコのリーグ戦において合計七〇回優勝を記録。独自のアイデンティティと物語を育んできた。

まずベシクタシュは、イスタンブールのヨーロッパ側、最も高級な地区の一つに拠点を構えている。だが自らをアウトサイダーと見なしており、労働者階級のルーツにこだわってきた。

対するガラタサライは、ベシクタシュに隣接するベヨグル地区で設立された。主体となったのは、一四八一年に創設されたエリート校、ガラタサライ・リセシの卒業生たちである。最後のフェネルバフチェは、フェリーで十五分ほどの場所に位置するカドゥキョイ、イスタンブールのアジア側を本拠にしている。このクラブはブルジョア的伝統を受け継いでおり、ファンはムスタファ・ケマル・アタテュルクとのつながりを誇らしげに語ってきた。アタテュルクは軍事拡大と世俗主義（政教分離）を軸に、近代トルコを建国した人物で、フェネルバフチェのファンだったとされている。イスタンブールにはカスムパシャという四番目のクラブも存在していたが、三強と同列で論じられることはなかった。

自らに対しても「否」を突きつける集団

「ベシクタシュは三強の中で一番規模が小さい。私たちは格下なんです」

ボラは自らのクラブをこう評する。

だがベシクタシュでは、トルコのサッカー界で最も歴史が古く、最も有名なサポーターグループが活動してきた。それがチェルシュに他ならない。

トルコでは一九八〇年に軍事クーデターが発生し、独裁政権が誕生した。その二年後に一八人の若者が立ち上げたのが、政治的には左翼で反体制志向が強く、社会問題に対してリベラルな態度を堅持しようとするチェルシュだった。

グループの名前は、地元の真ん中にある市場（バザール）にちなんで名付けられた。この地域では、彼らのサインがあちこちにスプレーで描かれているのが目に付く。「Çarşı」というスペルの「a」の部分を、アナキズムのシンボルに置き換えたものだ。

チェルシュを設立したメンバーの一人、ジェム・ヤクシュカンのバーは鷲の像から歩いて数分、カフェやケバブの店がひしめく迷路のような路地の奥にある。

店内の壁一面に貼られているのは、カウンターカルチャーや反権力を象徴するアイコンの写真だ。カート・コバーン、チェ・ゲバラ、ザ・クラッシュ、そして二〇〇七年に急進的な民族主義者に殺害されたアルメニア系トルコ人ジャーナリスト、フラント・ディンクの顔も見える。だがジェムが初恋に落ちた相手は、何といってもベシクタシュだった。隣の建物との間に交差するように張り巡らされたワイヤーには、黒と白のフラッグが飾られている。

冬のイスタンブールのじめじめとした寒さを追い払うべく、ジェムは外のヒーターをつけた。店の前を通り過ぎるほとんどの人は、足を止めて挨拶をしていく。中には金をせがむ人もいたが、ジェムは毎回それに応じていた。彼はここで生まれ育ってきたし、地元から離れたことも一度もない。クラブに対する思い入れは、地元への愛情とも不可分に結び付いている。

「ここでの生活で最初に学んだのは、人と分かち合うことだね」

子どもの頃、母親に頼まれてパンを買いに行く際、ジェムは二つではなく三つ買うように言われたという。そうすれば、帰り道で出会った誰かに渡せるからだ。

「俺たちはそうやって育ったし、それが自分たちのテラスの文化にも反映されているんだ」

今やジェムは、チェルシュが設立された当時の状況について証言できる、数少ない人物の一人になってしまった。ふさふさとしていた髪は白くなり、生え際はすっかり後退している。とはいえ、細い眼鏡のフレームの奥に光る青い瞳は鋭いままだった。心に抱いているポリシーも変わっていない。チェルシュが持つ価値とは何かと尋ねると、彼はこう定義してくれた。

「相手がクルド人でも、アルメニア人でも、ギリシャ人でも、ドイツ人でも、女でも、男でも、工場のオーナーでも、靴磨きの少年でも俺たちは気にしない。一緒にスタンドにいる限り、俺たちは一つなんだよ」

ジェムの説明は、チェルシュが受け継いできた多様性を象徴している。

私が話をした人の中には典型的なウルトラスのメンバーもいれば、武闘派のフーリガンやファームの人間もいた。極めて政治への意識が高い若者、地震の被災者や動物保護施設を支援するために社会活動家に勤しんでいる人、あまりに関心事が広過ぎて実質的にノンポリの人間、さらには単調な日常から逃れる手段として九〇分間、試合を観戦する連中もいるという具合だった。

彼らの捉えどころのなさは、バナーにも現れている。「チェルシュは全てに反対する！」というメッセージはよく知られたものの一つだが、彼らは「チェルシュは自分たちにも反対する！」という文字が載ったバナーさえ掲げてきた。また彼らはデザインしたグッズも売っているわけでもなければ、そもそも会員資格さえ定めていない。

血で血を洗う日々

チェルシュの本質にあるのは感情だ。何かを良くしたいという善意が、人々を集わせるのだ。

ジェムはこう表現する。現に彼らは近年も様々な活動を行ってきた。

たとえば二〇一一年、トルコの東部で大きな地震が起きた際には献血を呼びかけている（とある試合では、チェルシュのメンバーが下着以外の着衣を全部脱ぎ、スカーフや衣服を寄付だと称してピッチに投げ込んでいる）。グリーンピース絡みの抗議運動では、メンバーがメインスタンドの屋根まで登り、「核のないトルコを。チェルシュ」と書かれたバナーを広げながら、九〇分間ロープにしがみついたこともあった。

ただし、良識派のイメージばかりでチェルシュを捉えるのは正確さを欠く。

一九八〇年代はトルコサッカーの暗黒時代で、「テラス戦争」と呼ばれるほど暴力沙汰が相次いだ。そのような状況の中、最も組織化された集団として恐れられたのが彼らだった。

「テラス戦争」の火種になっていたのは、イニョニュだった。このスタジアムはベシクタシュの本拠地でありながら、フェネルバフチェやガラタサライも長年使用してきた。しかも彼らが対戦する際にはチケットの半数ずつがホームとアウェーに割り当てられたため、ウルトラスにとって聖地ともいえるテラスを巡って、当然のようにいざこざが起きた。

ジェムによれば、テラスは約六〇〇〇人を収容できただけでなく、うまい具合に屋根もついていた。屋根は雨よけに役立つだけでなく、自分たちのチャントを増幅させる役割も果たしており、チームを応援するには打って付けの場所となっていた。

筋金入りのサポーターは、いつも同じ場所に立ちたがる。結果、三強のウルトラスはイニョニュで直接対決が行われる度に、自らも戦いを繰り広げた。

やがて各グループは、試合の前日からスタジアムに泊まり込んでテラスを確保するようになる。これが警察に知られると、彼らは朝五時に入場して相手を出し抜こうと画策し始めた。

小競り合いは激しさを増していき、各クラブのウルトラスは日時と場所をあらかじめ定めて、果たし合いをするようになる。それでも飽き足らず、街中で不意打ちを仕掛け始めた。

この種の戦いには掟などなく、武器も頻繁に使用されている。細長いケバブナイフは好んで使われたし、銃が持ち出されるのも珍しくなかった。若かりし頃のジェムも喧嘩を得意にしていた。たとえ身体に刺し傷が七、八カ所、脚に銃創が残る結果になったとしてもである。

だが激化する対立は、収拾がつかないレベルまでエスカレートしてしまう。ジェムは語る。

「戦っていたのは試合の日だけじゃない。まさに毎日だったんだ。あの頃はきつかったよ」

いかに若者たちが血気にはやっていたとしても、さすがに何らかの手を打たなければならない。そこで彼らは歩み寄りを模索するようになる。

一九九六年、ジェムはガラタサライとフェネルバフチェのリーダーと対面。交渉の末に互いに握手を交わす。かくしてトルコのサッカー界では、「ザ・ピース」と呼ばれる停戦協定がついに結ばれることとなった。以降、少なくとも国内のリーグ戦では大規模な抗争は起きていない。

『イスタンブール・ユナイテッド』の感動

社会問題に対する意識の高さと、メンバーが抱く忠誠心の強さ。そして類い希な腕っ節の強さ。これらの要素を兼ね備えたチェルシュは、トルコのサッカー界で一番規模が大きく、最も広く認知されたサポーターグループに成長してきた。

ところがチェルシュの内部には、上下関係のような組織構造が一切ない。ジェムは語る。

「何かが起きれば俺たちはみんなで一緒に決める。それにメンバー同士が『異議を唱えること』も当たり前になっている。それこそが俺たちの本質なんだ」

どんなチャントを合唱するか、いかなるバナーを制作するか、アウェーの試合に遠征したときの食事をどうするか。全ては民主的な投票によって決定される。二〇一三年、ゲジ公園での抗議活動に参加したのも、メンバーの意向を問うた結果だった。

ジェムに言わせれば、「ゲジ」は数週間前から始まっていた。

当時、チェルシュは、タクシム広場で行われるメーデーのデモ行進に加わる予定を立てていたが、警察に阻止されている。これで不満を募らせていたメンバーは、イニョニュ・スタジアム絡みの事件で、さらに反感を覚えるようになった。

レジェップ・タイイップ・エルドアン大統領は、就任以来、サッカースタジアムの再建計画を進めており、その一環としてイニョニュ・スタジアムも再建する方針を固めていた。ジェムによれば、二〇一二／一三シーズンの最終戦には、一〇万人もの観客が集まったという。

「あの日はみんな感傷的になっていた。そんな状況で、警察が空に向けて威嚇射撃をするという馬鹿げた真似をしたんだ」

ベシクタシュは勝利を収めたが、スタジアムは騒然となりサポーターは暴徒と化した。翌日、トルコの各紙の見出しには、暴動、催涙ガス、発砲の文字が躍っている。

その二週間後に起きたのが、ゲジ公園での抗議運動だった。

そもそも抗議運動の発端となったのは、環境保護を唱える人々が公共公園の一部がモールに改装されることに異を唱えたことだった。反対運動そのものも極めて小規模で、参加していたのも四人に過ぎなかった。

ところが警察は、平和的に抗議活動を行っていた人々に向けて無差別に催涙ガスを浴びせ、テントを焼き払うという暴挙に出た。これに市民は反発。続々と公園に詰めかけ、ついにはエルドアン大統領に対して民主化を求める反政府デモに発展していく。

エルドアン大統領はデモの参加者を「強盗」や「神を畏れぬ不届き者」と批判し、力ずくで排除しようと試みる。当初、政府側の強硬路線は功を奏した。デモの参加者の中に、警察と実際に戦った経験を持つ人間などいなかったからである。そこで立ち上がったのがジェムだった。

「最初は五〇〇人ぐらいで、ここの近所からデモ行進を始めたんだ。ゲジに着く頃には、（デモ隊は）一万人近くになっていた」

チェルシュがゲジに到着した瞬間の模様は、映画『イスタンブール・ユナイテッド』に収められている。ベシクタシュのサポーターであるボラも、当時の状況を克明に覚えていた。

「ユニフォームを着たファンが映し出される場面、つまりチェルシュが公園に入ってきた瞬間のことは一生忘れられません。彼らは文字通り、私たちを助けに来てくれたのです。信じられない光景だったし、みんな涙を流していました」

ちなみにデモ行進には、フェネルバフチェやガラタサライのメンバーも加わっていた。これが映画のタイトルにもなった「イスタンブール・ユナイテッド（連合軍）」の由来である。

だが最も人数が多く、ひときわ大きな存在感を放っていたのは、やはりチェルシュだった。彼らはバナーを掲げながら大声でシュプレヒコールを繰り返している。

ここへ来て撃ってみろ

催涙ガスを撃ってみろ

ヘルメットを脱げ

警棒をしまえ

そしたら、ボスが誰かもわかるだろ

彼らはエルドアンが吐いた台詞も逆手に取っている。

ほら、強盗どもがやってきたぞ

チェルシュは、抗議活動を行う市民を加勢しただけではない。それ以上に重要なのは、スタジアムの内外で警官隊や機動隊とやり合った実戦経験を持っていることだった。

これはエジプトにおける「アラブの春」や、ウクライナの「ユーロマイダン」の状況と同様である。彼らは容赦なく放たれる催涙ガスやゴム弾にどう対抗すべきか。さらには踏みとどまるべき局面と、一時的に撤退すべきタイミングなどを的確に判断することができた。

ウルトラスに立ちはだかった現実

とはいえ、ウルトラスの面々ができることには限りがある。

結局、政府は六月一五日までに暴動を鎮圧。八人のデモ参加者が死亡し、八〇〇〇人が負傷を負ってしまう。失明した人も一一人を数えた。

政府側はゲジ公園の再開発計画を中止せざるを得なくなるが、これで全てが一件落着したわけではなかった。以降、エルドアン大統領は自らの権力基盤を一層強固にしただけでなく、サッカーファンに対する締め付けも強化していく。

そもそもトルコでは、二〇一一年に「6222法」という忌むべき法律が定められ、警察には市民のあらゆる行動を監視する権限が与えられていた。この法律は、サッカーファンが毛嫌いする電子チケットを導入したり、観客の顔を特定するカメラの設置も可能にするものだった。さらに二〇一三／一四シーズンが開幕すると、トルコ政府とサッカー連盟はスタジアム内で政治的なシュプレヒコールを行ったり、バナーを掲げるのを禁止したのである。

トルコの内務大臣、ムアメル・ギュレルは述べている。

「スタンドでの違法なデモ、あるいはスポーツの倫理に反する行為のリストに、政治的およびイデオロギー的に不適切なスローガンの表明を追加します。

政治的およびイデオロギー的なスローガンが、スポーツの精神に合致しないのは明らかであり（中略）そこには冒涜的な行動、スポーツにふさわしくない行動も含まれます」

一連の規制により、ウルトラスに対する締め付けは確実に強まっていく。

だがエルドアンは、ゲジで三強クラブのウルトラスが爆発的な求心力を発揮したのを忘れていなかった。彼はサポーターを弾圧するだけでなく、ピッチ内でも対抗する必要があるという結論を導き出す。それが意のままに操ることのできるクラブの創設だった。

二〇一四年、与党である公正発展党（ＡＫＰ）の関係者は、イスタンブールのバシャクシェヒルという地域で活動していた、地味な自治体のチームを買収。チームカラーをＡＫＰの旗と同じ色に変更しつつ、名称を「イスタンブール・バシャクシェヒル・フットボールクラブ」に改称し、クラブそのものの運営に手を染めるようになった。

名称以上に変わったのはチームの成績だった。

同クラブは一九九〇年の創設以来、主に二部リーグに籍を置き、一部リーグに昇格しても中位や下位を彷徨うような状況が続いていた。ところが買収されたのを機に、すぐにトップチームの仲間入りを果たしていく。二〇一四／一五シーズン以降は、四位、四位、二位、三位、二位と上位に食い込み、ついにタイトルを狙うまでに成長した。

それを支えたのが豊富な資金力と最新の設備、綺羅星の如きスター選手である。

たとえばクラブの主なスポンサーには、エルドアン政権の取り巻きと目される企業がずらりと名を連ねる。その中にはゲジ公園の再開発を担当し、エルドアン肝煎りのプロジェクトであるイスタンブール新空港の工事などを請け負った建設会社も含まれていた。

施設も豪華極まりない。バシャクシェヒルはファーティフ・テリム・スタディウム（現在ガラタサライを率いる、トルコの名監督の名前を冠した施設）を与えられ、そこでホームゲームを行うようになった。

そして最後は選手である。トルコ代表で活躍したミッドフィルダーのアルダ・トゥランをバルセロナからレンタル契約で招き、ブラジル代表のロビーニョも冬の移籍市場で獲得する。大盤振る舞いはその後も続き、エマニュエル・アデバヨール、デンバ・バ、ガエル・クリシー、ギョクハン・インレルといった面々も名を連ねるようになる。

戦力や近年の成績を見る限り、イスタンブールの三強体制は崩壊し、四強時代が訪れつつあるのは明らかだった。現にバシャクシェヒルは、シーズンの終盤でリーグ戦の首位に立ち、史上初のタイトルを手中に収めようとしていた。エルドアンの思惑通りにである。

二つのダービーマッチ

ただしエルドアンは、別の種類の問題も抱えていた。

数週間前、イスタンブールでは市長選が行われていた。イスタンブールは広大な面積と一五〇〇万人の人口を誇る大都市で、トルコという国家の要でもある。市場経済を重視する新自由主義と復古的なイスラム主義、そして独裁的な手法を駆使してきたエルドアンにとっても、イスタンブールを掌握しておくことは不可欠になる。エルドアンが政治家としてのキャリアをスタートさせたのは、一九九四年にイスタンブール市長に選出されたのがきっかけだった。

ところが数日前に実施された市長選挙では、与党ＡＫＰの候補者であるビナリ・ユルドゥルム前首相が、野党の共和人民党（ＣＨＰ）候補、エクレム・イマモウルに僅差で敗れたのである。

エルドアンはこの事実を受け入れられず、選挙で不正がなされたと主張。野党は猛反発したが、選挙管理委員会は再投票を検討し始める。

しかも再投票を行うか否かは、最悪のタイミングで決まる可能性があった。同じ週にはイスタンブールの四チームが、ダービーマッチに臨む予定になっていたからである。ボラは語る。

「ダービーマッチが開催される週末に、重要な政治的決定が下されてファンが反発する。政府はそういう状況を避けようとしています。大騒ぎになりますから」

ベシクタシュ対バシャクシェヒル戦は、大きな意味を持っていた。

確かに歴史的な重みは、もう一つのダービーマッチであるフェネルバフチェ対ガラタサライ戦に遠く及ばない。いずれのチームにも伝統と実績があるし、両チームはボスポラス海峡を挟んで、イスタンブールのヨーロッパ側とアジア側に本拠を構えているため、直接対決は「インター・コンチネンタル・ダービー（大陸間ダービー）」という名前でも広く親しまれてきた。

だがベシクタシュ対バシャクシェヒル戦には、政治的な重要性がある。言うなればイスタンブールのリベラルな文化を象徴するチームと、エルドアン政権が支えるチームの戦いでもあったからだ。ましてやトルコ国内は、イスタンブールの選挙を巡って揺れ動いている。試合には民主化のアイコン、市長選で勝ったばかりのイマモウルが顔を出すという噂も流れていた。

新興住宅街のサッカークラブ

ボスポラス海峡を渡ってバシャクシェヒルまで来るには、バス一台と電車三本、さらにタクシーを乗り継がなければならない。長旅の末に降り立った場所は、同じイスタンブール市内とは思えないほど静かだった。閑散としていると表現した方がいいかもしれない。

イスタンブールの中心街が熱気に溢れ、人や車でごった返しているのに対して、バシャクシェヒルには、だだっ広い道路が走っているだけだった。この付近は近年都市開発が行われてできあがった、ある種の新興住宅街だからである。事実、周囲には似たような砂色の高層マンションが立ち並び、狭間にある公園では家族連れが子どもを遊ばせていた。

バシャクシェヒルでは、今も至る所で工事が続いている。ファーティフ・テリム・スタディウム周辺も有刺鉄線と金属パネルで囲まれ、盛んに地面が掘り返されていた。パネルにあしらわれているのは、防水シートのような素材でできたクラブのバナーだ。オレンジ、ブルー、盾の形をしたエンブレム、トレードマークのフクロウなど、現在リーグ首位に立つチームのアイコンが配置されている。

バシャクシェヒルは紛れもなく、この地域の中核となっている。

近くのクラブショップには完成後のアリーナの模型が飾られているが、スタジアムの周りには若い家族向けの公園やマンションが迷路のように立ち並ぶ予定だ。しかも数ブロックに満たないエリアに、一四面ものサッカーコートが建設されるという。

エルドアンとサッカー

バシャクシェヒルは、エルドアン政権による支配を最も象徴する地域だといえるだろう。過去二〇年間に起きてきたのは、不動産開発ブームの加熱であり、サッカーを前面に押し出した国家とエルドアン個人のアピールであり、イスラム色の強化だった。

エルドアンは一九九四年にイスタンブールの市長に就任し、政治家としてのキャリアをスタートさせた。当時掲げていたのは穏健派のイスラム主義と、近代的な資本主義や民主主義を融合させる方針だった。建国の父であるアタテュルクは世俗主義（政経分離）を推進したため、イスラム教徒はいまだに不満を抱いていた。エルドアンはこの怒りを利用したのである。

事実、エルドアンは、イスラム教徒を取り込みながら政治的な影響力を高めてきた。政治集会でイスラム教を賛美する詩を読み上げたために投獄されたこともあるが、二〇〇一年には現在の与党である公正発展党（ＡＫＰ）の結成に尽力。翌年の総選挙で圧勝した後には首相、やがて大統領に就任。以降はトルコの近代化を推し進め、好景気をもたらした人物の一人と見なされてきた。

それと同時にエルドアンは、自分とサッカーにまつわる物語をアピールしてきた。貧しいながらも信心深い家に生まれた少年が、路上で胡麻パンを売りながら家計を助ける。だがサッカーに夢中になり、できたばかりのチームを勝利へ導いていくといった類のストーリーだ。

この種の話はありきたりだし、エルドアンにすり寄る伝記作家たちが書いたものに過ぎない。しかしエルドアン自身は、自分は芸術的なミッドフィルダー兼ストライカーであり、ゴールキーパーでもあったと公言。フェネルバフチェに誘われたとさえ吹聴するようになる。

その種の主張を裏付ける証拠はほとんどないが、エルドアンは事あるごとにサッカーを引き合いに出しながら、自分の男らしさや「民衆の味方」としてのイメージをアピールし続けてきた。たとえば二〇一九年に公開されたエルドアンの伝記映画では、九対九の場面で若きエルドアンが交代選手として出場し、オーバーヘッドで決勝点を決める場面まで登場する。

実際にどれほどの選手だったかはさておき、エルドアンがサッカーに肩入れしてきたのは間違いない。これは個人的な趣味を反映しただけでなく、実利にも結び付いてきた。

パトリック・ケディが著したトルコサッカーの政治史『ザ・パッション』によれば、エルドアンが率いるＡＫＰは、サッカースタジアムをはじめとする施設の建設事業を通じて勢力を拡大しつつ、身内のグループに利益を還元。現実路線（非宗教路線）を掲げてきた保守勢力に対抗できるような、新たなエリート階層を作り上げた。

事実、ゲジ公園での衝突が起きた二〇一三年も、政府は一〇〇〇億ドル相当のパイプライン建設計画を練っていたし、トルコ国内では様々な地域が急速に様変わりしつつあった。

その一端は、サッカー界でもうかがうことができる。エルドアン政権下では二七の都市に三〇のスタジアムが建てられ、各クラブは移転させられている。面倒な手間をかけずに済んだクラブ、つまり従来と同じ場所に新しい施設が建設されたのはベシクタシュだけだった。ガラタサライのアリ・サミ・イェン・スタジアムも取り壊され、チームは数キロ先のテュルク・テレコム・アリーナ（当時）にわざわざ移る形となった。

だがこのスタジアムで、エルドアンは大恥をかいている。二〇一一年、こけら落としのためにアヤックスとフレンドリーマッチが行われた際、ガラタサライのファンは大ブーイングを浴びせたのである。エルドアンは腹を立て、ハーフタイムに席を立っている。

それに比べれば、バシャクシェヒルのスタジアムは、まさにエルドアンにとってホームグラウンドとも呼ぶべき場所になった。

二〇一四年にファーティフ・テリム・スタディウムがオープンすると、第十二代の大統領に就任したばかりのエルドアンは、背番号12のユニフォームを着てエキシビションマッチに出場。ハットトリックを決めてみせた。

一本目は右足のアウトサイドで放った見事なシュート、二本目はゴールキーパーの頭上をふわりと越えるチップキック。三度目のゴールシーンは敵方の選手が動こうとせず、得点をお膳立てするような状況から生まれている。

とはいえ、サッカー選手として多少の才能があったことは証明したといえるだろう。若かりし頃、フェネルバフチェからお声がかかるほどの逸材だったどうかは別にしてである。

その後、バシャクシェヒルは背番号「12」を永久欠番に設定している。ハイドゥク・スプリット、ラツィオ、レッドスター・ベオグラード、ハンマルビー、さらにはベシクタシュやフェネルバフチェは、自分たちを支え続けるファンに栄えある番号を捧げたが、イスタンブールの新興クラブ側は為政者に提供したのだった。

バシャクシェヒル

ファーティフ・テリム・スタディウムの外に、数台のバスが停まっている。カフェの近くにいる警察は重装備をしておらず、盾にもたれかかっているだけだった。何らかの衝突やデモ活動があるにせよ、ここでは起きないだろうと考えているのが容易に見て取れる。

カフェの中では、バシャクシェヒルのウルトラスグループ、「1453」を設立したメンバーの一人であるブラク・ビルギリが、盛んに電話を受けたり、バスの手配をしたりしている。サポーターがベシクタシュとの試合に行けるようにするためだ。

彼はまだ若く、赤い顎髭を生やしているが、生え際は後退しかかっていた。

「ファンの八〇%は学生です。これは画期的なことなんです」

ブラクは地元のコミュニティに、クラブの支持層を増やしていく仕事をしている。チームが華々しい成績を上げているだけに、ファンの獲得は急務になっていた。

「この地域に住んでいる人たちは、僕たちのファングループに似ているんですよ。まず、非常に若いしみんな優しい。フェアで、尊敬すべき人たちばかりです。

僕たちは、スタンドに罵声や暴力がつきものだとは思っていません。現に僕たちは相手を罵ったり、暴力を振るったりしませんから。僕たちはこういうファンのグループや家族連れがやってきて、何の問題もなく試合を観戦できるような環境を創っていきたいんです」

彼の主張は至極真っ当だ。暴力沙汰を排除できればそれに越したことはないし、誰もが家族と共にサッカーを堪能したいと願っている。

だが口にした台詞は、エルドアンたちが駆使するレトリックと酷似している。ヤジのないクリーンな応援、家族的な雰囲気、リスペクトの精神、観戦マナーの良さ。エルドアンが「強盗」や「神を畏れぬ不届き者」と評した、ゲジ公園のデモ参加者と対局にあるような要素だ。

ブラクは、他と全く異なるサポーターグループを築き上げたいと考えていた。ウルトラス的なノリの組織も一つだけ存在するというが、基本的には穏健路線を歩もうとしている。

「改まった言い方をすれば、僕たちはあくまでもファンの共同体です……ヨーロッパのウルトラスとは違うんです」

そこまで話した瞬間、カフェの外で轟音が立て続けに鳴り響いた。１４５３のメンバーがカフェから出て、地元テレビ局のために発炎筒や発煙筒を点火したのである。

だが警察はまるで動こうとしない。

「暴力を許容しているわけではありませんから！」

その場を取り繕うように、ブラクは慌てて付け加えた。

彼にとって最も大きな課題となったのは、地元の住民をいかにバシャクシェヒル派に鞍替えさせていくかだった。この目的を達成するために、わざわざ一軒ずつ家を回っている。

「戸別に家を訪問して、地元チームを応援することがいかに大切かを説明したんです。最終的にはみんな納得してくれました」

説明を聞いていて思いだしたのは、ＡＫＰが取った行動だった。ＡＫＰの党員はイスタンブールの市長選で擁立候補が敗北を喫した後、やはり地域の住宅を戸別に訪ね、どの候補者に投票したのか、なぜその人物を選んだのかと理由を尋ねている。

ブラクは好青年のように見える。だが地元でファンを増やすために行った「説明」なるものは、本当に単なる説得だったのだろうか。むしろ説得という名目で、強制じみた真似をしたケースはなかったのだろうか。バシャクシェヒルが、ＡＫＰやエルドアンの肝煎りで新設されたクラブだという事実を考えると、ついつい疑念が頭をもたげてしまう。

しかしブラク自身は、バシャクシェヒルはエルドアンのクラブでも、ＡＫＰのクラブでもないと主張し続けた。

「外にファンが三、四〇〇〇人いますから、彼らに聞いてみてください。実際、政治的にもいろんなイデオロギーを持っていることがわかるはずです。

今（トルコのサッカー界で）起きているのは単純なことなんです。このチームはいいサッカーをしているし、勝利に値するチームになったんですよ」

バシャクシェヒルが優勝するのは、トルコのサッカー界全体にとって好ましい出来事だ。適切に運営されているチームが優勝して成功を収めれば、従来の三強も何かを学ぶことができるはずだ。彼は素直にそう信じていた。

「タイトルを獲得したら、どんな状況になると思う？」

私が尋ねると、ブラクは嬉しそうに述べた。

「お祭り騒ぎになるでしょうね。ひょっとしたら、イスタンブール中が喜んでくれるかもしれません。そしたらみんなで一緒に優勝を祝い合えるじゃないですか」

だがブラクは、明らかに楽観的に考え過ぎていた。

確かにバシャクシェヒルは右肩上がりの勢いで発展しているし、初優勝に向けて邁進している。しかし三強には、長年かけて重ねてきた歴史と嵩み、存在感がある。現に彼の頭上に置かれていたテレビからは、ベシクタシュ戦に関するコメントが全く流れてこない。サッカー絡みの番組で取り上げられているのは、フェネルバフチェ対ガラタサライ戦ばかりだった。

新興クラブに鞍替えした若者たち

「俺たちはイスタンブールのクラブだ。イスタンブールは1453年にオスマン帝国が占領した。それを記念して、この名前にしたんだ」

「1453」の由来を説明するのは、サポーターグループのカポ、ジャフェルだ。白髪交じりの髭を蓄えたジャフェルは、1453という年号がでかでかと入ったオレンジのパーカーに巨体を包み、数十人の若いウルトラスに囲まれている。彼によれば、今日のベシクタシュ戦には五〇〇人から一〇〇〇人ほどのメンバーが遠征するという。

クラブの関係者やサポーターは、本当にエルドアンを支持しているのだろうか？

こう尋ねると彼は笑ってみせた。おそらく自分たちが批判されるのは、他のチームのサポーターが嫉妬しているからだと考えているのだろう。あるいは彼に言わせれば、自分たちに恐怖を感じている証拠だということになるのかもしれない。三強の独占状態は崩壊しつつあるし、新たなクラブが創設された結果、この地域にはコミュニティとファンベースが生まれつつある。ブラクと同じように、ジャフェルはそう信じて疑わなかった。

だが新興クラブのファンが増えるということは、イスタンブールの三強を支持してきたサポーターが、それまでのクラブと縁を切ることを意味する。これは宗教を鞍替えするような暴挙に等しい。事実、ジャフェルは、かつて応援していたクラブの名前を明かそうとしなかった。

「確かに俺たちは新しいクラブさ。でもヨーロッパでは、新しいクラブがタブーを破ってタイトルを獲得してきた。俺たちもそうなるさ」

今日の試合に勝てば九ポイント差となり、バシャクシェヒルの初タイトルがほぼ確実となる。私の周りには、１４５３の若いウルトラスたちが集まってきた。

「俺たちは八対〇で勝つ！　相手はさぞかしぶったまげるぜ！」

「行け、行け、行け、ウルトラス！　ウルトラス！」

「ベシクタシュ！」

ベシクタシュと叫んだ三人目のサポーターに声をかけると、彼は腕を見せてくれた。そこには白と黒のベシクタシュのタトゥーがびっしりと彫られている。

「俺はウルトラスラン（ガラタサライのウルトラス）だ！」

こう叫んだ若者はシャツをめくり、赤いウルトラスランのシンボルを披露してくれた。

やがて彼らは、全てのチームをごちゃ混ぜにしたチャントを歌い始めた。

「俺はフェネルバフチェのファンだけど、住んでいるのはここなんだ。カドゥキョイ（フェネルバフチェの本拠地）に通うのは無理だから、バシャクシェヒルの応援をするのさ」

わかりやすい説明をしてくれたのは、若い男性ファンのユースフである。彼は今でも「ゲンチ・フェネルバフチェリラ（ＧＦＢ）」という組織に名を連ねている。

１４５３のメンバーは、これから試合に向けて長旅をすることになる。私もタクシー、電車三本、そしてバス一台を乗り継いでベシクタシュのホームスタジアムまで行き、チェルシュのメンバーと合流しなければならない。

「今日の試合はいいとして」

帰り際、二人の警官の前を歩いていると、彼らが憂鬱そうに話しているのが聞こえてきた。

「明日のフェネルバフチェ対ガラタサライ戦は担当したくないな」

ベシクタシュ

キックオフが迫り、チェルシュのメンバーがドルマバフチェ宮殿の前を練り歩いて行く。ここはオスマン帝国最後のスルタン（皇帝）が居を構えていた場所だ。次にはモスクと時計台を通り過ぎて右折し、ボーダフォン・パーク・スタジアムに向かう。旧イニョニュ・スタジアムから引き継がれたアールデコ調の装飾が残っているだけに、真っ赤な看板は明らかに浮いている。

「バシャクシェヒルなんてどうでもいい。ガラタサライ以外は目じゃないんだよ」

　スタジアムに入る寸前、チェルシュのメンバーであるエムレが声をかけてきた。

「バシャクシェヒルの奴らには、こんな感覚はないだろうな。それに今から一〇年も経てば、あいつらは影も形もなくなっているさ」

　バシャクシェヒルのウルトラスである1453のメンバーは、コーナーの所にひしめき合っていた。彼らはアウェーのサポーター席を、半分ほどしか埋めていなかった。一方、イースト・スタンドには、ベシクタシュのシンボルである鷲と共に「常に勝利に向かって」と書かれた大きく鮮やかなバナーが掲げられている。ゴール裏では別のバナーも翻っていた。

「これがベシクタシュだ。みんな立ち上がれ」

　ところがチェルシュのバナーはまるで目立たない。ノース・スタンドの下側に飾られているため、スタジアムのどこに立ってもほとんど見えないようになっていた。

　ボラによれば、チェルシュがバナーを掲げることは「規則上は」禁止されていないという。とはいえ、そこにはもちろん裏がある。

「警察には抜け道を用意しています。バナーに書かれたメッセージが政治的だと判断された場合には、スタジアムで提示できないように命令できるのです」

　事実、このシーズン初めに行われたフェネルバフチェ戦では、チェルシュのメンバーがバナーを回収されている。そこに記されていたのは、チェ・ゲバラの有名なフレーズ「常に勝利するまで！」という文言だった。

　パイロや発煙筒は一切使われていないが、両軍の声援はすさまじい。試合が始まってからも耳をつんざくような音が鳴り響いた。

序盤戦はバシャクシェヒルが圧倒。ベシクタシュ側はゴールを守るロリス・カリウスの活躍により、かろうじて失点を免れていたが、ついにロビーニョに先制点を奪われる。この瞬間、トルコリーグのタイトルは従来の三強ではなく、政府によって設立された新参チームの手に渡るかに思われた。

だがハーフタイム直前、カナダ人のベテランミッドフィルダー、アティバ・ハッチンソンが、至近距離から芸術的なボレーシュートを決めて、ベシクタシュを同点に導く。

一対一のまま前半戦が終了すると、ゴール裏に陣取ったチェルシュがざわめき始める。イスタンブールの市長選で当選したエクレム・イマモウルが、本当に姿を現したのである。これに気付いたスタジアム中のファンも、一斉にチャントを口にし始めた。

「彼を認めろ！　彼を認めろ！」

選挙期間中、イマモウルはFOXテレビのインタビューで、既に市内にはビッグクラブが三つあると述べていた。無論、このコメントは、エルドアンやバシャクシェヒルをやんわり皮肉したものだった。その上で彼は、こう断言している。

「私の仕事は新しくクラブを設立したり、支援することではありません」

イマモウルが立ち上がると、チャントを叫ぶ声はますます大きくなっていった。与党のAKPは再投票の口実を必死に探しているが、ベシクタシュのサポーターは、イマモウルこそが次の市長になるべきだと、チャントを通じてはっきりと主張したのである。

現在のトルコでは、政治絡みのチャントは禁じられている。クラブのスタッフはただならぬ事態が起きていることに気付き、スタジアムのスピーカーをオンにする。イマモウルを支持する群衆の声をかき消すように、場内には大音量でトルコのロックミュージックが流れ始めた。

後半になると試合の流れは逆転。ベシクタシュは攻勢に転じ、ブラク・ユルマズが見事なゴールを決めて二対一とリードを奪う。バシャクシェヒルも、もちろん反撃を試みる。終了間際のコーナーキックの場面では、ゴールキーパーまで前線に上がったがわずかに及ばなかった。

審判の長いホイッスルが鳴った瞬間、スタジアムは歓喜に包まれた。ベシクタシュはタイトル争いに復帰し、バシャクシェヒルの優勝に待ったをかけた。しかもハーフタイムには、イマモウルを全員で支持することもできたからである。この試合が持つ意義、そしてスタジアム中をチャントが包み込んだ事実の重みは、誰の目にも明らかだった。

ベイオール

ガラタサライのウルトラスであるセリムとは、タクシム広場の外れで会う予定になっていた。既に辺りは暗くなっていたが、雨上がりの広場は活気に溢れ、行商人、観光客、恋人たち、物乞いが行き交っている。私の背後に広がるゲジ広場は、廃墟のように見向きもされていない。

セリムは原付きバイクで歩道に乗り上げると、こちらにヘルメットを投げ、後ろに乗るように促した。バイクは西の方角、ベイオールの奥へと進んで行く。ガラタサライSKを生んだエリート校、五〇〇年の歴史を持つガラタサライ・リセシを通過し、北に向かって一車線の入り組んだ通りをひた走る。

やがて私たちはバイクから降り、一軒の喫茶店に入った。

奥の部屋の壁には、レトロなカラーリングで再現された、歴代の偉大なチームのポスターが飾られている。一九六九／七〇年にタイトルを獲得したフェネルバフチェは黄色と黒。トラブゾンスポルはエンジと青。トルコ最大のクルド人都市、ディヤルバクルにかつて存在したディヤルバクルスポルは、赤と緑を基調としている。左の壁に貼ってあるのが金と赤、セリムが応援しているガラタサライのポスターだ。

「バシャクシェヒルはどうやって、アルダ・トゥランに一シーズン三〇〇万ユーロを支払っているんだと思う？　アデバヨールの給料は？」

私はサッカーファンの誰もが口にする疑問を投げかけたが、セリムは無言で首を横に振っただけだった。彼の頭は明日行われる試合のことでいっぱいだった。ガラタサライはボスポラス海峡の反対側、フェネルバフチェの本拠地であるカドゥキョイでダービーマッチを戦う。これは従来と同じように、シーズン最大のビッグマッチになるはずだった。

セリムは二〇〇一年、ガラタサライのウルトラスである「ウルトラスラン」が設立された時点から、メンバーに名を連ねてきた。ウルトラスランという名称は「ウルトラス」と、トルコ語でライオンを意味する「アスラン」を組み合わせた造語だ。

ただしセリムは、ウルトラスランが結成される前の時代のことも鮮明に覚えている。曰く。

「今とはまるで時代が違っていたよ。サポーターたちは、ナイフや銃や斧で相手を攻撃した。要するに一九八〇年の軍事クーデターの影響をもろに受けていたんだ」

セリムは、かくもサポーター同士が激しくやり合ったのは、社会の混乱だけが原因ではないと考えていた。むしろそれは計画されたものだったという。

「政府がそう仕向けたんだ。おまえたちはそこでじゃれ合っていればいい、政治のことには関わるなとね。ファン同士で殺し合わせたから、暴力沙汰が増えていったんだ」

確かに一九九六年には「ザ・ピース（ベシクタシュ、フェネルバフチェ、ガラタサライのウルトラスによる停戦協定）」が結ばれ、大規模な暴力沙汰は影を潜める。

だが数人の死者を出すような小競り合いは、毎シーズンのように起きていたし、海外クラブが遠征してきた際には、トルコのウルトラスは容赦なく牙を剥いた。現に二〇〇〇年に行われたチャンピオンズリーグの試合、ガラタサライ対リーズ・ユナイテッド戦の前には、ガラタサライのサポーターが、リーズのサポーター二人を刺殺。世界中から非難を浴びている。

ガラタサライが刻んできた痕跡と実績

しかしガラタサライは、ピッチ内外で確かな足跡も残してきた。

まず一九九九／二〇〇〇シーズンにはUEFAカップで優勝し、トルコのクラブチームとして初めてヨーロッパのタイトルを手中に収めている。

ガラタサライは、トルコのファン文化が発達していく過程においても大きな役割を果たした。ヨーロッパの大会でアウェーに遠征した際、現地で見聞きしたものを吸収し、トルコに持ち帰ったのである。特にイタリアのウルトラスからは、強い影響を受けたという。セリムは語る。

「ACミランの『フォッサ・デイ・レオーニ』に会ったし、マドリードの『ウルトラス・スール』にも会えた。イングランドのファン、ローマやラツィオの連中にもね」

遠征先における出会い、そして急速に普及したインターネットでの情報を通じて、サポーターたちは自分たちも然るべき名前を付けたグループを結成したいと望むようになっていく。

ウルトラスランは、実に三〇〇もの下部グループで構成されている。各グループは地域や民族によっても分かれているし、セリムが所属しているような学生のためのグループもあるが、様々なネットワークを経由して、海外のウルトラス文化はすぐに共有されていった。

またガラタサライに触発されるような形で、トルコのクラブチームでは一年も経たないうちに独自のウルトラスが次々と誕生し、独自のバナーやチャントを作り出していくようになる。

とはいえ、各クラブの構造は決して同じではない。

たとえばフェネルバフチェのチェルシュと違い、ガラタサライのウルトラスランには厳格なヒエラルキーが存在する。彼らは組織名を商標登録し、グッズを販売するようなビジネスも手掛けてきた。これらのグッズの売り上げは、公式ユニフォームの売り上げを凌駕する。二〇〇二年、ガラタサライが破綻の危機に瀕した際には、ウルトラスランが商標をクラブ側に三年間譲渡。これでクラブ側は数百万ユーロの収入を確保し、破綻を免れている。

左派のイデオロギーを共有してきたチェルシュと異なり、ウルトラスランは政治的にも簡単に括ることができない。クラブは全国的な人気を誇っており、ファンベースもありとあらゆる民族や宗派、階級、イデオロギーを内包する形になるからだ。その中には投獄された「クルド労働者党（PKK）」のリーダー、アブドゥッラー・オジャランさえ含まれる。この組織はトルコをはじめとする様々な地域で、テロ活動を行っていると目されていた。

「トルコのファン文化は、とてつもなく多くの要素が混ざり合っている。ほとんどの場合は、共通の社会的・政治的アイデンティティはない」

人気サッカー番組『スポーツ・ヘッドラインズ』の共同司会者を務めるジャーナリストのジェム・ディズダールは、こう指摘していた。

「共有されているのは、チームカラー（チームへの愛情）だけだ」

ただしウルトラスランは変わりつつある。二〇〇八年、設立メンバーの一人が自動車事故で他界すると、その後任には一日五回の礼拝を欠かさないイスラム教徒が就いた。セリムは語る。

「昔のウルトラスランは、政治的に強い主義主張を持っているわけじゃなかった。でも今は右派の組織になったと言っていい。ナショナリズムとイスラムも混ざっているし」

確実に狭まっていく国家の包囲網

だがガラタサライにとっての最大の敵は昔から変わっていない。フェネルバフチェとベシクタシュはもちろん、国家権力と警察も憎むべき存在となっている。

「あれは悲劇だった」

セリムは頭を振りながら、自分の身にふりかかった理不尽な出来事を語り始めた。

数カ月前、セリムはギョズテペ戦を観戦するため、敵地イズミルを訪れていた。試合ではガラタサライが順当に勝利を飾る。ギョズテペの選手はＰＫを外したばかりか、いくつもの好機を逃してホームのサポーターを怒らせている。

「それを見ながら俺たちは相手をからかい始めたんだ。で、向こうがそれに気付いて『殺すぞ』とジェスチャーをしてきたんだ」

試合が終わって会場を後にする際、セリムは人差し指と中指から親指を突き出すジェスチャーをしてみせた。これはトルコで「マスカキ野郎」という意味になる。

四週間後、セリムは裁判所から突然通知を受け取り、警察署に出向くように命じられる。そして自分がスタジアムへの出入りを禁じられたこと、さらにはキックオフの時間とその四五分後には警察署に出頭し、書類に署名する羽目になったことを知った。

セリムは、例のジェスチャーをしている場面を写した高解像度の写真とビデオを見せられるまで、どうして処分を科されるのかがまるで理解できなかったという。

しかもセリムの周囲では、友人も同じ処分を受けていた。

「あいつの場合は、スタジアムにモバイルバッテリーを持ち込んだのを見つかったんだ。携帯を充電するためのものだぜ。おふくろも呆れて笑っていたよ」

最近のトルコでは、一見、政治色のないバナーでさえ取り締まりの対象となることがある。

ガラタサライのサポーターは、映画『ロッキー』をモチーフにした立体的なコレオグラフィーを制作。「立ち上がれ。跪いているから相手が大きく見えるんだ」という劇中の台詞と共に披露し、国際的に注目を集めている。見事な演出に対しては、映画に主演したシルベスタ・スタローン自身がツイートで絶賛したほどだ。

ところがトルコ政府はこれを問題視した。かつてエルドアンとタッグを組みながら、後にクーデターを仕掛けたフェトフッラー・ギュレンという人物がいる。このギュレンが最近の説教で読み上げた一節に、引用された映画の台詞が似ていると難癖を付けたのである。

体制側による締め付けは強化されているだけでなく、巧妙にもなってきているため、トルコのテラス文化は失われつつある。セリムはそう指摘した。

「昔（のサッカー界）は、いい意味でもっと混沌としていたし、ジャングルみたいなもんだった。それでも自分たちが決めたルールに従っていれば、問題はなかったんだ」

サルイエルからカドゥキョイへ

ガラタサライのテュルク・テレコム・スタジアムに隣接する地下道には、バスの車列がはるか遠くまで延々と続いている。少なくとも二〇〇〇人のウルトラスランが集合し、歌ったり爆竹を鳴らしたりしながら、出発の時間が来るのを待っている。

金色と赤色のユニフォームに身を包んだ面々は、身体検査で発煙筒などを持っていないかどうかを念入りに調べられる。それが終わってから、ようやくバスに乗り込むことが許される。車内が満員になると、満杯のスーツケースのように無理やり扉が閉じられた。

マシンガンを抱えた警官が同乗したバスは、一列になって高速道路に入って行く。

車内は既に信じられないほど騒がしかったが、高速に乗るとさらにチャントのボリュームが上がる。ウルトラスはバスのドアを力ずくでこじ開け、身を乗り出しながら歌い始めたからだ。チャントの大合唱は、ボスポラス海峡にかかる長い吊り橋、ファーティフ・スルタン・メフメト橋を渡るまで続けられた。

二〇分後、敵地でバスが停まるとウルトラスランが一人、また一人とバスから吐き出されるように降りて行く。そして警察の目を盗んで持ち込んだ発煙筒に火をつけ、フェネルバフチェのファンを罵倒しながら、決戦の場へと向かって行った。

フェネルバフチェのホーム、通称ユルケル・スタジアムの隣にある公園では、数万人のフェネルバフチェサポーターが、アレクサンドロ・デ・ソウザの銅像前に集まっている。ブラジル出身のミッドフィルダーであるアレックスは、フェネルバフチェのキャプテンまで務めた選手だった。彼が退団して帰国することが決まった際、ファンは資金を出し合って、この銅像を建てた。

ところが、フェネルバフチェのウルトラスとして有名なGFBの姿がどこにも見当たらない。理由を聞いてみると、チームの成績が悪いからだという。確かに今シーズンのフェネルバフチェは、不振を極めていた。信じ難いことに、一時は降格さえ囁かれた時期もある。

結果、ダービーマッチの文脈も、ずいぶんと歪んだものに変わっていた。

ガラタサライにとって今日のカードは、優勝への可能性をつなぐ上で是が非でも、ものにしなければならない試合である。方やフェネルバフチェにとっては、とにかく負けないようにするのが目標になっていた。過去二〇年間、少なくともホームゲームでは、相手に勝ち名乗りを上げさせたことがない。その伝統を維持できれば、御の字だろうと考えられていた。

スタジアム内のイースト・スタンドでは、青と黄色の巨大なコレオグラフィーが展開されていた。そこには「フェネルバフチェは、この帝国の王者だ」と書かれたバナーも添えられている。

だがチームは不振をかこっているし、場内の雰囲気も決して明るくなかった。現にフェネルバフチェの選手がミスをする度に、サポーターの周辺に刺々しい空気が漂う。さらにフェネルバフチェ側は、一人退場者まで出してしまった。

イスタンブールの市長選で勝ったエクレム・イマモウルは、こちらのダービーマッチにも姿を現したが、観客の反応はまちまちだった。

とりわけガラタサライのサポーターは、民主改革の旗手を歓迎する者もいれば、不満を言う者もいるといった具合で、ベシクタシュのサポーターと対照的な反応を見せた。ウルトラスランを、政治的に括るのは難しいとされる理由がよくわかる。

後半戦が始まると、有利に試合を進めていたはずのガラタサライに焦りの色が見え始める。一人少ない相手から、一向にゴールを奪えないからだ。おそらくガラタサライ相手に引き分けに持ち込めると確信したのだろう、逆にフェネルバフチェのサポーターがチャントを叫び始めた。

「ガラタサライ、おまえらは俺らがくたばっていても倒せない」

ところがその直後、ガラタサライはヘンリー・オニュクルのゴールでついにリードを奪う。思いもかけぬ展開に口論が起き、フェネルバフチェのサポーターが陣取るスタンドでは、とうとう仲間同士が殴り合いを始めてしまう。

しかし五分後、フェネルバフチェはエリフ・エルマスの活躍で見事に同点に追いつく。そして最後まで猛攻をしのぎきり、ホームにおけるガラタサライの勝利をまたもや阻止した。

試合後、私はフェリーで宿へ戻った。同じ便にはフェネルバフチェとガラタサライのファンが何人か乗っていたが、誰もが疲れ果てた様子で座席にもたれ居眠りをしている。

ベシクタシュがバシャクシェヒルに逆転勝利を収め、ガラタサライがフェネルバフチェに引き分けに持ち込まれたことによって、タイトルレースの行方はさらに混沌としたものとなった。

だが、トルコのサッカー界全体に関していうなら趨勢は明らかだ。

エルドアンはますます影響力を強めつつある。彼は6222法を根拠に監視の目を張り巡らせて、ゲジ公園のデモを支えたサポーターの力を弱めようとしている。スタジアムを新設してチケットの値段を吊り上げる。これによって労働者階級のファンを追い出し、中産階級の新たなファンを増やしていこうとする試みも着々と進んでいる。三強のウルトラスは見るからに分が悪い。

数週間後、エルドアンはイスタンブールの市長選に関しても青写真通りにことを運ぶ。結局、エクレム・イマモウルの僅差の勝利を無効とし、再選挙を行わせることに成功したのである。

「AKP党の候補に勝つのは法律違反なのだ」

イマモウルが率いる野党CHPの副議長、オヌルサル・アドゥギュゼルは皮肉を込めてツイートしている。

しかもエルドアンは次の手まで打っていた。再投票が実施されるまで、イスタンブール市長のポストは不在になる。この政治的な空白を埋めるという名目で任命されたのは、バシャクシェヒルの会長、ギョクセル・ギュムシュダウだった。

第十二章 エジプト&北アフリカ

我が友、アムルが遺した歌と希望

ULTRAS
A Journey With
The World's Most Extreme Fans

二〇〇七年三月　カイロ

アムル・ファハミは、私が思い描いていたようなタイプではなかった。何度か接触を試みてようやく会ってみると、当人は背が高く痩せていて、眼鏡をかけていた。一見するとウルトラスというよりも、図書館員のように見える。だが彼はエジプト初のウルトラスグループ、カイロを拠点とするアル・アハリのアハラウイを設立した人物だ。

アムルはアル・アハリこそ一番のビッグクラブだと主張しているが、不倶戴天のライバルであるザマレクは、この発言に激しく反論している。両チームが繰り広げるダービーマッチはアフリカ大陸で最も熾烈なもので、カイロを赤（アハリ）と白（ザマレク）に染め分けてきた。

しかし二一世紀に入ってからは、アル・アハリが優位に立ってきた。

これに合わせて、ウルトラスであるアハラウイの存在感も急激に増大。イタリア発のウルトラス文化の象徴ともいえるコレオグラフィーやチャント、そしてパイロをエジプトのテラスに普及させる先導役を務めてきた。

無論、ウルトラスの文化は、アフリカの他の地域でも芽吹いてきた。

たとえば二〇〇五年には、モロッコのラジャ・カサブランカに初のウルトラスが誕生。その後、北アフリカ全域で、同様のグループが形成されるようになる。特にチュニジアとアルジェリアでは、クルヴァの美学を取り入れた独自のサポーター文化が育まれていった。これがウルトラスのムーブメントにおける「第三の波」の始まりである。ウルトラス文化は、インターネットを通じてヨーロッパから遠く離れた北アフリカや北米、アジアにまで広まった。

エジプト初のウルトラス

かつてのエジプトでは、サッカーファン同士の関係性は今よりずっと緩やかで、アル・アハリとザマレクによるダービーマッチが、シーズンの見どころになっている程度だった。

しかし年を追うにつれて、対抗意識は激化。とりわけ一九七一／七二シーズンは、ダービーマッチが大荒れになり、中止に追い込まれている。その印象は今でも根強い。エジプト人のタクシー運転手は、これからダービーに行くと告げると、「殺されるかもしれないぞ」と大真面目に忠告してきたほどだ。

以降、セキュリティ上の理由から、ダービーマッチは一〇万人を飲み込むカイロ国際スタジアムで行われ、ホーム側とアウェー側の区別も設けられないことになった。試合結果を巡っては、判定絡みの陰謀説も頻繁に流れるため、サッカー協会はエジプト人審判の採用を完全に廃止している。代わりにオールドファーム（セルティックとレンジャーズが繰り広げてきた宗教戦争の如き対立）を知り尽くしている、スコットランド人の審判が招かれている。

だがアムルは、このような状況をあまり気にしていなかった。アハラウイを結成したのは数カ月前だったし、私が試合に同行するのも喜んで許可してくれた。

「もちろん大歓迎さ。車で送ろうか？　タハリール広場に迎えに行くよ。場所はわかる？　じゃあ夕方五時半に」

私が待ち合わせ場所に着くと、アムルは車から飛び降りて出迎えてくれた。グループの他のメンバー三人と共に後部座席に身体を押し込むと、アムルはすぐに語り出した。

「うちのクラブはかなり特殊で、ジッダ、イエメン、リビア、UAE、カタールにもアハリの名前が付いたチームを抱えているんだ。そんなところはうちだけだね

だけどアハリといえば、やっぱりアル・アハリさ。アハリは一〇〇％エジプトのクラブチームだから、ファンのナショナリズムも強い。そういうケースは初めてだったんだ」

アル・アハリはエジプト人が運営する初のクラブとして結成されている。この事実は彼らにとって最大のアイデンティティとなってきた。

対照的にライバルのザマレクは、アハリファンの感覚からすれば、外国人のクラブということになる。現にザマレクを設立したのは、ベルギー人の弁護士だった。ザマレクは一九五二年のエジプト革命でファルーク一世が退位に追い込まれるまでは、その名にちなんでファルークとも呼ばれていた。これもまたクラブの位置付けの違いにつながってきたという。

「昔はアハリが庶民のクラブで、ザマレクがブルジョア階級のクラブだったんだ。最近は少し変わってきたけどね」

友人アムルの意外な素顔

アムルがウルトラスの設立を決意したのは、海外に留学した際の経験が土台になっている。彼はまずイングランドで学んでいる間に、彼の地のサポーター文化を肌で味わう。さらにはイタリア初のウルトラス、ＡＣミランのフォッサ・デイ・レオーニを誕生させた、ミラノのサポーター文化にものめり込んだ。

アムルはそれまでにも、アハリの他のグループに携わってきた。だがイタリアのウルトラスに比べると、いずれも「従順過ぎる」印象を受けたという。かくしてアムルはクラブ側にへつらわない、独自の活動を展開すべきだという結論に到達し、アハラウイの設立に踏み切る。結成から数カ月しか経っていないにもかかわらず、既に周囲から一目置かれるようになっていた。

なぜアハリはこれほど人気があるのか。そもそもカイロの人々は、どうしてダービーマッチにかくも夢中になるのか。スタジアムに向かいながら、私は素朴な質問をぶつけてみた。

「エジプトの二大政党は、（実際の政党ではなく）アハリとザマレクなんだ。

しかもこっちは、全ての試合で勝つことが期待されている、おそらく世界でただ一つのクラブになっている。アハリはこの国の人たちを幸せにできる、唯一の存在なんだよ」

確かにエジプトは政治的に沈滞していた。そこには然るべき理由がある。

長期独裁政権を敷いてきたホスニ・ムバラクは、国家権力が駆使し得る武器、警察まで含めたあらゆる手段を用いて、政権を脅かしかねない勢力を排除してきた。中でもムスリム同胞団は、徹底的に弾圧された。ムスリム同胞団は、ハマスとつながりを持つイスラム原理主義の組織で、エジプトでは既に活動が禁じられている。だが大衆の間では、根強い人気があった。

またムバラクは、でたらめな選挙を行い勝利したばかりだった。最終的に八九％の票を獲得して選挙を制したが、地滑り的な勝利を収めたなどと解釈した人間は誰一人としていなかった。

それはおそらく、ムバラク本人も例外ではないだろう。選挙を巡っては警察が投票を妨害したり、野党の候補が拘留されたり、脅迫を受けて出馬を断念せざるを得なくなるような事件が起きていたからだ。

アムルはこのような状況の中、独裁体制の小さな綻びを見つけて自由な空気を吸おうと試みてきた。その最適な場所こそ、サッカースタジアムだった。

スタジアムの入り口には、黒い制服を着た何千人もの機動隊員が並んでいた。片やサングラスをかけた私服の警備員は、身分証明書やチケットを提示させるのに余念がない。

だがカイロ国際スタジアムを一望できるノース・スタンドでは、アムルたちはほとんど規制を受けてこなかったという。警官隊と衝突したことはあるが、相手側は新たに出現した騒がしいサポーター集団にうまく対処できなかった。またアムルたちは単なるフーリガンであって、国家に脅威を与えるような組織ではないとも見なされていた。

アハラウイの面々は、いつものようにスタンドの後方に陣取り、巨大なフラッグを広げる方法を相談し始める。するとそのとき、礼拝を呼びかける声が突然、場内に響き渡った。アハラウイの中でも信仰心の厚い連中が、ポップコーン売り場の横にある平らな場所に走って行き、すぐさま礼拝を始める。下に敷いているのはアハリのフラッグだった。

この試合には約四万人の観客が集まっていたが、通常のダービーマッチに比べれば数ははるかに少ない。アル・アハリは既に優勝を決めていたからである。その実、ポルトガル人の監督であるマヌエル・ジョゼは早々と休暇に入っていたし、控え組を中心としたチームではアシスタントが指揮を執っていた。

だがアハラウイの熱っぽい応援はいつもと変わらない。彼らは大きな赤いフラッグを取り出して掲げ始めた。そこには悪魔のようなキャラクターと誕生日のケーキが描かれており、上端には「一対六」という文字が載っている。六年前、ザマレクが自分たちに六対一で大敗した事実を思い起こさせるためのものだ。アムルはそのフラッグを誇らしげに見つめる。これもまた彼がミランで学び、エジプトのテラスに持ち込んだイタリア式の文化の断片だ。

一旦試合が始まると、アムルは全く笑顔を見せなくなった。

アハリが苦戦していることはすぐに理解できた。チームはばらばらで、選手個々のプレーもまるで精彩を欠いている。二点目を奪われると、フラストレーションを募らせたファン同士が内輪揉めまで始める始末だった。結局、アハリは〇対二で完敗してしまう。

「たった一回負けただけさ」

スーツ姿の男性がうそぶくと、アムルがすかさず大声でたしなめる。

「違う。一回相手に負けてしまったんだ！」

試合後、サポーターは大量の瓶や缶を遠慮なく投げ込んでいく。中身の泡立った瓶が私の鼻先をかすめて、ピッチ沿いに並んだ警官隊の盾にぶつかるのが見える。それが終わると大勢の観客はスタジアムから一斉に出て、今度は相手のサポーターと殴り合いを始める。

私は群衆から離れて駐車場に移動し、ウルトラスたちが車にバナーをしまい込むのを待つことにした。そこで再びアムルと合流し、埃っぽいカイロの街中を走り抜けて彼のアパートへと向かったが、なんとアムルのアパートの周りには塀が巡らされ、警備員も常駐していた。

実はアムルの父親、ムスタファ・ファハミはサッカー界の大物だった。父親は長きに亘ってアフリカサッカー連盟（ＣＡＦ）の事務総長を務めた人物で、祖父にあたる人物もかつての事務総長だったという。当のアムルもＣＡＦに勤務していた。

私たちはアムルのアパートでたばこを吸ったり、たわいもない話をしたり、一九六〇年以降に流行ったエジプト映画を観たりしながら夜を過ごした。また、アムルの身元が明らかになると父親の面目が潰れるため、インタビュー記事を書く際には実名を伏せて「アサド」、アラビア語で「ライオン」を意味する偽名を使うことにもした。

「アラブの春」を支えたウルトラス

私はアムルやウルトラスのメンバーと行動を共にしながら、彼らと再び会う機会はないかもしれない、彼らの話題を耳にする場面もなくなるかもしれないと漠然と感じていた。

だが予想は間違っていた。その後の数年間で、アハラウイは数百人から数万人へと組織の規模を拡大。アムルをはじめとして私がスタジアムで出会った若者たちは、アフリカの現代史の重要な転換点に重要な役割を果たし、新たなエジプトを築き上げる土台となっていく。

私は帰国後もアムルと連絡を取り続けたし、二〇〇九年にエジプト代表チームとアルジェリア代表がワールドカップの地区予選で熾烈な戦いを繰り広げた際には、もう一度現地を訪れた。ところがアムルは、この大一番に全く関わろうとしていなかった。ムバラク大統領はサッカーの試合を利用してアルジェリアに反感を抱く人々の感情を刺激し、自分の支持派を増やそうと画策していた。その片棒を担ぐことを拒否したのだった。

アル・アハリの試合も、徐々に政治色が濃くなってきていた。残忍な警察を非難する政治的シュプレヒコールが多く聞かれ、バナーには「ＡＣＡＢ（警察は、どいつもこいつもクソ野郎）」の四文字も見られるようになっていた。ムバラク政権の意向を受けて、警察側はアハラウイを目の敵にし始めていたからだ。

アムルたちは試合会場で政治的なアピールが禁止される度に、エジプトには自由が存在しないことを思い知らされた。アムル自身は被害を免れていたにせよ、グループを率いるリーダーたちは次々と逮捕され、一般のメンバーも度々暴行されていた。しかも体制側は大衆が反発すればするほど、対立感情を煽るような行動を取った。

このような経験を経ながら、アハラウイは警察に対抗する術を少しずつ学んでいく。そして二〇一一年一月になると、エジプトにもついに「アラブの春」が到来する。一連の民主化運動が飛び火し、数十万人もの人々がタハリール広場でムバラクの退陣を要求したのである。

警察は当然のように弾圧にかかる。そこで存在感を示したのが、警察と幾度となく戦った経験を持つアハラウイのメンバーだった。

アラブの春がエジプトで吹き荒れた始めた際、ウルトラスの各グループは、政治的に中立的な立場を取ると声明を発表している。

ただし各グループは、メンバーが個々の判断でデモに参加するのは自由だと、付け加えるのも忘れなかった。やがてウクライナで起きるユーロマイダンや、トルコのゲジ公園における抗議運動でも見られたように、エジプトの民主運動でも最前線に立っていたのは、名もなき無数のウルトラスたちだったのである。

二〇一二年三月

ホスニ・ムバラクの失脚から六一日後、エジプトリーグが再開される。

アル・アハリはカイロのミリタリー・スタジアムにおいて、警察のチームであるイテハド・エル・ショルタと対戦。スタジアムには数百人の警官が姿を現した。その視線の先にいるのは、アハラウイを軸とした七〇〇〇人のサポーターだった。

アハラウイのメンバーは、警官やかつて裏で糸を引いていた面々に対して、自分たちの立場をこれ見よがしにアピールしていた。彼らの気持ちは十分に理解できる。革命が起きるまでの四年間、警察や政府に弾圧され、地獄を見せられてきたからだ。

サポーターの周りではチュニジアやリビア、パレスチナの革命旗も揺れている。アムルはサポーターの真ん中に立ち、一緒に合唱するように煽っていた。

「ホスニ・ムバラクよ、くたばりやがれ！」

「あんたの大臣、ハビブ・アル・アドリーと乳繰り合ってろ！」

エジプトの状況は、前回、二〇〇七年に目にしたものと明らかに異なっていた。

ムバラクは紅海に程近い病院に軟禁され、アル・アドリ（元内相で警察部隊の責任者を務めていた人物）もムバラクの息子や元首相、かつての支配階級と共に収監されている。皮肉なことにその刑務所は、ムバラク政権が政治犯を幽閉したのと同じ施設だった。

アムルは周囲に響き渡るチャント越しに、大声で話しかけてきた。

「考えてもみろよ。あいつらは今、どんな話をしているんだろうな！　映画の脚本が書けるよ。警察は毎日俺らを痛めつけてきた。今度は俺たちの番だ」

政治状況と同様に、ウルトラスの組織も想像できないほど様変わりしていた。

私たちが初めて出会った四年前、カイロ・ダービーに向けてアハラウイが結成された際には、組織のメンバーは数百人に過ぎなかった。ところがムバラク政権において警察から弾圧されたことによって、逆にメンバーは爆発的に増加していた。アムルは語る。

「ムバラクの下で生活するのは、共産主義時代の東欧で暮らすようなものだったんだ……誰が組織をまとめた方がいいかなんてことさえ相談できないんだから。

だからこそ俺たちはウルトラスを立ち上げたんだ。確かに最初は単なるスポーツ絡みの団体だった。でも奴らにしてみりゃ、若者が大勢集まっている、しかも頭の切れる連中がいて、すぐに人間を動員できるということで、こっちを怖がるようになった」

アムルやアハラウイ、そしてザマレクのウルトラスであるホワイト・ナイツなどのグループは、警察と戦いながら様々な「技」を身に付けてきた。先に述べた通り、こうして培われた経験がフルに発揮されたのが「一月二五日革命」であり、その三日後に起きた「怒りの日」と銘打たれた大規模なデモだった。アムルは笑いながら振り返る。

「俺たちの活躍でムバラクが失脚したなんて言いたいわけじゃない。でも俺たちは相手に殴られたら、殴り返してもいいってことを教えたんだ。ただ逃げ出すんじゃなくてね。

この国は警察国家だったし、俺たちは革命が起きる前から自分たちの役割をこなしていた。そして実際に革命が始まった後は、ムスリム同胞団や民主化の活動家、ウルトラスが政府に立ち向かう形になった。単純な話だよ」

クルヴァで生まれた応援スタイルは、政治的な抗議活動に溶け込んでいった。タハリール広場を歩いていると、今でも至る所にアル・アハリやザマレクのフラッグやバナーが掲げられているのが目に入る。民主化を求めるデモ隊は、ウルトラスと同じようにパイロも駆使した。そして何より、テラスで作られた歌は民主革命のBGMとなり、多くの人に口ずさまれた。

やがてスタジアムの中では、アハラウイが歌を合唱し始めた。

それは私が行く先々で耳にすることになるものだった。私はしゃがみ込み、アムルが訳してくれた通りの歌詞を書きとめた。

奴らは言う
俺たちの血には暴力が宿っていると

よくぞ権利のために戦えるものだと
馬鹿げた政権よ
俺たちの声を聞け、
自由！
自由！
自由をよこせ！

試合は案の定、アル・アハリが二対一で警察チームに勝利。その後、私たちはカイロ市内にあるバーでアムルたちと再び合流した。

黄ばんだ古い建物は、一九五〇年代、エジプトが自由主義を謳歌していた頃に建てられたものだ。店内ではリーダーたちが輪になって座り、革命が始まった日のことを語り合っていた。

「三、四日経つと、あまり催涙ガスを感じなくなるんだ」

アハラウイのアシスタントの一人、モハメドが証言する。

「俺たちは、抗議活動に参加しているチュニジアのウルトラスと連絡を取り合っていた。目の下にペプシを塗れって彼らが教えてくれたんだ。これが効いたんだよ！」

タハリール広場でデモが行われる際には、アハラウイとザマレクのウルトラスであるホワイト・ナイツの間で休戦協定が結ばれた。アムル曰く「短時間だけ」悪魔と契約を交わすように、長年のライバル関係は水に流されたという。

タハリール広場は、かつては息が詰まりそうなほど厳重に警備されていた場所だった。

だが今では警察も軍隊もおらず、広場の中心には堂々と活動家のテントが張られている。そして人々は政府について自由に議論している。中には喧嘩をしている連中もいた。その状況は一種、混沌とさえしていた。私も人混みの中で財布を盗まれたが、革命後のエジプトには確かに自由が満ちていた。

私は数日間、アムルと共に過ごした。昼間は共にデモに参加し、夜はサッカーの試合を眺める。アムルは熱烈なアーセナルファンだったし、ロックバンドの演奏を聴きに出かけたりもした。ある晩、私たちはカイロ・ジャズ・クラブで、エジプトのロックバンド、カイロキーのライブを観に行った。アハラウイ同様、彼らも革命に寄せる希望を、歌を通して表現していた。

二〇一二年三月

アムルはカイロ中心部のラムセス駅で出迎えてくれた。

駅舎は改修工事が行われたばかりだが、既に古ぼけて見える。まるでこの都市の喧騒と汚れた空気が、全てを元に戻してしまうようだ。

アムル自身も、急に老け込んだような印象を与えていた。最後に会ったときの彼は希望に燃えていたし、誇らしげに胸を張っていた。それからまだ一年も経っていないのに、今は少し身体をかがめるようになり、髪もかなり短く刈り上げていた（アムルは後に、警棒で殴られてできた深い傷を治療するためだったと教えてくれた）。

数週間前、アハラウイはアル・マスリ戦でチームを応援すべく、地中海沿岸の都市、ポート・サイドまで遠征している。前回ポート・サイドに行った際には、相手のサポーターに追われて逃げるようにして帰ってきたし、今回も手荒い歓迎を受けることが予想されていた。

ところが現地では、予想だにしない事件が起きた。

まずアハラウイは楽に勝てるはずだった相手に、〇対三という完敗を喫してしまう。さらに試合後には、敗戦よりはるかにショッキングな事件に見舞われる。

試合終了の笛が鳴ると同時に、数百人のアル・マスリのファンがピッチに乱入。ムバラクの頃よりもスタジアム内の警備が手薄になったことも影響していたとはいえ、アル・アハリの選手たちは命からがら逃げ出さざるを得なくなる。

しかも混乱の最中に、何者かがスタジアム内の照明を落としてしまう。そして再び照明灯がついたときには、アル・アハリのサポーターが七二人も死亡していたのである。原因はパニックに陥った人々が、出口に殺到したことだった。

この事件はサッカー界で起きた史上最悪の惨事の一つになったが、多数の犠牲者を出した最大の要因は翌朝に明らかになる。群衆の圧力に耐えきれず、巨大な金属製のゲートがコンクリートの支柱もろとも折れて、人々を下敷きにしたのだった。

当局側はサポーターが暴徒と化したのが原因だとしたが、目撃者からはまるで異なる情報が寄せられ始める。場内の警備にあたっていた人間が、負傷者が出ても何もせず、ただ傍観していたという証言もあれば、スタンドの最上段から投げ落とされた人がいたという目撃談も四件あった。

さらにおぞましいのは、なんとゲートの下敷きになった人々を、アル・マスリのサポーターがナイフで襲っていたという告発がなされたことだった。

虐殺されたサポーターと事件の全容

私とアムルが駅で待ち合わせをしたのは、アハラウイのメンバーと合流し、北部沿岸の都市アレキサンドリアに向かうためだった。列車に乗った数十人のメンバーは皆、ポート・サイドで知り合いを失った人ばかりだが、今回の旅には特別な目的があった。アレキサンドリアで活動していたアハラウイのリーダー、二四歳でこの世を去ったマフムード・ガンドゥールの遺族を訪問し、その後に真実究明を求めるデモ行進をすることになっていた。

例の事件絡みでは、七六人が逮捕されている。ほとんどはアル・マスリのファンだが、ポート・サイドの警備責任者も起訴された。しかし被害者側の気持ちは収まらなかった。

アムルは自分にも何らかの責任があると感じていた。

彼は五年前、サッカーとクラブへの愛情を基にウルトラスを立ち上げた。それは独裁支配が続く状況の中で自由を表現する貴重な場を与えてくれたが、結果的には一人息子を亡くし、正気を失わんばかりに悲嘆にくれる母親を生み出してしまったからだ。

アムルはこれまでに三八家族を訪問していた。遺族から恨まれることも覚悟したというが、実際には誰からも咎められなかった。

「ガンドゥールの家族は、息子がこれほど多くの人に愛されていて誇らしいと言ってくれたよ。そしてただ一つのことを頼んできた。正義を勝ち取ってほしいと」

ポート・サイドの悲劇の後、リーグ戦は中断され、最終的には全ての試合が中止となった。アル・マスリは二シーズン試合への出場を禁じられたし、アハリもアフリカ・チャンピオンズリーグにしか参戦できなくなった。だがアムルは、こんなふうに決意を述べていた。

「俺たちはチャンピオンズリーグで戦うし、勝って亡くなった人に報いたいんだ」

母親への挨拶を済ませた一行は墓地へと移動した。アハラウイのメンバーは敷地内を静かに歩いて墓碑を探し出すと頭を垂れ、誰もが黙祷して祈りを捧げた。

数分間の祈りが終わり、アムルが歩き出すと他のメンバーも後に続いた。高い塀の外に出ると、グループの創設者の一人であるイブラヒームが、ポケットからたばこを取り出した。彼はポート・サイドで起きた事件を自ら体験していた。

俺はあのとき通路の中にいた。

最初に亡くなったのはユーセフだった。彼は試合が終わる一五分前にトイレに行ったんだが、戻ってきたときにはゲートに鍵がかかっていた。だから彼は石で鍵を壊そうとした。それでも開かないから、手で引っぱっている途中にゲートが倒れて下敷きになったんだ。

大勢の人が倒れていたし、自分の上にも誰かが重なっていた。しかもそのうち、奴らが人を殺しているという声が聞こえてきた。助けを求める叫び声も聞こえてきたよ。

俺たちはただ、死ぬ瞬間を待つしかなかった。

その場から逃げ出そうとすれば、倒れている仲間を踏みつける形になるし、立ち上がれば誰かにナイフで刺されるか、身体に火をつけられて殺されてしまう。奴らは俺の上に覆いかぶさっていた人をどこかに連れて行ったが、その直後にものすごい叫び声が聞こえてきた。きっと刺されたか、何かひどいことをされたんだと思う。その瞬間、俺は思いきってそこから逃げることにしたんだ。

イブラヒームは命からがらスタジアムを離れて、なんとかカイロに戻る列車に乗ることができた。ポート・サイド行きの列車はアハリファンで満員になっていたが、帰りの列車は半分しか席が埋まっておらず、生き残った人たちが呆然としながら座っていたという。その晩には多くの家族や親族がカイロ市内の駅に集まり、必死で情報を集めようとする姿も見られた。

未曾有の悲劇はなぜ起きてしまったのか。責任は一体、誰にあるのか。私が尋ねるとイブラヒームは断言した。

責任はゲートを管理していた軍隊にある。警察もだ。おそらく両方だと思う。この事件は両チームのライバル関係から起きている。でも（当局側には）革命を支持し、革命を守ろうとしてきたウルトラスを罰してやろうという気持ちもあったはずだ。

確かに当時、アハラウイの人気は頂点に達していたし、エジプト社会における評価も高まっていた。現にアハラウイが小児癌専用病院の資金を集めるべく、Tシャツの販売イベントを行った際には、わずか三〇分で六〇〇〇件ものオーダーが入っている。私が話をした活動家たちも「革命の守護者だ」だと一様に讃えていた。

しかしアムルによれば、ポート・サイドを境に流れは変わってしまったという。

「最初は政治的野心なんてなかった。でも政権側は俺たちを弾圧するようになったし、その結果、こっちも政権が脅威を感じるような集団になっていった。ポート・サイドで起きたことが仕組まれたものだってことは、誰もが知っている。誰もがね」

ポート・サイドの事件後、エジプトではウルトラスの逮捕が相次ぐ。

ムバラクの後任を決める選挙が実施されるまで、国政を暫定的に管轄していた国軍の最高評議会は、この暴動はフーリガンによるものだとして陰謀説を真っ向から否定。暴力行為と不運、対応しようのない状況が重なったのだと主張した。

しかしポート・サイドの惨劇を人々は忘れなかった。政府側はアハラウイを沈黙させようと画策していたかもしれないが、逆に最も恐れていた状況を作り出したことになる。社会全体に広がった、さらに強烈な不信感と怒りである。

アハラウイは事件の真相が究明されるまで、リーグを再開すべきではないというスタンスを崩さず、抗議を続けていた。事実、アハラウイは一〇カ月に亘って試合をボイコットしただけなく、リーグ戦の開催自体を強制的に阻止した。サッカー協会はムバラク政権と結び付いていたという負い目があるだけに、アハラウイの行動に対して断固たる措置を取れなかった。

八月が過ぎ、九月が去り、一〇月が終わっても、アハラウイは国内のリーグ戦を開催させようとしなかった。だがアル・アハリはアフリカ・チャンピオンズリーグで戦い続け、なんと優勝を成し遂げる。国内のリーグ戦で試合勘を磨くこともできなければ、ファンもいない。しかも想像を絶するようなプレッシャーにさらされていたにもかかわらず、ポート・サイドの犠牲者に報いるという公約を果たしたのだった。

二〇一三年一月

二〇一三年一月、私は裁判の結末を見届けるためにカイロに戻った。

アル・アハリのトレーニング・グラウンドの外には、約一万五〇〇〇人のサポーターが集まり発表を待っている。銃身と銃床を短く切り詰めた散弾銃を持っている若者もいたし、見覚えのあるアハラウイのメンバーも大勢来ている。

アムルと共にアハラウイを立ち上げた主要メンバーの一人であるモハメドは、朝の太陽にじりじりと顔を焼かれながら、身をかがめて携帯電話に耳を傾けている。

「二一人に死刑。でもポート・サイドで死んだ人間ははるかに多い。警察は何をしているんだ」

彼は携帯電話を耳に押し当てて、静かな声で中継を続ける。

私たちの隣にいるのはフードをかぶり、顔を赤いスカーフで隠した一〇代の若者だった。彼は手製の散弾銃を持っている。だが判決の詳細が明らかになるにつれて、物々しい雰囲気はお祝いムードに変わっていった。結局裁判では、二一人のアル・マスリファンに死刑判決が下された。

若者は空に向かって一、二発発砲してから、こう叫んだ。

「これで片が付いた」

無論、不満は残っていた。治安当局者を含めた残り五二人の判決は延期されたからである。この判決自体、暴動が起こらないようにするために、政治が何らかの形で関与したと考える向きもある。それでもトレーニング・グラウンドの周囲に集まった群衆は、つかの間の満足感を味わいながら立ち去っていった。

ところがポート・サイドでは、逆に判決に対する不満が爆発する。

七三人の被告人の家族は刑務所に突撃しようと試みた。その際には二人の警官が射殺されたが、警察側も反撃したために少なくとも三〇人が命を落としている。民主的な投票によって選ばれた初の大統領であるモハメド・ムルシは急遽、演説を行い、三〇日間、ポート・サイドで夜間（夜九時から朝六時まで）の外出を禁止する旨を宣言した。

私はカイロ発の最終バスに飛び乗り、ポート・サイドへすぐに向かった。現地に着いたのは、街が封鎖される直前だった。人けのない通りを歩いていると、近くから断続的に銃声が聞こえてくる。後に赤新月社の医療関係者から聞いた話によれば、四日間で四五〇人の負傷者が出ており、その多くが銃傷によるものだったという。

翌日、私はスタジアムを訪れた。灰色の壁を一周してみると、一つのゲートにだけ鍵がかかっていないことに気が付いた。群衆が殺到して崩壊したゲートはすぐ隣にあった。しかもコンクリートの柱からもぎ取られたゲートは、今も床に放棄されたままになっている。その現場は、まるで昨日、事件が起きたかのように生々しかった。

写真を撮っていると「おまえはイスラエルのスパイか」と怒鳴りながら、警備員が追いかけてきた。慌てて大通りに戻ると、路上には放火された車が何台も捨て置かれている。一方、モスクの前には何百人もの人が集まっていた。警察と衝突して殺された若者の葬式を行うためだ。群衆の間を、若者の遺体を乗せた担架が通り抜けて行く。麻布で包まれた遺体は、抗議デモのバリケードへと運ばれることになる。義憤に駆られたデモ隊は、遺体を見て再び警官隊に戦いを挑むだろう。こうして悲劇は連鎖していくのである。

吹き始めた反動の嵐

それから半年も経たないうちに、エジプトでは保守反動の嵐が吹いていく。

まずモハメド・ムルシは、軍部のクーデターにより失脚（のちに刑務所で死亡）。元軍事情報庁長官のアブドル・ファッターフ・アッ＝シーシーが実権を握っていく。

一カ月後には、アッ＝シーシーの命を受けた軍隊が、ムルシ大統領の解任に抗議する人々の拠点に突入している。カイロ市内でのラバアという地域では、九〇〇人以上の民間人が虐殺されたといわれている。当局による民主派の弾圧が始まったのである。

これに伴い、かつては英雄と目されていたウルトラスも、国家の敵として位置付けられるようになる。二〇一五年五月、カイロの緊急事態裁判所は、ウルトラスの活動を禁止する法律を可決した。なんとそのきっかけをつくったのは、ザマレクの会長であるモルタダ・マンスールだった。

彼はホスニ・ムバラクの支持者であり、ウルトラスを「テロリスト」呼ばわりしていたことで知られる。ウルトラスはマンスールに尿の入った袋を投げつけるなど様々な抗議を繰り広げたが、エジプトでは以降の数年間で、数百人のサポーターが刑務所に送られた。

抑圧があまりにもひどくなったために、アハラウイは二〇一八年についに解散する。主だったバナーを燃やすビデオを公表し、フェイスブックのアカウントも削除された。

数日後にはザマレクのウルトラスであるホワイト・ナイツもこれに続く。かつて国家の英雄と目されたアムルや他のリーダーたちは、政治的なアピールを行う機会を奪われ、静かな生活へと戻っていかざるを得なくなった。民間の組織が政府に歯向かいながら活動を続けるのは極めて難しい。それはウルトラスでさえ例外ではなかったのである。

だが彼らの足跡が消えることはない。

アハラウイは本来、政治と無関係の組織だったが、やがては権威に立ち向かう姿勢を打ち出すようになり、現代史の然るべきときに然るべき場所にいて、然るべき変化を社会にもたらした。

彼らは解散に追い込まれたし、街中に描かれた政治的な内容のグラフィティはペンキで上塗りされたが、為政者が消し去ることができなかったものもある。歌とチャントである。

エジプトでは、ウルトラスだという理由だけで逮捕された人々が多数いる。また仲間の釈放を求めて、革命時代の歌やチャントを口ずさんだサポーターもやはり連行された。しかしテラスで生まれたフレーズは市民社会に浸透し、日常生活でも使われるようになったのである。

これはモロッコやアルジェリアの状況も同様だ。

モロッコにアラブの春は訪れなかった。だが人々はエジプトの若者と同じように汚職や失業、警察による虐待などの問題に対して根強い不満を抱いている。

政府はラジャ・カサブランカでウルトラスのリーダーを務めていた人物を投獄したが、スタッド・モハメド・サンクで合唱された「祖国は私を虐げた」という歌は、若者の絶望を象徴する歌として定着していった。いかに権力側が躍起になろうとも、歌のように形がなく広まりやすいものは弾圧しきれない。

一方、アルジェリアでは、八〇代で車椅子生活を余儀なくされているアブデルアジズ・ブーテフリカ大統領が、五期目の出馬を表明したために大規模な抗議運動が勃発した。

政府側は、ウルトラスが政治的な運動を起こすのを恐れてリーグ戦を中断したが、アルジェリアのサポーターは、これまで同様に貧困問題や政府の腐敗、若者の大量失業、社会に対する幻滅などを政治色の濃い歌詞で歌い続けている。中でも『大統領官邸』なる歌には、二〇年に及ぶブーテフリカ体制の歴史と弊害が巧みに綴られている。

我が友、アムルが目指したもの

私はその後もアムルと連絡を取り合ったし、彼がロンドンを訪れた際には、彼が愛してやまないアーセナルの試合を観に行った。

二〇一七年のある日、私は新しい仕事に就いたというメッセージを受け取った。なんと彼は、アフリカサッカー連盟（ＣＡＦ）の事務局長に任命されたという。

とはいえ、それほど驚くべきことではなかったのかもしれない。アムルの父親と祖父は長年、ＣＡＦの運営に携わった人物だった。アムル自身、ＣＡＦの上級役員として既に経験を積んでいる。むしろ私が気になったのは、過去の経歴をどこまで伏せておけるかだった。ましてやアムルは反骨精神が強い。汚職にまみれた官僚組織の中で、黙っていられるとは思えなかった。

実際、彼はおとなしくしていなかった。アムルはサッカーファンを優先する方針と、自らが追求してきたモラルを徹底。アフリカサッカーの真の近代化に着手しながら、ＵＥＦＡに先駆けてビデオ・アシスタント・レフェリー（ＶＡＲ）の導入などに奔走した。彼が何よりも力を入れたのは汚職の根絶だった。結果、何十人もの審判が解雇され、ＣＡＦが審判や役員などの報酬を一元的に管理するシステムが作り上げられた。

ところが就任直後、アムルは病魔に襲われている。進行性の脳腫瘍と診断され、パリで治療を受ける羽目になった。幸い経過は順調で、彼は化学療法が終わる日付に印を付けたカレンダーの写真を送ってくれたし、退院した後は以前よりもはるかに健康管理に気を配るようにもなった。当然、大酒や喫煙はしなくなり、伴侶も見つけて結婚した。

二〇一九年初めに職場に復帰すると、アムルは中断していた仕事を再開。数週間も経たないうちに、機密書類のデータを共有してくれた。その内容は、ＣＡＦの新会長に就いたアフメド・アフメドの友人が行った、怪しげな契約に関するものだった。

アムルはスポーツメーカーのプーマと、二五万ドル相当のスポーツウェアの契約交渉を進めていた。ところが契約は突然破棄され、無名に近いフランスのスポーツ器具メーカーと一〇〇万ドルの新たな契約が結ばれていたのである。しかも同社を経営するのは、アフメド会長の秘書、ロイク・ジェランドと懇意にしている人物だった。

確かに納入される物品の数は増えていたが、七五万ドルも額が跳ね上がるというのは、どう見てもつじつまが合わない。また両者の間で交わされた請求書や電子メール、契約書なども次々に出てくる。疑わしい契約はマスコミによってスキャンダルとして報じられ、アフメドはパリで逮捕されて尋問を受けた。

アフメドはかろうじて告訴を免れたが、余波はさらに広がった。アムルがＦＩＦＡの倫理委員会に告訴状を提出すると、複数の女性がセクハラに遭ったと名乗り出たのである。

しかしアフメドは嫌疑を否定したばかりか、次の会長選出馬に意欲を見せる。しかもＣＡＦの関係者は、アフメドを支持する方針まで表明した。

これに対してＦＩＦＡの倫理委員会は、フランス企業との取引は規定に違反していると判断。アフメドの活動を五年間禁じる処分を下している。アフメドはスポーツ仲裁裁判所（ＣＡＳ）に提訴し、禁止処分を一時的に停止させたが、最終的に訴えは退けられた。

ただし、これで全てが終わったわけではなかった。なんとＣＡＦは、アフメドの不正を告発したアムルを解雇したのである。改革を進めるためには、自らがもっとイニシアチブを握らなければならない。その思いを強くしたアムルは、ＣＡＦの会長選に出馬する意向を表明する。ＢＢＣの取材陣に対しても、次のように断言した。

「選挙戦ではアフリカとサッカーを支えていくこと、そして汚職の撲滅に焦点を当てていく」

出馬表明に併せて、アムルはアハラウイ時代の右腕だったイブラヒームに選挙対策の責任者を引き受けてほしいと依頼したという。彼は当時の状況を振り返っている。

「アムルはこう言ったんだ。『俺たちはエジプトのサッカーファンの考え方を変えた。今度は一緒にアフリカのサッカーを変えよう。汚職をしている奴らを追い出そうぜ』ってね。

彼はファンと同じ目線で物事を見ていた。ファンはサッカーを素晴らしいものだと信じている。でも、権力を握った人間はそうじゃない。金儲けの手段として見てしまうんだ」

イブラヒームは早速準備に取り掛かったが、二〇二〇年に入ると、アムルからの連絡はぷつりと途絶えてしまう。やがて懸念した通り、最悪の事態が起きた。

二月二三日、アムル・ムスタファ・ムーラッド・ファハミは帰らぬ人となった。CAF会長選に向けて準備を進めている途中で癌が再発、六週間も経たずに亡くなったのである。

エジプトにおいて初めてウルトラスを立ち上げたリーダー、サッカー界から汚職を撲滅することを目指す改革者、そしてエジプトの民主化を舞台裏で支えた指導者。アムルは人目を避けながらも、常に前を向いて歩み続けた人物だった。だがわずか三六歳の若さで、生まれたばかりの娘を残してこの世を去ってしまった。

私がアムルと最後に直接会ったのは二〇一四年の夏、ワールドカップの本大会がブラジルで行われたときだった。チャールズ・ブコウスキーにちなんだ店名のバーで一夜を過ごした後、私たちは早朝のコパカバーナビーチに向かった。

海岸沿いの大通りにはまだ明かりが灯っており、世界中から集まったサッカーファンでごった返している。私は、とある人間関係に終止符を打ったところで、精神的に消耗していた。

「次の一歩を踏み出すのを怖がっちゃいけないよ」

アムルは露店で買ったカイピリーニャを飲み干すと、ウインクしながら私を励ましてくれた。

「もちろん、自分がそうしたいと思ったときの話だけどね」

彼はこう言い終えると、下卑た笑い声を上げながらカップを肩越しに放り投げた。

第十三章
インドネシア
絶対に転ぶな。転んだら死ぬぞ

ULTRAS
A Journey With
The World's Most Extreme Fans

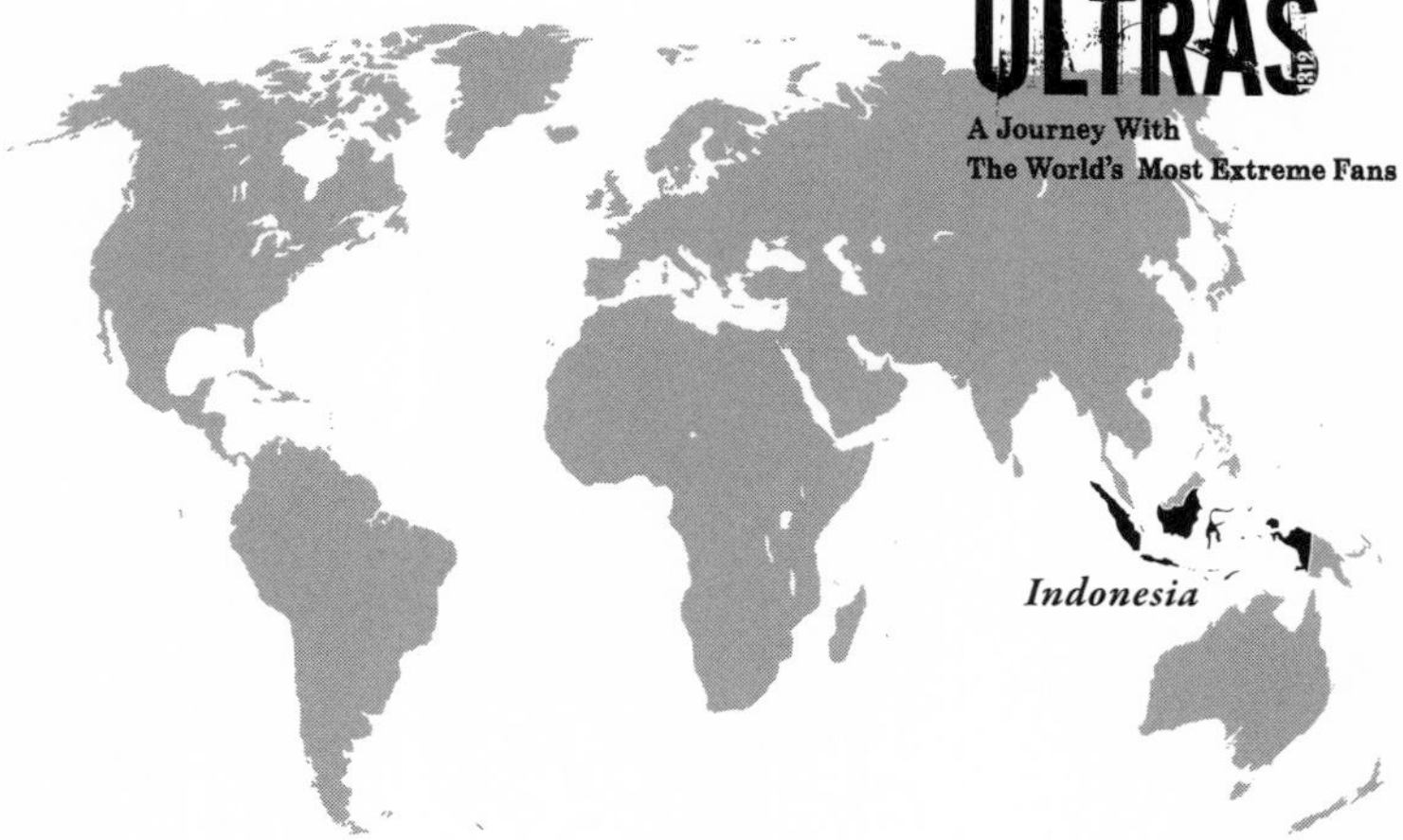

バンドン郊外、アジアハイウェイ（AH）152号線のどこかで

自分に死期が迫っているのを感じる。叙情的な意味ではなく、文字通り死の危険にさらされると人間の身体は変化をきたす。脳から大量にアドレナリンが放出され、生き残るために必要な機能以外は全て停止する。身体は麻酔を打たれたときのように軽くなり、激しい動悸すらもはや感じられなくなる。そして頭の中では、走馬灯が猛烈な勢いで駆け巡る。

こんな体験をしたのは、ほんの数回しかない。レバノンとエジプトにおいてである。

しかし今回は内戦の最中にいたわけではない。私は一〇〇人のペルシージャ・ジャカルタのファンと共に、インドネシアのハイウェイ脇に立っていた。

ペルシージャはインドネシアの首都、ジャカルタを本拠地とする同国最大のクラブだ。私たちはプレシーズン・トーナメントの試合を見るため、ジャワ島の南東部に向けて移動していた。

ほとんどのサッカーファンは、さほどプレシーズンマッチなど重視しないかもしれない。ましてや今回はダービーマッチでもなければ、優勝決定戦でもない。

だがインドネシアでは、対戦カードなど関係ないようだ。現にペルシージャのサポーターグループである「ジャクマニア」と、彼らとつながりのあるウルトラスは、プレジデントカップのPSSスレマン戦に、なんと一万二〇〇〇人ものファンを引き連れて遠征していた。

私たちが乗っていたのは、真夜中に数十台の車列を組んで移動する長距離バスの一台だった。

そんなスケジュールになったのには理由がある。バンドンという都市を拠点とする最大のライバル、ペルシブ・バンドンのウルトラスによる襲撃を避けるためだった。

今日のインドネシアは、世界で最も過激なファン文化を持つ国の一つになっている。

確かにアジアのサッカー文化は、ヨーロッパとは異なっている。本当の意味でのビッグチームが存在せず、百年以上も前までさかのぼる歴史もないため、ファンベースの規模は限られているのが実情だ。また、外国から輸入された文化の安っぽいコピーだと揶揄されることも多い。

だがサポーター同士の暴力の激しさに関しては、インドネシアはヨーロッパのコピーどころか、世界で希に見るほど独特な文化を育んできた。

現に一九九〇年代以降、サッカー絡みの暴力沙汰では七四人が死亡している。中でも最凶のライバル関係にあるのが、ペルシージャとペルシブ・バンドンだった。

刃物を手に追いかけてくるサポーター

私はジャカルタ南部のボゴールで生まれたウルトラス、ビモたちと共にバスの長旅を続けていた。ビモはジャクマニアを構成する下部組織、レイン・シティ・ボイスのリーダーである。

ところがバスは、なぜかバンドン手前のハイウェイで停車してしまう。どうやらバス会社の手違いで、途中までしか予約は入っていなかったらしい。

運転手は「すぐに別のバスが迎えに来る」と安請け合いしたが、降ろされた場所は車が行き交う真夜中のハイウェイだった。ましてやこの地域には、ペルシージャ側と抗争を繰り広げてきたペルシブのウルトラスが多い。しかも三〇分経っても、代車が到着する気配は一向にない。

ビモは私の前を行ったり来たりしながら、立て続けにたばこに火をつけた。苛立ちと焦りを募らせているのが、手に取るようにわかる。

「この状況はやばい。ペルシブの奴らに見つかったら襲われてしまう」

ビモの不安は的中する。

最初に気付いたのはビモ自身だった。ふと見ると、ペルシブのウルトラスと思しき連中がハイウェイにかかる陸橋の上に集まり、こん棒のようなものを振り回している。やがて彼らは陸橋から姿を消すと、木々の間を縫うように土手を駆け下り、ハイウェイの脇をこちらに向かってきた。人数は二〇人くらいだろうか。

「ここにいてくれ!」

ビモは念押しすると、何があっても私のそばを離れるなと部下に指示を出し、仲間と共に相手の様子を探りに行った。

確かに、この種の状況に出くわす危険性があるとは言われていた。出発前夜、私たちはチャンピオンズリーグのリヴァプール対バイエルン・ミュンヘン戦を観ていた。その際レイン・シティ・ボイスのメンバーは、バンドンを通過するときに襲撃されるかもしれないと、不吉なことを口にしていたのである。彼らはさらに、万が一トラブルに巻き込まれた場合には、何が何でも逃げ切れと警告してきた。

「転んだりしたら終わりだぞ。奴らはこっちが死ぬまで(暴行を)やめないからな」

ビモたちはすぐに偵察から戻ってきた。彼らの話によれば、ペルシブが握っているのはこん棒ではなく、マチェテ（山刀）だという。

マチェテ！

私たちは凶刃から逃げるために道路の脇を走り出したが、すぐに立ち止まることを余儀なくされた。別のグループが、後方の土手を駆け下りてきたのである。

こうして私たちは挟み撃ちにあってしまった。もう前にも後ろにも進めない。

身体に力が入らず、鼓動だけが早くなっていく。私は家族の顔、そして父親の悲惨な死を知らされたときの娘の様子を思い浮かべた。不慮の事故に遭ったのでもなければ、長い闘病生活の末に死を迎えるのでもない。父親がインドネシアのハイウェイ脇で、現地のウルトラスに刃物で斬殺されたと聞かされたら、娘は悲しみを通り越して戸惑いさえ覚えるかもしれない。

暗闇の中、行き交う車のライトに照らされながら、左右からじりじりと相手が迫ってくる。

「どうする？」

必死の思いでビモに尋ねると、彼は一瞬考えた後、片側三車線のハイウェイを突っ切り始めた。辺りは真っ暗で、無数の車が猛スピードで走っているが、他に取るべき選択肢はない。誰もが周囲に目もくれず、ひたすらビモについていった。

ジャカルタ

ビモと最初に会ったのは、ジャカルタの中心部にあるコーヒーショップだった。倉庫で仕事を終えたビモは、万が一に備えて店内の客をざっと確認してから席に着いた。

「誰に出くわすかわからないからな」

ビモは、ペルシージャとウルトラスに人生を捧げてきた二〇代前半の若者だった。

彼は「カジュアル」と呼ばれる、イングランドのフーリガンカルチャーに魅了された一人で、小さいながら自身のファッションブランド、「FCトリブン・クルトゥール」を経営していた。古いユニフォームをリメイクした鞄やアクセサリー、バケットハットやフレッドペリー風のポロシャツ、そして古着のジャケットとアディダスのジャージなどを取り扱っている。

彼がイングランドサッカーへ強い愛着を持っていることは、イギリス風のアクセントで英語を話す様子からもうかがえる。英語はサッカー番組やユーチューブの動画を見て学んだという。

特に大きな影響を受けたのは、映画『フーリガン』だった。他のサポーターを「ラッズ」、ウルトラスのリーダーたちを「トップ・ボーイズ」、服を「クロバー」と呼ぶなど、ボキャブラリーもしっかり押さえている。

ビモはボゴール出身だが、父親に連れられてサッカーの試合を初めて観たのは、ジャカルタだった。ペルシージャの現在のホームグラウンドであるゲロラ・ブン・カルノ・スタジアムで、「セパク・ボラ（サッカー）」に出会った。以来、ずっとペルシージャを応援し続けている。

そもそも私がビモにコンタクトを取ったのは、二つの理由によるものだった。

一つ目はペルシージャのウルトラスと共に試合を観戦するため、もう一つは取材に向けて、私が何者なのかをチェックしてもらうためだ。

ウルトラスは世界中にいるが、大多数のメンバーは余所者に対して深い不信感を抱いている。自分たちのネガティブな評判を広めるジャーナリストは、警察と同じくらい敵視される。それはペルシージャのウルトラスも例外ではない。現にビモに会う約束を取り付けるまでには、何週間もメッセージをやり取りしなければならなかった。

店内に来てから三〇分もするとビモは安心したようで、まずはジャクマニアの中でも過激なグループ、クルヴァ・ノルド・ペルシージャの連中と顔をつないでくれることになった。だが念のために、ソーシャルメディアのアカウントから「ジャーナリスト」という言葉を削除した方がいいと助言してくれた。

「ジャーナリストだってことがばれたら、全てが水の泡だからな」

その日の夜、ビモからメールが届いた。朗報だ。クルヴァ・ノルドのリーダーたちが会ってくれることになったのである。メールにはこんな一文も添えてある。

「プロフィールの写真も変えておいた方がいい。いかにもジャーナリストっぽいから」

対抗意識、因縁、インティサリ

翌日、クルヴァ・ノルドのメンバーが場所を指定してきた。ペルシージャは午後、ＡＦＣカップでミャンマーのシャン・ユナイテッドと対戦する。さすがに四〇〇〇キロ以上も移動するわけにはいかないので、ジャカルタ市内のバーでテレビ観戦するのだという。

バーの入り口には、黒いフラッグが飾ってあった。オレンジと緑で描かれた虎のイラストの周りに、組織の名前が配置されている。

洒落た店内に足を踏み入れると、リーダーであるリョウがすぐに声をかけてきた。

だが態度はそっけない。私がこの場に来ることは認めたものの、まだ少し警戒しているらしい。周りには五〇人ほどのメンバーもいた。その中には先代のリーダー、アブドゥルの姿もあった。彼は既に第一線では活動していないが、今もグループと行動を共にしている。

「俺がジャクマニアに入ったのは二〇〇一年だった。なにせガキの頃からペルシージャを応援していたからね。でも二〇一七年に、クルヴァ・ノルドのリーダー役をリョウに譲ったんだ」

週半ばの昼下がり、満席のバーでは誰もが大きなモニターを見つめている。だが試合の出だしは芳しくなかった。ペルシージャはすぐに先制点を奪われてしまう。

「インティサリ、飲んだことあるか？」

リョウがふと尋ねてきた。私は名前すら知らなかったが、インドネシアのサッカーファン、少なくともペルシージャのサポーターにとっては、試合観戦に欠かせないものだという。リョウにルピアをいくらか渡すと、三本の大きなボトルを持って戻ってきた。

インティサリは、イエーガーマイスター（ドイツのリキュール）とバックファスト（ウェールズ名産のカフェイン入りのワイン）を合わせたような。濃厚なワインだった。どろりとした黒い液体をグラスに入れて飲み始めると、緊張感がほぐれていくのがわかる。それはリョウも同じらしい、彼は私の肩に腕を回し、上機嫌で話し始めた。

「リーダーを務めるには、カリスマ的な『グル』でなきゃならないんだ。だからこそ俺たちは、あの人（アブドゥル）についていったんだよ」

程なくして全員が立ち上がった。ペルシージャは一〇分の間に二ゴールを決め、さらに三点目を追加したのである。かくして店内ではチャントの大合唱と、ボトルの回し飲みが始まる。リョウは上半身裸になって両腕を広げ、「アレ、アレ、アレ（行け、行け、行け）」と歌いながら時折胸を叩いている。

アブドゥルは酒を口にしておらず、素面のままだった。私がインドネシアのウルトラス文化、特に暴力沙汰について尋ねると、彼は笑いながら答えてくれた。

「ペルシージャとペルシブ・バンドンが試合をするときには、スタジアムでトラブルは起きない。そもそもアウェーのサポーターは観戦できないから、カポ同士が出くわすこともないんだ」

ペルシージャとペルシブ・バンドンは、なぜかくも憎み合っているのか。

とあるメンバーは、十八年前、アウェーの試合でバスが襲撃された事件が原因になっていると断言した。一台で済むはずのペルシージャのバスが、役所の手違いで三台も試合会場に着いたため、それが原因でバンドンのウルトラスと揉め始めたと主張するメンバーもいる。しかしアブドゥルに言わせれば、理由はもっと単純だった。

「俺はジャカルタで生まれたから、ジャカルタのサッカーチームを応援する。バンドンの人間は地元のチームを応援する。地理的な問題だ。それだけだよ」

確かに地域的な要因を外して語ることはできないだろう。インドネシアには様々な人種や文化が混在している。バンドンは西ジャワ州の州都であり、国内で二番目に人口が多いとされるエスニックグループ、スンダ人の拠点となってきた。ジャカルタは事実上、彼らのテリトリーの端に位置しているため、ペルシージャと何かにつけていがみ合う形になる。

試合終了のホイッスルが鳴っても、リョウはまだ気持ちよさそうに歌い続けていた。彼はペルシージャを讃える歌だけでなく、インティサリにまつわる歌も口ずさんだ。

ペルシージャとペルシブが激しく対立してきた背景には、インティサリも影響しているのかもしれない。リョウの姿を見ているうちに、私はそう思うようになった。事実、スコットランドでは、バックファストを痛飲するせいで、凶悪犯罪が増えたという報告がなされていた。インドネシアはイスラム教徒が圧倒的に多い。当然、飲酒はご法度だが、サッカーファンは強いアルコールをこよなく愛してきた。

バーの中でそのまま待っていると、やがてジャクマニアの事務所からメッセージが届いた。組織を設立したキーマン、ブン・フェリーがこれから会ってくれるという。

ブン・フェリーはジャカルタでは伝説的な人物だ。とりわけ若い世代のウルトラスからはロックスターのように崇められている。かつてホームの試合で暴動が起きた際、ジャカルタの知事では到底事態を収拾することができず、ブン・フェリーに頼ったというエピソードさえある。

事務所の場所を知っているリョウがヘルメットを投げてよこし、バイクの後ろに乗れと促す。雨上がりのジャカルタの街中を抜けて行くと、高層ビルのまばゆい光が降り注いできた。

サッカー界の大ボス、ブン・フェリーとの対面

ジャクマニアの事務所は、ソマントリ・ブロジョネゴロ・スタジアムに程近い場所、商店やファストフード店が立ち並ぶ一角に建っていた。大学が隣接していることもあり、辺りは活気に満ちている。ちょうどモンスーンが通過したところで、若い女性たちが屋外でムエタイの練習をしているのが見えた。

事務所のドアの上には、「ジャクマニア・ペルシージャ・ファンクラブ」というロゴが並んでいる。「J」の文字の代わりに、左手の人差し指と親指を伸ばしたイラストがあしらわれているのが特徴的だ。これはジャクマニアのメンバー同士が、挨拶を交わすときのサインだという。その下にはグループが設立された記念日が記されている。

室内では、ブン・フェリーが床に胡坐をかいていた。彼は一九五〇年代風の眼鏡をかけた中年の男性で、既にこめかみの辺りが白い。周りでは地区を束ねるリーダーたちが、熱心に彼の話に聞き入っていた。背後に置かれたテレビには、白黒の古い試合映像が映し出されている。

スタッフが集まっていた理由は明らかだった。まずＰＳＳスレマンとのプレシーズンマッチに向けて、チケットやバスの座席を割り振らなければならない。ジャカルタ市内の七〇の地域から、

一万人のファンがジャワ島の反対側まで移動する予定になっていた。

当然、移動の際の安全をどう確保するかも検討しなければならない。

ＰＳＳスレマンのウルトラスは障害にはならない。ジャクマニアは、ブリガタ・クルヴァ・スッドという相手側のグループと良好な関係を築いている。危険なのは、試合会場に向かうまでのバスの旅だった。

ペルシージャにとっての最大の敵、ペルシブが本拠を構えるバンドン地域は通過するだけでも危険が伴う。しかもペルシブのサポーターは、最近フラストレーションを溜めている。数日前、ペルセバヤ・スラバヤに一対三で負けた際には、モンテネグロ人の監督であるミリヤン・ラドヴィッチが試合中にベンチで襲われるという事件さえ起きていた。

ジャクマニアが設立されたのは一九九七年一二月一九日だが、そのきっかけは一九八〇年代にまでさかのぼる。事務所の外に場所を移し、ブン・フェリーは当時の状況について語り始めた。彼の後ろには二人の弁護士が通訳代わりに控えている。

「あの頃は、今のようなサポーターは一人もいなかった。ただ試合を観て、それで終わりだったんだ。一九七〇年代や八〇年代には、サッカー文化と呼べるようなものもなかったんだよ」

かつてのブン・フェリーも、そんなごく普通のサッカーファンだった。

だがワールドカップ・メキシコ大会で、彼は衝撃を受ける。世界各国のファンが意匠を凝らしながら応援を行い、スタジアム全体を色彩と声援で包み込む様子を目の当たりにした瞬間から、インドネシアでも同じ状況を再現したいと考えるようになった。

「一九八〇年代のペルシージャは、試合中も全く応援してもらえていなかった。だからペルシージャのサポーターグループを立ち上げて、人を集めたいと思ったんだ。それでチャントや歌を、いくつか自分なりに作ったんだ」

こう言い終えると、ブン・フェリーは自らが手掛けた歌を朗々と歌い始めた。

最初に口にしたのは、一九七〇年代のディスコシーンで人気を博したグループ、ボニーMのヒット曲、「バビロンの河」をモチーフにしたものだった。

行け、タイガー
絶対負けるな
ペルシージャ
ペルシージャ、頼むぞ

だがブン・フェリーが作詞した曲の中で最も広く親しまれているのは、ジャクマニアに捧げる賛歌だった。私は現地で既にこの曲を何十回も耳にしていた。

心は一つ
目的は一つ
愛は一つ
ペルシージャ
勝利のために

栄光のために
団結のために
ペルシージャ

ブン・フェリーはこの歌を浸透させるべく、手書きの歌詞カードを何百枚もコピーしてスタジアムの入り口で配布し続けた。サポーターグループの設立もさりながら、誰もが口ずさめるような歌を広めていくことが様々なサッカーファンを結び付けるきっかけになる、そこから共通のアイデンティティになるだろうと考えたからだ。

「俺はジャカルタっ子と一緒に自分たちの文化、自分たちの歌を作り上げたかった。単にイタリアのウルトラスや、イングランドのフーリガンの真似をするんじゃなくてね」

スハルト時代の負の遺産

実際にスタジアムで曲がりなりにも歌が口ずさまれるようになるまでには、数週間もかかったという。そこにはインドネシアならではの事情が起因している。

もともとインドネシアでは、オランダ人によってサッカーが持ち込まれ、最も人気のあるスポーツとして定着していた。だがこの国は一万三〇〇〇もの島々から成り立ち、三〇〇以上の民族と五〇〇以上の言語が使用されている。一九七〇年以降は都市部への移住が一気に進んだ結果、ジャカルタの人口も倍増。民族や言語、文化がさらに混在するようになっていた。

ブン・フェリーはこうした状況を踏まえた上で、精神的な拠り所を築き上げようとした。ジャカルタに移住してきた人のほとんどは、自分たちの故郷や地元のクラブチームに思い入れがある。だがブン・フェリーはペルシージャ、ひいてはジャカルタという街自体を、インドネシアに住むサッカーファンの「ホーム」にしようと試みたとも言っていい。

ブン・フェリーの活動は、ユースカルチャーが開花していく契機とも重なった。かつてのインドネシアでは、若者が自己表現できる環境が、三〇年間も存在しなかったからである。

スハルトは一九六六年、軍部の力を借りて政権を掌握。初代大統領だったスカルノと対照的に親米・反共路線を推し進め、民主勢力や文化人を弾圧していく。軍部が東ティモールに侵攻し、最大で二五万人もの人々を移住させたり、殺害したとされるのも同時期にあたる。

スハルトは一九九七年のアジア通貨危機で失脚。翌年には学生を中心とした民主化運動、いわゆる「レフォルマシ運動」によって辞任に追い込まれる。ブン・フェリーによるジャクマニアの設立、そして親しみやすいサッカーソングの考案は、このような時代のうねりに呼応したものでもあった。インドネシアのサッカー文化を研究してきた数少ない人物の一人、アンディ・フラー博士は次のように記している。

「三〇年間のスハルト時代は、検閲とイデオロギーの統制が厳しくなされていた。

その時代が終わりに差し掛かる頃には、若者のサブカルチャーがしばしば熱狂的に受け入れられた。しかも（外的な要素と）奇妙な形で混じり合うことも珍しくなかった」

事実、インドネシアの若者はイギリスのパンクロックとイタリアのウルトラスに影響を受けた。

とりわけイギリスのテレビドラマである「ザ・ファーム」や「フーリガン」「フットボール・ファクトリー」といった映画作品は熱烈に支持されている。さらに述べるなら、インドネシアには「タウラン」と呼ばれる集団乱闘の風習も古くから存在していた。これらの要素が渾然一体となって生まれたものこそ、今日に連なる独特なサッカー文化だった。

ジャクマニアの草創期は、映画監督ユスフ・アンディバクティアールのドキュメンタリー作品、『ザ・ジャク』に収められている。

ユスフはサッカー文化を、圧政に苦しんでいたインドネシアの実情、そして新たな民主化の流れやユースカルチャーが台頭する過程を理解する格好の材料として用いている。ブン・フェリーを追いかけたのも、ポストスハルト時代のインドネシアを描くためだった。

劇中に登場するブン・フェリーは、今より痩せていて白髪も少なく、はるかに尖っている。ウルトラスのグループ同士が互いを標的にするのはごく当たり前だと語った上で、かくも暴力が蔓延した根因は警察や当局側にあると非難している。

「インドネシアの警察は治安維持にまるで貢献していない。一人が暴れたら全員を攻撃してくる。とにかく殴りつけなければ気が済まないんだ。そんな真似をされればこっちも頭に来るし、スタジアムは沸き立ったスープの鍋のようになる」

映画の最後は二〇〇五年に行われた、ペルシプラ・ジャヤプラ対ペルシージャのプレーオフ決勝で終わる。ペルシージャは延長戦の末に惜敗したため、ウルトラスは暴徒化し、スタジアムの一部に火を放った。

ラストシーンは意識を失った血まみれのファンが病院に運ばれていく場面だ。この際にはジャクマニアのメンバー一人も死亡。事件後、ブン・フェリーは引退を決意する。「ファン文化は常に新しいものに変わっていくことが一番大切になる。だから二〇〇五年、一線から退いて後継者を選んだんだ」

後にユスフは長編映画を制作するが、その作品でもサッカーをモチーフにしている。『ロミオ&ジュリエット　フーリガンの恋』は、シェイクスピアの有名な戯曲を再構成した内容で、舞台はジャカルタになっている。しかもモンタギュー家はペルシージャのファンで、キャプレット家はペルシブ・バンドンのファンという設定だ。

映画の冒頭は、遠征先で試合に勝ったペルシブ・バンドンのファンたちが、帰りのバスで盛大に勝利を祝うシーンから始まる。ところが数分後、彼らはハイウェイでジャクマニアに襲われる。窓ガラスが割れ、催涙ガスが撒き散らされる中、ロミオ役とジュリエット役の視線が合い、二人は恋に落ちていく。

この作品を観ていても、やはり同じ疑問が頭をもたげてくる。インドネシアのウルトラスは、なぜかくも暴力に手を染めるのか。

ブン・フェリーに言わせれば理由は自明だ。サッカークラブは半ば神のように尊ばれる。だから些細な侮辱や中傷であっても、瞬く間に暴力へエスカレートするのだという。

「大半のインドネシア人は貧しいし、苦しい生活を忘れさせてくれるのがサッカーになっている。だから自分のクラブが馬鹿にされるのは我慢できない。相手と揉めたら殺すしかないんだ」

彼の話を聞いていても、一九九〇年代に伝播してきたヨーロッパの影響だけが暴力を助長したわけではないことが理解できる。暴力の契機は、多民族や多言語といったインドネシアの成り立ち、そして三〇年近くに及ぶ圧政の中で常に存在していたのであり、サッカーを通じて吐き出されるのを待っていたというのが実情に近いのだろう。

ヨーロッパとインドネシアのウルトラスには、別の大きな違いもある。ブン・フェリーも、ジャクマニアの若手メンバーたちと同じことを口にした。

「ヨーロッパで喧嘩になれば、相手をぶちのめしたらそれで終わりだ。だけどインドネシアは違う。相手が倒れても、死ぬまで殴り続けるんだ」

迷走し続けてきたインドネシアのサッカー界

インドネシアは、スハルト時代の終焉によって大きく変わった。新たな市民文化が萌芽する過程にはウルトラスも貢献したが、サッカー界自体は近年、混迷を極めている。

ペルシージャでさえ破綻の憂き目にあっただけでなく、リーグ全体でも汚職や八百長、内部告発の応酬、選手への給与不払いなどが横行し、ＦＩＦＡが度々介入せざるを得なくなっている。ＦＩＦＡはインドネシアサッカー協会（ＰＳＳＩ）に対して、会長選挙のやり直しを求めたこともある。この際にはなんと当選者が、汚職の罪で服役していたのである。

インドネシアでは二〇一一年にトップリーグが分裂して、二つのリーグが併存するような状況さえ起きる。さらにその四年後には、政府がリーグ戦に不当に関与しているとして、ＰＳＳＩがＦＩＦＡから資格停止処分を科される事態にまで発展した。事実、インドネシア代表はワールドカップロシア大会のアジア地区二次予選から、突如として除外されている。

統制が取れなくなったサッカー界では、国家権力が絡んだ暴力事件も連鎖していく。

二〇一六年五月には、ペルシージャファンが試合中に死亡。親族によれば、警察に殴られたのが死因になったという。次の試合で、ジャクマニアは警察に対して暴動を起こし、一〇人を負傷させている。うち一人は昏睡状態に陥って左目を失明した。この際にはスタジアムに火が放たれ、ジャクマニアのメンバー三〇人が逮捕された。

状況が混迷を極める中、事態の収拾に乗り出したのがブン・フェリーだった。

彼のオーラは絶大だった。そもそも「ブン」とは「兄」を意味する単語で、周囲の人々から敬われるリーダーに用いられる称号でもある（事実、インドネシア独立後の初代大統領スカルノは、ブン・スカルノと呼ばれていた）。ブン・フェリーは配下のウルトラスに自制を求めつつ、体制側も牽制していった。

「警察も軍も政府も、あえて俺を逮捕しようとしなかった。逮捕したりすれば、ジャクマニア全員を敵に回すのは目に見えているから、怖くて手が出せなかったんだろう」

ブン・フェリーは、かくしてサッカーの現場に戻ってきた。ジャクマニアのリーダーとしてPSSスレマン戦にも顔を出すが、バスで長旅をする予定はないという。一日早くスレマンに飛び、警察や相手側のウルトラスと場内警備の相談を行うことになっている。

別れ際、彼はこうアドバイスしてくれた。

「スレマンでは、いつも夜明けと夕暮れに雨が降るんだ。だから傘を持っていくといい」

ボゴール

ジャカルタ南部のボゴールはうだるような暑さだった。パカンサリ・スタジアムは人影もまばらだったが、何やらにぎやかな音が聞こえてくる。AFCカップの一戦、PSMマカッサル対ラオ・トヨタ（現：FCチャンタブリー）の試合がちょうど始まったところだった。

二〇一八年のアジア大会のために建設されたこのスタジアムは、ボゴールからタクシーで四五分走った、人里離れた場所にある。

その夜、私はレイン・シティ・ボイスの面々と合流し、ジャクマニアが手配したバスで移動する予定になっていた。だが、自分の地元で別の試合が行われるから観ておいた方がいいとビモに言われ、私は足を伸ばすことにした。

金属製のフェンスはバナーやフラッグで覆われ、手前ではドラム隊がリズムを刻んでいる。フェンスの最上段にまたがってメガホンを握っているのは、両腕にタトゥーをびっしりと入れた四〇代後半の男性、イマームだ。彼はPSMが得点する度に、感謝の祈りを捧げる。その甲斐あってか、チームは残り三〇分の時点で、既に四対一でリードしていた。

やがてイマームはフェンスから降りてくると、合唱を指揮し始めた。

彼が率いるグループは五〇〇〇人ほどのメンバーから構成されているが、雑多な雰囲気を醸し出している。掲げられているフラッグやメンバーが着ているTシャツも、実にバラエティ豊かだ。

英語、イタリア語、マカサール語、インドネシア語、そしてアラビア語のロゴやメッセージが混ざっている。当のイマームは、白いイスラム教の帽子をかぶっていた。

イングランドの影響の先にあるもの

とはいえイマーム自身が最も影響を受けたのは、宗教ではなく映画だという。

「『ザ・ファーム』『アウェー・デイズ』『フットボール・ファクトリー』……トルコのドキュメンタリー映画『イスタンブール・ユナイテッド』もそうさ。僕はウルトラスたちが、自分のクラブを応援する姿が好きなんだ」

ただし、これらの作品にも増して夢中になったのは、イギリス映画『フーリガン』の三部作だったらしい。イギリスにはシェイクスピアやディケンズ、ビートルズ、そしてテレビドラマの『オンリー・フールズ・アンド・ホーセズ』などに至るまで様々な文学や音楽、映画作品がある。だが世界中で出会ったほぼ全てのウルトラスは、『フーリガン』を最高傑作に挙げた。イマームもその一人だった。

私が『フーリガン』という作品の影響力を初めて認識したのは、イスラエルでベイタル・エルサレムを取材した際だった。同クラブは反アラブ主義を掲げており、アラブ人選手を一切起用しないことで知られている。ラ・ファミリアというウルトラスのメンバーも筋金入りで、アラブ人はおろか外国人にも反感を抱いていた。そして、ほとんどの人間が英語を話そうとしなかった。

ところが私がイギリス人だとわかると、彼らはイギリス英語のアクセントを真似て歌い始めた。『フーリガン』を通して、イングランドサッカーに親しみを覚えていたからである。

正直、この作品はサッカーの母国に暴力の嵐が吹き荒れていた時代を、やたらとドラマチックに描いている。また今の感覚からすれば、多分にアナクロニズムでもある。プレミアリーグが誕生して以降、イングランドのサッカー界には、当時のような暴力沙汰は起きなくなっていた。

そんな理由もあって本国では正当に評価されなかったが、世界各地のサッカーファン、特にティーンエイジャーたちは心を奪われた。しかも単にストーリーを追いかけるだけでなく、ニヒリスティックなテラス文化に憧れながら、自分たちがフーリガンになるための「マニュアル」として活用したのである。これはボスニアのボラッ・バニャ・ルカ、ルーマニアのステアウア・ブカレスト、コソヴォのFCドリタのウルトラスたちも同様だった。

しかしイマームの場合は、映画を真似て暴力に手を染めるのではなく、イングランド流のファッションとチャントだけを取り入れ、独自の応援スタイルを確立していったという。それは七対三の圧勝に終わった試合後にも見て取れた。

選手がフェンスの前に立つと、PSMのウルトラスは、まずアイスランド式のヴァイキング・クラップで勝利を讃えた。ヴァイキング・クラップとは、全員が両手を上げてかけ声に合わせて拍手をし、徐々にテンポを速めていく方法である。選手たちが拍手で返礼すると、今度はインドネシアの南スラウェシ州で使われている言語、ブギス語で合唱し始めた。

俺たちはいつもここにいる

俺たちはいつもそこにいる
恐れるな、俺たちがいつもついている
行け、我らがＰＳＭ

栄光を取り戻せ
あの頃を取り戻そう
歴史は俺たちに教えてくれる
大丈夫、おまえたちならできるよと

テラスに満ちていたのは、ヨーロッパ文化の安っぽい複製品などではない。イングランド、イタリア、アイスランド、インドネシア、スラウェシ地方、そしてイスラム発の文化が渾然一体となって育まれた、豊穣なサッカー文化だった。おそらくこれこそは、国境を越えてインドネシアの地に根付き、四〇年間、絶えずバージョンアップを繰り返しながら発展してきた、独自のスタイルだと言っていいだろう。

試合が終わると、私はボゴールからジャカルタまで戻り、ビモたちと合流した。今度はジャクマニアやレイン・シティ・ボイスのメンバーと共に、丸一日かけて移動しなければならない。

バスを待っているうちに静かに日が暮れていく。しばらくすると、お目当ての車両がついに到着した。黒い車体の側面にはイギリス国鉄のマークと、フレッドペリー風の月桂冠がペイントしてある。そこには、こんなフレーズも書いてある。

「レイン・シティ・ボイス、ペルシージャ、ジャカルタ。俺たちは陸と海を越え、どこまでもついていく」

バンドン郊外のハイウェイで

だがバスの旅は途中で暗転する。私たちは途中で降ろされたばかりか、ペルシブ・バンドンのウルトラスから逃れるために、六車線のハイウェイを無理やり横断する羽目になった。しかも真夜中にである。

行き交う車が甲高いブレーキ音を響かせ、けたたましいクラクションを鳴らす。かろうじて交差点のような場所までたどり着いたが、今度は背後で金属が砕け、ガラスが割れる音が聞こえた。後ろを振り返ると、横倒したミニバンが突っ込んでくるのが見えた。

誰かが車に撥ねられたのだろう。最初はてっきりそう思ったが、実際は違っていた。ミニバンは私たちを避けようとして別の車に衝突。二台の車が片側三車線を塞ぐ形になった。

車両は大破したが、運転手や同乗者はいずれも無事だった。しかもこの事故のおかげで、結果的に私たちは命拾いをした。事故現場にはハイウェイパトロールが急行し、現場検証を開始したからである。

ペルシブ・バンドンのウルトラスは警察車両の黄色いライトに怯んだらしく、姿が見えなくなった。おそらく暗がりに身を隠し、襲撃のタイミングが来るのを待っているのだろう。

私たちはハイウェイをもう一度横切って元の場所に戻り、身を寄せ合いながら代車のバスが来るのを待ち続けた。この時間は数時間にも思えた。警察の車両が去れば、刃物を持ったウルトラスが再び左右から迫ってくることになる。

だがそこにようやくバスが到着する。運転手は路上に散乱した残骸を避け、ブレーキをきしませながらバスを停める。何が起きていたのかなど知る由もない運転手は、シューという音と共にドアを開け、満面の笑みで親指を立てた。

メンバー全員が無我夢中で車内に駆け込むと、ビモたちはカーテンを閉めろと命令した。バスはこれから五〇メートル先にある陸橋の下を通過しなければならない。

私たちは言われた通りに窓から離れ、蒸し風呂のような車内で息を殺していた。マシンガンのような音と共に、石がバスの屋根に当たり始める。陸橋の真下を通り過ぎる瞬間だけ投石は中断したが、またすぐに大量の石が降り注いだ。

それでもしばらく経つと、マシンガンのような音は一切聞こえなくなった。ペルシブのウルトラスから、ついに逃げ切ったのである。この瞬間、車内では喜びが爆発。一〇〇人ほどのメンバーは全員でペルシージャのチャントを合唱し始めた。

後に私たちは、非常に運に恵まれていたことが判明する。私たちをハイウェイ脇に置き去りにした一台目のバスは、乗客など誰もいないのにペルシブのウルトラスによって窓を割られていた。後続のバスは、もっとひどい目に遭っていた。運転手は投石を避けようとしてハンドル操作を誤ったために車体は横転。八人のジャクマニアが病院へ運ばれていた。

バスの車内にはインドネシア特産の甘ったるいたばこの煙が充満し始め、インティサリのボトルが回ってくる。ペルシージャ絡みのチャントを歌い終わると、今度は天井からぶら下げられたミラーボールの電源を入れ、音の悪いスピーカーから流れるインドネシアのポップソングを合唱し始めた。隣の席にいた男性は私の肩に寄りかかってうたた寝していたかと思うと、今度はビニール袋に吐いたりしている。一方、ビモは英語のテラスチャントを口ずさんでいた。

回し飲みするインティサリがなくなると、車内は徐々に静かになり、気だるい空気に包まれていく。夜明け頃には、ほとんど全員が寝息を立てていた。

長い遠征の旅はまだまだ終わらない。その後も何度か待ち合わせ場所で停車しながらメンバーを拾っていくと、車内は通路に人が座らなければならないほどすし詰めになった。道すがら露天でテイクアウトのヌードルを買って車内で食べる者もいたし、道路沿いのモスクでバスを停めさせ、祈りを捧げる者もいた。おそらく乗客の半数ほどはモスクに立ち寄ったはずだ。

結局、私たちは二三時間もバスに揺られた後に、ようやく目的地に着いた。

スレマンには、ジャワ島全域からサポーターを運んできた膨大な数のバスが停まっている。駐車場からスタジアムに向かう道には、露天商が並びスカーフやピンバッジを売っていた。これらの品々も、ありとあらゆる国の文化が混ざり合っている。露天商の裏手にある草地の上では、移動で疲れ果てた若者が至る所で眠っていた。試合はこれからだというのに、まるで三日間ぶっ通しで行われたロックフェスの最後の場面を見ているようだった。

ジャワ島の南東部に位置するマグウォハルジョ・スタジアムは、四隅に螺旋階段が設けられており、小ぶりなサン・シーロといった趣がある。

ところが最上部の扉は、一カ所しか解放されていないらしい。警備員は「後ろに下がって」と呼びかけるが、誰もが我先に席に向かおうとするために大渋滞が起きた。やがてチャントは怒号に変わり、悲鳴が聞こえ始める。子どもが潰されないように抱き上げ、警備員に助けを求める父親もいた。そこでようやく警察が折れ、二つ目の扉が開かれた。私はさらに消耗してしまったが、ビモは何食わぬ顔をしている。この手のことには慣れっこなのだろう。

ジャクマニアとインドネシアサッカー界のこれから

夕闇が迫るスタジアムは既に満杯だった。ＰＳＳスレマンのウルトラスであるブリガタ・クルヴァ・スッドは、南側の一角で何千ものフラッグを振りながら発煙筒に点火している。一万六〇〇〇人を動員したジャクマニアは、イースト・スタンド全体を占拠していた。各グループが、それぞれの旗をフェンスにくくりつけて、自分たちをアピールしているのがわかる。フェンスの最上段では六人ほどのカポティフォージが、メガホンでチャントを指揮していた。そこにはリョウの姿もある。客席に目を向けるとブン・フェリーの姿が確認できた。カリスマ的な存在である彼は数歩ごとに足を止め、セルフィーやサインに応じている。

つんと鼻を刺す発煙筒の黄色い煙が、甘いたばこの煙や蒸し暑い空気と混ざり合いながら、私たちを包み込んでいく。試合が始まるとリョウたちはさらに声を張り上げ、ブン・フェリーの作った賛歌を大声で合唱するように呼びかける。

感傷的なメロディーは、ヨーロッパや南米のスタジアムで耳にしたいかなる歌よりも高らかに流れていく。ペルシージャは二対〇で勝利し、決勝トーナメントへ駒を進めた。

しかし試合の結果は問題ではなかった。最も大事なのは友情と結束であり、サッカーを通じて育まれたアイデンティティなのだ。

一日がかりで旅を共にしてきたウルトラスのメンバーも様々な職業や階級、文化、宗教的な背景を持つ若者で構成されていたし、故郷の島を離れてジャカルタにやってきた人も多かった。彼らをつなぎとめているのは若さであり、社会に対する怒りであり、自分がこのグループに所属しているという帰属意識だ。かつてブン・フェリーが願ったように、ジャクマニアは社会においても物理的な意味でも、帰る場所のない人々にとって貴重な「ホーム」になっていた。

鳴りやまない歌声を背に、観客たちが螺旋階段を下ってスタジアムの外に出て行く。

ビモたちは帰りの長旅に備えてたばこを買っていた。彼によれば今回の遠征が、ウルトラスとしての最後の機会になる可能性もあるという。

「来週から新しい仕事が始まるんだ、インドネシアの東の方でね」

ブン・フェリーも、今年限りで身を引くことを決めていた。そうなればジャクマニアの上層部は、かなり顔ぶれが変わってしまう。だがこういう世代交代を繰り返しながら、インドネシアのウルトラス文化は、次代に受け継がれていくのだろう。

そんなことをぼんやり考えていると、湿り気を帯びた熱い空からスコールが落ち始めた。

ブン・フェリーの言った通りだった。スレマンでは夕暮れ時に雨が降る。

第十四章

米国

新大陸で開花した、ウルトラスの未来

ロサンゼルス

ＬＡＦＣ（ロサンゼルス・フットボール・クラブ）の本拠地、バンク・オブ・カリフォルニア・スタジアムでは、ウルトラスのグループである「３２５２」のスタッフが、色とりどりの紙を忙しそうに座席に置いていた。その作業が終わると、ピッチ上にいたメンバーが客席全体を見渡すために、一斉に後ろに下がり始める。

「よーしオッケー。次は国歌だ」

サポーター・リエゾン・オフィサーを務めるパット・アヴィレスは、メガホン越しにこう叫ぶと、咳払いをして米国国歌『星条旗』の最終行を歌い始めた。

「アンド・ザ・ホーム・オブ・ザ・ブレェェェェェイブ！」

パットが腕を振り下ろすのを合図に、黒いバナーが滑車でゆっくりと吊り上げられていく。ロープを握っているのは、同クラブのティフォ委員会のメンバー二人だ。

やがて「ウィー・ウィル」と書かれた縦長のバナーが完全に広がる。パットも満足ではなさそうな顔をしている。ＬＡＦＣがモントリオール・インパクトと対戦する前日、スタジアムではこんな準備がなされていた。

彼らは何週間も費やしてティフォをデザインし、染め上げ、縫い上げる。ただし、これで準備が完了するわけではない。制作されたティフォは、次には３２５２の委員会の投票にかけられる。

メンバーはロサンゼルスのアーティストやサッカーファンで構成されており、最終的にどのような作品をスタンドに展示するかを決めている。

ＬＡＦＣは、ＭＬＳの中で最も歴史の浅いフランチャイズチームの一つだ。だがリーグになじむまで、さほど時間はかからなかった。米国代表とエジプト代表で監督を務めたボブ・ブラッドリーの下、参戦一シーズン目に早くもプレーオフに進出を果たす。二シーズン目もゴールを量産しながら、ディヴィジョンで圧倒的な強さを発揮していた。

『ロサンゼルス・タイムズ』紙は、ＬＡＦＣを「米国サッカー界のマンチェスター・シティ」と評したが、特にメキシコ人選手のカルロス・ベラは誰よりも存在感を放っていた。その活躍ぶりは地元のライバル、ＬＡギャラクシーのズラタン・イブラヒモヴィッチさえしのぐほどだ。

一方、ＬＡＦＣはファン文化の醸成という点でも、長足の進歩を遂げてきた。

このクラブはロスのダウンタウンにある、小さいながらも美しいサッカー専用施設、バンク・オブ・カリフォルニア・スタジアムをホームにしている。場内のノース・スタンドには、セーフ・スタンディング・エリア（安全性を考慮した立ち見席）も設けられている。「３２５２」のメンバーが陣取る一角だ。

３２５２という名前は、ノース・スタンドの客席に由来している。現在、３２５２はＬＡＦＣで活動している九つのウルトラスを取りまとめているが、各組織の下にはいくつものサブグループがあり、ホームゲームでは全員が立って応援するという。九つのグループの名前を全部言えるかと尋ねると、パットは得意げにすらすらと答えた。

「ブラック・アーミー、ディストリクト９ウルトラス、ロス・ラッキーズ、クエルボス、エキスポ・

オリジナルズ、ザ・タイガーズ、ザ・クルー、アルマダ、そしてエンパイア・ボーイズさ」

私が話をしている間に、二枚目のバナーの準備が整ったらしい。パットが指図を出すと、似たような黒いバナーがノース・スタンドの右上に吊り上げられていった。今度はさっきよりずっとスムーズに広がり、クラブカラーの黒とゴールドで描かれた「ロック・ユー」という文字が現れた。メッセージは「ウィー・ウィル」と「ロック・ユー」である。

縦長の黒いバナーが二枚配置されると、いよいよメインのティフォが登場する。白いサテンの生地に描かれているのは、マイクを手にしたクィーンのボーカリスト、故フレディ・マーキュリーである。

ティフォ委員会のメンバーはピッチ上でティフォを広げ、生地の両端に小さな穴を開けてからスタンドに運び、滑車のロープに取り付けた。パットはメガホンを手に取ると、国歌の最後の歌詞をもう一度合唱しながら合図を出す。それに合わせてティフォがゆっくりと揚がっていく。

３２５２のメンバーは固唾を呑んで見守っていた。ティフォが吊り下げられるのは、これが初めてになる。万が一、生地が破れるようなことがあれば、明日の試合に向けて練ったプランは台無しになってしまう。

だがティフォは計画通りに広がった。ウルトラスのメンバーは後ろに下がって眺めながら、自分たちの仕事を絶賛している。

「くそっ、なんてカッコいいんだ」

パットが誇らしげに、独り言を口にするのも聞こえてきた。

「真似できるもんなら、真似してみやがれ！」

チーバスUSAが開いた門戸

「ウルトラスとは何かって？　ウルトラスとは情熱があって、サッカーというゲームを心底好きな連中のことだ。俺たちはちょっと応援したり、軽く酒を飲むのが目的で来るんじゃない。ここにいるのは九〇分間、スタンドで過ごすためだ。ホームでもアウェーでもな」

そう話すのはディストリクト9ウルトラスのリーダーで、３２５２の副会長を務めるマウリシオ・ファシオだ。体格がよく、アーミッシュ風の顎髭を生やし「ロサンゼルスはＩＣＥに断固反対」と書かれた黒いＴシャツを着ている。ＩＣＥは米移民税関捜査局の略称で、当時のトランプ大統領が掲げていた、不法移民の取り締まり強化を担当している忌むべき組織だ。捜査の手は、ロサンゼルスのラテン系コミュニティにも広く及んできている。

「このＴシャツは仲間のためのメッセージなんだ。サッカーで大事なのは仲間だからな。サッカーは庶民のスポーツだし、みんなの声を伝えていくのが、俺たちウルトラスの役割なんだよ」

ディストリクト9ウルトラスというグループ名は、スタジアムがある第9区にちなんで付けられた。エンブレムにはシルクハットをかぶった髑髏と、ラテン語の「Noi Soli Sine Metu（恐れを知らないのは、俺たちだけだ）」という文字があしらわれている。

グループの会則はウェブサイトに掲載されている。人種差別、いじめ、ヘイトスピーチは言語道断。暴力を振るうのも禁じられている（ただし「正当防衛は全員の権利」ともある）。そしていかなる状況でも、敵のフラッグやバナーを盗むことは認められない。ウェブサイトにはこう書かれている。

「我々はギャングではない。従って、ギャングのような行動は容認しない」

マウリシオは語る。

「だからこそ、ここは落ち着くんだ。俺たちは同じロサンゼルスでも、いろんな地区に住んでいる。民族も違えば文化も違うし、サッカーとの関わり方だってばらばらだ。でも試合が始まる時間になればみんなここに集まってくる」

マウリシオはメキシコ系で、子どもの頃も国境の向こう側でサッカーに親しんだ。

「両親とおじきたちはメキシコのバーラ・ブラバで、俺にサポーター文化を教えてくれたんだ」

マウリシオは父親やおじたちと、よくエスタディオ・アステカ（メキシコ・シティにあるアステカ・スタジアム）に足を運んだが、なぜ彼らがあえてチームのユニフォームを身に着けないのか、そして警察から執拗に調べられるのかが理解できなかったという。

「それはウルトラスだったからなんだ。俺は子どもの頃からウルトラスになる方法を教わってきたし、自分のクラブが欲しいとずっと思っていた。その願いが、やっと叶ったんだ。五一歳になるまでかかったけど、今、ようやく『ホーム』を見つけることができた」

メキシコ系アメリカ人にとって、サッカーは極めて身近な存在になっている。だが子どもの頃からサッカーに親しんでいても、MLSのチームには感情移入できないという人が多い。

そんな状況を変えたとされているのがチーバスUSAだった。そもそもチーバスは、ロサンゼルスに住むラテン系の住民を意識して創設されたものだった。顧客ターゲットを絞り込み過ぎた結果、一〇年後には経営難で解散してしまうが、彼らがもたらした功績は大きい。

「チーバスＵＳＡができたからこそ、俺はアメリカのサッカーリーグが好きになれたんだ。わかるだろう？　チーバスＵＳＡは俺に、アメリカで（サッカー）文化を創っていくチャンスを与えてくれたんだよ」

そう語るのは、ディストリクト9ウルトラスのもう一人のリーダー、ホセ・サルセドである。ホセによれば、ロサンゼルスはＭＬＳが発足する以前から、サッカー都市であり続けていた。多種多様な民族が集まり、ラテンの影響も強いこの街において、サッカーは何世代にも亘って深く根付いてきた。

チーバスＵＳＡは二〇一四年一〇月二七日、月曜日に解散したが、同じ週の木曜日にはＬＡＦＣの設立が発表される。新たなクラブはチーバスのファンはもとより、ＬＡギャラクシーに感情移入できなかった人々の心も掴むことに成功した。

理由の一つはクラブの立地である。ギャラクシーはダウンタウンから遠く離れた場所、南に下ったカーソンという都市に拠点を構えている。現にＬＡＦＣのファンは、ギャラクシーを「カーソンのチーム」と呼んでいた。

新大陸にあって、サッカーの母国にないもの

ロサンゼルスは広く、多様性に満ちている。ＬＡＦＣはこのような特性を踏まえ、人種差別以外の問題においても、積極的にメッセージを発信してきた。

明日の試合前に行われるイベント、「プライド・ナイト」は好例の一つだ。これはロサンゼルスのLGBTコミュニティのために催されるイベントで、ティフォやパイロ、フラッグを使ったショーが披露され、レインボーカラーの腕章が一万個配布される。試合中にはクラブのキャプテンであるカルロス・ベラも、腕章を身に着けることになっている。

前回のホームゲームでは「ウィメンズ・ナイト」が開催された。この際のティフォは、米国の偉大な女子選手で、LAFCの共同オーナーであるミア・ハムに敬意を表して制作されている。ノース・スタンド前の三カ所のコールリーダー席では、女性がリーダーを担当。パキスタンの活動家であるマララ・ユスフザイ、米連邦最高裁判事のルース・ベイダー・ギンズバーグ、そして国会議員のアレクサンドリア・オカシオ＝コルテスなど、人々に感動を与えた女性たちを讃えるフラッグも掲げられた。キエフやポーランドのクラクフ、ローマのウルトラスたちが場内の光景を見たら、何を思うだろうか。クラクフのダービーマッチはマッチョな男性の間で「聖戦」と呼ばれており、ナイフを使った刺殺事件も起きている。

ＭＬＳは一九九六年、ワールドカップ・米国大会が成功を収めた二年後に創設されている。当初は米国の四大スポーツ同様、閉鎖的なフランチャイズ制度に基づいて運営されており、チーム数も一〇に留まっていた。

だが二〇〇〇年代中盤から規模は一気に拡大し始め、現在では二〇チームが名を連ねる。デイヴィッド・ベッカムが共同オーナーを務めるインテル・マイアミも、最近フランチャイズに加わったチームの一つだ。またサッカーの人気が高まるにつれて観客も急増し、一九九六年に二八〇万人だった観客動員数は、二〇一八年には約八五〇〇万人にもなった。ファンの中に女性の数が少なからず含まれていることは指摘するまでもない。

ＭＬＳが大きな成功を収めているのは、これらの数字からも明らかだが、クラブのオーナーとサポーターとの関係は、他の国々と大きく異なっている。

たとえばヨーロッパの場合、クラブはコミュニティの共有財産であり、オーナーは一時的な管理者に過ぎないと見なされている。しかもこのような位置付けは、様々な分派を生んできた。

スペインでは「ソシオ」と呼ばれる会員がクラブを所有している形になっているし、ドイツやスウェーデンでは「50＋1」ルールを採用。クラブが金の力で乗っ取られないようにしながら、サポーターが発言権を確保できるような工夫が凝らされている。一方、イタリアのウルトラスや南米のバーラ・ブラバ、トルシーダなども良かれ悪しかれ、クラブの運営に関する権限と影響力を保持してきた。

だがＭＬＳをはじめとする米国のスポーツ界では、似たような枠組みが存在しないため、いかにしてサポーター文化を構築していくかが課題となってきた。

アメリカンフットボールにせよ、野球やアイスホッケー、バスケットボールにせよ、米国のクラブチームはビジネスを目的とした事業体として運営されてきた。無論、社会の中では公共財的な役割を果たしているが、基本的にはオーナーが所有する私物の域を出ないし、米国のプロスポーツには昇格や降格制度も存在していない。

このような特徴は、クラブチームのオーナーに特権も与えてきた。ビジネスにとって好都合だと判断すれば、オーナーは違う都市に何度でも拠点を移動できるようになっている。

その際には地元のファンやサポーターと話し合ったり、自分たちの意見を説明するような試みもほとんどなされない。チーム側にとって、ファンは自分たちが一方的に商品を売りつける顧客でしかないとも言える。

無論、チームが他の都市へ移動したりすれば、長年応援してきたファンやサポーターは、強い怒りや悲しみ、裏切られたという思いを抱く。

たとえば二〇一六年には、アーセナルのオーナーでもあるスタン・クロンケが、ＮＦＬのセントルイス・ラムズをロサンゼルスに移転させるという出来事が起きた。もともとクロンケは二〇年前、ロサンゼルスからセントルイスにフランチャイズを移転させたが、自分の一存で逆のことをしたのである。かくして誕生した新生「ＬＡラムズ」は、建造費数十億ドルという史上最も豪華なスタジアムが完成するまで、ＬＡＦＣのスタジアムから一〇〇メートルの距離にある、ＬＡメモリアル・コロシアムでプレーしていた。

これまでチームに身も心も、そして金も注ぎ込んできたセントルイス市民は、当然のように怒りを露わにした。事実、セントルイスでは自治体や市民がクロンケにつぎ込んだ資金、具体的にはラムズを引き留めるために認められてきたスタジアム関連の減税措置や、シーズンパスの購入代金をいくらかでも返還させるべく、複数の訴訟が起こされている。あまりにも身勝手な決断にげんなりした人々は、クロンケに対してだけでなく、ＮＦＬ自体に対してもシンパシーすら抱かなくなった。

サッカー新興国ならではの歪んだメンタリティ

ＭＬＳではここまで極端な事例は起きていないが、やはりサポーターとクラブ側の関係は、ヨーロッパなどと大きく異なる。無論、ＭＬＳの関係者はサッカーをビジネスとして発展させながら、良質なサポーター文化を育んでいくことを目指してきた。

だがビジネスを根幹にしている以上、ヨーロッパのようなサポーター文化を成立させるのは不可能であり、そのような試み自体が一種の矛盾だと指摘する人も少なくない。この種の議論は、歴史や伝統に基づく正統性をいかに確立するかという問題にもつながる。

ＭＬＳが文化的な矛盾を抱えているという見方は、二〇一五年、ニューヨーク・レッドブルズとニューヨーク・シティＦＣのサポーターが街中で乱闘した際にも強くなった。

その模様を収録したビデオを見ると、わざわざイングランドのサポーターを真似て、相手側を「おまえら誰だ？（新顔は引っ込んでろ）」と煽っているのがうかがえる。

サッカーの新興国ならではの独特なメンタリティは、個人レベルでも見て取れる。

たとえばマイアミ・カジュアルズ（下位リーグに所属しているマイアミＦＣのフーリガングループ）のディレク・アルバレスという人物は、ネット上でミルウォールＦＣのフーリガンを挑発するビデオを公開した。ミルウォールはロンドンのクラブチームであり、マイアミＦＣなどとは比べものにならないほど、長い歴史を有しているにもかかわらずだ。

スキンヘッドで、自称・元共産主義者であるアルバレスは失笑を買ったが、二〇一八年には別のビデオを投稿。この際にはリヴァプールのファンを罵倒しながら、自分こそ「世界で最も話題になっているフーリガンであり、カジュアル（ならずもの）だ」と宣言している。

それでいてアルバレスは、商売っ気もしっかり持っている。彼は「フォレスト・ファイティング（森の中での決闘）」と称する企画、ウクライナのセルヒーや、スウェーデンのヒューゴが関わっていたようなオーコロフットボーラを導入する計画を発表した。

「フォレスト・ファイティングのビデオを見せるとみんなこう言うんだ。『すげえな。これで誰か儲けてる奴がいるのか？　おまえもこいつでデイナ・ホワイト（総合格闘技団体のUFCで代表を務める人物）になれるんじゃねえか』ってね。

これはフーリガニズムの進化形だから、スポーツに変えたいんだ。ファームの連中は、自分のクラブのユニフォームを着て戦うだろうしな。テレビにフーリガンが大勢映るのを世間一般が認めるかって？　だったらフーリガニズムと総合格闘技（ＭＭＡ）の違いは何だ？」

ＭＬＳが超えなければならない壁

ＭＬＳはアルバレスのような連中、すなわち安っぽい形でウルトラスを気取る連中を登場させずに、ヨーロッパや南米に匹敵するようなサポーター文化を育んでいかなければならない。ＬＡＦＣも、もちろんこの難題に取り組んでいる。

サポーター・リエゾン・オフィサーを務めるパットによれば、ＬＡＦＣのオーナー側は設立当初から、サポーターとの隔たりを埋めようとしてきたという。

　ちなみにＬＡＦＣのオーナーには、女子サッカー選手のミア・ハム、俳優のウィル・フェレル、ＮＢＡのレジェンドだったマジック・ジョンソン、さらにはマレーシア出身の投資家であるヴィンセント・タンなど、三一人の著名人が名を連ねている。

　パットが採用されたのは、ヨーロッパサッカーの試合を観ようと「朝四時にバーに集まるような連中」や、サッカーを一緒にできる仲間を探して、ロサンゼルスの公園にやって来る人々に声をかけ、ＬＡＦＣのファンベースに組み込んでいくためだった。これは米国に少なからず存在するサッカーファンを、ＭＬＳを軸に結び付ける試みだと言ってもいい。

　私が米国で出会ったほとんどの人と同じように、パットは何世代にも亘って育まれてきたサッカーの情熱を受け継いでいる。彼の祖父はチリ人で、コロコロの熱狂的なファンだった。

　パット自身はロサンゼルスで生まれたが、やはり子どもの頃からサッカーが好きで、特に代表の試合には目がなかった。クラブチームに関してはギャラクシーを応援しようとしていたが、歳を取るにつれてなぜか気持ちは冷めてしまう。代わりに惹かれたのは、イングランドのプレミアリーグだった。そして一〇歳のときに、マンチェスター・ユナイテッドが三冠を達成したシーズンのビデオを見た瞬間から、クラブチームに愛情を抱くようになる。

　とはいえ、海の向こうのリーグでは、自分の〝ホーム〟だと思えるようなクラブはなかなか見つけられなかった。そこに登場したのがＬＡＦＣだったという。

　かくしてパットはＬＡＦＣにのめり込んでいくが、いくつかの問題も解決していかなければならなかった。

最初に浮上したのは、多様性に満ちたファンをいかに束ねていくかだった。サポーターグループが誕生し始めた頃、クラブ側はパットをはじめとするコールリーダーたちをドイツに派遣。地元に根を下ろし、サポーターとして巻き込んでいく方法を、最高のお手本から学ばせようとする。そこで選ばれたのが、ザ・ユニティと呼ばれるウルトラスのグループや「黄色い壁」で知られるボルシア・ドルトムントだった。

ところがいざ現地を訪れてみると、パットたちは期待していたような歓待を受けなかったという。現にドルトムントの経営陣からは、試合当日は安全を保証できないため「黄色い壁」を視察できないと告げられてしまう。パットは語る。

「どういうわけだかユニティの連中は俺たちが来るのを事前に知っていて、向こうのフロントオフィスに文句を言ったんだ。『ロサンゼルスの連中なんかに、どうして構っているんだ？　ここはドルトムントだし、まずドルトムントのことを考えるべきだ』とね」

それでもコールリーダーたちは、視察旅行を通じてユニティからノウハウを吸収。３２５２を立ち上げる際の基盤作りを学んでいる。

パットに言わせれば、ＬＡギャラクシーがバイエルン・ミュンヘンなら、ＬＡＦＣはドルトムントなのだという。豊富な予算を持ったエリートのチャンピオンチームを相手に、団結心で対抗していくスモールクラブのようなイメージだ。

「アメリカでは、ニューヨーク・ヤンキースみたいになりたくないという言い方をよくするんだ。俺たちもシカゴ・カブスみたいになりたい。カブスはワールドシリーズで一〇〇年も優勝していない。なのにファンはどの試合にも来てくれる」

政治臭のないラディカリズム

ただしパットたちは、より深い問題も考えていかなければならなかった。

たとえばドルトムントのウルトラスは新たな時代に対応し、クラブ側と折り合いをつけながら、自分たちが尊重する価値や体系や政治的イデオロギーを表現し続けてきた。

だがその彼らでさえも、政治的にラディカル過ぎると批判されるケースは少なくない。また50＋1ルールは多くの人から支持されているとはいえ、そもそもクラブ側やオーナーと協調路線を歩むこと自体、裏切り行為に他ならないと主張する人さえいる。

ましてやドイツに比べれば、米国のスポーツ界は別世界に近い。このような状況の中で、ヨーロッパと同じようなウルトラス文化を育んでいくのは容易ではない。

厳密に述べるなら、発足当初のＭＬＳでは、政治色の強いサポーターグループにも活動する余地が与えられていた。たとえば左翼のクラブとして有名なハンブルクのザンクト・パウリは、米国のクラブチームのファンにも極めて大きな影響力を及ぼしていた。

だがチームの数が増えリーグの規模が大きくなるにつれて、ウルトラスに対する規則は厳しくなってきた。現にウルトラスの中には、規則に従わなかったためにクラブ側から追放されたグループもある。トロントFCのイニブリアーティ、ニューヨーク・レッドブルズのガーデン・ステイト・ウルトラス、シカゴ・ファイアーのセクトール・ラティーノなどはその一例だ。

またＭＬＳ側は政治的に中立な立場を保つという名目で、ファシズムや政治的弾圧に抗議する活動まで一切禁じている。イングランド同様、試合中に掲げられるバナーやフラッグは細かくチェックされているし、あらゆるティフォはクラブ側の許可が必要になる。

確かにMLSの試合会場では、ヨーロッパに近い雰囲気が再現されている。とりわけLAFCの経営陣は、ヨーロッパの関係者が眉をひそめるような様々な妥協も行ってきた。セーフ・スタンディング・シートと呼ばれる立ち見席は、3252側の要望によって実現したし、格安ビールが提供されるサポーター用のバーも、ノース・スタンドの最上部に設置されている。

しかしLAFCでさえも、ウルトラス文化において極めて重要な役割を果たす要素、政治や社会問題に関する意思表示については厳格なガイドラインが定められている。たとえばステッカーなども自由に貼れるわけではない。メッセージ性の強いステッカーを貼りたい人間のためには、専用のスペースがノース・スタンドの最上部にあらかじめ設けられている。クラブ側はチャントに対しても神経を尖らせている。特にスペイン語で「同性愛者」を示唆する単語は、一切口にしてはならないことになっている。

ならば発煙筒はどうなのだろうか？　イタリアと同様に原則として発煙筒の使用は禁じられているが、パットによれば業者側が管理された形でパイロを演出する場合のみ、使用が許可されているのだという。

普通は黒い煙が出るだけだが、プライド・ナイトではLAFCがゴールを決める度に、レインボーカラーのスモークが吐き出されるようになっている。今シーズンのここまでの成績を考えれば、明日の試合でもその場面を目にする可能性は高い。

だが3252の活動で最も ユニークなのは、女性が重責を担っている点だろう。

世界中どこに行っても、女性はテラス文化の端に押しやられていることが多いが、米国の状況は異なっている。むしろヨーロッパや南米のサッカー界が実現し得なかった、新たなスタイルのテラス文化を確立しつつあると言ってもいいだろう。中でもＬＡＦＣは、女性に門戸を開いていく上で先導的な役割を果たしていた。パットは語る。

「うちでは女性がコールリーダー席に上がるし、先頭に立って指揮をするんだ。しかもそれはウィメンズ・ナイトだけじゃない」

翌日、試合前に開催された「テールゲート・パーティー（ファンがビール片手にバーベキューなどをして楽しむイベント）」には、数百人もの人が参加した。

３２５２を構成する九グループも全て揃っており、ヘビーメタルや西海岸のヒップホップ、ラテン系のポップミュージックをごちゃ混ぜに鳴らしながら、フードやドリンク、グッズを販売している。どの売り場にも虹色のフラッグが掲げてあるのが特徴的で、ウルトラスたちはビールやミチェラーダを美味そうに飲み干している。ミチェラーダというのはメキシコ版のブラッディ・マリーで、ウオツカの代わりに冷えたビールを使う飲み物だ。

「確かに、やるべきことはたくさんあるわね」

チェリはミチェラーダを手渡してくれながら、ＬＡＦＣのコールリーダーとして自分が担っている役割について説明してくれた。彼女はディストリクト９ウルトラスのメンバーで、今日のイベントのために虹色のアイシャドウをしている。

「コールリーダー席では立ってチャントを指示しなくちゃいけないし、自分のセクションの人が全員大きな声を出しているか確かめないといけないの」

ダウンタウン出身のチェリは昔からサッカーが大好きだったが、本気で応援できるクラブチームはなかなか見つからなかったという。

そんな状況を変えたのがLAFCである。クラブが設立された当初、ウルトラスは数グループしか存在しなかったが、チェリはディストリクト9ウルトラスに自然に溶け込んでいく。そしていつしか、リーダー役の一人を務めるまでになっていた。

「私はラッキーだったわ。昨シーズンのウィメンズ・ナイトでコールリーダー席に上がるチャンスがあったの。そのときに見込みがあると思われたみたい」

チェリは今や数千人ものファンを相手にチャントや合唱を指揮するまでになった。これらのチャントや歌には、ヨーロッパや南米のものが取り入れられている。現に3252には、リーベル・プレートとボカ・ジュニオールのバーラ・ブラバだった面々もいる。

LAFCの応援風景には人種や文化、出身地、あるいは性別の違いなど微塵も見られない。試合の際にはドラムを抱えた面々が横一列に並び、アルゼンチンやブラジル、メキシコのリズムが混ざり合ったビートが奏でられる。

そこには女性の姿も多い。事実3252では、ティフォのデザインやグッズの企画にも女性がごくごく普通に参加している。チェリたちが抱く想いは一つだ。

「スポーツ、そしてチームへの愛と情熱よね。これは口で説明できるようなものじゃないわ。ただ、そう感じるの」

西海岸で開花した、ウルトラス文化のポストモダン

やがて太陽が沈むと、3252のメンバーは続々とノース・スタンドへと向かって行く。チェリも最前列の自分の位置に着く。

黒と金色のユニフォームを着たファンがひしめく中、中央に一列に並んだドラム隊がビートを刻み始める。三カ所のコールリーダー席にいる面々も、観客席を煽るのに余念がない。

左側のスタンドに立っているのはチェリだ。彼女が両腕を動かすと観客も一斉に向きを変える。そして大きなスクリーンに映し出された歌詞を頼りに、チャントを合唱し始めた。

ダレ、ダレ、ダレ（行け、行け、行け）！　ブラック・アンド・ゴールド！
ジャンプ・フォー・LAサッカークラブ。オーレ！　オーレ！

スペイン語と英語の入り混じったフレーズは、ファンが掲げる様々なスカーフにも見て取れる。

ラ・インチャーダ・ポプラル（立ち見席のサポーター）
カジュアルズ
ショルダー・トゥ・ショルダー（一致団結）

「俺たちはサッカーファン文化の最前線にいる。まさに最先端にね」

ロス・ラッキーズのコールリーダーの一人であるサルは、こんなふうに説明してくれた。彼は先ほどまでメガホンを手にして、ひな壇の上に立っていた。

ロス・ラッキーズは３２５２を構成する九つのグループの一つである。

その名はパサデナにあるラッキー・ボールドウィンズ・パブに由来する。このパブはイングランドサッカーファンが朝四時に集まり、試合を観戦する場所となっていた。

だがサルたちはＬＡＦＣにおいて、本場イングランドのサポーターよりもはるかに自由を謳歌できるグループを結成した。これはサルの個人的な経験も反映している。数年前にロンドンを訪問してチェルシーの試合を観た際、彼は落胆したという。

「プレミアリーグでは、ファン文化がほとんど全面的に押さえつけられていた」

彼がそう感じたのも無理はない。

リーグ側がフーリガニズムを一掃したおかげで、イングランドでサッカーの試合を観るという行為は劇的に安全になった。だがその代わりに、彼の地では大切な要素が失われてしまった。プレミアリーグでは、ＬＡＦＣのように立ち見席で試合を楽しんだり、スタジアムでビールを飲むこともできない。サポーターの代表がクラブ側と対話を行うことも不可能になっている。

イングランドにおけるウルトラス文化は、ますます形骸化が進んでいる。

象徴的なのは、マンチェスター・シティが導入した「デジタルフラッグ」だろう。もともとエティハド・スタジアムでは、サポーターが客席の二段目からフラッグを吊り下げていた。クラブ側はこれを禁止する代わりに、大きなデジタルスクリーンにフラッグを映し出すプランを思い付いたのである。

ユーチューブ上で過激なフーリガンを気取るディレク・アルバレスと同様に、この種の代物は本物には程遠い。むしろ今日のプレミアリーグに比べれば、ＬＡＦＣの方がはるかに充実した共通体験をサポーターに提供している。しかも安全は確保されているし、性別や人種、セクシャリティ絡みで差別を受けることもない。

その意味において、「サッカーファン文化の最前線にいる」というサルの発言は極めて正しい。ファン文化のユニバーサル化は、サルが「未来の都市」と呼ぶロサンゼルスで最も発展している。ここにはウルトラスの美学があるし、体制に逆らう無秩序なアウトサイダーになりたいという願望がある。現に多くの人は、フーリガンやカジュアルズの言語を使っている。

確かに全ては過剰なまでに組織化されており、あらゆる活動にはクラブ側が目を光らせている。見方を変えれば、「ウルトラス」という言葉は存在していても、中身は形骸化しており、ただのラベルとしてしか機能していないともいえる。

だが彼らはサッカーを愛しているし、その情熱の表現の仕方はとことん開放的だ。また、一線を越えないようにガイドラインが定められているが故に、ウルトラスのスタンスは寛容で非暴力的であり、様々な問題に対しても柔軟に取り組んでいる。おそらくこれはサッカーに限らず、サブカルチャー自体が辿っていく未来を暗示しているのかもしれない。

サルが所属するロス・ラッキーズも、ＬＡＦＣが育もうとしている新たなファン文化を象徴している組織だ。そもそもこのグループは、当初はラッキー・ボーイズと呼ばれていた。しかし女性が大勢参加するようになったため、名称の変更に踏み切っている。グループ名の変更を後押ししたのは、ブリージーという名の女性だった。

ブリージーはスタンドの最前列にいた。背丈はせいぜい一五〇センチといったところで、華奢な体つきをしている。チェリと同様、彼女も自分がコールリーダー席に立つ日が来るなどとは思っていなかったという。

だがロサンゼルスでは珍しく雨が降った試合で、たまたまコールリーダー席に上がってみると、その快感の虜になった。体中ずぶぬれになり、ビールまみれになり、興奮のあまりＬＡＦＣが入れたゴールの数を忘れてしまってもである。

ブリージーは自分では押さえきれない衝動、熱病の如き情熱について語り続けた。

「女性を代表して、コールリーダー席に立ったときに改めてわかったの。サッカーは男性のためだけじゃなく、女性のためにもあるってことがね。

私たちだってサッカーを好きになっていいし、ビールを楽しんでもいい。私はそう言いたいの。大きくなると、ほら、自分は何者なんだろう、人生で何をすべきだろうって考えるじゃない。私は女性のサッカーファンの代弁者になりたかったのよ」

ハイドゥク・スプリットを遠く離れて

「コールリーダー席に立ったときの私は別人だから」

ブリージーはこう言い残して最前列に向かって行った。

選手たちが登場すると、３２５２の九グループがそれぞれ一枚ずつフラッグを揚げ、レインボーカラーを再現。やがて国歌斉唱が始まり、スタジアムにいるファン全員がフルボリュームで合唱を始める。

「アンド・ザ・ホーム・オブ・ザ・ブレェェェェェイブ！」

パットが腕を振り下ろすと、二枚の黒いバナーがスタンド最上部にするすると揚がっていく。左側には「ウィー・ウィル」。右側には「ロック・ユー」。中央には右腕を高々と上げた巨大なレディ・マーキュリーのティフォが現れた。

観客は足を踏み鳴らし『ウィー・ウィル・ロック・ユー』を合唱する。スタンドには『俺たちフィギュアスケーター』に主演した俳優でコメディアンのウィル・フェレル、映画『インターステラー』などでおなじみの俳優のマシュー・マコノヒーもいた。

ブリージーはコールリーダー席の二段目に登り、もっと大声で歌うようにと３２５２のメンバーを煽っている。小柄な彼女はまるで別人のように大きく見えたし、何より生き生きとしていた。彼女は自らの人生とサッカーを全身で謳歌していた。

ＬＡＦＣはモントリオール・インパクトを圧倒し、四対二で勝利を収める。トリスタン・ブラックモンがノース・スタンド前でゴールを決めた瞬間、リーグ公認のパイロが作動。濃厚なスモークが吐き出された。

ハイドゥク・スプリットのポリュド・スタジアムと同じように、バンク・オブ・カリフォルニア・スタジアムは炎と熱気に包まれた。

だが、そこにやり場のない怒りはこもっていない。ロサンゼルスのダウンタウンに満ちていたのは、新たな世代のウルトラス文化そのものだった。

終章
エクストラタイム
分かれた明暗とサッカーの新たな敵

あなたはサッカーの試合に何を求めるだろうか。数字を並べたフォーメーションや戦術、あるいはエンターテインメント的な要素だろうか。はたまた全く異なる何かだろうか。最後の要素を明らかにするという目的こそ、本書を貫くテーマである。

バーラ・ブラバやトルシーダ、フーリガン、そしてファームやカジュアルといわれる面々に至るまで、私が取材した全てのウルトラスは誰もが同じ原点、共通の原体験を持っていた。彼らはピッチに目を向けつつも、ゴール裏の危険な雰囲気や騒々しさに惹かれていた。単にサッカーの試合を観るのではなく、サッカーを肌で味わいたいのだ。

私自身が似たような体験をしたのは十二歳の頃だった。私は電車でブーリン・グラウンド（ウェストハム・ユナイテッドのスタジアム）を訪れ、五ポンドを払って一人で試合を観た。ノースバンクにいるのは自分よりも背の高い大人ばかりだったため、プレーは全く見えない。しかし試合の匂いを、そしてウェストハムファンの鼓動を感じることはできた。自分が何か大きなものの一部になっているという高揚感、自分の声が聞こえないほどの囂々たる声援、今にも危険なことが起こりそうな匂い。あの日の感覚はすぐに蘇る。試合の内容はまるでわからなくとも、自分に刻まれた記憶の輪郭は永遠に色あせない。

ティフォージというイタリア語は、だからこれほど胸に響くのだろう。それは、自分では抑えきれない衝動を表現している。一度感染したら、二度と完治しないサッカーへの熱病だ。

この旅路をスタートした当初、私はウルトラスが何かを探ろうとしたし、サッカーを生きる人々の物語を伝えたいと思っていた。

しかし二十五カ国を訪れ、何百という人々と話した今でも、これという定義にはまるでたどり着けていない。もちろん、各地域なりの定義は存在する。イタリアなら「限界を超えること」と「クラブと自らの組織に身を捧げること」がウルトラスの条件になる。だが旅を重ねたせいで、ウルトラスの本質を見極めるのは難しくなった。一歩兵から大将格のカポにいたるまで、それぞれが異なる考えを持っているからだ。

ただし、ウルトラスは違う角度からも定義できる。あらゆる権威への不信感。現代社会における商業化に対する絶望。他者への憎しみである。ウルトラスと過ごしていると、自分たちが世界中を敵に回しているような感覚に陥ることがしばしばある。これに最も近いのは、ハイドゥク・スプリットで使われていた「ディシュペート」という単語だった。あらゆるものに反発し、時にそれが自分を破滅に導こうとも、最後まで貫こうとする姿勢だ。

だが、この説明も全てを語ってはいない。彼らには独自のモラルや掟、使命感もある。喧嘩で倒れた相手には敬意を払い、難民への支援や、フードバンクを通した食糧の配給も積極的に取り組む。老朽化した教会やモスクを修繕するための基金集め、洪水、火災、地震で被災した人々にも彼らは常に手を差し伸べる。

無論、政治的な活動に奔走する連中も少なくない。しかもイデオロギーは多種多様だ。民主化や腐敗の撲滅、人種差別を一掃しようとする者もいれば、逆に民族浄化のような極右思想を標榜する者もいる。事実、イタリアやドイツ、東欧諸国などでは、急進的な右翼勢力の手先となった人々も大勢いた。

右翼であると左翼であるとを問わず、ウルトラスに唯一共通しているのは彼らの活動が過激で、妥協など一切しない点だろう。「中道穏健派のウルトラス」なるものは、絶滅危惧種の動物のように希少な存在だ。

このような状況は当然、多くの矛盾を引き起こした。

彼らは政府や国家権力を毛嫌いすると言いながら、その行動の大半は政治的な影響を及ぼす。ドイツのウルトラスたちが強調したように、非政治的であろうとすることも、政治的な決断を下していることになってしまう。さらに述べれば、ウルトラスは本質的にアウトサイダーの集団でありながら、国家権力や政治団体、マフィアにも取り込まれてきた。

ウルトラスは、自分たちの活動に暴力沙汰が必ずつきまとうことを自覚している。また、自分たちを凶悪犯のように扱うジャーナリストを憎みながらも、メディアが自分たちの認知度を高める上で、一定の役割を果たしてきた点も熟知している。報道のおかげで、ウルトラスは今や世界最大のユースカルチャーに発展し、サッカーに興味のない人間も惹きつけるまでになった。

そもそもウルトラス文化とはフーリガン、バーラ・ブラバ、トルシーダなど様々なルーツを持っている。それが一九七〇年代にイタリアで確立されたスタイルに受容され、今日のような形態に変化してきたというのが実情に近い。

だがウルトラスは遅かれ早かれ、イタリアやイングランドと同じような道を歩むことになるだろう。警察による規制強化、スタジアムへの出入り禁止、そしてソーシャルメディアの普及によって、古典的なウルトラスは死に絶えつつある。実際問題、今日におけるウルトラスの姿を把握したいのであれば、目を向けるべきはイタリアではないかもしれない。ドイツ、インドネシア、スウェーデン、モロッコ、あるいは米国などを訪れた方が得られるものは多いはずだ。

スウェーデン、アルゼンチン、ブラジルのその後

スウェーデンのミカエルが、四〇年近くに亘って集めてきた膨大な写真やスカーフ、ユニフォーム、ステッカー、プログラム、文献などをアーカイブ化し、ウルトラスの百科事典ともいうべきものをまとめ上げようとしているのは、こんな事情がある。

私が提案した『ウルトラペディア』というタイトルは拒否されたが、彼はとあるプロデューサーと一緒に、ティフォの歴史を描いた映画の企画も進めている。

だがスウェーデンのサッカー界では、警察による取り締まりの強化が進んでいたし、ハンマルビーも結局、タイトルを獲得できなかった。優勝争いは最終節までもつれ込みマルメ、ユールゴーデン、そしてハンマルビーの三つ巴となったが、祝杯を挙げたのはユールゴーデンだった。

ミカエルが肩を落としたのは言うまでもない。

しかも彼が応援しているもう一つのチーム、ボカ・ジュニオールも地球の裏側で苦杯を舐めていた。コパ・リベルタドーレスにおけるリーベル・プレートとの準決勝は、懸念された大きなトラブルも起きずに終了している。しかしボカはカルロス・テベスや新加入のダニエレ・デ・ロッシを擁しても、リーベル・プレートに敵わなかった。

とはいえボカのウルトラスであるラ・ドセ、とりわけリーダーのラファにとってはいい報せもあった。マクリ大統領が退陣したのである。政治的な風向きが変わったことで、ラファはボンボネーラに戻れるのではないかと期待を寄せていた。

隣国のブラジルでは、フラメンゴのウルトラスであるクラウジオが、自らが設立したトルシーダのグループ、ハッサを改革しようと奮闘していた。彼は自分が経営するヴァッカ・アトラーダというバーに様々なグループを招待し、話し合いの場を設けている。

クラウジオは、リオ・デ・ジャネイロの市長であるウィウソン・ヴィッツェルと、どう折り合いをつけていくかも考えなければならない。ヴィッツェルは元判事で、麻薬を扱うギャングを撲滅すべく、ヘリコプターなどから容疑者を発砲することなどを認めた人物である。しかも現大統領のジャイール・ボルソナーロの盟友としても知られる。

ヴィッツェルは、サッカーファンを懐柔すれば支持率が高まるのを熟知しており、クラウジオにもコンタクトしてきた。クラウジオは当然、面会を拒否したが、ハッサのメンバー三人が対面に応じている。クラウジオは語っている。

「彼らにはこう言ったんだ。『自分は気に入らないが、おまえらを批判する気もない』とね。ヴィッツェルに会わなければ、ハッサは二度とスタジアムに戻れないわけだから。

ただし一九六四年頃と比べても、今のブラジルはファシスト的な国になっているし、こっちは立ち向かわなければならない。末端からこの状況と戦うんだ」

トルコ、ギリシャ、ウクライナ、セルビア、アルバニア

トルコのイスタンブールでは、エルドアン大統領の強い要請を受け、市長選が再び実施された。

結論から述べるなら、再選挙の実施は大きな判断ミスとなる。イスタンブール市民は一連のプロセスに激高。改革派のエクレム・イマモウルにこぞって投票したため、イマモウルは対立候補に八〇万六〇〇〇票以上の差をつけて圧勝した。これは従来、イスタンブールで行われた選挙の中で得票率、得票数共に新記録となった。

エルドアンは、肝煎りのサッカープロジェクトでもつまずいた。バシャクシェヒルは失速し、ガラタサライがタイトルを獲得している。

しかし政府は、いつまでも手をこまねいてはいなかった。

シーズン終了後程なくして、全てのサポーターを取り締まるべく、さらに厳しい法案が施行されている。今や差別的なチャントはおろか、スタジアムから遠く離れたボートやバスからでも、パイロを打ち上げた途端に刑務所行きとなってしまう。トルコの社会とサッカー界を巡るゲームは、明らかにエルドアンの思惑通りに展開している。

政権の座にこそいないものの、ＰＡＯＫのオーナーであるイヴァン・サヴィディスも確実に地位を固めている。

確かに彼は、ピッチ上で拳銃をちらつかせたために、長らくギリシャのサッカースタジアムに出入りすることを禁じられていた。また隣国のマケドニアがＥＵに接近するのを阻止すべく、国名変更の是非を問う国民投票に揺さぶりをかけていたとされるが、これも計画通りにはいかなかった。事実、取材を始めた頃「マケドニア旧ユーゴスラヴィア共和国」と呼ばれていた国は、いつしか「北マケドニア共和国」になっていた。

だがサヴィディスは、今でもテッサロニキのヒーローであり続けている。二〇一九年、ＰＡＯ

Kは久方ぶりにタイトルを獲得。トゥンバ・スタジアムでは盛大にパイロが焚かれ、サヴィディスも英雄の如くサポーターから崇められた。曰く。

「アテネの人間は冷静に考えた方がいい。我々に対する彼らの仕打ちが、日を追うごとに我々を強くしていったのだ」

　拳銃など一切使わず、素手で殴り合うオーコロフットボーラの分野では、ウクライナのセルヒー・フィリモノフが再び、その名を轟かせている。

　もともとフィリモノフは国民部隊の正式な候補として選挙を戦い、国会議員としてデビューすることを目論んでいた。ところが彼は党に裏切られてしまう。あまりに低い支持率を改善すべく、上層部は他の極右政党と連携。候補者リストからフィリモノフを外し、ドニプロのウルトラスで元リーダーを務めていたロディオン・クドリャーショフを優先したからだ。

　その直後、フィリモノフは離党届を提出し、政治活動から遠ざかることになった。フィリモノフは、政治的な同志の行動にも幻滅している。ロシア最大のネオナチグループの中心人物で、アゾフで重責を担っていた人物は月給が三〇〇ドル足らずであるにもかかわらず、一年足らずで一〇〇万ドルの収入とキエフのアパート一棟半、そして自家用機まで入手していた。政府側が裏金を都合したためである。

　民間人に戻ったフィリモノフは、ディナモ・キエフのファームで活動を再開することを決意。「ストリート・プロテスト・アカデミー」という護身術のクラスも立ち上げた。謳い文句には暴力を使わずに身を護るとあるが、ポスターには火炎瓶の絵が描かれている。曰く。

「俺は自分の道を行くことにしたよ」

セルビアのアレクサンダル・ヴチッチ大統領は、パルチザン・ベオグラードのウルトラスから批判されるのにうんざりしたらしく、財務大臣に記者会見を開かせ、レッドスター・ベオグラードとパルチザンに提供される資金がほぼ同じであることを説明させている。財務大臣は二〇一四年以降、むしろパルチザンの方が多くの国家予算を受け取っていると主張している。

「数字を出したのは、我々がどれだけバランスを取ろうとしているかを知ってもらうためです。いずれも国を代表するチームです。当然、予算は均等に分配されます」

ドローンを使ってアルバニアの旗をアピールし、セルビア政府から執拗にマークされるようになったイスマイル・モリナは、今では静かな生活を楽しんでいた。

だが、サッカー界ではいくつかの模倣事件が発生する。ルクセンブルクで行われたヨーロッパリーグ、F91デュドランジュ対アゼルバイジャンのカラバフ戦では、アルメニアのフラッグを掲げたドローンがピッチ上空を飛行した。またEURO2020の予選では、チェコのウルトラスが、「コソヴォはセルビアだ」と書かれたフラッグとドローンを没収されるという出来事も起きている。

いずれイスマイルに関しては、機会を改めて何らかの記事を書くことになるだろう。

銃弾に倒れたイタリアの帝王

最後はイタリア。二〇一九／二〇シーズンのセリエA、イタリアサッカーシーズンは、最も悪名高いリーダーの一人を欠いてスタートした。

八月四日、ラツィオのイッリドゥチビリのリーダー、ディアボリックことファブリツィオ・ピッシテッリは、ローマ市内の公園で射殺された。享年五三歳。32口径の拳銃で後頭部を撃ち抜かれたために即死状態だった。

イタリアでは様々な噂が飛び交ったが、やがてこの事件がイッリドゥチビリの活動とは無関係であることが判明する。犯行の手口や武器からしても、犯罪組織がプロの殺し屋を雇ったのは明らかだったし、彼は麻薬や武器の取引、人身売買、マネーロンダリングに至るまで、ありとあらゆる犯罪への関与が疑われていた。

これでイタリアのウルトラスが消滅するわけではないにせよ、一つの節目になるのは間違いないだろう。現にラツィオ側は、クラブ葬を実施するのも拒否した。会長のクラウディオ・ロティートは、人種差別的なチャントを厳しく取り締まる方針も発表している。

「我々のイメージが汚されるのはもうたくさんだ。今でもこのような状況に対処しなければいけないことにうんざりしている」

むしろ死を悼んだのは、ライバルであるはずのASローマのウルトラスだった。彼らは二つのシンプルなバナーを掲げ、ファブリツィオにメッセージを捧げている。

「安らかに眠れ、ファブリツィオ。天高く飛べ！　さらばディアブロ」

コロナウイルスという新たな敵

こうして振り返ってみると、世界中のウルトラスが政府や警察組織による弾圧、そして世代交代の波と必死に戦っていることがよくわかる。だが二〇二〇年初め、彼らは新たな敵と対峙する羽目になった。新型コロナウイルスである。謎のウイルスが蔓延した結果、世界中のリーグ戦は中断された。

確かに特筆すべき例外もいくつかあった。ベラルーシは何事もなかったかのようにリーグ戦を続行したし、六月に行われたセルビアカップの準決勝では、一万六〇〇〇人がレッドスター対パルチザン戦の観戦を許されている。だが感染が急増したため、ファンの入場は再度禁止されている。結果、クラブ側はウルトラスたちが作り上げる雰囲気を再現すべく、テレビ放送の際に歓声を合成したし、ダンボールで観客のダミーを作ったクラブも見られた。

セルティックの伝説的な監督であるジョック・ステインは、「ファンがいなければサッカーは成り立たない」と述べたが、パンデミックは究極の試練を突きつけた。

このような状況の中、ウルトラスは独自の存在感を放ってきた。

特にドイツでは、パンデミックが起きると同時に、複数のウルトラスが活動を開始。ボルシア・ドルトムントのザ・ユニティとデスペラドス、ユーボスは支援物資を集め、困っている市民に届けている。

ハンザ・ロストックの「サプトラス（サポーターとウルトラスの混成語）」は献血を呼びかけている。

たし、ウルトラス・フランクフルトは、フードバンクの寄付を募った。ヴォルフスブルクのウィークエンド・ブラザーズは独自のフードバンクを立ち上げている。

またウルトラス・ニュルンベルクが約一万六〇〇〇ユーロをブレシアのウルトラスに寄付するなど、クルヴァ同士の連帯も見られた。イタリアでは、ベルガモを本拠地に置くアタランタの活動が最も印象的だった。彼らは街に溢れる感染者のために、臨時病院の建設を支援している。

クロアチア、モロッコ、スペイン、フランス、イスラエルなどでも、数え切れないほどの支援活動が展開された。新型コロナウイルスはサポーターを駆逐するどころか、地域コミュニティにとっても、いかに重要な存在であることを改めて浮き彫りにした。

もちろんウルトラスは聖者ではないし、いかにも彼らしい活動もしっかり行っている。サポーター同士による〝非公式なリーグ戦〟は、コロナ危機の中でもほぼ通常通りに開催されていたようだ。八月には、SVダルムシュタットとアイントラハト・フランクフルトのファームによって、なんと一〇〇人対一二〇人のナイトゲームが行われた。結果は二分三〇秒、フランクフルトのKO勝ち。

サッカー界の未来を拓くもの

ただし、もちろん前向きな話題ばかりが占めるわけではない。世界的なパンデミックはウルトラスや組織的なサポーターの重要性を印象づけたとはいえ、彼らも当然影響は被る。現にボルシア・ドルトムントのユーボスは、既に解散の意向を表明している。

またコロナ禍の出口は、まだ完全には見えていない。各国のリーグやクラブ側が放映権料を吊り上げた結果、試合を楽しむための選択肢はさらに減少。ウルトラスやサポーター、ファンにとって重要な要素、スタジアム内で自分のチームのプレーを九〇分間、仲間と共に観戦する環境が確保されたとは言い難い。それに加えて国家権力や警察権力、クラブ側によるウルトラスへの様々な締め付けも強まっていく危険性もある。

ならばウルトラスの未来はどうなるのか？

企業の経済活動や市民生活、スポーツ界そのものと同様に、彼らもコロナ時代の新たな現実に適応していかなければならないのは明らかだ。

だが彼らは生き残る術を本能的に見出すことができるし、過去にも幾度となく驚くべきバイタリティを発揮し逆境を跳ね返してきた。この驚異的なバイタリティ、そしてサッカーにかける熱病の如き愛情こそは、未来を拓いていくのではないか。

謝辞

この本を実現させるために、文字通り数百人の人が協力してくれた。中でもイタリアのマルティノ・シミック・アレーゼ（ツイッター：@Martino_Tifo）以上に協力してくれた人はいない。本書を書くべきだったのは私ではなく、彼だったのではないかと思うほど、多くの示唆を与えてくれた。また私が過去に出会った人々の中で、最もウルトラスに精通しているストックホルムのミカエルがいなければ、この本は実現しなかっただろう。

本を書く機会を与えてくれた（タイトルも提案通りにしてくれた）Eburyのアンドリュー・グッドフェローがいなければ、完成までたどり着くこともなかったはずだ。編集者のロビン・ドルリーは忍耐強く最後まで付き合ってくれた。今では彼女も、近所に貼られた「ACAB」のステッカーがいやでも目に入るようになったと思う。例によって、エージェントのレベッカ・ウィンフィールドにも感謝したい。彼女がいなければ、私はまだエセックスで二重サッシを販売する仕事をしていたかもしれない。エセックスで二重サッシを売る仕事も悪くないが、私はあまり営業が得意ではなかったし、おそらく毎月のように空腹を抱える羽目になっていただろう。

私が書いた文章をじっくり読み、貴重なアドバイスをしてくれた人たちに感謝したい。特にユーライ・ヴリドリヤック（@JurajVrdoljak）、北マケドニアの取材について重要なアドバイスを与えてくれたラニエ・ヤースマ（@Rjaarsma）、ドイツのマット・フォード（@matt_4d）、キャス・

ムーダ（@CasMudde）、そしてジェームズ・コーベット（@james_corbett）に感謝したい。チャールズ・ダックスベリー（@cducksbury）にも、貴重な意見をいただいた。

いくつかの章は、メディアから依頼を受けて実施した取材がベースになっている。担当の彼らがいなければ、この本を実現するための様々な取材旅行は実現不可能だった。『ニューヨーク・タイムズ』のアンドリュー・ダス。『ブリーチャー・レポート』のショーン・フェイ、アレックス・チック、ウィル・タイディ。『BBC・ワールドサービス』のリチャード・パデュラ。『Copa 90』のローレンス・タリスと特にニール・ステイシー。『ディレイド・グラティフィケーション』の全てのスタッフ。『ザ・ブリザード』のジョナサン・ウィルソン。『ポリティコ』のアンドリュー・グレイにお礼を言いたい。

エジプトで革命運動に関わったウルトラスにまつわる文章の一部分は、私の最初の著書である『ホウェン・フライデー・カムズ：中東のサッカーと戦争、革命』から引用している。ド・クーベルタンのジェームズ・コーベットは、親切に許可を与えてくれた。

ウルグアイでは、ウルグアイサッカー歴史研究者協会の創設メンバーであるマルティン・ダ・クルースが特に協力してくれた。またジョナサン・ウィルソンは、私のために関係者に連絡を取ってくれた。アルゼンチンでは、キャローラが現地での優れたガイドを務めてくれたし、ヴェロニカ・ピア・ロペスが素晴らしい翻訳をしてくれた。いつものように、正しい方向に導いてくれたシェイマス・ミロダンにも感謝している。

ブラジルでは、ラファエル・ダ・モウラ・マチャドがクラウジオ・クルスを紹介してくれた。これがきっかけで私たちはリオ・デ・ジャネイロからカタールまで行き、クラブワールドカップの決勝、リヴァプール対フラメンゴ戦を観戦した。もちろん、これは別の話だが。セルビアは、この数年間、私にとって第二の故郷と呼べるような国になってきた。ジャック・デイヴィス（@jackoozell）、ラルフ&イエルナ・ヴァン・デ・ザイデン、ヨーヴァン・タージッチ（@joca_t）は、然るべきタイミングで私をいつも励ましてくれた。それは私が珍しくロンドンに戻った際に、励ましてくれたティム・ジュリアンも同様だ。

知識を共有してくれたウラディミル・ニンコヴィッチ（彼はセルビア一のクリケット伝道師でもある）と、スティーヴァン・ドイチイノヴィッチ（@StevanOCCRP）にも感謝したい。アレクス・エロール（@slandr）には大変お世話になったし、カファナのスタッフにも貴重なサポートをいただいた。私はマヤ・イワノフのおかげで、ヴルシャツにある静かな家でこの本のほとんどの原稿を執筆することができた。ストーブを壊してしまってごめん。オランダのアダとアート・ムーダにも感謝している。前作『億万長者サッカークラブ』はヘンゲローのウートハイジェにある週末用の別荘で書かせてもらったが、お礼を言うのを忘れてしまっていた。

ギリシャのテッサロニキにいる間は、トーマス・ファリネス（@thomasfarines）にお世話になった。マケドニアではイルチョ・シヴェタノスキー（@IlchoCvetanoski）とスヴェティン・チリマーノフ（@Cvetin）、アルバニアとベオグラードに関してはイドロ・セフェリ（@idroseferi）に感謝したい。彼がいなければ、イスマイル・モリナを見つけることはできなかっただろう。

ウクライナのデイーマ・コルチンスキーは、映画監督や翻訳者としても一流だが、真冬の真夜中、穴ぼこだらけの道路をキエフからマリウポリまで往復してくれた。彼はまさに勇者だった。ジェイク・ハンラハン（@Jake_Hanrahan）の助けがなければ、彼に会うことはできなかっただろう。ジェイクは「非正規戦」を紹介している素晴らしいポッドキャスト『ポピュラー・フロント』(popularfront.co)においてブレーンを務めている。サシャ・ファインバーグは、ウクライナ語の完璧な翻訳を提供してくれた。またマイケル・コルボーン(@ColborneMichael)とオレクシー・クズメンコ(@kooleksiy)は、素晴らしいサジェスチョンを与えてくれた。

コソヴォの取材に関しては、ジャック・ロビンソン(@SunflowerShells)とジマイル・レジャ(@xhemajl_rexha)、ジリ・イスマイリ、エリザベス・ガーウィン(@ElizabethGowing)に感謝したい。ニーチェの言葉を引用するアイデアを与えてくれてありがとう!

ドイツの取材に関してはバーバラ・ペッチに感謝したい。彼女はクリスマスにバベルスベルクを案内してくれただけでなく、「ファン・タスティック・フィーメールズ」の活動について教えてくれた。サッカーのファン文化は伝統的に男性が牛耳ってきたため、有害なマッチョ文化と結び付けられがちだった。しかし彼女が携わっている「ファン・タスティック・フィーメールズ」(www.fan-tastic-females.org/index.php/en/)は別の要素について教えてくれる。ウリ・ヘッセの手助けがなければ、ドルトムントのウルトラスについて書くことはできなかっただろう。「フットボール・サポーターズ・ヨーロッパ」(@fanseurope)で活動しているマルティン・エンデマン(@EndemannMartin)は、ドイツにおけるサッカーファンの活動を理解する作業を非常に容易にしてくれたし、凍えるように寒い試合を盛り上げてくれたトム・ゲノイ(@TG94_)にも感謝している。バスに乗れなくなってしまってすまない。

スウェーデンでは、ミカエルが全ての取材を実現してくれたが、彼と共にポッドキャスト(intebarafotboll.podbean.com)の共同ホストを務めるデニス・マーテンソン(@Dmarten82)にも感謝したい。彼はサッカー界で実施されている警備の問題について長時間、話を聞かせてくれた。

トルコではタン・モルギュル（@tanmorgul）が非常に力になってくれた。彼がいなければ、トルコ版の『ザ・ブリザード』（@TurkiyeBlizzard）の編集者であるボラ・イスヤー（@boraisyar）に出会えなかっただろう。彼はトルコにおける複雑なライバル関係を理解する上で不可欠な存在だった。パトリック・ケディ（@PatrickKeddie）にも感謝したいところだが、その夜は記憶喪失になってしまった。アンゲロス・ジアコミディスとジョージ・レンツァスは、インターコンチネンタル・ダービーで会ったときに大きな手を差し伸べてくれたし、ギリシャのサポーターシーンについてアドバイスを与えてくれた。これはアテネのジョージ・ジョージアコプロスも同様だ。

米国では、いつものようにボブ＆リンゼイ・ブラッドリーに深くお礼を言いたい。彼らはＬＡＦＣを取材するために必要な扉を全て開いてくれた。

モロッコの『ル・マタン』に所属しているユーセフ・ムートメイン（@YMoutmaine）は、マラケシュで開催されたカサブランカ・ダービーに行った際に、素晴らしいガイドを務めてくれた。マヘール・メザヒ（@MezahiMaher）は、北アフリカにおける反体制のチャントに関して知識の宝庫ともいえる人物で、数多くのチャントを翻訳してくれた。

ジャーナリストはほとんどアクセスすることができないが、アカデミズムの研究者たちは何十年も前から、サッカーのファン文化を記録する作業に深く携わってきた。そこには素晴らしい研究業績が豊富にあるが、課金制になっているために参照できないことも多い。これらの研究業績に触れたことがない方は、ダリオ・ブレンティン（@DarioBrentin）、マーサ・ニューソン博士（@

martha_new-son)、ロイク・トリガレース博士（@Ltregoures)、アンドリュー・ホッジス博士（@dr_andyhodges）の論文などを特にチェックしてほしい。紹介した業績はほんの一部だし、刮目すべき研究はまだたくさんある。いつもインスピレーションを与えてくれる、デイヴィッド・ゴールドブラット（@Davidsgoldblatt）には、心からお礼を言いたい。彼のおかげで、つい見逃してしまうような素晴らしい学術文献を見つけることができた。

私には子どもができたし、パートナーははるかに優れたジャーナリストであるため、取材旅行の際には、ベオグラードのクリスティーナ・ミリタールとミナ・カーシュミリアに時折、幼い娘の面倒を見てもらった。特にマグリット&レザ・ナザール、マリア&ジョン・モンタギュー、ローラ・モンタギュー、ロブ・レディベリンも二年間、私たちに欠かせない存在となってくれた。

今回は様々な書籍の言葉を引用した。クエンティン・クリスプの『裸の公僕』からの引用は、ハーパー・コリンズとリチャード・ゴルナーに許可してもらった。エカ・カニアーワンの『美は傷（アニー・タッカー訳）』は、プーシキン・プレスの許可を得ている。エドゥアルド・ガレアーノの『光と影のサッカー』からの引用は、アブナー・スタインの許可を得て掲載した。

より広範囲に文章を引用した書籍の著者にも許可を得ている。特に『ゴラッソ！：ラテンアメリカサッカーの歴史』（アンドレアス・カンポマー著、クエーカス）、『ユーゴスラヴィアにおけるサッカーの政治学：スポーツ、ナショナリズム、国家』（リチャード・ヒル著、I.B.トーリス）、『黄色い壁の構築』（ウリ・ヘッセ著、ヴァイデンフェルト&ニコルソン）などだ。私は彼らの仕事から深い感銘とインスピレーションを得た。

ミトラとミラにも謝りたい。私が長い間家をあけたせいで、二人には大きな心労と不便をかけた。もう二度と同じ過ちは繰り返さない。

そして最後に、本書の日本語版となる『ＵＬＴＲＡＳ』を刊行してくれた出版社のカンゼンと、友人のマサにも心からお礼を言いたい。特にマサは膨大な労力を費やし、翻訳者としての責任を果たす以上の仕事をしてくれた。

二〇二一年一〇月　イスタンブールにて

ジェームス・モンタギュー

訳者あとがき

「自分たちは世の中のことを何も知らない」

歳を重ねれば重ねるほど、そう実感する場面が増えたような気がする。確かに仕事柄、普通は会えない人から話を聞いたり、一般の方が訪れない場所に足を運んだりする機会は多いかもしれない。おまけにマスコミ業界に三〇年以上もいると、たいていのことには驚かなくなる。

だがサッカー界の裏側には、漆黒の暗闇が広がっている。『ULTRAS』はサポーターを軸にしながら、その構造と原理、成り立ちにスポットライトを当てた意欲作だ。

ただし刊行にこぎ着けるまでには、二年近い月日を要した。

そこにはいくつかの理由がある。まずはタイミングだ。著者のジェームスが精力的な取材を続けた結果、この本は初版の発行がずれ込んでいる。私も自著や他の訳書、ノンフィクション取材などを開始せざるを得なかったため、着手する時期自体が遅れてしまった。

いざ訳出に取りかかった後も一筋縄ではいかなかった。原著は四〇〇字詰め原稿用紙で、一三〇〇枚を優に超えていた。欧米の人にとっては常識でも、私たちにはなじみの薄い各国の政治事情や歴史も詳述されている。日本語版に向けてはボリュームを三分の二以下に削りつつ、文章と章立ての再構成、大がかりな補筆、内容のアップデートも行わなければならなかった。

半年経つ頃には大半の作業を終えていたが、ここで想定外の出来事が再び起きる。版が改まり、新章が追加されていることが判明したのである。私は知り合いの編集者に、各章で登場する固有名詞の表記リストを依頼していたが、これも入手できなくなってしまった。

にもかかわらず一カ月たらずで全文を対象とした差分チェックと変更箇所の訂正、新章の訳出まで完了できたのは、プロの翻訳家として素晴らしい作品を出版されている片桐恵理子氏、書籍や雑誌、ウェブ媒体などでやはりプロの翻訳者として活躍されている古森科子氏が、救いの手を差し伸べてくださったからに他ならない。両氏の作品はインターネットで検索すれば簡単に見つかるので、皆さんも是非ご覧になって欲しい。紹介の労を執ってくださった、翻訳家の近藤隆文氏と共に深く感謝を申し上げたい。

また、カンゼンの取締役である坪井義哉氏と、『フットボール批評』編集長である石沢鉄平氏の尽力により、固有名詞の表記は名だたる方々に教示していただけることになった。

千田善氏、藤坂ガルシア千鶴氏、大野美夏氏、弓削高志氏、坂本健二氏、栗田智氏、小林雅乃氏、田中真知氏、佐伯奈津子氏、アナスタシャ・ウランダリ・ハシム氏、そしてもちろん坪井氏と石沢氏には心から御礼を申し上げたい。表記の確認作業が終わった後は、アカデミズム関連の編集者やライターとしても活躍されている、水野春彦氏に校正を行っていただいた。

かくも多くの方々にお力添えいただいたのは身に余る光栄だが、本書にはそれだけの労力と時間を費やす価値があったと思う。

一つ目の特徴は知られざるエピソードの数々だ。ユーゴスラヴィア内戦が、実はサポーター同士の戦いだったこと、東欧や北欧を中心に広がる、映画『ファイトクラブ』の如きネットワーク、殴る蹴るのレベルを超えて、刃物を持って殺しに来るシンガポールのサポーター、アルゼンチンやイタリアで築かれた帝国の内幕などは、驚かれる方も多いのではないか。

かといって、しかめ面をして読む話ばかりが並んでいるわけでもない。いかにも頭でっかちなドイツのサポーター、ブラジルサッカーとサンバのリズムを結び付けたパイオニア、ロサンゼルスで投影される、サブカルチャーの未来予想図なども興味深い。しかもイスマイル・モリナのドローン事件に象徴されるように、ジェームスは現場や取材対象者に深く関わっているため、手に汗握るノンフィクション作品や潜入記としても楽しめる。

二つ目は、個人の価値判断や行動基準に対する透徹した視点だ。

日本では政治・社会問題について意見を求められた際、「どちらにも賛成しません」「中立の立場を取りたいと思います」などと回答する人々がいる。気持ちはわからなくもないが、ジェームスはドイツの事例を通して、「政治的に中立な立場」なるものは幻想だと喝破している。これは故・丸山眞男氏や、政治学の師である故・永井陽之助氏が一貫して指摘したことでもあった。

最後の特徴はステレオタイプに与せず、実像と矛盾に迫っている点だ。

「ウルトラス」という単語を耳にした場合、全身入れ墨だらけで発煙筒やバナーをスタジアムで掲げ、暴力沙汰に明け暮れるフーリガンのような連中を連想される方は多いと思う。

本書を読み進めていくと、その種の古典的なイメージは微笑ましくさえ映ってくる。

今や彼らは「フーリガン」などという単語では括りきれないほど緻密な組織を作り上げ、闇の世界で暴力とビジネスを仕切っている。かと思えば地域に密着し、コミュニティ活動や福祉活動に精を出すグループもいる。ウルトラスの素顔は、かくもカラフルで多面的だ。

だがウルトラスは、アウトサイダーであるが故に根本的な矛盾と限界に直面する。組織の支配力を最大限に高めようとした結果、いつの間にか体制側に組み込まれていたケースは後を絶たない。仮に独立独歩で十分な資金とメンバー、人脈、武器、錦の御旗（大義名分）まで確保したとしても、国家に抗い続けるのは不可能だ。ウルトラスは各国で民主革命の実現にも貢献してきたが、次の瞬間には風向きが変わり、自らが待ち望んだはずの新たな政権によって粛清の対象とされてしまう。

ウルトラスは「悪」に手を染めることはあっても、「巨悪」には絶対になり得ない。むしろ現実には、社会システムの近代化と合理化が浸透していく中で、無機的な鉄のローラーに磨り潰されつつある胡桃のような存在に近い。「魂」を抜かれて、単なる記号（アイコン）と化しつつある集団と言ってもいい。その事実を複眼的に捉えている点で、本書はこれまで出版されてきた類書と一線を画している。

ただし著者のまえがきにもあるように、ジェームスは取材や執筆をすべきか否かについて絶えず悩んだという。正直、私も机に向かいながら幾度となく疑問を覚えた。

本書は良質なドキュメンタリーがお好きな方、あるいはサッカーはもとより、スポーツと政治・経済のつながり、さらには文化論に興味がある方にはたまらない一冊だと思う。

だが解き明かされる実情は、日本の状況とあまりにもかけ離れている。

これはどちらが良い悪いという問題ではない。サッカーは社会を映す鏡だとよく言われるが、国情が異なればサッカー界やサポーター文化も当然のように異なってくる。ましてや島国の日本は世界情勢に関して疎いし、我々は外に目を向けようとしてこなかった。

日本に住んでいる限り、わざわざ外国の苛烈な現実を知らなくても事足りる。むしろその方が、穏やかな気持ちで幸せな人生を送ることができる。

それでも本書を訳出したのは、「知らないよりは知っておいた方がいい」からだ。

世界は小さくなり、対岸の火事からも火の粉が直接降りかかるようになった。コロナウイルス禍で明らかになったように、平和で安泰に見える日本も、意思決定プロセスの透明性の低さ、情報の秘匿、官僚主義による非効率、メディアの独立性の乏しさなど多くの問題を抱えている。そこに潜む宿痾は、本書が紹介している諸外国の状況にも通底している。

愚者は自らの経験に学び、賢者は他者の経験に学ぶと言われるが、他者の経験から学ぼうとする姿勢は決して無駄にならない。


ここからは謝辞を述べたい。

政治学者への道を絶たれた後、ジャーナリズムの世界で私を拾ってくださった元文藝春秋の井上伸一郎氏、元ソニーマガジンズの浅間芳朗氏。フリーランスに戻ってから支援してくださった元文藝春秋の鈴木文彦氏、雑誌『Ｎｕｍｂｅｒ』時代の先輩であり、昔気質の名編集者である稲川正和氏、『Ｎｕｍｂｅｒ Ｗｅｂ』で長年手腕を振るわれた柚江章氏、私を重用してくれる矢内浩祐氏、高木麻人氏、高橋夏樹氏、後藤茂仁氏、柳沢章裕氏をはじめとした、文藝春秋の諸兄姉にも感謝に堪えない。長年、私を支援してくれた小学館の吉田憲生氏、共に学者崩れということでウマが合ったのだろう、三〇年以上の付き合いになる田村修一氏、貴重なプロジェクトに声をかけてくれるフローラン・ダバディ氏とベン・メイブリー氏、音楽論や文化論の仕事を数多く依頼してくれるKADOKAWAの中條基氏にも改めて御礼を申し上げます。

私は他にも、様々な方に支えていただいている。

文筆家の大先輩であり、常に私を気にかけてくださる佐山一郎氏、藤島大氏、翻訳家の実川元子氏、選書家の幅允孝氏。海外取材で苦楽を共にした山中忍氏と永川智子氏。ライターの森昌利氏、寺野典子氏、矢内由美子氏、戸塚啓氏、柳橋閑氏、二宮寿朗氏、木崎伸也氏、渕貴之氏、中島大輔氏、ミムラユウスケ氏、茂野聡士氏、宮田文久氏、林田順子氏、北健一郎氏、内藤秀明氏。カメラマンの宮原一郎氏、岸本勉氏、スエイシナオヨシ氏、杉山拓也氏、佐野美樹氏、田中伸也氏。幻冬舎、学研教育出版、扶桑社、朝日新聞出版、KKベストセラーズ、二見書房、東洋館出版、フロンティア出版、草思社、徳間書店、ワニブックス、NewsPicks、日本スポーツ企画出版社、フロムワン。Half Time、JBPress、SYCHRONOUS、タグマ！、ハリウコミュニケーションズ、NHKインターナショナルの方々にもお世話になってきた。

木村安宏氏、山下泰延氏、江原一志氏、石田博之氏は、学生時代から相談に乗ってきてくれた友人である。私を実の息子や兄弟のように労ってくれる田邉肇氏、田邉毅氏、根元まどか氏、細川純也氏、太田昭二氏、前田肇氏、三浦清氏、針生英一氏、菊地淳氏、宮田敦氏、西尾裕成氏、西本和照氏、前田文子氏にも改めて御礼を述べたい。デイヴ・ハリソン、ロブ・ビーズリー、サイモン・マロック、サイモン・クーパー、ジョナサン・ウィルソン、エイミー・ローレンス、フィル・ボール、マイケル・コックス、リチャード・ウィリアムス、ガブリエル・マルコッティ、マイケル・チャーチ、アルトゥール・ペトロシャンの各氏もサポートしてくれてきた。

本書の刊行に際しては目黒健太郎氏、畠中みづき氏、戸田雅世氏、堀内琢矢氏にも御礼を述べたい。いずれもＪクラブの熱心なサポーターで、日本サッカーの芳醇な文化に触れる機会を提供してくださった方々だ。私は著書や訳書、記事を愛読してくださる方々、ツイッターのフォロワーの皆さん、そしてコロナ禍の中、社会に尽力されてきた無数の方々にも支えられている。最後は妻と娘、亡き父と母に感謝を表したい。

私は著書や訳書、若干の編書を含めて二〇冊以上を出版してきたが、今回の作業は最も大変だった。ほとんどの仕事を断り、ＥＵＲＯ２０２０の現地取材もキャンセルして、一〇カ月近くもひたすら一冊の本に傾注するなど正気の沙汰ではない。事実、訳者あとがきに取りかかったと告げた際、妻と娘は「すごい！　そこまでようやく来たのね」と驚きの声さえ漏らした。

でも一生に一度くらいは、こんな経験をするのも悪くないと思う。それに読者の皆さんが、美しいサッカースタジアムや街並みを目にした瞬間に、本書のことをちらりとでも思いだしてくれたなら、僕とジェームスの膨大な作業は報われる。

『世界の終わりとハードボイルド・ワンダーランド』のように、見慣れた日常のすぐ向こう側には、異形の世界が広がっている。それもまた、この世の紛れもない真実なのだから。

四度目の緊急事態宣言解除に賑わう、東京のカフェにて

田邊雅之

著者

ジェームス・モンタギュー

James Montague

英国エセックス州出身のジャーナリスト。スポーツ、政治、文化を専門分野とし、『ニューヨーク・タイムズ』『ガーディアン』『オブザーバー』『GQ』『エスクワイヤ』『CNN』『BBC』などで、精力的に執筆、解説活動を展開。社会、経済問題にも精通しており、良質かつ複眼的な視点に立ったドキュメンタリー作品を世に送り出している。著書に中東諸国のサッカーと社会を描いた『When Friday Comes : Football, War and Revolution in the Middle East』。ブラジルワールドカップ出場を目指す弱小チームの奮闘ぶりを描いた『Thirty One Nil:On the Road With Football's Outsiders, a World Cup Odyssey』は、2015年のイギリス最優秀スポーツ書籍賞に輝いた。他に『億万長者サッカークラブ サッカー界を支配する狂気のマネーゲーム』(小社)。

訳者

田邊雅之

Masayuki Tanabe

新潟県生まれ。ノンフィクションライター。大学院時代から様々な雑誌や書籍の分野でライター、翻訳家、編集者として活動。2000年から10年間、『Number』編集部でプレミアリーグ担当デスクを務める。現在は再びフリーランスとして活動。主な著書に『ファーガソンの薫陶』(幻冬舎)、『新GK論』(小社)、共著書に『戦術の教科書 サッカーの進化を読み解く思想史』(同)、翻訳書に『知られざるペップ・グアルディオラ』(朝日新聞出版)、『億万長者サッカークラブ サッカー界を支配する狂気のマネーゲーム』(小社)、『プレミアリーグ サッカー戦術進化論』(二見書房) など。

カバーデザイン　今田賢志
カバー写真　Getty Images
協力　大野美夏
栗田智
小林雅乃
坂本健二
田中真知
千田善
ハシム・アナスタシャ・ウランダリ
藤坂ガルシア千鶴
山中拓磨
弓削高志
吉永翠
編集　石沢鉄平（株式会社カンゼン）

Japanese translation rights arranged with
Ebury Press an imprint of The Random House Group Limited
through Japan UNI Agency, Inc., Tokyo

ULTRAS
世界最凶のゴール裏ジャーニー

発行日　2021年11月24日　初版
著者　ジェームス・モンタギュー
訳者　田邊雅之
発行人　坪井義哉
発行所　株式会社カンゼン
〒101-0021
東京都千代田区外神田2-7-1開花ビル
TEL 03（5295）7723
FAX 03（5295）7725
http://www.kanzen.jp/
郵便為替　00150-7-130339
印刷・製本　株式会社シナノ

ISBN 978-4-86255-611-0　Printed in Japan
定価はカバーに表示してあります。
ご意見、ご感想に関しましては、kanso@kanzen.jpまでEメールにてお寄せ下さい。お待ちしております。